国外名校最新教材精选

MIS CASES
Decision Making with Application Software

管理信息系统案例
——应用软件辅助决策

（第 3 版）

〔美〕 莉萨·米勒 著
Lisa Miller
University of Central Oklahoma

姜锦虎 王刊良 等 译

西安交通大学出版社
Xi'an Jiaotong University Press

陕西省版权局著作权合同登记号 图字 25-2009-017 号

图书在版编目(CIP)数据

管理信息系统案例——应用软件辅助决策:第3版/(美)莉萨·米勒(Lisa Miller)著;姜锦虎,王刊良等译. —西安:西安交通大学出版社,2009.8
(国外名校最新教材精选)
书名原文:MIS Cases:Decision Making with Application Software/3rd Edition
ISBN 978-7-5605-3138-0

Ⅰ.管… Ⅱ.①米… ②王… Ⅲ.管理信息系统-系统开发-案例-高等学校-教材 Ⅳ.C931.6

中国版本图书馆 CIP 数据核字(2009)第 093805 号

书　　名 管理信息系统案例——应用软件辅助决策(第3版)
著　　者 [美]莉萨·米勒(Lisa Miller)
译　　者 姜锦虎 王刊良 等
策划编辑 赵丽平 贺峰涛
责任编辑 贺峰涛 李 颖
文字编辑 李 颖

出版发行 西安交通大学出版社
(西安市兴庆南路10号 邮政编码 710049)
网　　址 http://www.xjtupress.com
电　　话 (029)82668357 82667874(发行中心)
(029)82668315 82669096(总编办)
传　　真 (029)82668280
印　　刷 西安交通大学印刷厂

开　　本 787mm×1092mm 1/16 **印　　张** 19.375
印　　数 0001～3000 **字　　数** 470千字
版次印次 2009年8月第1版 2009年8月第1次印刷
书　　号 ISBN 978-7-5605-3138-0/C·90
定　　价 35.00元

读者购书、书店添货、如发现印装质量问题,请与本社发行中心联系、调换。
订购热线:(029)82665248 (029)82665249
投稿热线:(029)82665380
读者信箱:banquan1809@126.com

译者序

给管理类专业的硕士生和工商管理硕士(MBA/EMBA)讲授《管理信息系统》课程对老师和同学来讲一直面临着许多挑战。第一,同学的专业基础相差较大,内容偏重技术的话,计算机和信息、通信等专业背景的同学不太满意,因为有关内容他们在本科阶段都有涉猎;内容要是偏重管理的话,似乎又有些空洞,学生们不能掌握一些过硬的技能。众口难调这一问题需要一个巧妙的解决方案。第二,信息系统的开发一直是本门课程的重点内容之一,但是许多同学从事或将从事不同的岗位工作,实际工作中也较少遇到与信息系统开发相关的任务,结果是这部分内容很难受到同学们的普遍欢迎。

从管理的具体对象上来看,本门课程应该重点研讨信息的管理以及信息系统的管理。前者以数据库管理为核心,辅之以数据仓库和数据挖掘,以及知识库管理等内容;后者以网络通信技术进展、信息系统开发管理、信息系统外包决策、信息系统与组织变革,以及信息系统的实施等内容为主。考虑到工商管理硕士的特点(具有工作背景)和需求(实用),可以少讲一些概念,多讲一些案例和实用技能。

本书包含的案例正好迎合了上述需求。第一,本书 26 个案例涉及与人力资源、生产、会计、财务以及营销管理决策的许多方面,从基本的管理决策问题到复杂一些的问题都有涉及,这样一来,在不同岗位工作的同学都会有积极性参与案例的研讨。第二,要求学生利用电子表格、数据库或网页开发软件对每个案例进行准备,鼓励学生运用自己的知识、创造力以及软件技能来解决一个实际的管理问题。案例和实用工具密切结合,可望使得学生感到学到了一些"过硬"的东西。

本书特别适合作为工商管理硕士(MBA/EMBA)和工程硕士类专业相关课程的教材和参考书,对于各类高级管理人员有关信息系统方面的培训课程亦有很好的参考价值。

西安交通大学管理学院 2007 级信息管理与信息系统专业和电子商务专业的部分研究生参加了本书的翻译,他们是孙建兵、宁恬、曹操、任杰锋、缑程、尚小文。在本书的翻译过程中,西安交通大学出版社的领导给予了很大的鼓励和支持,赵丽平编审和贺峰涛编辑、李颖编辑也付出了辛勤的劳动和汗水。在此对他们表示由衷的感谢。本书的翻译质量完全由译者负责。因时间紧迫和学识所限,肯定会有错误,敬请读者指正。

姜锦虎　王刊良

西安交通大学管理学院

2009 年 6 月

序言

总论

《管理信息系统案例——应用软件辅助决策》(第 3 版)可以用作一些商务课程的补充教材，这些课程用以鼓励学生利用应用软件解决实际管理问题。本书对于管理信息系统概论、个人生产率软件、最终用户系统、初级及高级管理信息系统等课程很有帮助。本书为学生提供不同的案例情景，这些案例强调了不同软件包及它们的综合使用，强调管理问题的解决并且提供不同的难度等级。由于本书中的案例分为不同难度等级，因此教师可以分级使用。

《管理信息系统案例——应用软件辅助决策》(第 3 版)包含许多与人力资源、生产、会计、财务以及营销管理决策相关的案例。这些案例向学生展示各种管理决策活动，从基本问题到高级问题都有涉及。教师可以选择最适合课程的案例进行授课，并且可以在不同学期间更换。

本书包括 26 个案例。学生可以利用电子表格、数据库或网页开发软件对每个案例进行准备。每个案例都鼓励学生运用自己的知识、创造力以及软件技能来解决一个实际的管理问题。其中，11 个案例要求学生使用不同水平的数据库开发技术，另外 11 个案例要求学生使用不同水平的电子表格技术，两个案例要求学生使用基础网页开发技术。有些案例属于综合案例，要求学生使用多种软件包技术来解决一个管理问题。尤其是两个新增加的综合案例要求学生使用中级到高级的电子表格和数据库技术来完成。这两个案例难度等级为五颗星，可能需要额外的时间来完成。

教材组织

《管理信息系统案例——应用软件辅助决策》(第 3 版)的案例均使用标准格式。每个案例都包括难度等级、所需技能、案例背景，案例情景、信息说明、实施要点、设计测试和案例提交。为了方便准备数据库和综合案例，它们的格式中包括存储说明和输入说明。与此类似，电子表格和网页开发案例的格式包括设计说明。

每个案例都标有难度等级。教师可以根据难度等级为学生选择合适的案例。最开始的案例是一颗或多于一颗星的难度。本书中，一颗星案例最简单，五颗星案例难度最大。

所需技能为教师和学生提供一张表格，列出完成案例所需要的基本技能。教师根据所需技能为学生确定适合的案例等级。学生根据所需技能确定开始案例之前是否需要进一步学习相关知识。

案例背景为教师和学生提供有关案例的简要概括。此外，教师再次确定这个案例是否适合学生。案例情景设定应用和决策活动的阶段，提供观察案例主要特征的视角，并且简要识别案例特征的信息需求。信息说明描述案例的附加信息需求。实施要点提供案例应用设计和开发的最终注释，这一部分还指出一些可能引起学生关注的领域，并且提示学生使用合适的工具和技术来避免潜在的问题。

当学生完成案例设计后，设计测试要求学生对自己的设计做出修正。这一部分鼓励学生设计出一个可变通的方案，以便经理改变信息需求时仍可以应用。例如，本部分要求学生产生新的查询，在数据库中加入新记录，在电子表格中增加列和公式，或者向网页中加入新的内容。

案例提交详细说明学生要交给老师的作业。每个案例要求学生针对案例准备书面的和口头的报告。这一部分也要求学生提供完成案例的工作、电子文档、硬拷贝以及案例所需的信息。教师根据自己的判断，决定学生提交一项还是所有的作业。

《管理信息系统案例——应用软件辅助决策》(第 3 版)包括电子表格、数据库以及网页的应用指南。该指南帮助学生为古铜日晒沙龙公司循序渐进地创建一个电子表格、数据库和网页。

《管理信息系统案例——应用软件辅助决策》(第 3 版)还包括电子表格、数据库和网页术语表。每个案例的所需技能部分中提到的技能在术语表中都有对应。许多案例还提供屏幕硬拷贝。建立术语表的目的是向学生简要解释《管理信息系统案例——应用软件辅助决策》(第 3 版)所需要的技能。

支持材料

本书主要的支持材料包括一本教师手册、学生数据文件和网站。教师手册包括教学技巧、案例附加评论以及许多案例的推荐解决方法。读者可以通过网站在线获取教师和学生资源。网址是 www.prenhall.com/miller。

致谢

一个目标的达成需要一个团队的努力。本书的完成离不开 Prentice Hall 出版社、学生、同事以及家人的贡献。

虽然 Prentice Hall 出版社的许多人都参与了这个项目，但是罗伯特·霍兰、安娜·考德鲁和珍妮·布朗森是本书成功的关键。我特别要感谢罗伯特·霍兰。鲍勃的知识财富、富有启发性的 e-mail、鼓励以及对本书的贡献是显而易见的。安娜的专业、指导、支持和对细节的关注无疑提高了本书的质量。

我的大学——中央俄克拉荷马州立大学的学生和同事提出许多富有价值的评论和建议。在此对帕特里夏·克尔曼、黛比·伯恩海默·阿尔斯通、桑迪·史密斯、玛吉·米亚诺和格洛丽亚·奥德尔表示感谢，他们提出了有价值的评论、想法和站在学生角度的观点。我对萨巴·巴霍斯博士、大卫·诺埃尔博士、哈森·波尔巴比博士、兰德尔·艾斯博士、罗伯特·特雷尔博士、斑比·霍拉博士和凯瑟琳·特雷尔博士的贡献表示感谢。对霍拉博士致以最诚挚的谢意，霍拉博士总是帮助同事和朋友。我还要对凯瑟琳·特雷尔博士致以衷心的感谢，她的鼓励自始至终伴随着此书的完成。非常感谢她的指导、建议、智慧和意见。

在第 3 版的准备过程中，一直伴随着我家人的理解和支持。詹姆斯、琼、特蕾西、雅各布、丹妮特、贝利、西迪和雅各布·哈希是我最大的灵感。特别要感谢我的丈夫马克，他的帮助、观点、建议、评论和支持贯穿始终。

目录

第三篇　网页开发

第四篇　指　　南

第五篇　术　　语

第一篇 电子表格

- 案例1：米利甘后院仓储装备
- 案例2：皮埃蒙特拖车制造公司
- 案例3：马克西杂货中心
- 案例4：克莱因技术培训中心
- 案例5：特雷尔房产管理公司
- 案例6：马克收藏店
- 案例7：梅甘·戴维斯会议中心
- 案例8：BJR投资公司
- 案例9：麦迪逊百货公司
- 案例10：贝莉·伯德玩具公司
- 案例11：埃德蒙·格兰特医药公司
- 案例12：莫利·麦肯齐游艇码头

1.1　案例 1:米利甘后院仓储装备

电子表格案例　难度指数:★

所需技能

你应该复习下面领域的相关技能

电子表格技能

- √ 平均值函数
- √ 单元格式化
- √ 图表
- √ MAX 函数
- √ MIN 函数
- √ NOW 函数
- √ 分类
- √ 求和函数
- √ 工作表格式化

案例背景

米利甘后院仓储装备是一个以邮件订单为主的公司,它向顾客出售多种建立后院存储单元所需的零件工具和美化装饰品。虽然利润可观,但是公司的所有者大卫·米利甘认识到如果能够更好地管理库存,那么还可以改进他公司的运作。米利甘先生要求你准备一个库存分析工作表。库存分析工作表包含公司年销售额、产品销售成本、毛利润以及产品的涨价幅度。为米利甘先生准备的工作表要求你插入列,使用一些函数,并且对工作表和单元适当格式化。

案例情景

十年前,大卫·米利甘缺少存储空间。他四处购买后院存储单元却没有找到符合标准的,后来米利甘先生自己动手建造后院仓储。由于意识到许多房主都有类似的存储需求,米利甘开始通过邮件订单的方式出售后院仓储装备。他认为提供合适的说明,按规格裁切木材并且配以必要的硬件,任何人都可以组装起一个存储单元。他的想法很受欢迎,目前他采购和销售 30 种不同的商品,包括储藏房舍、露台和美化装饰品。

米利甘没有使用正式、兼容的库存跟踪系统。他和工作人员周期性地查看哪些部件缺货。虽然他尽力使每种装备的库存都保持在一定水平上,但是由于缺少一个正式的库存跟踪系统,导致有的部件存货过多有的部件存货不足。事实上,当一位顾客需要某种特定装备时米利甘才发现这个产品已经缺货。当某种装备缺货时,米利甘只能告知顾客现在无法供应,并希望顾客等待产品到货。

米利甘后院仓储装备库存数据					
产品编号	产品描述	单位成本（美元）	单位销售价格（美元）	平均现货数量	年平均销售量
A00100	8′×6′铝棚	148.14	199.99	48	500
A00110	10′×8′铝棚	185.17	249.99	50	400
A00120	12′×20′铝棚	**1393.56**	**1950.99**	50	75
A00130	6′×4′铝棚	346.36	519.59	50	241
A00140	8′×4′铝棚	424.58	620.75	50	215
A00150	10′×14′铝棚	650.99	1200.00	20	250
A00210	8′×10′铝畜棚	840.47	1050.59	75	202
A00310	12′×8′双门铝棚	1043.57	1304.47	80	302
A00320	16′×10′双门铝棚	1141.84	1507.24	10	50
A00410	8′×10′木制畜棚	541.33	804.49	50	700
A00420	8′×12′木制畜棚	751.87	999.99	48	140
A00430	10′×16′木制畜棚	808.26	1074.99	10	75
A00510	8′×10′野餐桌	269.28	399.99	25	325
A00520	3′×7′野餐桌	207.42	299.99	77	850
A00530	8′儿童野餐桌	210.59	350.99	44	157
A00610	10′八角雪松露台	2499.99	2999.99	75	150
A00620	12′八角雪松露台	2963.99	3430.99	15	39
A00710	4′×6′雪松畜棚	333.33	500.00	80	200
A00720	8′×10′雪松畜棚	1135.32	1702.99	72	75
A00730	6′×10′雪松花园棚屋	1135.00	1350.00	80	175
A00740	8′×10′雪松凉棚	1148.56	1607.99	75	136
A00750	6′×6′雪松花园棚屋	879.99	950.78	114	325
A00810	6′×20′棚桥	1250.00	1400.99	42	75
A00820	8′×40′棚桥	2509.72	4700.00	2	2
A00910	推车播种机	11.42	15.99	250	900
A00920	播种筒	21.02	27.99	230	845
A00930	4′风车	30.66	45.99	275	201
A00940	6′风车	43.99	65.99	300	278
A00950	6′愿望井	53.32	79.99	300	780
A00960	12′愿望井	130.66	195.99	25	147

图1 库存数据

最近，米利甘先生开始关注他的库存管理方法，希望可以更好地管理库存。首先，他希望能够检查成本、销售量、利润百分比、毛利润和库存水平。他要求你评价以前的库存并提出改进建议。他提供图 1 中的数据并要求你准备一个库存分析工作表。

设计要求

米利甘先生要求你确定平均库存成本、年销售额、产品销售成本、年毛利润、边际毛利润率以及每件装备的利润百分比。为了确定这些值你必须在库存分析工作表中加入列。米利甘先生要求你使用图 2 中的公式。因为米利甘先生需要在报告中使用库存分析工作表，所以他希望工作表的外观看起来专业一些。为了优化工作表的外观，你需要在工作表、列以及行标签中使用适当的标题和格式。标题应该显示公司名、工作表名和当前日期。在建立工作表的过程中，你对包含美元数值的所有列使用货币的格式。此外，对于含有百分数的列，你要使用百分数格式并且小数点后保留两位。

库存分析工作表公式	
年毛利润	年销售量－产品销售成本
年销售额	单位销售价格×年平均单位销售量
平均库存成本	单位成本×平均现货数量
产品销售成本	单位成本×年平均单位销售量
边际毛利润率	毛利润÷每单位年销售量
基于成本的利润幅度	（单位销售价格－单位成本）÷单位成本

图 2　库存分析工作表公式

信息说明

对于平均库存成本、年销售量、产品销售成本、年毛利润、边际毛利润率以及每件装备的利润百分数，米利甘先生要求给出这些量的平均值、最大和最小值。米利甘先生希望了解最大单位和最小单位的成本和各自的销售价格。他还想知道总平均库存成本、总年毛利润、总产品销售成本和年总销售量。

米利甘先生还需要你回答以下问题。用你最新设计的库存分析工作表来回答他的问题。

1. 米利甘先生需要了解哪些产品利润至少是 30%？哪些产品利润低于 30%？
2. 根据年销售量，哪种产品的年销售量最少？
3. 根据年销售量，上一年中哪种产品销售量最大？给出前 5 名。
4. 公司的年销售量为多少？
5. 公司的年毛利润为多少？
6. 基于平均单位销售量，哪 5 种产品销售量最小？哪 5 种产品销售量最大？
7. 米利甘先生要求用柱状图来比较销售量最多的 5 种产品。请根据年销售量为米利甘先生准备柱状图。

实施要点

虽然你可以自由设计工作表，但是工作表应该有一致和专业的外观。你应该对工作表和单元适当格式化。例如，美元值应该显示一个美元标志并且小数点后保留两位。

设计测试

库存分析工作表创建完成后，你应该进行设计测试。执行下列步骤。始终牢记你可能需要插入另外的行和列来为米利甘先生提供信息。

1. 向库存分析工作表中加入下面 5 种产品。

产品编号	产品描述	单位成本（美元）	单价（美元）	平均现货数量	年平均销售量
A01020	10′×20′铝车棚	999.99	1789.95	27	45
A01030	12′×24′铝车棚	1199.99	1888.72	25	50
A01040	14′×20′铝车棚	1307.84	2500.99	15	27
A02010	8′×12′乔木屋顶	1326.42	1550.42	4	10
A02020	12′×20′乔木屋顶	2787.96	4100.00	10	12

2. 对于每种库存产品，米利甘先生想知道这种产品占公司年总销售量的百分数是多少。
3. 每种库存产品的单位边际毛利润是多少？哪个产品的单位边际毛利润最大？哪个最小？
4. 米利甘先生想要使库存减少 125 000 美元。你建议哪些产品应该从库存中去掉？为什么？

案例提交

为了圆满地完成案例，你应该依据案例情景中的描述建立工作表，然后准备书面和口头报告。在没有特别说明的情况下，向你的老师提交以下作业。

1. 提交一份书面报告说明你在案例中使用的假设和案例的关键部分。另外，你在工作表中加入了哪些特性使得它具有更多功能？用户界面更友好？（请注意假设不能违背上述的任何具体要求，并且假设必须得到老师的同意）
2. 打印一份工作表。
3. 打印一份工作表的公式。
4. 一份工作表的电子拷贝，工作表要满足在案例情景和案例说明中提到的标准。
5. 递交上面问题的答案（和你老师讨论的答案的备忘也需提交）。
6. 如上所述，你应该准备一个口头报告（你的老师将确定你报告的时间）。你应该运用报告制作软件并描述工作表的关键特征，并且讨论你的工作表如何为米利甘先生带来收益。为了使得工作表更有效，应该加入哪些额外的信息？

1.2 案例 2:皮埃蒙特拖车制造公司

电子表格案例 难度指数:★

所需技能

你应该复习下面领域的相关技能

电子表格技能

- √ 单元格式化
- √ 单元引用
- √ 图表
- √ 合并工作表
- √ 公式
- √ IRR 函数
- √ 保护单元
- √ 行列名称
- √ 求和函数
- √ 工作表格式化

案例背景

皮埃蒙特拖车制造公司是一个全国知名的拖车制造商,它生产多种质量标准和客户定制的拖车,产品包括了从雁颈拖车到缓冲器拉力拖车的各种类型。虽然皮埃蒙特拖车制造公司对大部分业务流程使用了先进的信息系统,但是它的客户订单跟踪过程主要依靠手工,因此需要做出大的革新。为了改进客户订单跟踪过程,通常要进行系统分析和项目设计。作为系统开发组的成员,你的职责之一是准备一份经济可行性分析报告预定将要向管理层汇报。

项目经理杰拉尔丁·巴勃罗女士要求你建立一个经济可行性工作簿。这个工作簿的目的是概括和分析与客户订单追踪项目相关的收益和成本。为了准备经济可行性工作簿,你要设计五个工作表,运用一些公式和函数,使用基本单元和格式化工作表,并且把多个工作表的数据合并到一个工作表中。

案例情景

拖车的质量和出色的客户服务是皮埃蒙特拖车制造公司成为国内最大的标准和定制拖车生产商的两个首要因素。虽然公司的主要收入来自销售标准拖车,但是客户定制的数量在不断上升。当收到一个客户订单时,客户要求通过几张纸质表格反映出来,然后送到生产部门。从客户订单到产品的完成需要长达三个月的时间,一部分原因是由于小心翼翼地帮助客户选择适当的成品、设备、拖车型号和其他事项。管理部门已经认识到客户订制过程是低效率、耗时和高成本的。为了改进客户订单跟踪过程,你的项目小组被分配的任务是开发一个客户订单跟踪系统。

在计划阶段，你的项目小组确定一些有形收益和成本。新的客户订单追踪系统将通过减少库存、职员和订单改写成本来为公司减少开支。另外，规划中的系统应该增加销售、提高订单处理速度、提供更好的数据管理和简化活动。表1概括了它们的各项收益和各项的节约费用。

规划中的客户订单追踪系统将承担一次性成本和重复成本。从商学课程得知，一次性成本经常发生在一个项目的起步和开发阶段，重复成本贯穿于新系统的使用周期内。项目的一次性成本通常包括开发人员、培训、项目相关技术购买、地点准备和杂项费用。表2列出一次性成本和它们被评估的美元价格。重复成本包括软件维护、硬件、消耗品、新信息技术人员职位和地点租金。表3概括出重复成本。

表1 年循环收益

收益	估计的美元价格
库存节约	30 000
职员减少(2人)	45 000
订单改写减少	14 000
销售增加	100 000
订单处理更快	40 000
数据管理更好	125 000
简化活动	80 000

表2 一次性成本

一次性成本	估计的美元价格
开发人员	142 000
培训	45 000
购买项目相关技术	65 000
地点准备	105 250
杂项	
相关会议	7500
消耗品	2704
复制	3249

表 3 年重复成本

成本	估计的美元价格
软件维护	55 000
硬件	30 000
消耗品	35 000
IT 人员职位(3 人)	160 000
地点租金	38 000

设计要求

由于项目处于开发的早期阶段,你要设法使得工作簿尽可能的灵活,以便于在识别时把额外的成本和收益可以方便地加进经济可行性工作簿中。你确定经济可行性工作簿至少包含五个工作表:文件、一次性成本、重复成本、有形收益和经济可行性概要。文件工作表提供关于创建者、每个独立的工作表和创建日期的信息(你的老师会提供关于文件工作表的其他指导)。

首先,你要创建一次性成本、重复成本和有形收益工作表,因为这些工作表设计简单。这些工作表都包含两列,第一列包含每类中的项目,第二列包含相关项的美元价格。每个工作表都计算出美元总价格;这些总计价格再运用到经济可行性概括工作表中。

如图 1 所示,经济可行性概括工作表设计比较复杂。由于经济可行性概括工作表是一个总结性的工作表,它综合了一次性成本、重复成本和有形收益工作表中的数据,这要求你在这些工作表中找到相关单元。

作为设计经济可行性概括工作簿的一部分,你必须把重复收益和成本折合成它们现在的价值。虽然有许多方法可以确定收益的当前价值,但是你要用重复收益(或成本)乘一个当前价值因子。因为每年都需要一个不同的当前价值因子,所以工作表必须计算每年的当前价值因子。你要用下面的公式来计算每年的当前价值因子(下面公式中,"i"代表折扣率,"n"代表年份。图 1 中展示的工作表假设项目的有效期是五年)。为了确定收益或者成本在某一特定年份的当前价值,你要用那一年的成本或收益的重复价值乘以那一年的当前价值因子。所有收益(或成本)的当前净价值是到当前年份为止的收益(或成本)的总合。当前总净价值是所有收益的当前净价值和所有成本的当前净价值的差值。现金流部分给出一个年度现金流概括,并给出总体现金流的总和。

$$\mathrm{PVF} = 1/(1+i)\text{^}n$$

虽然巴勃罗女士是经济可行性工作簿的主要使用者,但是项目团队的其他成员也将使用本工作簿。所以你要确保所有单元,而不仅仅是输入单元受到保护(你可以使用系统的在线帮助功能来温习工作表的保护)。

皮埃蒙特拖车制造公司 客户订单跟踪项目 （当前日期）							
折扣率	0.14						
	年						
	0	1	2	3	4	5	合计
收益							
收益的重复价值（美元）	0.00	434 000.00	434 000.00	434 000.00	434 000.00	434 000.00	
当前价值因子	1.000 000	0.877 193	0.769 468	0.674 972	0.592 080	0.519 369	
当前收益价值（美元）	0.00	380 701.75	333 948.91	292 937.64	256 962.84	225 406.00	
所有收益的当前净价值（美元）	0.00	380 701.75	714 650.66	1 007 588.30	1 264 551.14	1 489 957.14	1 489 957.14
成本							
一次性成本（美元）	(370 703.00)						
重复成本（美元）		(318 000.00)	(318 000.00)	(318 000.00)	(318 000.00)	(318 000.00)	
当前价值因子		0.877 193	0.769 468	0.674 972	0.592 080	0.519 369	
重复成本的当前价值（美元）		(278 947.37)	(244 690.67)	(214 640.94)	(188 281.53)	(165 159.24)	
所有成本的当前净价值（美元）	(370 703.00)	(649 650.37)	(894 341.04)	(1 108 981.98)	(1 297 263.51)	(1 462 422.75)	(1 462 422.75)
当前总净收益							27 534.39
现金流分析							
年度 NPV 现金流（美元）	(370 703.00)	101 754.39	89 258.23	78 296.70	68 681.31	60 246.77	
总 NPV 现金流（美元）	(370 703.00)	(268 948.61)	(179 690.38)	(101 393.68)	(32 712.37)	(27 534.39)	

图 1　经济可行性概括工作表*

*来自《现代系统分析和设计》（第 4 版），作者：杰弗里 A・霍佛尔、乔伊 F・乔治和约瑟夫 S・瓦兰西克

信息说明

巴勒罗女士希望对数据产生乐观、现实、悲观的看法，所以她需要快速变换折扣率。为了满足这个要求，你要在经济可行性概括工作表中包含一个控制折扣率的单元。图 1 显示折扣率被置于工作表的顶部。因为折扣率出现在一些公式中，所以在方程中引用此单元使得经济可行性分析变得便利。

经济可行性概括工作表概括了成本和收益，显示成本和收益的当前价值，计算当前总净价值并显示项目的年度和总体现金流。虽然图 1 没有显示，但是巴勒罗女士要求项目的盈亏平衡点和利润的内部回报率是确定的。在向管理层报告时，她将用盈亏平衡点来证明项目的生存能力以及管理者将用多快的时间来收回项目投资。因为内部回报率是反映项目利润的一个指标，巴勒罗女士将用它来证明管理者对项目的投资。

巴勒罗女士还需要你回答以下问题。用你最新设计的经济可行性工作簿回答这些问题。

1. 当折扣率分别为 8%、10%、12%、14%和 16%时将如何影响项目的可行性？
2. 将折扣率重新设置成 14%，画出盈亏平衡图，用它来比较所有收益的当前净价值和所有成本的当前净价值。
3. 如果经营者规定内部回报率必须大于或等于折扣率，此项目是否依然可行？
4. 假设折扣率是 14%，将如何消除 32 500 美元的额外人员职位成本对于经济可行性评估的影响？
5. 假设第三步提到的人员职位成本被消除，场地准备成本上升至 120 000 美元，折扣率为 14%。这些变化对项目可行性将产生哪些影响？
6. 假设管理者有足够的资金开发两个项目。当你确定项目的内部回报率之后，比较它的内部回报率和下表中列出的建议开发项目的内部回报率。根据项目内部回报率，你认为经营者是否会投资开发客户订单追踪系统？

规划项目	IRR
交货系统	15.7%
人力资源系统	27.8%
存货跟踪系统	18.9%
预测系统	23.7%

实施要点

为了设计案例情景描述的经济可行性工作簿，你将创建一个包括五个工作表的工作簿。你需要为文档、一次性成本、重复成本、重复收益和经济可行性概括分别创建工作表。由于经济可行性概括工作表综合了三个工作表中的数据，所以你应该最后再创建它。

虽然你可以自由设计工作表，但是工作表应该有一致、专业的外观。你应该对单元适当格式化。例如，美元值应该显示一个美元标志并且小数点后保留两位。

设计测试

案例情景描述的经济可行性工作簿被创建完成以后，你应该测试你设计的工作表。执行如下操作。

1. 如果项目的有效期不是五年而是三年你将给出哪些建议？如果是六年呢？（使用原案例中的数值并且假设折扣率为14%）
2. 确定至少三种来自项目的额外收益。估计他们的价值并且把这些价值加入到你的分析中。这些新的收益对你的经济可行性将产生什么影响？
3. 确定至少一种额外的一次性成本和至少三种额外的重复成本。估计他们的价值，把这些价值加入到你的分析中。这些新的成本对你的经济可行性有什么影响？这个项目是否依然可行？为什么？

案例提交

为了圆满地完成案例，你应该依据案例情景中的描述建立工作簿，然后准备书面和口头报告。在没有特别说明的情况下，向你的老师提交以下作业。

1. 提交一份书面报告说明你在案例中使用的假设和案例的关键因素。另外，你在工作表中加入了哪些特性使得它具有更多功能？用户界面更友好？（请注意假设不能违背上述的任何具体要求，并且假设必须得到老师的同意）
2. 打印每一份工作表。
3. 打印一份工作表的公式。
4. 一份工作簿的电子拷贝。工作簿要满足在案例情景和说明中提到的标准。
5. 递交上面问题的答案（和你老师讨论的答案的备忘也需提交）。
6. 如上所述，你应该准备一个口头报告（你的老师将确定你报告的时间）。你应该运用报告制作软件并描述工作表的关键特征，并且讨论你的工作表如何为巴勃罗女士带来帮助。为了使得工作簿更有效，应该加入哪些额外的信息？

1.3 案例3:马克西杂货中心

电子表格案例 难度指数:★★

所需技能

你应该复习下面领域的相关技能

电子表格技能

- ✓ 绝对单元格引用
- ✓ 单元格式化
- ✓ 单元保护
- ✓ 图表
- ✓ 公式
- ✓ IF函数
- ✓ 分页符
- ✓ 相对单元格引用
- ✓ 求和函数
- ✓ 工作表格式化

案例背景

虽然马克西杂货中心成立将近50年,但它仍在成长并与时俱进。这个家族式企业历经盛衰沉浮,目前进入缓慢增长阶段。作为目前企业的所有者——勒罗伊·费罗狄希望通过修复食品杂货中心的建筑来扩展家族企业的业务。虽然费罗狄先生可以获得一些私募基金的支持,但是他还需要当地银行的贷款。在与银行接触前,他需要准备和评价一些预测财务报表。如果费罗狄先生决定要推进他的改革,他会用这些预测财务报表作为贷款申请书的一部分。费罗狄先生希望首先准备好预测收入报表,他要求你为他准备。准备预测收入报表要求你设计一个有输入和信息功能的工作表,工作表适当格式化,建立简单的公式,展示分析结果并最终生成一张图。

案例情景

马克西杂货中心是一个从20世纪50年代开始运作的家族企业。虽然勒罗伊·费罗狄对经营业务非常积极,他仍然聘用了一个商店经理,一个经理助理和17个全职雇员。经理和经理助理拿薪水,雇员按小时计算工资。每个雇员一周工作40小时,一年工作50周。

马克西食物中心 预测收入报表				
	2006	2007	2008	2009
销售额				
熟食品	假设占每年销售总量的 6%			
奶制品	假设占每年销售总量的 18%			
罐装食品	假设占每年销售总量的 12%			
冷冻食品	假设占每年销售总量的 20%			
肉类	假设占每年销售总量的 21%			
农产品	假设占每年销售总量的 12.5%			
纺织品	假设占每年销售总量的 9%			
音像制品	假设占每年销售总量的 1.5%			
总销售额	假设在 2006 年销售总额中占 4 000 000.00 美元			
商品销售成本				
熟食品	假设占每年熟食品销售的 50%			
奶制品	假设占每年奶制品销售的 50%			
罐装食品	假设占每年罐装食品销售的 75%			
冷冻食品	假设占每年冷冻食品销售的 65%			
肉类	假设占每年肉类销售的 50%			
农产品	假设占每年农产品销售的 65%			
纺织品	假设占每年纺织品销售的 66%			
音像制品	假设占每年音像制品销售的 30%			
总销售成本				
毛利润				
运营费用				
销售和营销	假设占每年销售总量的 5.5%			
常规管理	假设占每年销售总量的 8.75%			
折旧	假设每年 20 000 美元			
工资	包括雇员工资、经理工资和经理助理工资			
普通成本	费罗狄先生的工资			
总运营费用				
税前收入				
收入税				
净收入				

图 1　马克西杂货中心收入报表

马克西食物中心 假设和附加信息	
增长率和税收率	工资(美元)
2007 年增长:7.25%	费罗狄先生:毛利润的 15%
2008 年增长:7.75%	经理:55 000
2009 年增长:8.25%	经理助理:40 000
税收率:35%	雇员小时工资:12.00

图 2 假设和附加信息

由于从父母那里继承经营所有权,费罗狄先生认为经营获得持续成功的关键是对杂货中心的建筑做出修复。修复已有建筑要花费将近 450 000 美元。费罗狄先生必须从当地银行贷款 300 000 美元,并且用从经营中获得的利润偿还贷款。费罗狄先生要求你为他准备一系列财务预测报告。他将用这些报告来分析经营。如果他决定实施改造项目,他将用这些预测报告作为贷款申请书的一部分。

费罗狄先生要求你使用图 1 中给出的收入报告报表,用杂货中心 2006 年的销售作为基础。你要用 2006 年的销售量为费罗狄先生计算未来三年的销售量、商品销售成本、费用、税收和净收入。在准备预测收入报表的过程中,你要用到一些假设和附加信息。图 2 给出了这些假设和附加信息。

设计要求

因为费罗狄先生将预测收入报表作为贷款申请书的一部分,这要求报表有一致、专业和结构合理的外观。费罗狄先生明确地要求你在单元和工作表中采用适当的格式并且要包含合适的标题。

图 1、图 2 作为指导,你要明确工作表要包含输入部分和信息部分。图 1 给出建立信息部分的框架与指南,图 2 给出输入部分的必要数据。分别建立这两部分,不但易于费罗狄先生查看收入报告中的输入数据,而且在必要的情况下也可以改变参数,使得他的决策更加便利。

信息部分包括预测收入报表,预测收入报表为费罗狄先生提供 2007—2009 年的预期销售额、销售成本、运作开支和年度净收入等相关信息。信息部分使用食品市场 2006 年度的销售额作为基准。你要确保信息部分公式中涉及的来自输入部分单元的数值是准确的。

当你学习图 1 后,就会认识到费罗狄先生希望市场销售、商品销售成本和运作管理开支用它们分别占总销售额的百分比来表示。为了便于费罗狄先生的分析,你在输入部分把总销售额和其他假设一起输入。这样,信息部分的公式就可以引用实际的销售总额来进行计算。当你学习图 2 时,你会注意到费罗狄先生的薪水是毛利润的 15%。因为费罗狄只有在杂货中心有利润的时候才会支取薪水,你必须把这条信息包含到收入报告里面。你可以使用 IF 函数来达到目的。为了避免信息部分的公式在数据偶尔更新的时候被修改,你要对信息部分的单元进行保护。

费罗狄先生希望输入和信息部分分别打印在不同的页面上。对于每部分的输出,他要求结果打印在一张纸上。最终输出结果应该像肖像一样定位，并沿水平和垂直方向居中放置。

信息说明

费罗狄先生需要利用信息来协助他为即将到来的马克西杂货中心的改造进行决策。应用最新建立的预测收入报表，可以为费罗狄先生提供他所需要的信息。（请在回答下列每个问题前，把你的工作表恢复到它的初始值）

1. 当销售增长在 2007 年为 9％，2008 年为 9.5％，2009 年为 10％时，将对杂货市场的净收入产生什么影响？
2. 当销售增长在 2007 年为 4％，2008 年为 5％，2009 年为 5.5％时，将对费罗狄先生的净收入产生什么影响？
3. 费罗狄先生需要一个基于 2006 年销售量的图来比较各个存储商品。他要求你选择一个适当的图型来准备这个图。
4. 如果费罗狄先生把他的薪水减少到 8％并且把雇员的小时工资增加到 14 美元，这将如何影响杂货中心的净收入？
5. 假设费罗狄先生有 19 个雇员而不是 17 个。这两个新增加的雇员将如何影响经营的净收入呢？

实施要点

在案例准备过程中你需要运用基本的电子表格建立概念。因为费罗狄先生将在他决策过程中改变输入量的数值，你应该准备一个独立于输入值之外的输入部分。要时刻记住信息部分的公式将引用输入单元。你应该使用绝对和相对单元引用，而不是常数值。

设计测试

在创建预测收入报表后，你应该进行设计测试。执行下列操作。

1. 假设 2006 年的销售额是 250 万美元而不是 400 万美元。现在，假设 2006 年销售量是 600 万美元而不是 400 万美元。这些变化将产生何种影响？在销售额、支出或净收入方面有没有什么显著的变化？（如果变化不显著，请使用原始案例中的数值）
2. 改变下列商品在销售额中的百分数。熟食占销售额的 7.5％，奶制品占 18.25％，罐装食品占 14.38％，冷冻食品占 18.37％，肉类占 18.50％。
3. 对薪水做出下列改变。费罗狄先生的薪水是毛利润的 12％，销售经理收入 60 000 美元，经理助理收入 48 000 美元。这些改变将如何影响杂货中心的净收入？
4. 把销售百分数和薪水恢复到原始数据，然后作出下列改变。假设附近镇上开设了一个新的杂货市场。费罗狄先生认为这可能引起销售量的减少。他认为他的销售量 2007 年可能减少 14％，2008 年可能减少 12％，2009 年可能减少 5％。你是否还建议他改造杂货中心？为什么？

案例提交

为了圆满地完成案例，你应该依据案例情景中的描述建立工作表，然后准备书面和口头报告。在没有特别说明的情况下，向你的老师提交以下作业。

1. 提交一份书面报告讨论你在案例中使用的假设和案例的关键因素。另外，你在工作表中加入了哪些特性使得它具有更多功能？用户界面更友好？（请注意假设不能违背上述的任何具体要求，并且假设必须得到老师的同意）
2. 打印每一份工作表。
3. 打印一份工作表的公式。
4. 一份工作表的电子拷贝。工作表要满足在案例情景和说明中提到的标准。
5. 递交上面问题的答案（和你老师讨论的答案的备忘也需提交）。
6. 如上所述，你应该准备一个口头报告（你的老师将确定你报告的时间）。你应该运用报告制作软件并描述工作表的关键特征，并且讨论你的工作表如何为费罗狄先生带来收益。为了使得工作表更有效，应该加入哪些额外的信息？

1.4 案例4:克莱因技术培训中心

工作表案例 难度指数:★★

所需技能

你应该复习下面领域的相关技能

工作表技能

- ✓ 平均值函数
- ✓ 单元格式化
- ✓ 图表
- ✓ COUNTIF 函数
- ✓ 中值函数
- ✓ MODE 函数
- ✓ 多重工作表
- ✓ 数据透视图
- ✓ 数据透视表
- ✓ 求和(可选项)
- ✓ 工作表格式化

案例背景

克莱因技术培训中心面向本地公司提供信息技术培训,它不断努力地为客户提供高质量、及时地指导。作为质量至上战略的一部分,培训中心要求学员完成客户满意度调查表。满意度调查结果由公司创始人克莱因博士来评价。克莱因博士会根据调查结果对公司课程进行调整。

为了便于分析客户满意度调查结果,克莱因博士要求你开发一个调查结果工作簿。在准备工作簿时你要设计工作表、运用公式、使用一些函数、使用基本单元和工作表格式化技术,并且准备数据透视表和数据透视图报告。

案例情景

厄尔·克莱因博士是克莱因培训中心的创始人和校长。因为曾经是一所大学的副校长,所以克莱因博士接触到很多公司主管人员。正因为此,从一开始,克莱因高级培训中心就经历着稳固的经营增长,并且因为高质量的培训而享有盛誉。公司声誉的一部分来自 10 名高水平全职指导教师。指导教师教授不同种类的课程,从生产率到认证课程都包括。课程时长是一周,从每天早晨 8 点到下午 5 点,每班学生总数不超过 24 人。公司可以在校园里、客户所在地和其他地方提供授课。

一旦学员完成一门课程,他们的满意度调查也就完成了。这项调查帮助克莱因博士评判课程和指导教师的水平。图 1 给出一个调查问卷。

目前为止，克莱因博士只是读一遍调查问卷并没有时间来分析调查数据。克莱因博士知道调查问卷中包含了有价值的信息，所以他希望用一个电子表格来分析这些数据。克莱因博士委托你开发一个调查结果工作簿，使他可以输入和跟踪满意度调查结果。

当收集好调查问卷后，克莱因博士或他的秘书将为每个受访者的答案进行编码。对于每个问题，每个备选答案都给出唯一数字。例如，如果一个受访者对于问题 1 的答案是“否”，则克莱因博士将在工作表单元中记录“1”。如果受访者对于问题 1 的答案是“是”，则克莱因博士将在工作表单元中记录“2”。图 2 显示如何对调查问卷进行编码。

克莱因培训中心

满意度调查

1. **你曾经参加过由克莱因培训中心举办的课程吗？**

   a. 没有　　b. 有

2. **你曾经参加过由其他培训机构举办的课程吗？**

   a. 没有　　b. 有

3. **总的来说，我对课程感到满意。**

   非常同意　同意　中立　不同意　非常不同意

4. **我将参加克莱因培训中心举办的其他课程。**

   非常同意　同意　中立　不同意　非常不同意

5. **课程学到的知识对于我的工作有用。**

   非常同意　同意　中立　不同意　非常不同意

6. **教师有丰富的专业知识。**

   非常同意　同意　中立　不同意　非常不同意

7. **课程内容反映前沿知识。**

   非常同意　同意　中立　不同意　非常不同意

8. **教师的讲授符合规定的课程目标。**

   非常同意　同意　中立　不同意　非常不同意

图 1　客户满意度调查

如果回答是：	编码
没有	1
有	2
非常同意	5
同意	4
中立	3
不同意	2
非常不同意	1

图 2　客户满意度调查编码

设计要求

克莱因博士给你一份未完成的克莱因调查工作簿拷贝。克莱因调查工作簿在问卷工作表中包含抽样调查的数据。克莱因博士要求你在设计调查结果工作簿时使用调查工作表中的数据。图3和图4展示当前如何把数据组织到问卷工作表中。A到E列给出了课程相关的主要信息。因为主要信息已经获得,则不需要从调查者中收集这些信息。取而代之,当克莱因博士把回答录入工作表时他将录入主要的课程信息。图5解释了A到E列的编码。

F到M列显示了从调查表中获得的数据。这些列中的数据已经用图2中的编码准则进行过编码。例如,如果一名学员为调查表中的问题1选择答案"否",则在F列中显示1。类似的,如果一名学员为调查表中的问题1选择答案"是",则在F列中显示2(通过编码,可以方便分析数据)。

	A	B	C	D	E
1	课程编号	位置	教师编号	班级大小	课程开始日期
2	RTS1	2	2	1	3/6/2006
3	RTS1	2	2	1	3/6/2006
4	RTS1	2	2	1	3/6/2006
5	RTS1	2	2	1	3/6/2006
6	RTS3	3	5	1	3/6/2006
7	RTS3	3	5	1	3/6/2006
8	RTS3	3	5	1	3/6/2006
9	RTS3	3	5	1	3/6/2006

图3 调查结果样本数据

	F	G	H	I	J	K	L	M
1	问题1	问题2	问题3	问题4	问题5	问题6	问题7	问题8
2	1	2	4	3	4	4	4	4
3	2	2	5	4	4	5	4	5
4	1	2	1	2	5	1	2	5
5	2	1	1	2	4	4	4	4
6	2	2	4	4	2	5	4	5
7	2	1	4	2	1	5	5	2
8	2	1	5	5	5	4	5	2
9	1	2	4	5	4	3	3	5

图4 调查结果数据例子(续)

答卷工作表包含一个 2 周时长的调查回答。克莱因博士希望你在克莱因工作簿中加入一个概括工作表并且把工作簿保存成调查结果。概括工作表的目的是概括包含于问卷工作表中的调查数据。对于每个工作表,你要包括一个工作表标题。克莱因博士希望标题反映出工作表的内容,并且能反映出工作表中的数据覆盖的日期范围。克莱因博士希望列标题是描述性的名字。

列	编码	解释
A	使用实际课程号码	包含课程号码
B	1=客户位置 2=克莱因高级培训中心 3=其他位置	表示课程举行的位置。课程可以在客户所在地、克莱因培训中心或其他地点举行
C	使用教师的身份编号	包含教师的身份编号
D	1=1－8 个学生 2=9－16 个学生 3=17－24 个学生	表示参加课程的学生数量
E	使用课程开始的日期	表示课程开始的日期

图 5 主要的课程信息编码

当收回调查表后,克莱因博士或者他的助手将对调查结果进行编码并把个人调查结果录入问卷工作表中。在向问卷工作表录入调查数据时,克莱因博士希望每个调查的结果分配一个相对应的数字。这要求插入一个新列。此列应该在工作表的最左边,并且应该对包含调查结果的每一行给一个唯一的数字。因此,如果你有 20 个调查问卷,这些调查问卷的数字相应的是 1 到 20。

如前所述,概括工作表的目的是概括问卷工作表中的数据。除了受访者、课程号码、指导教师 ID 和培训开课日期列,概括工作表应该对剩余的列进行计算。对于每一列,这些计数应该反映某一特定问题特定答案的出现次数。例如,概括工作表应该显示在调查工作表中的某一特定列中有多少个“1”、“2”或者“3”。对于问题 3－8,克莱因博士希望在概括工作表中给出它们的均值、众数和中值。

在需要的地方,克莱因博士希望概括工作表信息后用图的形式给出。具体来讲,他要求你准备一些统计图,包括一个柱状图来比较每门课程的学员满意度比率,还有一个柱状图比较指导教师的满意度比率,和另一个条形图显示强烈同意此课程有帮助的受访者的数量。

信息说明

克莱因博士将在不同的水平上细致分析调查结果。如上所述,克莱因博士希望调查结果录入到问卷工作表中,并且要求在汇总工作表中看到汇总结果。克莱因博士还要求看到基于多条件的数据(如同一门课程的不同教师的满意度)。你要对克莱因博士提出建议,说明数据透视表和数据透视图是做这类分析的优秀工具。克莱因博士将使用这些工具来评价课程的每位教师的总体满意度比率,以及某位教师所教授的每门课程的目标满足率。

除了上面具体要求的信息，克莱因博士希望给出下面问题的答案。

1. 对于每门课程，对于每个班级规模的计数统计结果是什么？
2. 以前参加过培训的受访者的百分比是多少？用一个饼图来概括结果。
3. 有多少已经参加过其他公司培训课程的受访者认为或强烈认为他们将修克莱因培训中心的其他课程？
4. 有多少学员非常同意他们的老师有丰富的专业知识？对于每一门课程在单独的纸上分别显示信息。
5. 学员在指导教师能力符合课程目标的问题上如何评价他们的指导教师？对于每位教师，给出每种回答的统计数。如果可能的话，克莱因博士希望这个信息用一个统计图来表达（你可以选择统计图的形式）。

实施要点

虽然你可以自由的设计你的工作簿，但是工作簿中工作表要有一致、专业的外观，并且你应该对单元和工作表进行适当的格式化。

本案例要求你向工作表中插入列，把信息汇总到概括工作表中，运用公式，使用一些函数，并且使用数据透视表和数据透视图作为工具。虽然这取决于你如何设计概括工作表，但可以在公式中使用 COUNTIF 函数来确定问卷统计。

设计测试

在创建调查结果工作簿后，你应该进行设计测试。执行下列操作。

1. 找出开课时间为2006年3月6日和3月13日的调查结果，拷贝所包括的行。把拷贝的单元格贴到3月13日最后的输入值下面的紧邻行。对于新拷贝的单元，把课程开课时间从2006年3月6日改为2006年3月20日。对于新拷贝的单元，把课程开课时间从2006年3月13日改为2006年3月27日。（现在开课时间为4周，包括2006年3月6日，2006年3月13日，2006年3月20日，2006年3月27日）
2. 图6、7、8给出三个调查问卷的结果。把每个调查问卷的结果录入到问卷工作表（你需要对回答进行编码）。对于图6给出的调查结果，课程在2006年3月13日的这一周教授；课程号为RTS4；位置是3；指导教师ID是2，并且在客户地址教授15名学员。图7给出的调查结果，课程在3月20日的这一周教授；课程号为RTS4；位置是2；指导教师ID是3，并且在客户地址教授23名学员。图8给出的调查结果，课程在3月27日的这一周教授；课程号为RTS2；位置是1；指导教师ID是4，并且在客户地址教授10名学员。
3. 对于每名教师给出班级规模条件下的满意度统计比率。用一个数据透视表来概括这些信息。
4. 对于那些参加过其他公司培训的学员，他们如何评价克莱因培训中心？这些结果与那些没参加过其他公司培训的学员给出的结果比较如何？用数据透视表来概括这些信息。此外，准备一个图来概括这些信息（你选择图的具体形式）。
5. 对于某一门课程，多少学生强烈同意此课程为他们的工作提供有益的信息。用条形图概括你的结果。

克莱因培训中心

满意度调查

1. 你曾经参加过由克莱因培训中心举办的课程吗?

   (A. 没有)　B. 有

2. 你曾经参加过由其他培训机构举办的课程吗?

   A. 没有　(B. 有)

3. 总的来说,我对课程感到满意。

   非常同意　(同意)　中立　不同意　非常不同意

4. 我将参加克莱因培训中心举办的其他课程。

   非常同意　(同意)　中立　不同意　非常不同意

5. 课程学到的知识对于我的工作有用。

   (非常同意)　同意　中立　不同意　非常不同意

6. 教师有丰富的专业知识。

   非常同意　(同意)　中立　不同意　非常不同意

7. 课程内容反映前沿知识。

   (非常同意)　同意　中立　不同意　非常不同意

8. 教师的讲授符合规定的课程目标。

   (非常同意)　同意　中立　不同意　非常不同意

图 6　调查结果

克莱因培训中心

满意度调查

1. 你曾经参加过由克莱因培训中心举办的课程吗?

   A. 没有　(B. 有)

2. 你曾经参加过由其他培训机构举办的课程吗?

   A. 没有　(B. 有)

3. 总的来说,我对课程感到满意。

   非常同意　同意　中立　不同意　(非常不同意)

4. 我将参加克莱因培训中心举办的其他课程。

   非常同意　同意　中立　不同意　(非常不同意)

5. 课程学到的知识对于我的工作有用。

   非常同意　同意　中立　(不同意)　非常不同意

6. 教师有丰富的专业知识。

   非常同意　同意　中立　(不同意)　非常不同意

7. 课程内容反映前沿知识。

   非常同意　同意　中立　(不同意)　非常不同意

8. 教师的讲授符合规定的课程目标。

   非常同意　同意　中立　不同意　(非常不同意)

图 7　第二份调查结果

克莱因培训中心

满意度调查

1. 你曾经参加过由克莱因培训中心举办的课程吗?

A. 没有　　B. 有

2. 你曾经参加过由其他培训机构举办的课程吗?

A. 没有　　B. 有

3. 总的来说,我对课程感到满意。

非常同意　**同意**　中立　不同意　非常不同意

4. 我将参加克莱因培训中心举办的其他课程。

非常同意　同意　中立　不同意　非常不同意

5. 课程学到的知识对于我的工作有用。

非常同意　**同意**　中立　不同意　非常不同意

6. 教师有丰富的专业知识。

非常同意　**同意**　中立　不同意　非常不同意

7. 课程内容反映前沿知识。

非常同意　**同意**　中立　不同意　非常不同意

8. 教师的讲授符合规定的课程目标。

非常同意　同意　中立　不同意　非常不同意

图8　第三份调查结果

案例提交

为了圆满地完成案例,你应该依据案例情景中的描述建立工作簿,然后准备书面和口头报告。在没有特别说明的情况下,向你的老师提交以下作业。

1. 提交一份书面报告说明你在案例中使用的假设和案例的关键因素。另外,你在工作表中加入了哪些特性使得它具有更多功能?用户界面更友好?(请注意假设不能违背上述的任何具体要求,并且假设必须得到老师的同意)
2. 打印每一份工作表。
3. 打印一份工作表的公式。
4. 一份工作簿的电子拷贝。工作簿要满足在案例情景和说明中提到的标准。
5. 提交上面问题的答案(和你老师讨论的答案的备忘也需提交)。
6. 如上所述,你应该准备一个口头报告(你的老师将确定你报告的时间)。你应该运用报告制作软件并描述工作簿的关键特征,并且讨论你的工作簿如何为克莱因博士带来收益。为了使得工作簿更有效,应该加入什么额外的信息?

1.5 案例 5:特雷尔房产管理公司

电子表格案例 难度指数:★★

所需技能

你应该复习下面领域的相关技能

电子表格技能

✓ 平均值函数	✓ MIN 函数
✓ 单元格式化	✓ 多重工作表
✓ 图表向导	✓ 求和函数
✓ 外部引用	✓ 模板
✓ MAX 函数	✓ 工作表格式化

案例背景

雷纳和鲁珀特·特雷尔拥有一个小型房产管理公司,公司经营着 2 个双层楼公寓,3 个出租房和 3 栋商业楼的出租业务。作为他们管理业务的一部分,特雷尔公司记录每一个房间的收入和支出,以及业务的总收入和总支出。尽管他们现有的文件管理系统已经能够处理业务,但是特雷尔公司还是需要一个更灵活的房产管理系统,使其能够监控和分析他们业务不同层次的详细的现金流情况。

特雷尔公司邀请你设计一个标准的现金流工作表模板,来总结每次出租房产业务的收入和支出;制作一个汇总工作表,用来管理所有房产出租业务的收入和支出;并制作若干工作簿,用来整合现金流工作表。设计现金流工作表要求你选定合适的单元和工作表格式,利用一些函数和外部工作簿引用,并能与多个工作簿一同使用。

案例情景

就在去年,雷纳和鲁珀特·特雷尔还在寻找赚取额外退休收入的方法。经过选点、购买和修复一些在火山湖地区的房产,他们把这些房产向公众出租。特雷尔公司目前拥有 2 个双层楼公寓、3 个出租房和 3 栋商业楼。尽管这些房产出租业务给特雷尔公司带来了一些收入,但是供养这些房子的开销有时是很大的,因为所有的房间都有日常用具、财产税、保险费、广告费、日常维护费、原料费、有线电视费、公共设施费、劳力费和各种花费。

双层楼公寓、出租房和商业楼配置了大部分的日常用具,比如洗碗机、洗衣机、干衣机和冰箱。当房间的用具无法修理了，特雷尔公司将置换新用具，并收取费用。特雷尔公司还必须为每一个房间付财产税和保险费。财产税一般在每年的十二月付一次，保险费一般在每年的七月和十二月付两次。日常维护费包括割草、一般的景观美化、置换空气过滤器、打扫空的出租房间和托运垃圾。当一个出租房间需要修理或是日常维护，特雷尔公司记录劳力花费和原料成本。原料包括用来修理或清扫房间的所有材料。为了吸引潜在的租房者，特雷尔公司将免掉基本有线电视费，甚至商业楼也是如此。当一个房间空下来，特雷尔公司将在本地报纸上登广告，直到房间租出为止。

特雷尔公司使用一个简单的文件归档系统来记录每一个出租房间的收入和支出。尽管文件归档系统提供给特雷尔公司必要的收入和支出数据，但是分析这些收入和支出数据相当繁琐。特雷尔公司认识到，使用电子数据表将会使他们的房产管理事务变得更轻松、更有效、更精确。特雷尔公司邀请你将他们的收入和支出数据整合成电子工作簿，以便他们更好地管理他们的出租房产。

设计要求

特雷尔公司要求你为每一个出租房间制作一个现金流工作表和一个汇总的现金流工作表。特雷尔公司要求每一个现金流工作表有一个相似的外观和感觉，并能使用现金流工作表来管理将来购买的房产，所以必须有一个标准的现金流工作模板。一旦你制作好了标准的现金流模板，特雷尔公司将使用这个模板输入每个房间的收入和支出数据。图1给出了现金流工作表部分内容的草图。（图1给出了6个月的现金流工作表。你的现金流工作表要求设计成能容纳12个月的数据）

特雷尔房产管理公司
现金流工作表
（当前日期）

	1/1/06	2/1/06	3/1/06	4/1/06	5/1/06	6/1/06
租金						
支出						
劳力费						
原料费						
广告费						
有线电视费						
电费						
生活用具费						
资产						
保险金						
日常维护费						
杂费						

图1 现金流工作表

如图 1 所示，现金流工作表记录每一间出租房的月收入和支出。尽管图 1 中没有显示，但是特雷尔公司仍然想知道每一个月的总支出、月现金流、总现金流、本年度迄今为止总支出和总收入。月现金流就是月收入与月支出之差，总现金流是月现金流包括目前这个月的现金流的总和。本年度迄今为止总支出就是本年度到目前支出的加总。本年度迄今为止总收入就是本年度到目前为止的所有收入。

特雷尔公司想把单个的现金流工作表按照房产类型编组。因为特雷尔公司拥有三种类型的出租房产，你需要制作双层楼公寓、出租房和商业楼的工作簿。当现金流工作表和工作簿制作好后，你需要制作一个总工作表，并把总工作表放到它自己的总工作簿里。总工作表总结了在其他工作簿里的收入和支出数据，并应该显示出租房间的名字，以及出租房间的本年度迄今为止收入和本年度迄今为止每项支出种类的总和。总工作表还应该显示每一项房产的总支出和总现金流。因为总工作表必然涉及到多个工作簿里的数据，你需要利用总工作表里的外部单元引用(external cell reference)函数从其他工作簿中得到所需要的数据(你可以利用系统的在线帮助功能来复习外部单元引用功能)。特雷尔公司同时也要求总工作表类似于单个的现金流工作表。

信息说明

特雷尔公司将利用现金流工作表更好地管理他们出租房的收入和支出。每一单个现金流工作表提供了每一个出租房的月收入和支出、本年度迄今为止收入和支出月现金流以及总现金流的信息细节。除了这些信息外，特雷尔公司还要求单个现金流工作表为每个支出种类提供平均、最小和最大值，总工作表也要求提供这些数据。特雷尔公司要求你利用总工作表中的数据制作两个图表。第一个图用来比较每个房间的收入，第二个图用来比较每个房间的总支出(你可以选择图类型)。

除了以上信息说明要求之外，特雷尔公司还要求回答以下问题。利用最新设计的工作表，来回答特雷尔公司提出的以下问题。

1. 去年所有房间的收入有多少？
2. 刚过去的一年，每一个支出类中平均花费了多少？
3. 从总工作表数据来看，特雷尔公司的最大支出来自于哪项？
4. 出租房类的总收入是多少？
5. 出租房类的总支出是多少？
6. 出租房类可操作的收入是多少？
7. 特雷尔公司对每一类房产都应该提高租金吗？为什么？

实施要点

尽管你可以自由设计工作表，但每一个工作表都应该有一个一致的、专业的外观。同时，你应该使用合适的单元和工作表格式。例如，美元值应该显示美元标识并保留两位小数。因为工作表有相似的种类，包含相似的数据，所以你应该尽力保持工作表的外观相似。

特雷尔公司将使用单个现金流工作表来保存每个出租房产的收入和支出数据。总工作表用来统计在单个现金流工作表中的数据。当总工作表要调用外部数据时，你可以使用外部工作簿调用。尽管你可以手工把外部工作簿调用数据输入总工作表的单元里，如果你使用点击方法，将会更简单，且可以减少出错的机会(想要更多的外部工作簿调用信息，你可以使用系统在线帮助功能)。

设计测试

制作完商业楼工作簿、双层楼工作簿、出租房工作簿和总工作簿后，你应该测试一下你的设计。按下面的步骤测试。

1. 准备好一张现金流工作表，并把下面的房产数据更新到总工作表里。

   特雷尔公司购买了第三座双层楼公寓，并出租了其中的一个单元(第二单元正在进行装修)。双层楼公寓坐落在 Mockingbird1412 号，租金为 950 美元/月。11 月支出包括 2500 美元劳动力费、705 美元原料费、25 美元广告费、84.48 美元有线电视费、98 美元电费、1050.72 美元日常用具费和 50 美元日常维护费。12 月支出包括 84.48 美元有线电视费、98 美元电费、50 美元日常维护费。房产税和保险费在十二月支付。房产税是 1050 美元，保险费是 600 美元。
2. 特雷尔公司需要制作一个图，比较每个出租单元的本年度截至现在为止的收入(你可以选择图类型)。
3. 出租房产的总现金流是多少?

案例提交

为了圆满地完成案例，你应该按照案例情景中的描述建立工作簿，然后准备书面和口头报告。除非有其他要求，递交以下作业给你的老师。

1. 提交一份书面报告说明你在案例中使用的假设和案例的关键因素。另外，你在工作表中加入了哪些特性使得它具有更多功能？用户界面更友好？(请注意假设不能违背上述的任何具体要求，并且假设必须得到老师的同意)
2. 打印每一份工作表。
3. 打印一份工作表的公式。
4. 一份工作簿的电子拷贝。工作簿要满足在案例情景和说明中提到的标准。
5. 递交以上问题的答案(和你老师讨论的答案的备忘也需提交)。
6. 如上所述，你应该准备一个口头报告(你的老师将确定你报告的时间)。你应该运用报告制作软件并描述工作表和工作簿的关键特征，并且讨论你的工作表和工作簿如何为特雷尔公司带来收益。为了使得工作表和工作簿更有效，应该加入什么额外的信息?

1.6 案例 6:马克收藏店

电子表格案例 难度指数:★★★

所需技能

你应该复习下面领域的相关技能

电子表格技能

- ✓ 平均值函数
- ✓ 单元格式化
- ✓ 图形
- ✓ COUNTA 函数
- ✓ COUNTIF 函数
- ✓ 导入外部数据(可选项)
- ✓ 插入列
- ✓ MAX 函数
- ✓ 中值函数
- ✓ MIN 函数
- ✓ 模式函数
- ✓ 数据透视表
- ✓ 分类
- ✓ 求和函数
- ✓ 工作表格式化

案例背景

马克收藏店是一家新开的出售 Tree Point Babies 知名品牌的毛绒玩具在线再售商。小型在线商务网站的主人马克·艾伦,定期地从他的网站主机服务器上下载网站的通信量统计信息。因为下载的数据是一种不能直接使用的格式,艾伦先生聘请你制作一个网站数据统计分析工作表。网站数据统计分析工作表提供给艾伦先生有关网站访问者的信息,包括访问网页数、操作系统的类型、浏览器、访问时间和使用带宽。制作这个工作表要求你选择合适的格式,设计网站数据统计分析工作表,确定每一个访问者的访问时间、最受欢迎的操作系统、最受欢迎的浏览器、最受欢迎的网站链接和最常用的带宽量。

案例情景

几年前,一种称为 Tree Point Babies 的小毛绒玩具变得非常受收藏家的欢迎,置换旧的 Tree Point Babies 玩具的需求也持续增长。每月,Tree Point Babies 都推出几个新款的毛绒玩具。像艾伦先生这样的收藏家,购买很多这样的毛绒玩具,以期望过段时间以高价再卖出。

马克收藏店是一家新开的、小型的、在线的并非常受欢迎的 Tree Point Babies 毛绒玩具再售商。为了扩大他的市场,艾伦先生建立了一个小网站,来展示他能出售的 Tree Point Babies 毛绒玩具的高水准图片。艾伦先生按常规给网站托管服务付费以帮助其托管网站。作为服务的一部分,网站托管服务提供给艾伦先生一个网站的通信统计数据文本文件。图1给出了这种数据的样本(带宽以千比特计算)。目前,艾伦先生每月从网站托管服务购买了10GB的带宽。如果他想要更大的带宽,他将要为额外的带宽付费。

IP 地址	操作系统	浏览器	网站链接	加入收藏夹	进入	退出	带宽	访问网页数
999.010.210.133	windows	MicrosoftIE	直接链接	是	38718.47638	38718.49344	400	4
999.250.150.140	windows	Mozilla	Yahhoo	否	38720.47352	38720.48189	1	3
999.111.233.190	windows	Netscape	Lycos	是	38720.58203	38720.60697	250	2
999.140.152.160	windows	MicrosoftIE	AltaVista	否	38722.42990	38722.44541	750	15
999.180.007.222	Macintosh	MicrosoftIE	Overture	否	38722.61228	38722.62361	255	4

图1 来自网站统计数据文本文件的样本数据

设计要求

像前面提到的那样,艾伦先生定期地下载包含网站通信数据的文本文件。如图1所示,文本文件是不可用格式,而这些数据必须转换成可用的格式以提供给艾伦先生有用的信息。

艾伦先生将给你最近的关于他网站通信数据的文本文件,并要求你把数据输入工作表。为了提高数据的外观质量,艾伦先生请你选择合适的数据格式。例如,你可以选用时间显示格式,以更容易地看到访问者进入和退出网站的日期和时间。同时你要为工作表制作一个表头。艾伦先生还特别要求你制作的工作表标题和日期范围能按照数据的时间连续性显示,并置于工作表顶部。

艾伦先生想给每一行数据分配一个访问者编号。这些访问者编号能够帮助他迅速地知道访问他网站的访问者数量,但也不需要为每一个访问者编号。把访问者编号加入工作表需要新增加一栏。艾伦先生想要把访问者编号置于工作表的最左边一栏。

对于每一次访问,艾伦先生想要知道访问时间。当你研究这些导入数据时,你会发现表里面已经包括了每一个访问者进入和退出网站的时间。于是,你决定插入一个访问时间栏。你可以通过计算进入和退出网站的时间差得出访问时间值,从而确定访问时间值。

信息说明

对于访问时间、带宽和访问网页数这些栏,艾伦先生想要工作表显示这些栏的中值和平均值,并显示带宽和访问网页数栏的模式。中值就是访问时间、带宽和访问网页数的数值的中间值。模式显示了出现最频繁的带宽和访问网页数的数值。平均值提供访问时间、带宽和访问网页数栏的平均数值。艾伦先生同时也想要工作表能够显示访问时间、带宽和访问网页数栏的最大和最小值。

艾伦先生想要以下问题的答案。利用你新设计好的网站数据统计分析工作表,来回答艾伦先生的问题。

1. 日平均使用的带宽是多少?

2. 一月份访问的网页数是多少呢？二月份呢？三月份呢？假如艾伦先生想要一个图表来比较每个月访问的网页数，哪一种类型的图表合适呢？制作一个这样的图表。
3. 每一位访问者的平均停留时间是多长？访问者停留网站的最长时间是多少？最短时间呢？
4. 艾伦先生想要一个图表，来比较用于连接他的网站的网站链接数和网站链接使用次数。图表显示每月网站链接数据。
5. 将网站加入访问者喜爱连接列表的访问者占多大百分比？使用图表来比较每月访问者百分数。
6. 艾伦先生想要知道按访问者使用的操作系统、链接、浏览器分类，访问者的平均停留时间是多长。艾伦希望这些信息以数据透视表形式显示。根据这些结果，你能得出什么结论？

实施要点

工作表的设计让你能轻松工作的同时，每一个工作表还应该有一个一致的、专业的外观。同时，你应该为每个单元和工作表选择合适的格式。你的老师将或者提供给你在案例情景中的包含网站数据统计的文本文件，或者怎样获得需要的网站统计数据的方法。

设计测试

制作完你的网站统计数据分析工作表后，你应该测试一下你的设计。按照下面的步骤来进行测试。

1. 把下面四月份的数据加入你的工作表。

IP 地址	操作系统	浏览器	网站链接	加入收藏夹	进入	退出	带宽	访问网页数
999.010.210.133	windows	Microsoft IE	直接链接	是	38808.4800	38808.5000	420	4
999.244.150.140	Windows	Mozilla	Yahoo	否	38809.5900	38809.6300	100	3
999.107.233.190	Windows	Mozilla	Lycos	是	38810.9214	38811.0200	250	2
999.144.152.163	Windows	Mozilla	AltaVista	否	38811.0500	38811.1200	950	15
999.182.007.219	Macintosh	MicrosoftIE	Overture	否	38812.4800	38812.5000	450	7

2. 哪一种操作系统最受欢迎？制作一个图表比较操作系统使用情况和百分比。图表应该显示每月操作系统使用的百分比。
3. 哪一种浏览器最受欢迎？制作一个图表来比较浏览器的使用情况和百分比。制作一个图表比较每月的浏览器和它们的总数。
4. 每月使用了多大的带宽？制作一个图表比较每月带宽的利用率。艾伦先生应该提高或降低他的带宽吗？
5. 艾伦先生想知道操作系统、链接和浏览器的平均带宽，这些信息显示在数据透视表里。根据这些结果，你将得出什么结论呢？
6. 艾伦先生对网站进行备份和更新的日常维护。维护过程常常要花费 30 分钟到 1 个小时的时间来完成。用网站访问数据，他怎么来确定维护网站的最佳时间，也就是对用户打断最小的时间？这个最佳时间是什么时段？

案例提交

为了圆满地完成这个案例，你应该制作一个符合案例情景描述要求的工作表，然后准备书面和口头的报告。在没有特别说明的情况下，递交以下的作业给你的老师。

1. 提交一份书面报告说明你在案例中使用的假设和案例的关键因素。另外，你在工作表中加入了哪些特性使得它具有更多功能？用户界面更友好？（请注意假设不能违背上述的任何具体要求，并且假设必须得到老师的同意）
2. 递交工作表打印稿一份。
3. 递交工作表公式打印稿一份。
4. 递交一份能正常使用并符合案例情景和说明部分要求的电子工作表拷贝。
5. 递交上面问题的答案（和你老师讨论的答案的备忘也需提交）。
6. 如上所述，你应该准备一个口头报告（你的老师将确定你报告的时间）。你应该运用报告制作软件并描述工作表的关键特征，并且讨论你的工作表如何为艾伦先生带来收益。为了使得工作表更有效，应该加入哪些额外的信息？

1.7 案例7:梅甘·戴维斯会议中心

电子表格案例 难度指数:★★★

所需技能

你应该复习下面领域的相关技能

电子表格技能

- ✓ 自动筛选
- ✓ 平均值函数
- ✓ 单元格式化
- ✓ 图表
- ✓ 日期计算
- ✓ IF 函数
- ✓ Microsoft 查询
- ✓ 嵌套函数
- ✓ 数据透视表
- ✓ 汇总
- ✓ VLOOKUP 函数
- ✓ 工作表格式化

案例背景

梅甘·戴维斯会议中心坐落在大都市的郊区,这里经常举行公司会议、重大活动和教育研讨会。会议中心的地理位置、外观、设施和显著的声誉吸引着来自全美国的个人和公司。为了确保预订成功,这些人都要提前一年甚至更长时间预订房间。

梅维丝·比林斯利是会议中心的活动协调员,她负责安排会议房间和帮助租用会议中心的客户安排活动计划。比林斯利女士现在使用 MDCC 预订数据库来追踪会议中心的会议室的预订情况。她想要把预订的数据输入电子表格来进行分析。现在,她要求你把预订的数据输入电子表格,并通过插入一些栏目,使用汇总、图表、数据透视表和自动筛选工具增加工作表的功能来分析这些预订数据。

案例情景

比林斯利女士作为梅甘·戴维斯会议中心的活动协调员,负责管理会议房间的预订。梅甘·戴维斯会议中心目前拥有五个标准的会议间、一个会议中心、一个会议室和一个会堂。一个客户可以预订一个或所有的会厅。会议中心主要用来举办大型会议,但中心可以分成四个小会议室,因此,可以为会议中心提供更多的会议室。当预订会议室时,客户可以对座位有特殊安排,比如要圆形桌、教室、讲台或 U 型桌。一个会议间可用的座位数量由座位安排决定。图 1 是座位安排类型及其代码。

梅甘·戴维斯会议中心 可用座位安排	
座位安排	代码
圆形桌	CI
教室	CL
讲台	LE
U 型桌	US

图 1 可用座位安排

每天，比林斯利女士都要应付客户的咨询电话，提供可用房间的数量、房间容量和价格的信息。会议中心客户有标准、高级和专门级别之分。标准级别的客户预订需要提前少于 6 个月，高级级别的客户预订可以提前 6 个月甚至更长时间，而专门级别的设置是作为吸引对梅甘·戴维斯会议中心高度认同的公司或组织的手段。图 2 是会议房间的租金表。

梅甘·戴维斯会议中心 日常会议室租金				
房间代码	会议室类型	高级间租金(美元)	标准间租金(美元)	总统间租金(美元)
AU	会堂	2418.75	2925.00	1735.00
BD	会议室	1912.50	2550.00	1330.00
CF	会议中心	2475.00	3200.00	1330.00
AL	阿拉巴马州	1950.00	2300.00	1390.00
CA	加利福尼亚	1987.50	2350.00	1422.50
CO	科罗拉多州	1968.75	2325.00	1375.00
FL	佛罗里达	1950.00	2300.00	1390.00
GA	乔治亚州	1931.12	2275.00	1431.25

图 2 会议室租金

设计要求

比林斯利女士需要的预订数据目前存储在 MDCC 预订数据库的预订详单表里面。因为比林斯利女士将使用电子表格应用软件来分析这些预订数据，所以你需要把这些数据导入到工作表里面。这时候，你想起来可以利用 Microsoft Query 简单地将数据导入到工作表中。而比林斯利女士则可以重新利用查询来获得最新的预订数据来进行分析，于是你保存查询结果以备未来之需。

比林斯利女士要求你检索预订详单表里的所有数据项。当你输入预订数据到工作表里的时候，你发现输入的数据没有房间的日费用、预订天数或客户的总费用。比林斯利女士解释说，这些数据没有存储在数据库里面，因为这些数值可以从其他数据库域中查找得到。因此，数据库不需要在每一个记录里存储这些数据。而当比林斯利女士需要这些信息来进行分析时，你得把这些需要的栏目插入到你的工作表中。

房间日费用栏说明了客户所选择的特定的房间应该为其所付的每天费用。房间费用的确定可以通过查询房间代码和房间级别代码，从而知道客户所需付费情况。确定这一栏的值，你需要在查询表里输入房间代码和级别代码来查询。因此，查询表是必需的，于是用图 2 的数据来构建你的查询表。你意识到查询表将来可能会需要修改，于是你把查询表放置到它自己的工作表里。

预订天数栏说明了客户预订使用会议室的天数。确定这一栏的值，需要一个能代入天数的公式。用退房时间减去订房时间并不能得到准确的客户预订房间的天数，所以你的计算公式必须考虑这些因素。

总费用栏显示的是按照客户预订会议室天数计算的总费用。例如，如果一个房间一天的出租价格是 1735 美元，租借 2 天的话，总费用就是 3470 美元。

信息说明

当客户预订了一个会议室，比林斯利女士把预订数据输入 MDCC 预订数据库来处理。比林斯利女士知道 MDCC 预订数据库包含了有关客户预订的重要细节，并且现在她想利用电子表格应用软件来分析这些预订数据。确切地说，比林斯利女士还需要了解各种会议室的预订率。她需要一个数据透视表和图表来比较每一级别会议室的预订率(你可以选择图表类型)。她还希望统计每一个会议室的座位类型，以及房间的总费用。

比林斯利女士需要知道会议中心客户的预订习惯。例如，她想知道客户平均提前预订的时间。她还想知道每个客户预订会议室数量及其总费用。此外，你还需要制作一个图表来比较每个房间的收入。

除了以上信息要求以外，比林斯利女士想知道下面问题的答案。你可以用数据透视表、分类汇总、图表和自动筛选工具回答这些问题。

1. 客户预订房间的平均时间是多少？
2. 如果预订的开始使用时间是 2006 年 8 月 5 日，那么每个客户的总费用是多少？
3. 总的来说房间一天的平均费用是多少？
4. 哪种座位搭配最受欢迎？
5. 2006 年 2 月 15 日公司收到哪些预订？这些预订的总费用是多少？
6. 根据客户的总付费找出 5 个总费用最高的客户。

实施要点

尽管你可以自由设计工作表，但是每一个工作表都应该有一个统一的、专业的外观。同时，你应该为每个单元和工作表选择合适的格式。例如，所有包含美元值的单元都应该使用货币格式，并保留到小数点后两位。同时，应该给工作表和工作表的行列设定合适的标题。

为了按照以上的要求制作工作表，你需要导入外部数据、插入一些列、构建包括 IF 和 VLOOKUP 函数的公式、处理日期并利用其他工具，比如数据透视表、自动筛选、图表、Microsoft Query 和分类汇总。

你可以利用 Microsoft 的 Query 向导输入预订数据。它将引导你从 MDCC 预订数据库的预订详单里检索外部数据。记住，设计测试部分要求你修改数据库查询，并建立新的查询来检索符合要求的外部数据（你可以使用系统的在线帮助功能来查找使用 Microsoft Query 和 Microsoft Query 向导的方法）。

设计测试

制作好工作表后，还需要进行测试。按照下面的步骤进行测试。

1. 已知预订的开始使用时间是 2006 年 8 月 12 日，比林斯利女士要你从预订详单里面检索预订数据。（提示：这将要求修改查询）
2. 当从预订详单里检索数据时，比林斯利女士需要利用查询提示她预订房间的开始使用日期。建立一个新的查询，对于特定的预订，使之能够提示比林斯利女士预订日期。运行若干次查询并输入不同的预订开始日期。
3. 当从预订详单里检索数据时，比林斯利女士想得到特定客户的预订信息。建立一个能够提示比林斯利女士的特定的客户编号查询。运行若干次查询并输入不同的客户编号。

案例提交

为了圆满地完成这个案例，你应该建立一个符合案例情景描述要求的工作表，然后准备书面和口头的报告。如果没有其他特殊要求，递交以下的作业给你的老师。准备下面文档时，你可以使用预订详单里的所有数据。

1. 提交一份书面报告说明你在案例中使用的假设和案例的关键因素。另外，你在工作表中加入了哪些特性使得它具有更多功能？用户界面更友好？（请注意这些假设不能违背上述的任何具体要求，并且假设必须得到老师的同意）
2. 打印每一份工作表（包括图表和数据透视表）。
3. 打印一份工作表的公式。
4. 递交符合案例情景和说明部分要求的电子工作簿拷贝。
5. 递交以上问题的答案（和你老师讨论的答案的备忘也需提交）。
6. 如前所述，你应该准备一个口头报告（你的老师将确定你报告的时间）。你应该运用报告制作软件并描述工作簿的关键特征，并且讨论你的工作簿如何为比林斯利女士带来帮助。为了使得工作簿更有效应该加入哪些额外的信息？

1.8 案例 8:BJR 投资公司

电子表格案例 难度指数:★★★

所需技能

你应该复习下面领域的相关技能

电子表格技能

- ✓ 高级筛选
- ✓ 自动筛选
- ✓ 图表
- ✓ DAVERAGE 函数
- ✓ DMAX 函数
- ✓ DMIN 函数
- ✓ DSUM 函数
- ✓ Excel 列表
- ✓ 格式化
- ✓ IF 函数
- ✓ 数据透视表
- ✓ 行列名称
- ✓ Web 查询

案例背景

BJR 投资公司是一家提供全方位服务的经纪公司,它为公司当前客户和预期客户提供各种财务计划服务。布拉德利·J·雷诺兹是这家公司的所有人,公司提供诸如有利税金计划、退休和房地产计划、共有基金、养老金、股票和风险管理等的投资建议。雷诺兹先生乐于帮助他的客户管理投资组合,投资规模从 1000 美元到 3 百万美元以上。他的投资建议、个人魅力和 15 年的投资经验受到客户的赞叹。他对细节的关注使得他的业务持续增长。

雷诺兹先生想要为每一个客户开发一个投资组合工作表。他认为,投资组合工作表能够为客户提供目前的投资数据,因此能够帮助他更好地追踪客户的投资情况。投资组合工作表把客户的股票信息组合成一个 Excel 列表,并能从网页检索最新的股票信息。当最新股票信息被检索完后,雷诺兹先生就会用自动筛选、高级筛选、数据透视表和数据透视图报告(PivotChart Report)这些工具来分析这些信息。

案例情景

雷诺兹先生请你开发一个投资组合工作表,为他的每位客户服务。投资组合工作表能够提供给雷诺兹先生股票代码、公司名称、所属行业和公司市值,以及参股数、买入日期、买入价格、佣金、总成本、投资组合百分比、股票现值、当日收盘价格(last price)、上一个交易日收盘价格(previous close)、收益、市盈率(price-earning)和每股收益(earnings-per-share)率。当投资组合工作表把客户的投资信息组合起来后,雷诺兹先生就能更好地监控客户的投资行为,并提供及时、准确的建议。同时,雷诺兹先生相信客户也会感激他这种细心的服务。

投资组合工作表建立好后,雷诺兹先生就会利用数据透视表、自动筛选、高级筛选和作图工具分析客户投资组合工作表,然后提供给客户尽可能好的投资建议。他还会打印一份工作表、图表和数据透视表的副本提供给客户。

雷诺兹先生渴望在公司开始使用工作表,他提供了一位客户的部分完成工作表,并请你为他完成全部投资组合工作表。

设计要求

已完成一部分的投资组合工作表栏目包括股票代码、公司名称、所属行业、参股数、买入日期和买入价格栏。工作表要有一个描述性的标题、合适的栏目标题和恰当的单元格式。请你为工作表提供一个描述性工作表标题和合适栏目标题。当工作表处理股票信息的时候,工作表标题应显示日期和当前时间。对于涉及美元数值的单元,你要将其设定为货币类型,并保留两位小数。

对于每一种股票,雷诺兹先生要求能看到股票的代码、公司名称、所属行业和公司市值,以及参股数、买入日期、买入价格、佣金、总成本、投资组合百分比、股票现值、当日收盘价格、上一个交易日收盘价格、收益、市盈率和每股收益率。图 1 是建议的工作表的草图。在你研究了工作表后,意识到雷诺兹先生必须输入股票代码、公司名称、所属行业、参股数、买入日期和买入价格。剩余栏目的值可以检索到或根据输入值内容计算出来。市值、当日收盘价格、上一个交易日收盘价格和每股收益都可以从网上搜索。

BJR 投资公司
投资组合工作表
(当前日期和时间)

代码	公司	行业	市值	股票份额	买入日期	买入价格	佣金	总成本	投资组合百分比	现值	当日收益价格	上一个交易日收盘价格	收益	市盈率	每股收益

图 1 当前投资工作表

总成本、投资组合百分比、现值、收益、佣金和市盈率都是计算值，因此需要编写计算公式。图 2 给出了计算总成本、投资组合百分比、现值、市盈率和收益的公式。这时你询问雷诺兹先生怎么计算佣金。他告诉你，他收取买入价格 2% 的费用或 25 美元的常规费用这两者之间的最大者。根据这个回答，你知道佣金单元填入多少费用。所以计算需要支付多少佣金需要调用 IF 函数。虽然市盈率能从网上搜索得到，但是雷诺兹先生还是想要这个值是根据工作表里的数据计算得出。市盈率计算很简单，因为股票的市盈率是由当日收盘价格除以股票每股收益得出的。

投资组合工作表公式	
总成本	买入价格×股票份额＋佣金
投资组合百分比	$\frac{\text{股票的现价}}{\text{所有股票的总现价}}$
现值	当日收盘价格×股票数
收益	$\frac{\text{股票现价}-\text{股票(买入)价格}}{\text{股票(买入)价格}}$
市盈率	$\frac{\text{当日收盘价格}}{\text{每股收益}}$

图 2 投资组合工作表所需公式

在研究新工作表的设计要求之后，你认识到市值、当日收盘价格、前一个交易日收盘价格和每股收益率需要当前股票的市场信息。幸运的是，MSNStockQuote 函数使搜索这些信息变得简单。当 MSNStockQuote 函数被更新后，最新的股票市场信息就会显示到单元里面。你利用 MSNStockQuote 函数搜索市值、当日收盘价格、前一个交易日收盘价格和每股收益。一旦你获得了最新的股票市场信息，你就可以用公式计算现值和收益。（除了 MSNStockQuote 函数外，MSN MoneyCentral Investor Stock Quotes Web 查询也能检索最新股票信息。你的老师会指定利用哪个函数。你可以用系统的在线帮助功能学习 Web 查询）

雷诺兹先生需要佣金、买入价格、现值、收益和市盈率栏的平均值、最小值和最大值，以及投资组合百分比、前一个交易日收盘价格和每股收益栏的最小值和最大值。因为他要使用这些数据，所以他请你使用数据库的函数来计算出这些栏的值。

信息说明

雷诺兹先生将从不同角度分析股票数据。例如，他想知道行业利润，用图表表示不同行业的利润对比情况。接下来，他想知道每一个股票的收益、市盈率和每股收益率。他想把这些信息按行业分类，但他不需要总数。建议你使用数据透视表和数据透视图报告工具完成。

除了以上特别要求的信息外，雷诺兹先生请你执行下面的操作。在适当的时候，你可以使用自动筛选和数据透视表工具。

1. 找出价格最高的股票。
2. 找出收益最高和最低的股票。
3. 找出哪支股票有最大市盈率，最小市盈率。
4. 找出哪支股票有最高前一个交易日收盘价格，最低前一个交易日收盘价格。
5. 找出哪些交易客户付了25美元的常规费用，哪些交易客户付了2%的佣金。
6. 找出买入价格高于50美元的股票，及负收益的股票。
7. 找出买入价格低于50美元的股票，及正收益的股票。
8. 找出每一支股票的买入价格、当日收盘价格和前一个交易日收盘价格。雷诺兹先生希望了解每一行业中这些信息的分页显示。

实施要点

尽管你可以自由设计工作表，但是所有工作表还应该有一个一致的、专业的外观。同时，你应该为每个单元和工作表选择合适的格式。例如，美元值应该显示美元符号并保留到小数第二位。

为了完成案例情景的任务，你的工作应该能够检索当前股票信息。尽管案例情景中建议使用MSNStockQuote函数，你也可以使用MSN MoneyCentral Stock Quotes Web查询。由于MSNStockQuote函数对于返回的信息提供更好的控制，因此建议使用该函数。然而，MSNStockQuote函数需要MSN MoneyCentral Stock Quotes插件。尽管这个插件能够在微软的网站得到，但是由于一些原因，你可能不能马上得到插件(你的老师会指定使用哪种方法)。如果你选择使用MSN MoneyCentral Stock Quotes Web查询，你将需要修改工作表来存储Web查询返回的信息。

案例情景提到的佣金是基于买入价格的。对于每一项交易，雷诺兹先生将根据2%的代理费和25美元的常规费用哪一个费用更高来收费。使用IF功能，可以在佣金单元建立这样的逻辑功能(你可以使用系统在线帮助功能学习IF功能)。

你需要使用高级筛选工具提供给雷诺兹先生需要的信息。为高级筛选工具制定一个指标范围。一般来说，应该把标准范围放置在Excel列单的上方或下方。在列表中筛选数据时，你可以使用DAVERAGE、DMIN、DMAX和DSUM函数筛选列表数据，而非AVERAGE、MINIMUM、MAXIMUM和SUM函数。数据库功能将准确地显示筛选后列表的平均值、最小值、最大值和总值。然而，其他Microsoft Excel功能可能做不到。为了你建立的工作表功能可以正常运行，你应该在使用数据库功能之前制定指标范围。

设计测试

按照案例背景的要求制作好投资组合工作表后，还需要进行测试。按照下面的步骤进行测试。

1. 将以下股票信息加入投资组合工作表。买入日期就取今天的日期。买入价格就取股票的前一个交易日收盘价格。

新股票			
代码	公司	行业	数量
HDI	Harley-Davidson	奢侈品	100
HNZ	Heinz	食品	200
NBR	Nabors Industries	油气	50
NCR	NCR Corp.	电脑	200
HSY	Hershey Foods	食品	100
AHC	Amerada Hess	石油	50
BBT	BB&T Corp.	银行	50
BMS	Bemis Co.	包装	50
CCU	Clear channels Communications	广播	50

2. 所有股票的平均佣金是多少？市盈率的平均值呢？
3. 对于买进的新股票，哪一支有最高回报？哪一支最低？对于新股票，给出佣金、现值和市盈率的平均值。然后，给出新股票的最大和最小值。
4. 哪一个大型市值公司有最大回报率？市盈率？每股收益率？（大型市值公司有超过50亿美元的市值）
5. 哪一个中型市值公司的股票有最高的现值？哪一个有最低现值？（中型市值公司在5亿美元到50亿美元市值之间）
6. 从投资组合百分比中找出客户投资排名前五的公司。
7. 基于投资组合工作表中的信息，推荐哪一支股票从投资组合中除去？
8. 雷诺兹先生需要了解相同市值大小的公司数，同时他希望每一个行业的信息分页显示。

案例提交

为了圆满地完成这个案例，你应该建立一个符合案例情景描述要求的工作表，然后准备书面的和口头的报告。除了其他的要求外，递交以下的作业给你的老师。

1. 提交一份书面报告说明你在案例中使用的假设和案例的关键因素。另外，你在工作表中加入了哪些特性使得它具有更多功能？用户界面更友好？（请注意假设不能违背前述的任何具体要求，并且假设必须得到老师的同意）
2. 打印每一份工作表（包括图表和数据透视表）。
3. 打印一份工作表的公式。
4. 提交符合案例情景和说明部分要求的电子工作簿拷贝。
5. 提交上面问题的答案（和你老师讨论的答案的备忘也需提交）。
6. 如上所述，你应该准备一个口头报告（你的老师将确定你报告的时间）。你应该运用报告制作软件并描述工作簿的关键特征，并且讨论你的工作簿如何为雷诺兹先生带来帮助。为了使得工作簿更有效，应该加入哪些额外的信息？

1.9 案例9:麦迪逊百货公司

电子表格案例 难度指数:★★★★

所需技能

你应该复习下面领域的相关技能

电子表格技能

- √ 高级筛选
- √ 自动筛选
- √ 平均值函数
- √ 单元引用
- √ 图表
- √ 合并工作表
- √ DAVERAGE 函数
- √ DMAX 函数
- √ DMIN 函数
- √ DSUM 函数
- √ Excel 列表
- √ 分组工作表
- √ IF 函数
- √ MAX 函数
- √ MIN 函数
- √ 嵌套函数
- √ 数据透视表
- √ 行列名称
- √ SUM 函数
- √ VLOOKUP 函数

案例背景

西尔威斯特·塔基奥深知百货公司销售团队的重要性,特别是对于麦迪逊这样知名且适合高消费阶层的百货公司。顾客一直喜欢麦迪逊公司销售员工提供的专业知识、一丝不苟的态度和服务。维持销售团队的素质是塔基奥先生的日常工作。他谨慎地评估员工的绩效,并适时做出调整。现在,塔基奥先生通过阅读日和周销售报表来考核销售人员的绩效。问题是这些报表是用 word 格式制作的。塔基奥先生没有有效的方式去详细地分析这些销售数据。你作为麦迪逊公司的一名实习生,你的表现给塔基奥先生留下了深刻的印象。因此,塔基奥先生请你为他建立一个销售团队工作表。你需要建立周一到周日的七日销售工作表和一个周销售总结工作表,使用数据透视表和自动筛选工具来分析销售数据,并制作若干图表。

案例情景

麦迪逊是一家享有声誉、适合上流阶层消费的百货公司,坐落于一个大都市的商业街。公司有专门的女士、男士、儿童、化妆品、科隆香水、亚麻制品、家具和家用器皿柜台。麦迪逊公司拥有这么好的声誉原因之一是他有一批训练有素的销售员。麦迪逊公司管理层深信应该奖赏辛勤工作的销售人员，所以除了小时工资外，对于超额完成销售任务的销售代表还特别支付提成。

销售代表分为兼职和全职两种。兼职销售代表又分为销售助理和销售伙伴。全职销售代表又分为经理助理、销售顾问或销售合伙人。兼职销售代表一周工作 20 个小时，而全职销售代表一周工作 40 个小时。销售代表需要输入一天的工作小时，但他们不加班。在公司内部，销售代表进行分级，并按照他们的工作经验和在本公司的工作年限领取薪水。销售代表如果超额完成他们的分配份额任务将会得到一份提成。因为销售人员一天的工作时间是不同的，所以销售任务分配就基于工作时间来定。例如，如果一个销售代表一小时销售任务是 100 美元，并且他工作 5 小时，那么他一天的销售任务就是 500 美元。对于超过 500 美元的销售，销售代表将会得到一定提成。图 1 是时工资和制定的销售任务。

销售员代码	销售职位	时工资(美元)	销售任务(美元)	分成率
AM	经理助理	20.00	200.00	0.030
PT1	销售助理	8.50	100.00	0.010
PT2	销售伙伴	8.75	125.00	0.015
S1	销售合伙人	10.50	150.00	0.020
S2	销售顾问	12.00	175.00	0.025

图 1　时工资和销售任务

每天工作一结束，塔基奥先生都要做每日的销售报表。如图 2 所示，日销售报表总结了员工的销售表现(图 2 中的数据只是起到一个举例说明的作用，你做的报表格式和数据可能变化)。这个报表详细说明了员工的名字、业绩排名、所属部门、日销售额、工作时间、基本工资、提成和总工资。在每一周结束时，塔基奥先生都要用每日的销售报表来做周销售报表。周销售报表是对日销售情况的一个汇总。塔基奥先生目前是使用 word 来制作报表的。然而，他认识到电子表格应用软件正是一个他需要的非常棒的总结和分析工作情况的工具。塔基奥先生想请你为他建立一个销售工作簿。

麦迪逊百货公司 日销售报告 (现行日期)							
雇员	职位	部门	销售额(美元)	工作时间	基本工资(美元)	提成(美元)	薪水总额(美元)
Allbaugh, Joshua	AM	男装部	4000.00	8.0	160.00	72.00	232.00
Blake, Barney	S2	化妆品部	456.76	2.5	30.00	0.48	30.48
Bolyard, Pat	S2	家用品部	450.98	3.0	36.00	0.00	36.00
Stanton, Catrina	S1	女装部	821.36	7.0	73.50	0.00	73.50

图 2　日销售报表

设计要求

每天，塔基奥先生都要把每个销售人员的销售额和工作时间输入日销售工作表。现在，他希望工作表能算出销售人员的基本工资、提成和总工资。因为总工资的计算是基本工资加上提成，而计算基本工资和提成又需要参考查找表格里面的相关数值。因为，查找表格要求便于获取且必须是保持更新的，你得把查找表格放置在工作表里。

基本工资和提成由销售人员在公司的级别决定。例如，一个经理助理每小时的薪水是 20 美元，并能得到 3%的销售额提成。相比之下，一个销售合伙人每小时的薪水是 10.50 美元，并能得到 2%的销售提成。你可以用 VLOOKUP 函数把基本工资等级算法编入基本工资，用 IF 和 VLOOKUP 函数把提成算法编入提成单元。基本工资公式利用销售员工的销售级别来检索恰当的小时工资，然后把时工资乘上工作时间。相应提成的确定比基本工资算法更复杂。例如，提成公式由相应的提成率和基于这个提成率的销售额部分来计算。因为提成公式包括查找和计算，你需要把 IF 和 VLOOKUP 函数嵌套进去(你可以阅读系统在线帮助来查找 IF 和 VLOOKUP 函数以及怎样嵌套的方法)。

像之前提到的，塔基奥先生想把日销售报表汇总成周销售报表。周销售报表提供每个销售员工的周销售额、工作时间、基本工资、提成和总工资。例如，销售额栏目将引用并加总周日到周六的个人销售额。

当你把做好的工作簿原型给塔基奥先生后，他问你是否可以知道每个销售人员在一周之内几次完成了他分配的销售任务。你说通过修改工作表可以保证提供这些信息。塔基奥先生要求每一个工作表都有销售额的总计、平均值、最小值和最大值，以及基本工资、提成和总工资栏。他还要求工作表能显示销售分配额的最小、最大和平均值。

信息说明

塔基奥先生想用销售工作簿来分析销售人员的绩效。他还特别强调了请你说明怎么使用数据透视表来分析销售数据。塔基奥先生希望比较不同部门的提成和销售情况，查看每个部门个人的提成，制作一个比较不同部门提成的饼图，并为每个部门制作比较部门销售代表的销售额的饼图。

除了以上信息说明的特别要求外，塔基奥先生还想知道下面问题的答案。用数据透视表和自动筛选工具，提供给塔基奥先生下面问题的答案。

1. 上周哪十个销售代表得到了最高的提成？
2. 如果销售人员最少应该完成他的销售任务的 50%，哪些销售人员没有完成这个目标呢？
3. 对于每一个部门，哪个销售人员的销售额最高？
4. 平均来说，销售人员在多大程度上完成了销售任务？
5. 每一个部门的销售职位的提成和总销售额是多少？
6. 按照销售职位分类，基本工资、提成和总工资分别是多少？
7. 每个部门的总薪水和工作时间是多少？
8. 哪一个部门的销售人员完成销售任务的情况比其他部门要好？

实施要点

尽管你可以自由设计工作簿，但是每个工作表还应该有一个一致的、专业的外观。同时，你应该为单元和工作表选择合适的格式。

这个案例要求你合并工作表、在工作表中插入栏目、把信息合并到总结工作表、嵌套函数以及使用其他一些功能、引用查询表格并利用公式中的检索值、使用 Excel 表、制作图表并利用分析工具来分析销售数据。

在某些情况下，你需要筛选总结工作表中的数据。为了提供给塔基奥先生正确的答案，你可以使用总结工作表的 DAVERAGE、DMIN 和 DMAX 函数而非 AVERAGE、MIN 和 MAX 函数。当数据被筛选后，DAVERAGE、DMIN 和 DMAX 函数还能根据筛选后的数据来调整这些数据的值。而 AVERAGE、MIN 和 MAX 函数则不具有这种功能。

要确定每一个销售人员的提成，就要将 VLOOKUP 函数嵌套入 IF 函数。提成公式需要查找员工每小时销售任务用来确定日销售任务，区分日销售任务和日销售业绩，然后用超过销售任务的销售额乘以相应的提成率。

设计测试

当你按照案例情景中的要求建立好销售工作簿后，还要进行测试。按照下面的步骤测试。

1. 塔基奥先生新雇佣了四名销售员工。将他们的数据输入工作表。

   莱昂德拉·谢克尔被分为 PT1 类，就职于男士服装部门。她每天工作 4 小时，从周日到周四。这五天销售额任务分别为 1400.98 美元、1500.42 美元、750.32 美元、550.08 美元、900.78 美元。

   达瓦斯·费雷尔被分为 S1 类，就职于亚麻制品部门。她轮班一天工作 8 小时，从周二到周六。五天的销售额任务分别为 2500.98 美元、878.23 美元、1503.28 美元、602.98 美元、1304.17 美元。

   波林·兰弗罗被分为 S1 类，就职于儿童专柜部门。她轮班一天工作 8 小时，从周二到周六。五天的销售额任务分别为 1500.56 美元、402.22 美元、1090.80 美元、908.43 美元、350.98 美元。

   塞森纳·埃勒斯被分为 PT1 类，就职于女士服装部门。她周一工作 8 小时，销售额任务是 502.88 美元，周二工作 6 小时，销售额任务是 608.12 美元。

2. 哪些销售员上周得到了超过 1500 美元的提成？哪些销售人员上周没有得到提成？
3. 基于员工过去的销售业绩，如果塔基奥先生为每一种职位的销售人员每小时增加 75 美元的销售任务会怎样？
4. 如果塔基奥先生给每种销售职位的提成增加 0.25％会怎样？
5. 儿童专柜部门 S1 类的销售人员一周的平均销售额为多少？这一周哪一个儿童专柜部门 S1 类的销售人员销售额最少？哪一个的最高？
6. 女性专柜部门 PT1 类的销售人员一周的平均销售额为多少？这一周女性专柜部门 S1 类的销售人员谁的销售额最少？谁的最高？

案例提交

为了圆满地完成这个案例，你应该建立一个符合案例情景描述要求的工作表，然后准备书面和口头的报告。除了其他的要求外，提交以下的作业给你的老师。

1. 提交一份书面报告说明你在案例中使用的假设和案例的关键因素。此外，你加入了哪些特性使你的工作表功能更强大？用户界面更友好？（请注意这些设想不能违背上面任何要求，而且必须得到你的老师的同意）
2. 打印每一份工作表（包括图和数据透视表）。
3. 打印一份工作表的公式。
4. 提交能正常使用并符合案例情景和说明部分要求的电子工作簿拷贝。
5. 提交上面问题的答案（和你老师讨论的答案的备忘也需提交）。
6. 如上所述，你应该准备一个口头报告（你的老师将确定你报告的时间）。你应该运用报告制作软件并描述工作表和工作簿的关键特征。并且讨论你的工作表和工作簿如何为塔基奥先生带来帮助。为了使得工作表和工作簿更有效，应该加入什么额外的信息？

1.10　案例10:贝莉·伯德玩具公司

电子表格案例　难度指数:★★★★★

所需技能

你应该复习下面领域的相关技能

电子表格技能

- ✓ 图表
- ✓ 目标查找
- ✓ 单变量数据表
- ✓ 情景管理器
- ✓ 求解程序

案例背景

两年前雅各布·伯德利用周末休假时间,在后院开始了他的事业,现在他的事业获得了成功,并还在发展着。雅各布·伯德拥有并管理着贝莉·伯德玩具公司,经营小型、兼职业务,专门生产质量优良、定制的玩具。在朋友和邻居劝说他为孩子们制作定制的玩具后,伯德先生就开始了他的这份兼职事业。伯德先生预计到他的事业能够带来可观利润,于是他希望评估这项业务的经营业绩,以便制定玩具的最佳定价和营销战略。

尽管去年公司的销售额不错,但是业务的净收益仅仅为4183.50美元。伯德先生认为他的净收益应该更多,于是他请你帮助他评价业务的经营业绩。为了协助伯德先生分析他的业务,你需要建立一份收益报表,完成盈亏分析,使用某些财务比率,建立单变量数据表格,利用目标查找和求解程序进行假设(what-if)分析,制做一个图表,并利用情景管理器(Scenario Manager)制作不同经营情景。

案例情景

两年前,雅各布·伯德在网上为他4岁大的女儿贝莉搜索玩具。在玩具店和折扣店找寻了几个月都没有找到满意的,之后,他决定自己开办公司制作玩具。定制的玩具很快成为镇上讨论的话题,伯德先生也开始为朋友和邻居制作玩具。

定制的玩具很快被整个社区和附近的城镇认同,并给人留下了深刻的印象。玩具用红木制作,并装备有波形滑道、堡垒、消防员的杆、引体向上的杆、安全阶梯楼梯、管状滑道、桥、6′×6′的平台和2个秋千。

去年,贝莉·伯德玩具公司卖出了85个玩具,每个售价999.99美元,获得84 999.15美元的收入。然而,扣除支出和税收外,净收益仅有4183.50美元。伯德先生希望提高他的净收益,并想知道他需要怎样行动来达到这个目标。伯德先生请你帮忙评估他的现金流以决定改进之处。

设计要求

与伯德先生交谈并评估他的需求信息后,你了解到收益分析工作表就能帮助他做决策。收益分析工作表提供给伯德先生一些工具来分析他的业务的经营绩效。伯德先生可以把出售商品数、每个商品的收益、期望目标收益和成本输入到收益分析工作表。当输入完这些数据后,收益分析工作表就能提供给伯德先生一个收益报表、计算财务比率、进行盈亏分析和更新单变量数据表格。

你认识到收益分析工作表需要输入和结果两部分。图1给出了一个输入部分草图。输入部分可以让伯德先生输入出售商品数、每个商品的收益、期望目标收益和成本数据。表1给出了先前年份公司的销售情况和成本。从表1可以看出,成本分为两种:固定成本和可变成本。从以前的经济课程知道,固定成本是不变的,也就是说不随销售量的变化而变化。贝莉·伯德玩具公司的固定成本包括以下的项目:固定经常开支、销售开支、管理支出和折旧费。相比之下,可变成本随销售量变化。可变成本包括:市场营销费用、劳动成本、可变经常开支、可变销售费用和可变管理费用。

收益分析工作表 输入部分	
销售和成本概要	
销售数量	
单位产品收益	
期望收益	
可变成本(每单位)	
市场营销费用	
劳动成本	
可变经常开支	
可变销售费用	
可变管理费用	
固定成本	
固定经常开支	
销售开支	
管理支出	
折旧费	

图1 输入部分

表 1 先前年份的销售额和成本

收益(美元)		固定成本(美元)	
销售数量	85	固定经常开支	4652.11
单位售价	999.99	销售费用	2500.00
目标收益	30 000.00	管理费用	2399.99
		折旧费	7000.00
可变成本(每单位)(美元)			
市场营销费用	25.24		
劳动成本	150.00		
可变经常开支	514.72		
可变销售费用	25.83		
可变管理费用	23.75		

结果部分用输入部分的数据来制作收益报表，计算财务比率，并进行盈亏分析。同时，结果部分也将显示单变量数据表(单变量数据表请见附录)。图 2 和图 3 是收益报表和财务比率。

贝利·伯德玩具公司 收益报表 (当前日期)	
销售额	
可变支出	
市场营销费用	
劳动成本	
可变经常开支	
可变销售费用	
可变管理费用	
总可变支出	
边际收益	
固定支出	
固定经常开支	
销售费用	
管理费用	
折旧费	
固定总支出	
经营收益	
收益税	
净收益	

图 2 收益报表

比率	
BEP	
目标收益的 BEP	
边际收益率	
营业毛利率	
净利润率	

图 3 财务比率

信息说明

收益分析工作表提供给伯德先生业务的收益信息、计算一些财务比率、进行盈亏分析，并建立单变量数据表。因此，收益分析工作表的结果部分有收益报表、比率和数据表。

如图 2 所示，工作表的收益部分总结了业务的收益和支出，帮助伯德先生监控公司全面的运行情况。当看了收益报表框架后，你意识到很多计算需要用到工作表输入部分的数据，这要求伯德先生将数据输入一次。伯德先生提供了计算公式，如图 4。

收益分析工作表公式	
盈亏平衡点	$\frac{\text{固定成本}}{\text{每单位收入}-\text{每单位的可变成本}}$
达到目标收入的盈亏平衡点	$\frac{\text{固定成本}+\text{目标收益}}{\text{每单位收入}-\text{每单位的可变成本}}$
边际收益	销售额－总可变成本
边际收益率	$\frac{\text{销售额}-\text{总可变成本}}{\text{销售额}}$
收益税(假设 35%的税率)	营业收益×收益税率
净收益	营业收益－收益税
净利润	$\frac{\text{净收益}}{\text{净销售额}}$
营业收益	边际收益－总固定支出
营业利润	$\frac{\text{营业收益}}{\text{净销售额}}$
每单位可变成本	$\frac{\text{总可变成本}}{\text{销售数量}}$

图 4 所需公式

伯德先生需要分析不同的目标收益水平对盈亏平衡点的影响。例如，伯德先生知道要达到盈亏平衡，15 000 美元的目标收益就要销售 117 个玩具。他想知道 20 000 美元、25 000 美元、30 000 美元、35 000 美元和 40 000 美元的目标收益怎么影响盈亏平衡点。尽管他可以为每个目标收益水平改变目标收益单元的数值，但是你还是推荐他使用单变量数据表。制作单变量数据表时，目标收益值及其相关盈亏平衡点被放入表中，这样就可以让伯德先生同时查看和比较所有的目标收益值和相关盈亏平衡点（你可以利用系统在线帮助查阅单变量数据表）。

伯德先生想知道不同的经营情景如何影响业务的净收益。除了目前的经营情景，伯德先生还需要评估两个其他的经营情景。对于第一个经营情景，他想增加出售到 150 个产品，并把每个产品的收入降到 950 美元，而每个产品的可变成本也降了 10 美元。（你可以选择减少哪个变量成本。）对于第二个经营情景，他想增加出售到 100 个产品，把每个产品的收入增加到 1050 美元，而劳动成本增加了 50 美元。利用情景管理器，准备三个经营情景。第一个经营情景就用原始值，其他两个则用伯德先生给你的数据。制作完三个经营情景后，请你基于这三个经营情景制作一个汇总报表。

伯德先生需要知道如下问题的答案。用你新建立的收益分析工作表，回答这些问题。

1. 伯德先生想要有 15%的净利润率。利用求解程序，调整收益和销售产品数值。每个产品的收益不能超过 1100 美元，销售数量不能超过 250 个，可变总支出不能超过 110 000 美元。为了达到 15%的净利润目标，伯德先生需要卖出多少玩具呢？产品价格应该为多少呢？请给出答案。（先把工作表中的值重置到表 1 中的原始值，然后把数值修改为问题中的数值）
2. 假定固定经常开支为 7500 美元，可变经常开支为 375 美元，劳动成本为 200 美元，折旧费为 8500 美元。如果伯德先生想得到 30 000 美元的净收益，玩具的价格应该为多少呢？玩具的销售量为多少？（请先把工作表中的值重置到表 1 中的原始值，然后把数值修改为问题中的数值）
3. 伯德先生想获得 55 000 美元的净收益，他应该销售多少玩具呢？销售价格呢？（请先把工作表中的值重置到表 1 中的原始值，然后把数值修改为问题中的数值）
4. 伯德先生想要你制作一个比较业务固定成本的 3D 饼图。

实施要点

对于这个案例，你需要建立一个工作表以方便伯德先生分析他的业务。在制作工作表过程中，你将应用基本的单元和工作表格式原理，编写公式、利用目标查找和求解程序工具进行假设分析、制作若干经营情景、制作一个图，并建立两个单变量数据表。基于假设分析，准备几个报告，包括答案报告和经营情景汇总报告。

尽管你可以自由设计工作表，但是每一个工作表还应该有一个一致的、专业的外观。同时，你应该为每个单元和工作表选择合适的格式。例如，美元值应该显示美元符号并保留到小数第二位。

案例在一些地方得引用目标收益。记住目标收益不反映收益税。因此，在这个案例中提到的目标收益是毛收益，而不是净收益。

设计测试

1. 假定固定经常支出为 5000 美元，销售费用为 4500 美元，管理支出为 3000 美元，劳力成本为 250 美元。伯德先生的净收益为多少？（请先把工作表中的值重置到表 1 中的原始值，

然后把数值修改为问题中的数值)

2. 要获得20 000美元的净收益,伯德先生要出售多少玩具呢?价格应该为多少呢?(请先把工作表中的值重置到表1中的原始值,然后把数值修改为问题中的数值)
3. 伯德先生想确定盈亏平衡点和达到目标收益的盈亏平衡点,以改变价格水平。制作一个单变量数据表显示这些信息。价格水平范围从800美元到1200美元,以10美元的增量变化。如果伯德先生不想出售超过120个玩具,并想获得30 000美元的目标收益,那么他应该出售多少个产品呢?价格应该为多少?(请先把工作表中的值重置到表1中的原始值,然后把数值修改为问题中的数值)

案例提交

为了圆满地完成这个案例,你应该制作一个符合案例情景描述要求的工作表,然后准备书面和口头的报告。除了其他的要求外,递交以下的作业给你的老师。

1. 提交一份书面报告说明关于案例的设想和案例的关键要素。此外,你加入了哪些特性使你的工作表具有更多功能?用户界面更友好?(请注意这些设想不能违背上面任何要求,而且必须得到你的老师的同意)
2. 打印每一份工作表和报告。
3. 提交能正常使用并符合案例情景和说明部分要求的电子工作簿拷贝。
4. 递交上面问题的答案(和你老师讨论的答案的备忘也需提交)。
5. 如上所述,你应该准备一个口头报告(你的老师将确定你报告的时间)。你应该运用报告制作软件并描述工作表的关键特征,并且讨论你的工作表如何为伯德先生带来帮助。为了使得工作表更有效应该加入什么额外的信息?

1.11 案例 11:埃德蒙·格兰特医药公司

电子表格案例 难度指数:★★★★★

所需技能

你应该复习下面领域的相关技能

电子表格技能

- ✓ 高级筛选
- ✓ 自动筛选
- ✓ 按钮
- ✓ 条件格式化
- ✓ 公式
- ✓ DAVERAGE 函数
- ✓ DMAX 函数
- ✓ DMIN 函数
- ✓ DSUM 函数
- ✓ Excel 列表
- ✓ IF 函数
- ✓ 宏
- ✓ 嵌套函数
- ✓ 数据透视报告
- ✓ 数据透视表
- ✓ 模板
- ✓ VLOOKUP 函数

案例背景

宇德·拉皮尔女士是埃德蒙·格兰特医药公司的地区销售经理。拉皮尔女士业务繁忙,包括旅行推销、深入了解当前的和潜在的客户、监管日益增长的销售员工、制作各类报告,并追踪销售区域的开支情况。拉皮尔女士的销售员工每周都递交他们一周的开支申请表格。现在,她还是浏览申请表格,核对申请额特别大的,然后授权开支票。拉皮尔女士希望系统地跟踪销售员工的开支情况,于是请你为她制作一个支出工作表。她还特别强调,报销数据应该放入 Excel 表。为了建立拉皮尔女士要求的工作表,你需要使用数据库函数,其他 Microsoft Excel 函数和嵌套函数。之后,你还将用到自动筛选、高级筛选、数据透视表和图表工具来分析数据。

案例情景

埃德蒙·格兰特医药公司(EGPC)是一家跨国公司,在美国以抗生素、伤口护理和疼痛处理产品而闻名。埃德蒙·格兰特医药公司销售队伍的职责就是把 EGPC 产品推销给全球的医生、药剂师和眼镜商。宇德·拉皮尔是 EGPC 众多区域销售经理之一，负责管理四个销售区域。

作为一个区域销售经理，拉皮尔女士工作非常忙碌。她经常旅行推销、每月参加众多会议、深入了解客户、管理一个拥有 23 名销售人员的销售队伍，及执行管理上的职责。作为一名经理，拉皮尔女士的文书工作非常繁重，她想寻求一种提高工作效率的方法。她的工作需要改进的一个地方是追踪销售队伍的开支情况。单单处理预算和开支报表就可能花去她一整天的时间。她认为如果使用电子表格软件来分析销售队伍的开支情况将会节省时间并能更好地进行决策。

销售代表会报销出差用餐费、电话费、汽油费、住宿费、机票费和其他各种开支。销售代表们每周都会制作开支报销单，并递交给拉皮尔女士。图 1 是一张开支报销单。拉皮尔女士把报销数据整理到这张表单里，并制作了周报表。周报表的制作工作冗繁、耗时，经常要消耗她大量的时间。

埃德蒙·格兰医药公司

支出报销表

职员名字：__________

销售区域号码：__________

报销时间：__________

支出

用餐费：__________

电话费：__________

汽油费：__________

住宿费：__________

机票费：__________

其他杂费：__________

____

支出总计：__________

英里[①]数

开始英里数：__________

结束英里数：__________

注释：__________

____

____

注意：所有支出报销都必须有收据

图 1 支出报销表

每一位受雇的销售代表都配置一辆公司的汽车。销售代表可以用这辆车办公，也可用于私事，但是每周汽车行驶的里程数都是限定的，他们每周都要汇报汽车的行驶里程数。只要超出了限定的里程数，都要自己支付超过的费用。里程数的上限和报销等级依据在公司内不同的职位而变化。表 1 列出了不同职位的里程限制数和支付比率。拉皮尔女士要求新的支出工作表能够给出超出限制的里程数和每个销售代表的可用支出。

① 1 英里＝1609.344 米

表 1 配置车驾驶允许英里数和可报销率

埃德蒙·格兰特医药公司配置车允许英里数和可报销率		
职位	允许英里数	报销率
MN	700	0.20
SU	600	0.22
S2	550	0.25
S1	500	0.32

当一辆车里程数超过 60 000 英里，销售代表就可以要求换新车。拉皮尔女士想知道是否有办法让她提前知道一辆车的使用到期日期。你推荐她使用条件格式化来标注大于 55 000 英里里程数的车辆。如果某个销售代表的车接近使用期限，拉皮尔女士可以提醒他更换新车。

拉皮尔女士之前使用过电子表格软件，并想把每周的支出数据放入工作表。她请你为她制作一个支出工作表。并特别要求你制作一个 Excel 表、设定一个指标范围来支持高级筛选，包括几个数据库函数、插入 4 个新的列、制作数据透视表和制作图。拉皮尔女士还要求你制作的工作表以模板形式保存，以便于她多次使用。

设计要求

当你检查支出工作表时，发现工作表列应该格式化。格式化列后，又发现需要里程数查询表和 4 个额外的列。插入这些列之前，你需要制作里程数查询表。当你想把里程数查询表与支出数据分开时，请将查询表放入工作表的适合位置。制作好里程数查询表后，将实际里程数、超出限制里程数、超出限制里程数的支出和总支出栏目插入到支出工作表中。实际里程数计算每个雇员每周实际驾驶的里程数。实际里程数有别于一周的结束里程数和一周开始的里程数。超出限制里程数列检索里程数查询表，然后计算出超出了多少英里(要运行这些操作需要嵌套 IF 和 VLOOKUP 函数。你可以使用系统在线帮助了解如何嵌套这些函数)。超出限制里程数支出列也需要用 VLOOKUP 函数。这个列的值是将里程数表里的报销率乘以超出限制的里程数。总支出列是一周支出的汇总。

拉皮尔女士将使用高级筛选。使用高级筛选要求设定指标范围。为了达到拉皮尔女士的要求，你认为指标范围的最佳位置应该在数据表的上方(你可以使用系统在线帮助阅读高级筛选主题)。当拉皮尔女士使用指标范围时，她需要清除当前条件的范围并输入新的指标范围。这时候你需要编写一个宏指令来清除指标范围，将指针指向指标范围的左上方单元。一旦你编写了宏指令，就需要建立一个名为“清除标准”的按钮。

当你研究支出工作表的内容后，发现这些内容都是建立 Excel 表的正确格式。你想起曾学过的课程里说 Excel 表是数据的集成，类似于数据库列表。在 Excel 表里的数据可以被筛选、存储和处理，来帮助拉皮尔女士做决策。实际上，Excel 表就有一些数据库的功能，建立支出工作表就需要使用这些功能。拉皮尔女士希望工作表中有用餐费、实际里程数、电话费、汽油费、住宿费、其他杂费、机票、超出限制里程数、超出限制里程数费用和总支出栏里的平均值、最小值、最大值和总计值。因为拉皮尔女士需要处理这些数据，你就需要使用 DAVERAGE、DMIN、DMAX 和 DSUM 函数(你可以使用系统在线帮助查找列表的建立和使用方法)。

建立完工作表后，拉皮尔女士需要你制作一个模板。之后，她就可以用模板建立每周的工作表。

信息说明

拉皮尔女士想知道是否可以建立不同分类并且出自不同观点的支出数据。她特别要求工作表显示不同销售区域的总支出、不同销售职位的总支出、不同区域和职位的伙食费、电话费和汽油费的总支出。你可以建议拉皮尔女士使用数据透视表工具，它可以快速改变数据的显示方式和汇总层次。

像之前提到的，拉皮尔女士想知道什么时候销售员工配置车的里程数接近 60 000 英里。对于任何超过 55 000 英里里程数的车辆，电子表格软件都会突出标注这辆车的最后里程数。

除了如上信息说明的要求外，拉皮尔女士还要求你运行下面的操作。

1. 找出哪些经理报销的机票费总共超出 700 美元，哪些管理人员报销的机票费总计超出 500 美元。
2. 找出哪些销售代表没有递交支出报销单。
3. 算出不同职位的住宿费和机票费。
4. 找出哪些经理每周乘飞机出行。
5. 找出不同区域的销售职位。
6. 找出哪一个区域一周的支出最低。
7. 找出在过去的一周，哪些 S1 职位的销售代表递交了住宿费和机票费报销单。
8. 找出哪些员工超出了他们的汽车使用限制里程数。

实施要点

尽管你可自由设计工作表，但是每一个工作表还应该有一个一致的、专业的外观。同时，你应该为每个单元选择合适的格式。例如，美元值应该显示美元符号并保留到小数第二位。

案例情景要求你使用 Excel 列表。提炼数据要求你准备图表，利用 DAVERAGR、DSUM、DMIN、DMAX、IF 和 VLOOKUP 函数，以及嵌套函数；设定指标范围，制作数据透视表和图表，使用自动筛选和高级筛选(你可以利用系统在线帮助查看这些功能)。

确定每个销售员工的超出限制里程数需要使用电子表格软件查找允许的行驶里程数，判断是否大于限制里程数，如果超出，还需要计算出实际超出限制里程数。完成这些操作，需要把 VLOOKUP 函数嵌套入 IF 函数(你可以使用系统在线帮助了解嵌套函数)。记住拉皮尔女士要求超出限制里程数要显示在一个列里面。

你应该仔细地考虑指标范围和里程数表的位置。一般推荐将指标范围放置在数据表上面或下面。这样的指标范围的位置方便对照指标和观看筛选结果。尽管你的里程数查询表可能放置在支出工作表里，但可以考虑把查询表放置到它自己的工作表里。将里程数查询表和工作表分开，方便表的维护和访问。

设计测试

按照案例情景中的要求建立好支出工作表后，你应该测试你的工作表设计。运行下面的操作。

1. 将下面两个新职员的数据加入表中。

职员 1	职员 2
姓：Ruokangas 名：Leota	姓：Saghafi 名：Abduellah
销售区域：1 职位：MN	销售区域：3 职位：S1
用餐费：376.89 美元 电话费：79.86 美元 住宿费：478.78 美元 杂费：2987.42 美元 机票费：894.87 美元	用餐费：102.78 美元 电话费：10.07 美元 住宿费：0.00 美元 杂费：0.00 美元 机票费：0.00 美元
开始里程数：101 结束里程数：372	开始里程数：904 结束里程数：1150

2. 将里程数表改为下表中所示。

限制里程数表		
职位	限制里程数	报销率
MN	700	0.25
SU	600	0.28
S2	550	0.30
S1	500	0.32

3. 拉皮尔女士想要查看每个区域中每个销售员工的支出情况。她想要这些区域的数据显示在一张纸上。
4. 作柱形图比较每一个区域的汽油支出、住宿支出和伙食支出。
5. 拉皮尔女士想知道每一个区域员工的姓以及她/他上周驾车的里程数。她还想知道每一个区域的汇总。对区域 1 建立数据透视表并制图（选择合适的图型）。

案例提交

为了圆满地完成这个案例，你应该制作一个符合案例情景描述要求的工作簿，然后准备书面和口头的报告。除了其他的要求外，递交以下的作业给你的老师。

1. 提交一份书面报告说明你在案例中使用的假设和案例的关键因素。此外,你加入了哪些特性使你的工作表功能更多?用户界面更友好?(请注意这些设想不能违背上面任何要求,而且必须得到你的老师的同意)
2. 打印一份工作表。
3. 打印每一份工作表的公式。
4. 提交能正常使用并符合案例情景和说明部分要求的电子工作簿拷贝。
5. 递交上面问题的答案(和你老师讨论的答案的备忘也需提交)。
6. 如上所述,你应该准备一个口头报告(你的老师将确定你报告的时间)。你应该运用报告制作软件并描述工作簿的关键特征,并且讨论你的工作簿如何为拉皮尔女士带来帮助。为了使得工作簿更有效应该加入什么额外的信息?

1.12 案例12:莫利·麦肯齐游艇码头

电子表格案例 难度指数:★★★★★

所需技能

你应该复习下面领域的相关技能

数据库技能	电子表格技能
✓ 自动查找查询	✓ 自动筛选(可选项)
✓ 计算控件	✓ 图表
✓ 计算字段	✓ Microsoft 查询
✓ 命令按钮	✓ 数据透视表
✓ 表格设计	✓ 求解程序
✓ 查找向导	✓ 汇总函数
✓ 报告设计	✓ SUM 函数
✓ 子表设计	
✓ 切换面板	
✓ Tab 控件	

案例背景

马文和德娜·麦肯齐经营着莫利·麦肯齐游艇码头。目前,码头每日的经营数据都靠手工处理,必要时也用 word 制作报告。随着码头业务的增长,麦肯齐夫妇认识到需要利用信息技术来管理码头日常运营情况,同时还能辅助进行决策。他们需要一个数据库来记录有关客户预订、客户支付和码头租赁资产的信息。这时候,他们聘请你制作数据库,并要求你开发表格、子表、报告、查询和切换面板。表格利用按钮来帮助数据导航。一旦数据库建立起来,麦肯齐先生就可以从码头数据库里选定数据导入电子表格,以作进一步分析。在分析数据时,麦肯齐先生将用到汇总函数、数据透视表、求解程序和作图工具。

案例情景

莫利·麦肯齐游艇码头及其周围资产位于中西部的新南威尔士湖。新南威尔士湖是一个很受欢迎的旅游胜地,常年吸引着游客来旅游,它以优美的环境、良好的露营设备、极好的钓鱼地点和处理大型船只的能力而闻名。来这里的游客主要是本地的,也有很多来自国外。新南威尔士湖处于两座大城市之间，为众多游客提供周末游玩的服务。

麦肯齐先生使用一个基于手工操作的信息系统来管理码头的出租资产。然而，他认识到将码头的日常经营自动化将会使他的管理工作更加有效。原来，麦肯齐夫妇得花费大量时间来做码头的文书工作。随着码头越来越受到人们的欢迎，麦肯齐先生也很快认识到使用信息技术来减轻码头的文书工作负担的必要性。为了提高办公室工作效率，麦肯齐先生聘请你设计码头数据库和工作表。你作为一名码头的兼职职员，很熟悉码头的日常事务，并乐于帮助麦肯齐先生。

莫利·麦肯齐码头出租小屋、各类船只和船只停靠港给客户。当客户需要一艘船只或一间小屋，就给出报价。价格是根据日租金定的。如果客户想租借一个喷气式滑水板半天，日租金就会相应调整。同样，如果客户想租一个小屋或是船只停靠港超过一天，那么就会对日租金打折，以吸引长期顾客。小屋租借一个周末、一周或一个月，就可以打折出租。表1给出了打折代码和相应的折扣。如果客户租借喷气式滑水板半天，麦肯齐先生就只会收取日租金的65%。如果租借一个船只停靠港180天，麦肯齐先生将会减少15%的租金。

表1 租金代码和折扣

租金代码	租金描述	应付百分率
D	日常价	100.00%
HD	半天	65.00%
SD	特别折扣	25.00%
SM	6个月	85.00%
Y	12个月	80.00%
W	周末	90.00%

客户预订时，先交付一定的预付款。预付款是用来支付资产的租借费，如果客户取消预订，那么预付款就不退还。麦肯齐先生在收取预付款的时候很灵活。对于老客户，他收取最小的预付款，而对于新客户，则收取较多的预付款。当客户挑选船只或检查小屋时，就要支付租金减去预付款的全部差额。如果没有预交款，那么客户就需要支付全部租金，也就是说不会减去预交款。

当客户预订一种特定的资产时，麦肯齐先生或雇员就会去查看预订时间是否有效。如果有效，预订数据就会填入预订表格。麦肯齐先生根据租借时间，来决定租金。对于一个典型的预订，要求记录客户联系信息（名字、电话号码和邮箱地址）、预订日期、预订资产信息（租借资产数量、说明和租金）和付款额。当预订成功时，客户就会得到一个预订号。客户可以利用预订号取消预订，或开始租借。当客户归还船只或离开小屋时，会得到一张显示租借交易的发票。

存储说明

要建立码头数据库，客户表、租金表、资产表、支付表和预订表都是必要的。客户表存储客户的基本信息，如客户身份证号码(CID)、姓氏、名字、街道地址、所在城市、所在州、邮政编码和电话号码。因为每个客户的身份证号码是唯一的，所以它就成为客户表的主关键字。表 2 给出了客户表结构。

表 2 客户表结构

字段名称	数据类型	字段描述	字段长度	备注
CID	自动计数型	客户唯一识别码，是主关键字	长整型	必填项
姓	文本型	存储客户姓氏	50	必填项
名	文本型	存储客户名字	25	必填项
住址	文本型	存储客户住址	50	
城市	文本型	存储客户所在城市名称	25	
州	文本型	存储客户所在州名称	2	
邮政编码	文本型	存储客户邮政编码，使用输入掩码	10	
电话	文本型	存储客户电话号码，使用输入掩码	10	

租金表存储了租金代码、租金描述和折扣率信息。因为租金代码是唯一的，所以租金代码字段就作为主关键字。租金说明提供了有关租金代码的额外信息，如租日、租周末、租半年、特别折扣、半价或是租一年。对于每一项出租资产，租金乘以相应的折扣率就得到了打折后的租金。表 3 给出了租金表结构。

表 3 租金表结构

字段名称	数据类型	字段描述	字段长度	备注
租金代码	文本型	存储每一个租金代码的唯一识别码，是主关键字	10	必填项
租金描述	文本型	存储租金代码的描述	25	必填项
打折率	数值型	存储折扣率，用日租金乘以打折率得到折扣后的价格，使用百分比格式，显示小数点后两位	单精度型	必填项

资产表存储了码头的每一条出租资产的信息。每个资产的资产识别号码(PID)是唯一的。因此，PID 成为主关键字。资产表还包括出租价格和描述字段。出租价格字段存储了资产的日租价格。描述字段进一步阐明了资产类型。表 4 给出了资产表结构。

表4 资产表结构

字段名称	数据类型	字段描述	字段长度	备注
资产识别代码 PID	文本型	存储资产唯一识别码，是主关键字	10	必填项
租借价格	数值型	识别日常租借金	长整型	必填项
描述	文本型	描述租借资产	50	

支付表存储了每次码头客户的付款信息。支付表包括支付ID、客户身份证号码(CID)、支付日期、支付数量和注释字段。支付ID字段存储了每一笔支付记录，因此，它成为支付表的主关键字。CID字段根据消费记录决定应付款的顾客。支付日期存储了支付发生的日期。支付数量字段存储了支付的数量。表5给出了支付表结构。

表5 支付表结构

字段名称	数据类型	字段描述	字段长度	备注
支付ID	自动计数型	存储一个唯一值，是主关键字	长整型	必填项
CID	数值型	存储客户的身份证号码，考虑用查找向导	长整型	必填项
支付日期	日期/时间型	存储支付产生日期		
支付额	货币型	存储已支付额		必填项
备注	文本型	存储交易的注释	50	

预订表存储了每条码头资产的预订信息。预订表信息包括预订号(ResID)、客户身份证号码(CID)、预订开始日期(ResDate)、预订日期(BookingDate)、结束日期(EndDate)、获取时间(PickUp Time)、租金代码(RateCode)和资产识别代码(PID)。ResID存储了唯一预订号码，是ResID字段的主关键字。CID值与预订的客户一一对应。ResDate字段存储预订的开始日期。BookingDate存储什么时候产生的预订。EndDate存储预订的结束日期。PickUp Time字段存储什么时候获取租借的资产。Rate Code字段存储预订资产的租金代码。PID字段存储识别预订的资产。表6给出了预订表的结构。

表6 预订表结构

字段名称	数据类型	字段描述	字段长度	备注
预订号	自动计数型	预订的唯一代码，是主关键字	长整型	必填项
客户身份证号	数值型	客户的唯一身份识别码	长整型	必填项
预订开始日期	日期/时间型	识别租借资产的开始预订日期		必填项
预订日期	日期/时间型	识别预订的产生日期		必填项
结束日期	日期/时间型	识别预订的结束日期		必填项
获取时间	日期/时间型	租借资产的获取时间或开始使用时间		
租金代码	文本型	客户相应的租金代码，使用查询向导	50	必填项
资产识别代码	文本型	用来识别资产的识别号码，使用查询向导	10	必填项

将各个表有机联系起来也是设计的一部分。同时，你还需要加强这些表的指示完整性。

输入说明

从与麦肯齐先生交谈中得知，数据库必须获取和存储有关码头客户、出租资产、出租预订和出租支付的信息。获取这些信息要求你制作若干表和子表。例如，一个客户表及与之对应的预订和支付记录的子表就是必须的。下面给出了一个客户表草图。

客户表

客户身份证号码： 欠费数额：
客户名： 已支付：
客户姓： 剩余差额：
电话号码：
住址：
城市： 州： 邮政编码：

[预定键] [支付键]

图 2 客户表

客户表获取和显示客户的姓名、住址和电话号码。此外，客户表还显示客户的身份证号码、客户欠费数额、客户已付费和差额结算。欠费数额字段显示客户到目前为止所欠的费用。同样地，已付费数额字段显示已支付的总款额，而差额字段显示还需要付多少钱。

当使用客户表时，麦肯齐先生也要查看或输入有关客户预订和支付的信息。你需要建立一个 tab 控件来管理每一个客户的预订和支付信息，并能让麦肯齐先生在查看客户记录时轻易获取这些信息。

对于预订子表，麦肯齐先生要求有最小值、预订天数、预订产生日期、资产识别号码、资产描述、租金代码、折扣率、日租金、打折后的日租金、总成本和备注信息。当麦肯齐先生使用预订子表时，他想从出租资产列表中选择出租资产的号码，并显示出租资产描述和出租费用。而对于支付子表，麦肯齐先生能看到支付日期、支付数额和备注。

麦肯齐先生鼓励你有创意性地去设计工作表，但要求具有一个统一、专业的界面，易于使用，并能显示业务的名称和标识。此外，每一个表都应该含有允许麦肯齐先生加入、删除、查找和打印记录的按钮。为方便数据输入，麦肯齐先生希望在能够使用自动查找、组合框（combo boxes）和控制条（control tips）的地方都使用这些功能。如果可能的话，你应该使用确认规则、默认值、输入掩码和美观格式。

莫利·麦肯齐码头数据库第一次运行时，麦肯齐先生希望有一个切换面板自动显示信息。切换面板允许麦肯齐先生从公共位置访问表、报表和查询。当麦肯齐先生使用数据库完毕后，他希望有可选项能够让他从主菜单中退出软件。此外，他还希望有返回数据库的选项，这些你在设计时都应该考虑到。

信息说明

麦肯齐先生需要日常租借资产预订报表、可租借资产报表和客户发票单。他请你为他设计和制作这些表单。

每晚，都要打印日常租借资产预订报表。这个报表给出了哪些资产在第二天预定出去了。它先按照出租资产种类分类，然后在每类中再按照资产的出租资产号码分类。雇员利用这个预订报表确保预订的船只和小屋处于待命状态。

客户常常会询问某些资产是否有租借。麦肯齐先生要求能够查找资产状况的记录并检查是否可用。可租借资产报表应该按租借种类分类，显示哪些资产在第二天可以租借出去，并且这些同一种类的可租借资产应该再分类。

麦肯齐先生请你制作客户发票。发票作为客户租借交易的收据。

麦肯齐先生希望知道下面问题的答案。建立查询来为麦肯齐先生检索信息。报表可以根据查询来制作。

1. 对租借小屋的客户，租借期平均为多久？
2. 船只的租借频率为多少？租借期平均为多久？
3. 哪艘船停靠港租借次数最多？这个资产的租金收入为多少？
4. 上周麦肯齐先生的捕鱼船的租借收入为多少？上个月呢？喷气式的滑水板呢？（使用7月的最后一周作分析）
5. 一个客户每次旅游的平均消费是多少？

麦肯齐先生希望将码头数据库中的数据导入Microsoft Excel作进一步分析。利用Microsoft Excel回答下面的问题。

6. 每一个种类的产品和该类内各个产品在六月份的平均销售额是多少？总销售额呢？
7. 如果客户从码头租借了一间小屋，他们还愿意从我们的码头再租借一艘船吗？这个可能性有多大？
8. 对于6月份的前7天，按不同时间和不同资产种类作柱状图比较租借收入。
9. 制作饼图按资产种类比较6月份的收入。
10. 麦肯齐先生有75 000美元来购买新的喷气式滑水板。他先对1人、2人和4人喷气式滑水板进行评估。1人喷气式滑水板价格为8700美元，2人喷气式滑水板价格为11000美元，4人喷气式滑水板价格为15 000美元。如果麦肯齐先生希望获得最大的喷气式滑水板租借收入，他应该购买多少？购买哪些类型的？使用求解程序帮助麦肯齐先生算出应该购买多少个1人、2人和4人喷气式滑水板（你可以自由设想，但是必须给出想法的分析过程）。

实施要点

为了建立莫利·麦肯齐码头数据库，你需要建立若干查询，设计表和子表，制作报表，制作表格，建立各个表格的关系。鼓励你提出创造性的想法，但是你制作的数据库应该运行正常，并有一个专业的界面。

为了满足电子表格的要求，你需要将码头数据库中选好的数据导入工作表。你需要使用电子表格某些功能，包括自动筛选、数据透视表、求解程序、汇总和 Microsoft 查询，来进行要求中的分析。

如上所述，你可以自由设计表、报表和工作表。对于本案例，你也可以自由发表自己的想法。但是，任何想法都不能违背要求，并应该得到老师的认可。为了支持你的想法，你需要建立其他表格或搜集前面没有说明的信息。

设计测试

设计好数据库和工作簿后，应该进行测试。按照下面步骤进行测试。

1. 将下面的信息输入码头数据库。

   兰德尔·佩特拉租借一个喷气式滑水板，租期为 2006 年 7 月 7 日到 2006 年 7 月 10 日。他是 2006 年 5 月 1 日预订的。他付了 20%的押金并得到一个小屋的周末折扣，但是喷气式滑水板没有折扣(你可以选择喷气式滑水板和小屋，做出其他需要的设想)。

   波林·毕晓普租借了两间小屋，租期为 2006 年 7 月 7 日到 2006 年 7 月 9 日。她是 2006 年 5 月 12 日预订的。她支付了 30%的押金并得到小屋的周末折扣。(你可以选择小屋，做出其他需要的设想)。

   弗朗西丝·托马斯租借了一个滑水船，租期为 2006 年 7 月 4 日到 2006 年 7 月 9 日。她是 2006 年 6 月 25 日预订的。支付了 30%的押金，但是没有得到任何折扣(你可以选择滑水船和小屋，做出其他需要的设想)。
2. 客户平均提前多少天进行预定？
3. 用 Microsoft Excel 的汇总功能，确定按照租金代码种类的总折扣。
4. 按照租借资产种类划分，每日、每周和每月的平均收入为多少？

案例提交

为了圆满地完成这个案例，你应该建立如案例情景中描述的数据库和工作簿，然后制作书面和口头报告。除了其他的要求外，递交以下的作业给你的老师。

1. 提交一份书面报告说明你在案例中使用的假设和案例的关键因素。此外，你加入了哪些特性使你的工作表功能更强？用户界面更友好？(请注意这些设想不能违背上面任何要求，而且必须得到你的老师的同意)
2. 递交每一份工作表打印稿。
3. 递交一份工作表公式的打印稿。
4. 递交一份数据库的电子拷贝。数据库要满足在案例情景和说明中提列的标准。
5. 递交一份工作簿的电子拷贝。工作簿要满足在案例情景和说明中提列的标准。
6. 递交上面问题的答案(和你老师讨论的答案的备忘也需提交)。
7. 如上所述，你应该准备一个口头报告(你的老师将确定你报告的时间)。你应该运用报告制作软件并描述数据库和工作簿的关键特征，并且讨论你的数据库和工作簿如何为麦肯齐先生带来帮助。为了使得数据库和工作簿更有效应该加入什么额外的信息？

第二篇 数据库

- 案例13：KOKO宠物狗俱乐部
- 案例14：苏珊特色沙司
- 案例15：Granny Joan曲奇
- 案例16：需要朋友
- 案例17：好再租影视
- 案例18：蒂龙电玩游戏
- 案例19：凯勒工业公司
- 案例20：ABC医疗福利公司
- 案例21：赖特兄弟机场短途客运公司
- 案例22：茂盛花木苗圃
- 案例23：富兰克林大学：学生奖学金管理
- 案例24：莱蒂服装租赁商店

2.1 案例 13:KOKO 宠物狗俱乐部

电子表格案例 难度指数:★

所需技能

你应该复习下面领域的相关技能

数据库技能

- ✓ 集合函数
- ✓ 计算字段
- ✓ 表单设计
- ✓ 表单向导
- ✓ 查找向导
- ✓ 关联
- ✓ 报表设计
- ✓ 报表向导
- ✓ 选择查询
- ✓ 表设计

案例背景

6 个月以前,凯迪·汉娜碰到一个难题:由于一种慢性疾病,她的宠物狗 KOKO 需要长期服药、特殊的饮食和每天一段时间的运动。长期服药和特殊饮食在忙碌的生活中还不是太难,然而要保证每天的运动就完全是另外一回事了。虽然 KOKO 每天的运动仅是在邻近的地方散步,但作为一个繁忙的主管,汉娜女士很难妥当安排 KOKO 的散步时间。因此,当汉娜女士特别忙的时候,她的好朋友——兰,会帮她带着 KOKO 散步。后来,汉娜小姐的朋友和其他邻居很喜欢带宠物散步这个主意,他们就请求汉娜小姐也带着他们的宠物散步。于是,一个最开始是街道邻居之间的互帮互助的带宠物散步的服务,现在发展成为了一个新兴的蓬勃发展的都市商业——KOKO 宠物狗俱乐部,一个为宠物爱好者提供带宠物散步服务的公司。汉娜女士雇佣你给她的业务建立一个简单而有效的数据库。她需要你为数据库创建客户表单,宠物表单,客户表,宠物表,员工工作安排报表,客户报表以及一些查询等。

案例情景

KOKO 宠物狗俱乐部是一个宠物散步服务提供商,服务于那些关心宠物但工作和生活又比较忙的人。事实证明,这项服务在那些认识到宠物日常锻炼价值的宠物喜爱者当中非常流行。尽管这项商业服务开始仅 6 个月,但是已经为五十多个宠物提供服务,而且以平均每周新增 5 个的速度增长。随着业务的发展,文书用纸不断增加,凯迪·汉娜需要一个更优秀的记录保持系统。

在和汉娜女士相见的过程中，她跟你解释该系统：新的客户必须通过注册才能获得服务。注册时，客户需要提供自己宠物的基本信息，同时选择一个偏好的宠物散步时间以及偏好的带宠物散步的员工。宠物散步的服务费用也在这时被确定并记录在宠物注册表单里。服务费用并不完全相同，以宠物大小、脾性和客户注册宠物的数量等因素作为定价标准，并可以灵活地进行适当调整。宠物主人可以要求他的宠物在清晨、上午、午后、下午或者傍晚被带出去散步，这些可选的散步时间写在电话旁边的一个写字板上。但是，汉娜女士希望可用的散步时间，带宠物散步的人员，客户以及宠物信息等都能保存到你所建的数据库当中。

汉娜女士的业务记录保持系统的需求比较简单，她需要一个能够保存和管理客户、客户宠物、可用散步时间以及带宠物散步的员工的相关信息的数据库。汉娜女士给你一个部分完成的数据库，她要求你在此基础上建立并填充客户表、宠物表建立一些关联，设计客户表单、宠物表单，设计带宠物散物的员工工作排班报表，设计客户名单报表，并创建一些查询。

存储说明

在评审了汉娜女士给你的部分完成的KOKO宠物狗俱乐部数据库之后，你发现这个数据库现在包括带宠物散步的员工表和散步服务时间表。员工表存储带宠物散步的每位员工的基本信息，员工序号字段作为该表的主关键字。散步服务时间表存储一套散步时间代码，当客户注册一个宠物时，一个散步时间代码被分配给该宠物，这个代码说明宠物主人对宠物散步时间的偏好，也就是客户要求宠物在一种什么时间被带出去散步。

KOKO宠物狗俱乐部数据库需要客户表和宠物表。你决定客户表应储存每位客户的联系信息，并用客户的身份序号来作为主关键字。表1展示了客户表的结构。（你的指导老师会提供数据给你来填充该表）。

表1 客户表结构

字段名称	数据类型	字段描述	字段大小	备注
ClientNo	自动编号型	与客户一一对应的代码，作为主关键字	长整型	必填项
CLastName	文本型	客户的姓	50	必填项
CFirstName	文本型	客户的名字	25	必填项
CAddress	文本型	客户的街道住址	25	必填项
CCity	文本型	客户城市	25	必填项
CState	文本型	客户国家的缩写，默认值根据实际确定	2	必填项
CZip	文本型	客户邮政编码，使用一个输入掩码	10	必填项
CPhone	文本型	客户家庭电话，非紧急情况使用，使用一个输入掩码	8	必填项
EPhone	文本型	客户紧急电话，紧急情况使用，使用一个输入掩码	8	必填项

宠物表储存每一只宠物的信息，包括宠物序号、宠物名字、客户(宠物主人)的身份序号、带宠物散步的员工序号、协商的服务费用、偏好的散步时间、注册日期以及其它相关的备注。表2展示了宠物表的结构(你的指导老师会提供数据给你来填充该表)。分析了这个表的结构之后，你发现带宠物散步的员工序号和散步时间代码这两个字段在其他表里也有，你可以利用查找向导在宠物表里来更快地创建这两个字段。通过应用查找向导，你能很方便的输入数据并保证数据准确一致。(当你为某一学校的数据类型为查找型时，查找向导是必需的)

表2 宠物表结构

字段名称	数据类型	字段描述	字段大小	备注
PetNo	文本型	与宠物一一对应的代码，作为主关键字	10	必填项
PetName	文本型	存储宠物名字	25	必填项
ClientNo	数值型	客户身份代码，与客户表中客户号码对应，使用查询向导	长整型	必填项
WalkerNo	文本型	带宠物散步人员身份代码，与散步人员表中员工号对位	4	必填项
QuotedPrice	货币型	存储日散步费率，由汉娜女士确定该费率		必填项
WalkTimeCode	文本型	确定的带宠物散步的偏好时间的代码	2	必填项
EnrollmentDate	日期/时间型	记录宠物的登记时间，使用简短日期格式		必填项
Comment	备注型	存储额外需要的信息		

在进一步分析自己的笔记之后，你决定必须建立三个关联。第一个是客户表和宠物表之间的关联，因为这两个表都包含客户序号字段，你可以用客户序号字段建立关联。第二个必需的关联是员工表和宠物表之间的，用共同的员工序号字段来建立关联。第三个是在散步表和宠物表之间用散步时间代码这个字段建立关联。每一个关联要能够加强指示完整性。(注意：查找向导可以帮你建立关联。但是，你要编辑这些关联来加强指示完整性)

输入说明

图1提供了一个汉娜女士想采用的客户表单的草图。当一个新客户给他的宠物报名申请散步服务时，汉娜女士用这个表单登记客户的联系信息，诸如姓名、地址、电话号码等等。如草图所示，表单头是公司名称和表单名称。学习这个草图之后，你使用表单向导来建立一个初始的客户表单，之后，在设计视图里编辑修饰。

信息说明

乔瓦尼女士需要库存周报表和缺货报表，她已经开发了这些报表的草图，如图 3 和图 4。乔瓦尼女士给你这些草图时提到你可以随意修改每个报表的整体外观，但是每个报表要能够提供必须的信息，并有一个专业的外观。

库存周报表每周五下午准备好，提供给乔瓦尼女士每种产品的详细信息。乔瓦尼女士希望报表的格式类似图 3，报表头包含报表标题和当前日期。乔瓦尼女士希望库存周报表按照产品系列对产品分组。产品系列按名称的字母升序排列，每个系列内的产品也按名称的字母升序排列。对每种产品，乔瓦尼女士要看到产品名称、产品编号、现货量、最小库存水平和当前销售价格，使用图 3 所示的标题栏。该报表会有很多页，乔瓦尼女士希望每页都有这样的标题栏，同时每页的下方有一个页码。每个报表字段都以适当的格式呈现。例如，保证每种产品的售价为货币格式。每个产品系列标题要突出显示，因此她要求对这些标题使用粗体。记住这些报表是通过对产品表和目录表中数据的选择查询得到的。

苏珊特色沙司

库存周报表

(当前日期)

产品名称	产品编号	现货量	最小库存	当前售价
Barbecue Sauce				
Extra Spicy Barbecue Sauce				
Hickory Smoke Barbecue Sauce				
⋮				
Dressing				
Extra Creamy Italian Dressing				
Italian Dressing				
⋮				

图 3 库存周报表

乔瓦尼女士要用缺货报表来识别哪些产品的现货量等于或低于最小库存，这时，就要通过生产来补充这些缺货产品。生产的数量为最大库存量减去现货量。

图 4 给出了缺货报表的草图，报表头是报表标题和当前日期。乔瓦尼女士要求报表必须包含产品名称、产品编号、现货数量、最小库存和需要生产的补货量，并要求产品按照产品名称字母升序排列。你决定基于产品表建立选择查询，然后基于选择查询建立报表并在报表下方加上页码。

<table>
<tr><td colspan="5" align="center">苏珊特色沙司
缺货报表
(当前日期)</td></tr>
<tr><td>产品名称</td><td>产品编号</td><td>现货量</td><td>最小库存</td><td>推荐补货量</td></tr>
<tr><td>Extra Spicy Barbecue Sauce
Hickory Smoke Barbecue Sauce
⋮</td><td></td><td></td><td></td><td></td></tr>
</table>

图 4 缺货报表

乔瓦尼女士需要下列问题的答案，请建立查询来帮助她获得这些问题答案。如果愿意，你可以以这些问题为条件生成报表。

1. 哪种产品的单位利润低于 2 美元？给出这些产品的名称、编号、单位利润（不包含其他字段）。
2. 哪些产品的单位利润等于或高于 2 美元？给出这些产品的名称、编号、单位利润（不包含其他字段）。
3. 哪些产品的单位成本低于 2.5 美元？给出这些产品的名称、编号、单位成本（不包含其他字段）。
4. 哪些产品的单位成本高于 3 美元？给出这些产品的名称、编号、单位成本（不包含其他字段）。
5. 哪些产品的最小库存大于 150？给出这些产品的名称和最小库存（不包含其他字段）。

实施要点

要完成案例情景要求的数据库跟踪系统，你要创建 2 个表、2 个表单、2 个报表和几个选择查询。在产品表和目录表之间还要建立关联。表单中要插入类似公司 Logo 的图片，你需要自己找一张合适的图片。建立这些查询时，要对数据进行排序，指定一些指标，创建表达式，并且使用两个表的数据。以查询为基础建立报表时，要进行数据排序，同时设计报表头、页脚和页眉。

设计测试

在创建了表单、表、查询、关联和报表之后，你应当测试你的数据库设计，请进行以下步骤。

1. 乔瓦尼女士要给数据库中增加一种新产品，产品系列为鸡尾酒沙司系列，代码 CS，系列中现有产品数量是 1.
2. 乔瓦尼女士开发了几种新产品并打算把它们投入市场销售。把下列产品的信息输入数据库中。

产品编号	产品名称	产品系列代码	现货量	售价（美元）	成本（美元）	日需求预测	最大库存量
21	Lite Italian Dressing	DR	100	3.50	2.00	25	150
22	Lite Superior Caesar Salad Dressing	DR	100	3.50	2.00	5	30
23	Traditional Meat Spaghetti Sauce	PS	150	5.00	3.50	25	150
24	Southern Barbecue Sauce	BS	150	5.00	3.00	25	150
25	Grandma's Cocktail Sauce	CS	150	2.00	0.75	15	90

3. 乔瓦尼女士不想再销售大蒜沙司、洋葱沙司、香菇沙司和面食沙司，把这些产品从产品表中删除。
4. 上等色拉沙司日需求量增长到了75单位，更新你的数据库反应这一变化。
5. 找出预计日需求量最高的5种商品，列出产品名字和预计日需求量字段。

案例提交

为了圆满地完成案例，你要建立数据库并准备书面的和口头的报告，除了特殊要求，至少应该把以下结果提交给你的老师。

1. 提交一份书面报告说明你在案例中使用的假设和案例的关键因素。另外，你在数据库中加入了哪些特性使得它具有更多功能？哪些设计使得用户界面更友好？（请注意，你的假设不能违反案例要求，而且这些假设必须征得老师的同意）
2. 每份表单的打印输出。
3. 每份报表的打印输出。
4. 一份数据库的电子拷贝。数据库要满足在案例情景和说明中提到的标准。
5. 每一个查询的结果（一个讨论这些结果的备忘录要提供给你的老师）。
6. 如上所述，你要准备一个口头的报告（你的指导老师会确定分配给你的报告时间）。你要用一个报告制作软件来说明你的数据库的特点。你也要说明你的数据库对乔瓦尼女士有什么益处。

2.3 案例 15:Granny Joan 曲奇

数据库案例 难度指数:★

所需技能

你应该复习下面领域的相关技能

数据库技能

- ✓ 集合函数
- ✓ 计算字段
- ✓ 表单设计
- ✓ 表单向导
- ✓ IIF 函数
- ✓ 表设计
- ✓ 查找向导
- ✓ 关联
- ✓ 报表设计
- ✓ 报表向导
- ✓ 选择查询

案例背景

在过去的几年里,菲尔莫尔学校的学生向社区销售 Granny Joan 曲奇饼干,这给学校赚来了额外的资金。这些收入主要花在学生身上,用来增加教室设备、购买校服,或者购买操场锻炼器材。下个月,菲尔莫尔学校的学生将再次开始出售饼干。菲尔莫尔学校的主管尼利先生雇用你来建立一个曲奇饼干销售系统的数据库。这个数据库用来记录可供出售的曲奇,销售曲奇的学生,以及获得的销售收入。要完成这个数据库,需要设计并填充 4 个表,建立这些表之间的关联,设计 4 个表单、几个报表,并创建一些查询。

案例情景

Granny Joan 曲奇是非常走俏的包装精美的曲奇饼干,那些非赢利性的组织经常通过销售曲奇来为各种社区活动筹集经费。市场上能见到好几种曲奇饼干,有罐装的,也有礼品套装和篮子装的。菲尔莫尔学校从 Granny Joan 饼干公司购买曲奇饼干,然后提高一倍价格销售。

尽管去年的资金筹集取得了成功,尼利先生还是认为需要一个更有体系的追踪饼干销售情况的管理系统。通过使用一个数据库,尼利先生能够更准确地追踪饼干销售和利润情况。

尼利先生预想的销售过程如下:他的行政助理凯丽女士负责给学生发放曲奇并收取学生销售这些饼干的收入。当一个学生愿意销售曲奇时,他去找凯丽女士请求领取饼干,凯丽女士把学生领取走的饼干数量输入数据库。当学生上缴收入时，将钱交给凯丽女士，由她更新数据库来记录学生上交的收入和学生已经销售的饼干数量。从今年开始，每个学生每天只能领取一次曲奇饼干，上交一次收入。

尼利先生雇佣你设计一个饼干销售管理数据库。根据尼利先生的说明，这个数据库将存储学生信息、饼干信息、饼干发放信息、饼干销售信息等。你要建立曲奇数据库，需要创建销售员表单、曲奇表单、饼干发放表单和销售表单。同时，你要设计曲奇饼干日收入和累积总收入报表，建立表之间的关联，并创建一些查询。

存储说明

要建立这个数据库，首先你要创建4个表：曲奇表、销售员表、曲奇发放表和销售表（你的老师会提供给你必要的数据来填充这些表）。曲奇表存储可供销售的曲奇信息。表1展示了曲奇表的结构。CID字段由唯一的数字编码来代表这种曲奇，这个字段作为该表的主关键字。CookieName字段存储每种曲奇的名称。OurCost字段给出菲尔莫尔学校在向Granny Joan购买每份曲奇时的支付成本。

表1 曲奇饼干表的结构

字段名称	数据类型	字段描述	字段大小	备注
CID	数值型	唯一代码，确定一种饼干	长整型	必填项
CookieName	文本型	饼干名称	50	必填项
OurCost	数值型	说明在每包饼干上的花费	单精度型	必填项 使用货币格式

销售人员表存储进行饼干销售的学生的信息，表2展示了销售员表的结构。SellerID字段唯一确定一个学生并作为该表的主关键字。SellerFirstName和SellerLastName分别存储学生的姓和名。Grade字段确定学生的年级。

表2 销售员表结构

字段名称	数据类型	字段描述	字段大小	备注
SellerID	数值型	学生身份识别，作为主关键字	长整型	必填项
SellerFirstName	文本型	存储学生的姓氏	25	必填项
SellerLastName	文本型	存储学生的名字	50	必填项
Grade	数值型	存储学生的年级	字节型	必填项

由于学生会要求领取多种曲奇（罐装曲奇、礼品曲奇、篮装曲奇），因此需要一个曲奇发放表来记录每个学生领取走的曲奇。当一个学生领取5个一磅罐装的奶油曲奇饼干和两个一镑罐装甜曲奇饼干时，就把这些数据输入曲奇发放表。

表3给出了曲奇发放表的结构。如图，该表一共有5个字段，依次是CheckOutID，CookieID，SellerID，CheckOutDate 和 CheckOutQuantity。CheckOutID 唯一确定一项记录，作为该表的主关键字。销售表的 ReferenceNo 会使用该表的 CheckOutID 值，把销售收入和发放的曲奇对应起来。CookieID 字段存储曲奇的编码。SellerID 字段存储销售曲奇学生的编号，该字段用来确定领出曲奇的学生的身份。CheckOutDate 字段说明学生领取曲奇的时间，CheckOutQuantity 字段记录学生领取了多少单位曲奇饼干。

表 3　发放表的结构

字段名称	数据类型	字段描述	字段大小	备注
CheckoutID	自动编号型	发放交易的识别码，具有唯一性，作为主关键字	长整型	必填项
CookieID	数值型	识别饼干	长整型	必填项
SellerID	数值型	识别领取饼干的学生	长整型	必填项
CheckOutDate	日期/时间型	记录发放日期		必填项
CheckOutQuantity	数值型	记录发放数量	字节型	必填项

销售表记录每个学生销售曲奇的信息。表 4 给出了销售表的结构。该表有 6 个字段，依次是 SalesIdentificationNumber，ReferenceNo，SellerID，SaleDate，QuantitySold 和 AmountCheckedIn。其中，SalesIdentificationNumber 唯一确定销售表中的一个记录，这个字段的值由数据库管理系统分配。

表 4　销售表结构

字段名称	数据类型	字段描述	字段大小	备注
SalesIdentification-Number	自动编号型	数据库系统分配，作为主关键字	长整型	必填项
ReferenceNo	数值型	和发放表的 CheckoutID 字段对应	长整型	必填项 与学生当日领取的曲奇对应
SellerID	数值型	识别领取饼干的学生	长整型	必填项
SaleDate	日期型	记录学生上交收入的日期		必填项
QuantitySold	数值型	记录学生的销量	字节型	必填项
AmountCheckedIn	数值型	汇总累计学生截至当天销售某种饼干上交的收入	单精度型	必填项 使用货币格式

当从一个学生那里收到销售收入时，需要把收到的钱和曲奇发放表中的发放记录联系起来。一种有效的办法就是在该表中建立 ReferenceNo 字段，对每一项销售记录，该字段存储一个 CheckOutID 的值来匹配曲奇发放表。

SellerID 字段确定销售曲奇的学生。当一个学生向凯丽女士上交销售收入时，日期存储到 SaleData 字段。QuantitySold 字段说明该学生销售的某种特定曲奇的数量。Amount-

CheckedIn 字段存储学生上交给凯丽女士的销售收入。(根据具体情况,你的老师可能会要求你把该字段设计为计算字段。因此,该字段也有可能不是必须的)

输入说明

尼利先生请你设计销售员表单、饼干表单、发放表单和销售表单。销售员表单使得尼利先生的助理凯丽女士能够很快输入销售曲奇的学生的数据。曲奇表单使得凯丽女士能够输入不同种类曲奇的数据。发放表单使得凯丽女士能够记录每个学生领取的曲奇饼干。当学生到凯丽女士的办公室上交销售收入时,凯丽女士将应用销售表单输入销量和收入的数据。图 1—4 给出了这些表单的草图。

销售员
销售员身份代码: 销售员姓名: 年级:

图 1 销售员表单

饼 干
饼干识别代码: 饼干包装名称: 成本:

图 2 饼干表单

饼干发放

销售员身份代码:
销售员姓名:
年级:

发放序号	饼干编号	发放日期	发放数量

图 3 发放表单

销售			
销售员身份代码： 销售员姓名： 年级：			
引用值	销售日期	销量	收入

图 4 销售表单

信息说明

尼利先生需要饼干销售的日收入和销售总收入报表。图 5 和图 6 给出了这两个报表的草图(这些草图只起到说明作用,你的报表会有所不同)。尽管你可以自由设计这些报表,尼利先生要求报表有标准、专业的外观。

图 5 给出了饼干日销售收入报表的草图。尼利先生使用饼干销售日收入报表来观测饼干每天的销售情况,在该报表中,销售一栏说明学生销售了多少饼干以及收入是多少。

饼干日销售收入
(当前日期)

饼干名称	销量	销售收入(美元)	毛利润(美元)
A Lot of Chocolate Chip 11b Tin	2	10.00	5.00
⋮			
Sweet Dreams Gift Set 5 1bs	4	104.00	52.00

图 5 饼干日销售收入报表

尼利先生使用总收入报表来观测学校里资金筹集的目标有多远。该报表按字母顺序列出饼干的名称,对每种饼干给出截至当天的总销售量,总销售额和毛利润。图 6 给出了总收入报表的一个草图。

饼干累计收入
(当前日期)

饼干名称	销量	销售收入(美元)	毛利润(美元)
A Lot of Chocolate Chip 11b Tin	6	30.00	15.00
	⋮		
Sweet Dreams Gift Set 5 1bs	5	130.00	65.00

图 6 累计总收入报表

尼利先生需要下列问题的答案,请建立查询来帮助尼利先生回答这些问题。如果愿意,你可以以这些问题为条件生成报表。

1. 按总销售额计,哪个年级销售的曲奇最多?找出该年级并得出总的收入。
2. 按总销售额计,哪个学生销售的曲奇饼干最多?
3. 按总销售额计,哪种曲奇最畅销?
4. 哪些学生卖完了他们领取的曲奇?
5. 哪些学生领取了曲奇,却没有上缴任何收入?
6. 尼利先生需要一份名单报表,这个报表能够方便他或凯丽女士查找学生领取的曲奇。该报表对每个学生按字母排序,提供每个学生的姓名、年级、领取的曲奇名称、领取日期和数量。
7. 尼利先生需要一个价格报表。该报表按字母顺序列出每种曲奇的名称、代码、成本、售价和总收入。
8. 尼利先生需要每个年级的曲奇发放报表。至少,报表要提供这个年级的学生姓名、学生领取的曲奇名称、数量,并按照学生姓氏字母排列这些数据。

实施要点

根据尼利先生的说明建立这个数据库时,你要创建一些查询,建立表之间的关联,设计表单和报表。其中一些选择查询要分类,指定指标,创建表达式,并且多个表的数据都会用到,这需要更加留意。当你建立关联时,要确保数据的指定完整性。尽管在设计表单和报表时你不受限制,但是每个表单和报表都应当有统一、专业的外观。可以考虑使用表单和报表向导来准备初始表单和报表,然后在设计视图里编辑。

在这个数据库中至少有一个查询和报表会用到 IIF 的数据库查询函数,这个函数使你能够进行条件查询,例如查找空值字段。你可以通过系统的在线帮助来学习 IIF 函数的相关详细用法。

设计测试

在创建了所有的表单、表、关联、查询和报表之后,你应当测试你的数据库设计,请进行以下步骤。

1. 以下学生领取了曲奇,把它们的信息输入数据库。

销售员的名	销售员的姓	年级
Darrel	Jenel	6
Jared	Mounce	7
Mack	Fridley	4

2. 几个学生领取了曲奇,把下列信息输入数据库,假定领取日期为 2006 年 10 月 6 日。

销售员	饼干	数量
Darrel Jenel	A Lot of Chocolate Chip 11b Tin	4
	Sugar Cookies 1lb Tin	3
	Butter Cookies 1lb Tin	2
Jared Mounce	Butter Cookies 1lb Tin	2
	Peppermint Cookies 1lb Tin	1
	Cookies Gallore Basket 2.5lbs	2
Mack Fridley	Sweet Dreams Gift Set 5 1bs	2
	A Lot of Chocolate Chip 11b Tin	11

3. 下列学生上交了收入，把这些信息输入数据库，假定上交收入的日期为 2006 年 10 月 13 日。

销售员	饼干	销量	上交数额(美元)
Darrel Jenel	A Lot of Chocolate Chip 11b Tin	2	10.00
Jared Mounce	Butter Cookies 1lb Tin	1	6.00
	Peppermint Cookies 1lb Tin	1	5.00
	Cookies Gallore Basket 2.5lbs	1	8.00
Mack Fridley	Sweet Dreams Gift Set 5 1bs	1	26.00
	A Lot of Chocolate Chip 11b Tin	6	30.00
Micah Ernsberger	A Lot of Chocolate Chip 11b Tin	2	10.00
	Butter Cookies 2lb Tin	4	24.00
	Sugar Cookies 1lb Tin	2	10.00
Annette O'Mally	Sugar Cookies 2lb Tin	5	45.00

4. 尼利先生请你创建销售收入汇总报表，他要求按照销售日期升序排列，并对每个销售日，计算总收入。
5. 尼利先生要求你建立学生销售曲奇活动报表，汇总出每个学生领取的曲奇和销售业绩。在你设计报表时，该报表按字母顺序排列学生，并列出该学生领取的曲奇。对每种曲奇，给出领取的总数量，销售的总数量，领出而尚未销售的饼干数量。

案例提交

为了圆满地完成案例，你要建立数据库并准备书面和口头的报告。除了特殊要求，把以下结果提交给你的老师。

1. 提交一份你在案例中的假设以及案例关键因素的书面报告。另外，你在数据库中加入了哪些特性使得它具有更多功能？用户界面显得更友好？（请注意，你的假设不能违反案例要求，而且这些假设必须征得老师的同意）

2. 每份表单的打印输出。
3. 每份报表的打印输出。
4. 一个电子版的,满足案例情景和说明中提出的标准的数据库拷贝。
5. 每一个查询的结果(一个讨论这些结果的备忘录要提供给你的老师)。
6. 如上所述,你要准备一个口头报告(你的指导老师会确定分配给你的报告时间)。你要用报告制作软件并描述数据库的关键特征。你也要说明你的数据库能为尼利先生带来什么帮助,哪些额外的数据能够存储到数据库中?

2.4 案例16:需要朋友

数据库案例 难度指数:★★

所需技能

你应该复习下面领域的相关技能

数据库技能

- ✓ 集合函数
- ✓ 自动查找
- ✓ 组合框
- ✓ 命令按钮向导
- ✓ 表单设计
- ✓ 表单向导
- ✓ 标签向导
- ✓ 关联
- ✓ 报表设计
- ✓ 报表向导
- ✓ 表设计
- ✓ 选择查询

案例背景

需要朋友是一个很受人尊敬的慈善机构,在新闻中经常提到该机构为当地家庭提供了重要的慈善服务。目前,需要朋友有十个员工,他们都是志愿者。其中,罗曼·基弗担任该组织的负责人。由于该组织已经建立五年,接受的捐赠的种类和数量都在不断增长,因此,需要改进这些捐赠的记录、分发等的管理方法。

尽管捐赠物资的管理和分发在概念上很简单,但是文字工作量很大。目前,基弗先生通过记录本手写来记录这些捐赠,这种方法已经不能胜任,他需要一种更好的办法来追踪捐赠者以及给符合条件的家庭分发捐赠品。最近,Byrd公司给需要朋友捐赠了建立信息系统的软硬件设施,基弗先生请你来组织实现捐赠者记录以及捐赠物资分发记录的自动化。你需要创建并填充捐赠人表、捐赠物资表、捐赠物资类型表,需要创建捐赠人表单、捐赠物资表单,准备邮件标签,设计捐赠物资周报表,并建立一些关联和查询。

案例情景

五年前的一个晚上,基弗先生看到一个电视节目讨论说当地的一些家庭生活很贫困,这些家庭甚至不能给孩子买圣诞礼物。为了帮助这些家庭,基弗先生和几个朋友组织了一个慈善活动,收集一些玩具、衣服、金钱和食品,然后把这些收集起来的捐赠物资分发给有需要的家庭。这项慈善活动非常成功,后来,基弗先生就创立了需要朋友这样一个慈善组织。

该组织成立五年以来,捐赠过程一直很简单。当有人要捐赠时,他可以发邮件确认或者直接到该组织的办公楼确认。当实际捐赠时,一个工作人员记录捐赠者的姓名、地址、电话号码和捐赠形式,以及捐赠物资的细节。然后捐赠者会得到一个收据。如果捐赠者希望匿名,整个过程将会使用匿名的登记方式。捐赠的金钱被存到当地的银行,非货币的物资分门别类存放起来。需要朋友委员会每周对收到的援助请求进行核实,然后按照请求者的需要以及核实的情况,把捐赠品分发给符合条件的请求者。

该机构目前的记录系统很麻烦,效率低下,很耗时,而且都是手工操作。现在,这样一个基于纸张的手工系统已经不能适应了。作为需要朋友的一名新志愿者,基弗先生请你来建立需要朋友的数据库系统。根据基弗先生的详细说明,建立该数据库时,你需要创建并填充捐赠人表、捐赠物资表、物资类型表,需要创建捐赠人表单、捐赠物资表单,准备一组邮件标签,捐赠物资周报表,建立关联和一些查询。

存储说明

在和基弗先生交谈,以及研究了他们现在使用的表格和报表之后,你确定数据库需要建立三个表:捐赠人表、捐赠物资表、物资类型表(你的老师会提供给你数据来填充这些表)。捐赠人表存储捐赠人的编号、类型、姓名、公司名称、地址和电话号码。捐赠类型字段说明捐赠人是个人还是公司,当一个公司捐赠时,该字段被记录为"是",说明捐赠人是公司,公司联系人的姓、名信息被输入到姓、名字段。如果是个人捐赠,公司名称字段不填,并完成所有其他字段。捐赠人编号(DonorID)字段作为主关键字。表1展示了捐赠人表的结构。

表1 捐赠人表的结构

字段名称	数据类型	字段描述	字段大小	备注
DonorID	自动编号型	分配给每个捐赠者的唯一号码,作为表的主关键字	长整型	必填项
DonorType	是/否	说明捐赠者是个人还是公司,"是"代表默认为公司,"否"表示个人	是/否	必填项
LastName	文本型	存储捐赠人或联系人的姓	50	必填项
FirstName	文本型	存储捐赠人或联系人的名字	25	必填项
CompanyName	文本型	存储公司名称	50	
SAddress	文本型	存储个人或公司的街道地址	50	必填项
City	文本型	存储个人或公司的城市,默认是"芝加哥"	25	必填项
State	文本型	存储个人或公司所在州的缩写,默认是"IL"。	2	必填项
Zip	文本型	存储个人或公司的邮政编码	10	必填项
Phone	文本型	存储捐赠人的联系电话,使用输入掩码	10	

捐赠物资表存储每个捐赠物资的数据。在学习了捐赠过程后，你决定该表要使用表 2 的结构。由于在某天，捐赠人可以捐赠多个物资，你决定要创建一个捐赠物资号码(DonationID)字段，作为表的主关键字。对一个捐赠物资，基弗先生希望记录它的近似货币价值。因此，你要创建一个捐赠物资近似价值(AppWorth)字段来记录该数据。

表 2 捐赠物资表结构

字段名称	数据类型	字段描述	字段大小	备注
DonationID	自动编号型	表的主关键字	长整型	必填项
DonorID	数值型	捐赠的人或公司的身份代码	长整型	必填项
DDate	日期/时间型	记录捐赠的发生日期，使用日期的简略形式		必填项
TCode	文本型	存储捐赠物资的类型代码	4	
AppWorth	货币型	存储捐赠物的近似价值，使用标准格式		
Comments	备注型	存储捐赠的备注信息		

表 3 给出了物资类型表的结构，该表存储物资类型代码和对收到的物资类型的简单描述。类型表建立之后，你需要用表 4 的数据来填充它。

表 3 物资类型表结构

字段名称	数据类型	字段描述	字段大小	备注
TCode	文本型	主关键字	4	必填项
TDescription	文本型	对类型提供一个简单的说明	25	必填项

表 4 类型表记录

物资类型编码	类型描述
T1	Monetary
T2	Food
T3	Clothing
T4	Toys
T5	Other

两个关联需要建立。首先，你用捐赠人编号(DonorID)这个公共字段来建立捐赠人表和捐赠物资表之间的关联，这是第一个关联。然后，用物资类型代码(Tcode)字段来建立捐赠物资表和物资类型表之间的关联。对每个关联要保证指示完整性。

输入说明

当一个新捐赠人捐赠时，捐赠人表单获取新捐赠人的联系信息，并存储到捐赠人表中。联系信息使得该慈善机构能够在邀请捐赠人参加预定活动时联系到捐赠人或者对损赠人现在或将来所做的损赠活动。邮寄感谢信。图1展示了新捐赠人表单的草图。分析这个草图之后，你决定使用表单向导来完成初始表单。之后，在设计视图里编辑它的外观。为了使表单更加美观，你决定加入图片。

基弗先生需要记录每个捐赠物资的相关信息，并要求把这些信息存储到数据库中。有新捐赠时，新捐赠物资表单被用来获得捐赠人的编号、捐赠日期、捐赠物资类型、物资的近似价值和一些备注信息。基弗先生希望能够从一个组合框中选择捐赠人的编号并使用数据库系统来查找捐赠人的姓名。他希望物资类型也能从组合框中来选取。因为一个捐赠人一次可以捐赠好几个物品，你决定增加一个命令按钮。按这个按钮时，系统允许工作人员输入新的捐赠品，这样便于数据录入。图2给出了新捐赠物资表单的一个草图。由于这个表单要用到多个表的数据，因此你首先需要建立选择查询。在查询的基础上你使用表单向导来完成初始表单，然后在设计视图里编辑修改。为了美观，你决定在这个表单里也加入图片。

基弗先生提到你可以自由修改这些表单的外观形式，但是设计风格必须统一，并且专业，另外设计的表单要至少能够获得草图所示的数据。

需要朋友

新捐赠人

捐赠人编号： 姓名：

捐赠人类型：

公司名称： 街道地址：

城市： 州： 邮政编码：

图1 添加新捐赠人表单

需要朋友

新捐赠物资

(捐赠日期)

捐赠人编号： 姓名： 捐赠物资类型：

近似价值：

备注：

命令按钮(点击后继续输入捐赠物资)

图2 添加新捐赠物资表单

信息说明

每周一，基弗先生要给上周做了捐赠的个人或者公司邮寄感谢信。由于捐赠人的地址都存在数据库里，你决定为基弗先生生成邮件标签，这样能提高邮件的发送效率。为此你准备了一个选择查询来找出前一周的捐赠人，并把这些人按姓氏字母进行升序排列，然后用报表向导完成邮件标签。图 3 展示了邮件标签的草图(邮件标签的实际数据可能与下图展示的不同)。

Jwang Buyung 5010 Jackson Drive Chicago, IL60611	Woody Huang 777 Kelley Avenue Chicago, IL60612	Rayna Reyes 1801 Sandhurst Chicago, IL60601
	⋮	
Johnny Richards 1020 Beagle Drive Chicago, IL60612	Catrina Stanton Betty's Interior Designs 4651 Asheville Lane Chicago, IL60613	

图 3 邮件标签

基弗先生需要一个报告上周捐赠物资类型和近似价值的报表。图 4 给出了捐赠物资周报表的草图。报表头包括报表标题和当前日期。报表主体给出捐赠物资类型、捐赠人编号、物资的近似价值。基弗先生希望这些信息用物资类型的名称字母升序排列,再按照捐赠人的身份号码升序排列。由于要用到多个表的数据,你先建立选择查询,然后生成报表。

需要朋友

捐赠物资周报

(当前日期)

捐赠物资类型:	捐赠人身份号码:	近似价值(美元):
Clothing	2	30.00
	5	15.00
	13	5.00
	⋮	
Food	3	50.00
	12	10.00
	⋮	

图 4 捐赠物资周报表

基弗先生需要下列问题的答案,请建立查询来帮助他获得这些问题的答案。如果愿意,你可以以这些问题为条件生成报表。

1. 哪种类型的捐赠物资最普遍?基弗先生需要每种类型物资的数量。给出物资的类型描述(TDescription)和收到的这种物资的数量。其他字段信息不需要给出。
2. 多少家公司上周做了捐赠?(使用 2006 年 10 月 15 日作为上周开始的日期)
3. 哪些捐赠人的捐赠价值超过 500 美元?对每一个捐赠人,给出姓名、公司名(如果是公司)和捐赠物资的近似价值。

4. 为慈善机构做了捐赠的公司的联系人是谁？给出公司名称和该公司联系人的姓名。以公司名称字母升序排列这些信息。
5. 上周捐赠物资的平均近似价值是多少？(使用 2006 年 10 月 15 日作为上周开始的日期)
6. 基弗先生需要一个捐赠人日报表。该报表按字母顺序列出捐赠人以及捐赠的物品类型。匿名捐赠人的信息去除在外(使用 2006 年 10 月 16 日作为报表日期)。

实施要点

对于这个案例,你需要设计并填充捐赠人表、捐赠物资表、物资类型表、设计新捐赠人表单、新捐赠物资表单,准备邮件标签,设计捐赠物资周报表、捐赠人日报表,创建查询,并建立这些表的关联等。

正如存储说明里提到的,你要在捐赠人表和捐赠物资表之间以及捐赠物资表和物资类型表之间建立关联,且对每一个关联,要保证指示完整性。

前面提到,新捐赠人表单和新捐赠物资表单是必须的,一个简单的创建该表单的方法就是使用表单向导。当你创建了初始表单后,你可以在设计视图里编辑修饰它们。创建新捐赠物资表单有多种方法可供选择,一种就是先建立选择查询再用表单向导来生成初始表单,最后在设计视图里编辑外观。图 2 所示的该表单包含一个继续添加捐赠物资的命令按钮,命令按钮向导能够使你轻松地实现这个操作功能。

由于要给上周的捐赠人邮寄感谢信,你必须使用选择查询来确定这些人。这些人确定后,你使用标签向导来创建邮件标签。对于捐赠物资周报表,你需要建立选择查询来找出需要的数据,然后使用报表向导来生成该报表。

设计测试

在创建了以上要求的表单、表、关联、查询和报表之后,你应该测试你的数据库设计,请进行以下步骤。

1. 该慈善组织有了几个新的捐赠人,把他们的联系信息输入数据库。
   - Bobak Nazar 在 2006 年 10 月 19 日捐赠了 450 美元。联系地址:1220 Hemingway Drive, Chicago, IL 60661。输入下列备注:247 美元的支票,203 美元现金。他的电话(312)337－2552.
   - Kwai Chang 在 2006 年 10 月 19 日捐赠了约 100 美元的食品。联系地址:17493 Kelly Drive,Chicago,IL 606664。他的电话(312)337－9988。
   - Carmelo Pereles 在 2006 年 10 月 20 日捐赠了价值约 250 美元的婴儿衣服。他的联系地址:3321 Beverly Drive,Chicago,IL 60667。输入下列备注:这些衣服大小适合从刚出生的小孩到初学走路的孩子。他的电话(312)335－1801。
2. 原有的捐献人又做了捐赠,输入下列的信息。
   - Robin Bibb 在 2006 年 10 月 20 日代表 Lancaster Paints 捐赠了 5000 美元现金,3000 美元的食品和 2500 美元的衣服。
   - Catrina Stanton 在 2006 年 10 月 21 日代表 Betty's Interior Designs 捐赠了 1557.74 美

元的现金，750 美元的玩具，32.30 美元的衣服。输入下列备注：玩具最受 3 岁以上小孩的喜爱。

3. 准备一份大额捐赠的报表。该报表列出上月捐赠中所有大于 1000 美元的捐赠。先按照捐赠物资名称升序排列，再按照捐赠人的姓名和电话排序（选择 10 月份作为上一个月）。

案例提交

为了圆满地完成案例，你要建立数据库并准备书面的和口头的报告，除了特殊要求，至少应该把以下结果提交给你的老师。

1. 提交一份书面报告说明你在案例中使用的假设和案例的关键因素。另外，哪些是你添加的额外特性来使得数据库更能发挥效用？用户界面更友好？（请注意，你的假设不能违反案例要求，而且这些假设必须征得老师的同意）
2. 每份表单的打印输出。
3. 每份报表的打印输出（使用 2006 年 10 月 15 作为上周的开始日期）。
4. 一份数据库的电子拷贝。数据库要满足在案例情景和说明部分提到的标准。
5. 每一个查询的结果（一个讨论这些结果的备忘录要提供给你的老师）。
6. 如上所述，你要准备一个口头的报告（你的指导老师会确定分配给你的报告时间）。你要用报告制作软件来说明你的数据库的特点。你也要说明你的数据库能对基弗先生产生什么益处，你建议数据库做哪些修改？哪些额外的数据还能够存储到数据库中？

2.5 案例 17:好再租影视

数据库案例 难度指数:★★

所需技能

你应该复习下面领域的相关技能

数据库技能

- ✓ 集合函数
- ✓ 计算字段
- ✓ 图表向导
- ✓ 交叉表查询
- ✓ 表单设计
- ✓ 关联
- ✓ 报表设计
- ✓ 选择查询
- ✓ 表设计

案例背景

莎莉·丹尼尔斯在当地拥有并经营一家音像制品出租连锁店。尽管生意稳定,但竞争迫使她寻找新的方法来开拓市场。泰勒·丹尼尔斯和伯克利·丹尼尔斯继承了其祖母的创业精神,他们很清楚通过互联网来加强家族企业的重要性。去年,这对双胞胎去向他们祖母求教,他们想创办一个网上的电影租赁公司。尽管这项新业务的主要市场目标是那些热爱网络冲浪的人,但是,这对双胞胎认为这项业务也会在寻求方便和居住在农村地区的人群中流行起来。

经过初步测试市场营销,丹尼尔斯女士给该项目大开绿灯。凭借他们祖母的保佑和他们自己天生的才智,他们成功创建了好再租影视。目前,好再租影视运作良好,且主要服务于五个州。如果他们的业务继续走俏,就能扩展到其他州。

好再租影视的数据库保存了电影俱乐部会员、会员计划,用以吸引会员的广告资源等数据。为了做出几个市场决策,这对双胞胎需要提取和使用目前在数据库中存储的数据。泰勒和伯克利有很大的兴趣来分析挖掘他们会员的需求,来开创潜在的市场机会,识别各种各样的能够吸引会员的广告资源。他们请你提取特定的数据并准备一些报表。检查了数据库之后,你认识到,会员计划表单、注册表单和子表的修改也是数据库所需要的。

案例情景

泰勒和伯克利智力劳动的产物——好再租影视公司,是一种新型的电影出租业务。不同于传统的砖块加水泥商业，好再租影视是一个网上在线的电影出租商城。好再租影视为它的会员提供系列广泛的、既有新出的又包含经典的DVD格式电影。实际上，好再租影视有超过9000部的电影可供出租。

好再租影视为它的会员提供了在家里就可以租电影的便利服务，电影俱乐部的会员可以在网上租碟看电影，节省了去当地的音像店租取和归还影碟耗费的时间和金钱。

要想方便地在网上电影商城租到影碟，网站访客必须先注册成为会员并每月缴纳会员费，每月缴纳的会员费以会员可以租的电影包的大小为基础。一直到订阅取消之前，电影俱乐部会员的信用卡都要支付每月的会员费。会员可以随时变更或取消自己的会员计划。

网上订阅表单用来收集顾客的基本信息，包括信用卡号、运送地址、电子邮件地址和每月新闻需求。注册时，订阅者选择一种适合自己电影观看需要的会员计划。在订阅过程中，一个新会员要说明他是否乐意接收好再租影视的新闻简报。这个新闻简报提供电影评论，正推广的电影的片断，介绍即将放映的电影。对这对双胞胎来说，这也是一种和现有会员保持联系的好方法。

当一个客户完成订阅申请并被接收后，他就可以选择自己想看的电影从而建立自己的电影请求名单，同时这些电影按照偏好顺序排列。这个电影请求名单告诉好再租影视的工作人员，会员喜欢观看和租赁哪些电影。然后电影被按照客户的请求名单集中起来，最后这些电影的DVD光盘包被运送给客户。

现在共有5种会员计划，电影发烧友可以选择Seymour Movie计划，使得他们能够一次接收6个DVD。相反，一个偶尔看一次电影的会员则可以选择一个更实惠的会员计划，例如Blue Moon计划，Blue Moon计划每次提供一个DVD。表1给出了可选的会员计划，并附带每个计划的价格。

表1 可选会员计划表

会员计划编号	描述	价格(美元)
001	Blue Moon	12.99
002	Sharrie's Special	17.99
003	Popcorn and More	22.99
004	Couch Potato Special	27.99
005	Seymour Movies	34.99

在好再租影视俱乐部，会员访问公司的网站并给他的电影请求名单加入自己喜欢的电影名字，如果有电影DVD文件，那么就会作为下次传送的电影文件包的一部分，准备传送。一个电影包包含的DVD个数由会员所选的会员计划决定。如果一个会员选的电影在一个刚刚公布的新电影名单里，新公布电影的DVD就会被包含到下一个将要传送给客户的电影包内。

在收到一个新电影DVD包之前，会员必须归还之前租的DVD影碟。归还DVD影碟是一个简单的过程。看完电影之后，客户把DVD影碟装到一个有特殊标记的，提前付了邮资的信封中再把它邮寄就可以。当好再租影视的工作人员收到这个信封，新的电影DVD包就邮寄给你。一般来说，会员在几天内就能收到自己预定的新电影的DVD包。

潜在的会员能够通过多种途径了解好再租影视。朋友介绍、电视广告、印刷广告、其他网站以及搜索引擎等都会对在线商城的成功起到作用。泰勒和伯克利想知道，他们的会员们是如何知道自己的网上商城的。所以在注册时，会员会被询问是如何知道这个商城的。这个信息被保存到电影俱乐部会员的记录中。泰勒和伯克利会充分利用这些信息，在未来更好地进行市场营销。

泰勒和伯克利要求能够修改商城现有的会员计划，要完成这个功能，他们需要知道目前哪个会员计划最流行。他们也需要知道会员是如何被吸引到商城的。例如，哪种广告资源能够激励会员访问他们商城的网站？

泰勒和伯克利因为忙于管理他们的在线电影出租商城，他们请你从数据库中挖掘信息，并对数据库做一些修改。下面的内容描述了需要的信息和要做的一些修改。

存储说明

你的数据库复本包括会员表、会员计划表和资源表（你的指导老师会提供给你该数据库的一个复本，你的复本包含你做本案例所需的表和测试数据）。检查这些表后，你发现会员表和会员计划表结构需要做一些修改，资源表的结构不需要修改。

你研究会员表发现它包含一个新闻字段(Newspaper)。这个字段说明会员是否愿意接收一份好再租影视的每月电子新闻。你决定把这个字段默认为选择接收，同时对会员的电话号码使用掩码形式输入。

目前，会员计划表包含计划编码、描述和价格三个字段。但是该表缺少一个“最多可租电影数目”字段，该字段用来说明某个特定的计划一次最多能够租出几部电影。修改计划表使它包含这样一个字段。表2第4列的数据应该被添加到会员计划表中。

表2 会员计划表

会员计划编码	说明	会员费(美元)	最多可租电影数目
001	Blue Moon	12.99	1
002	Sharrie's Special	17.99	2
003	Popcorn and More	22.99	3
004	Couch Potato Special	27.99	4
005	Seymour Movies	34.99	6

输入说明

在将来，泰勒和伯克利会增加、删除和修改一些会员计划。为了方便会员计划表的这些变更，你设计一个简单的表单来实现会员计划的增删改功能。泰勒和伯克利给你提供了该表单的一个草图，如图 1。你分析后发现，使用表单向导来开始开发是很好的方法。进一步，你决定加入图片，找到合适的图片并加进去可以更加美观。你可以自由设计这个表单，但是要至少能够包含会员计划表的全部字段，有一个专业的外观，并且使用简单。

泰勒和伯克利决定也需要一个注册表单。当一个客户订阅在线电影商城的服务时，泰勒和伯克利要获得新客户的特定信息。图 2 给出了注册表单的一个草图。和会员计划表单一样，你可以使用表单向导来建立一个简单的表单，再在设计视图里编辑修改。

好再租影视 会员计划	
会员计划编号：	会员费：
计划说明：	最多可租电影数目：

图 1　会员计划表单

好再租影视 会员注册	
会员编号：	电话号码：
姓名：	信用卡：
城市：	ICC：
州：	会员计划编号：
邮政编码：	电子邮件地址：
	简报订阅：

图 2　会员注册表单

信息说明

泰勒和伯克利想知道哪种会员计划最畅销，还想得到会员计划之间的对比结果。图表是一种能汇总并通过视觉表达信息的方法，你决定用饼图来展示会员计划之间的对比。你使用图表向导来创建一个汇总双胞胎需要的信息的饼图(你的饼图的数据值会和图 3 的不一样，你不妨使用用该系统的联机帮助功能来复习图表创作)。

你检查图 3 发现该报告的标题是“会员计划比较饼图”，并包含一个日期。并且，每一个饼块代表一种可选的会员计划，数据标签和百分比出现在每个扇形区。

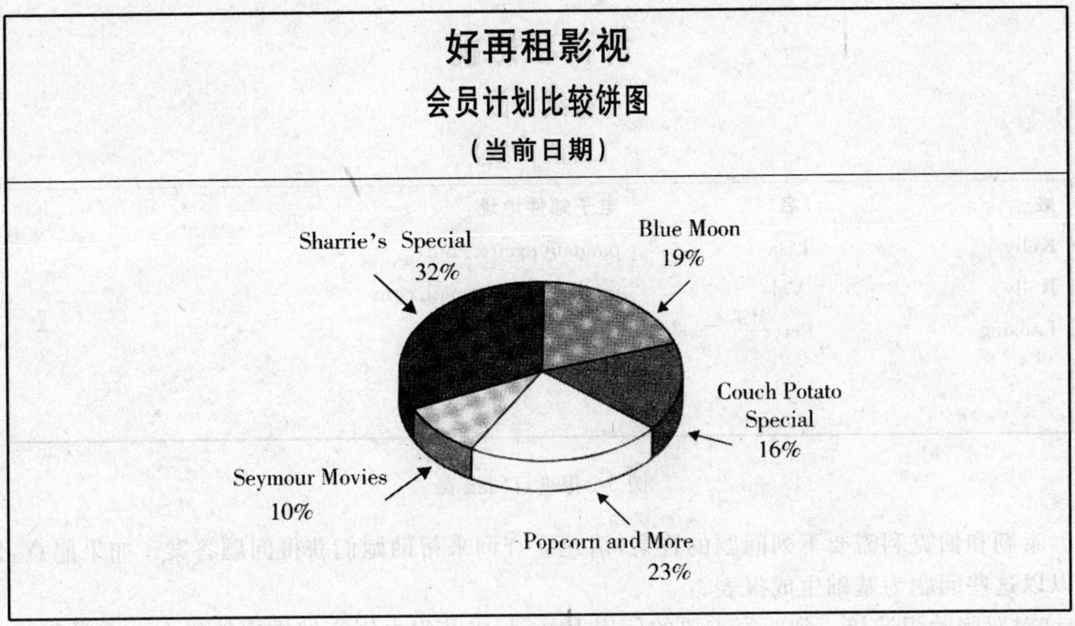

图 3 会员计划比较饼图

泰勒和伯克利对考察广告资源和州之间的关系很感兴趣。准备一个类似图 4 的报表。尽管你有一些方法来获得这个报表所需的信息,我们要求你建立交叉表查询,并使这个报表以该交叉查询为基础(你的统计报表和图 4 所示会有所不同)。

好再租影视

州汇总

(当前日期)

广告资源描述	Arkansas	Kansas	Louisiana	Oklahoma	Texas	汇总
其他网站	52	49	89	97	101	388
朋友						
杂志						
⋮						
					总计:	

图 4 广告资源州汇总报表

这对双胞胎还想知道哪些会员订阅了每月的新闻。如前文所提,一个新会员在订阅过程中会指定是否同意接收新闻。准备一份新闻接收报表给他们。图 5 展示该报表的一个草图。

好再租影视

报纸订阅

(当前日期)

姓	名	电子邮件地址
Kelly	Lisa	panda@excite.com
Kelly	Val	imafriend@hotmail.com
Lansing	Peter	plansing@home.com
		⋮

图 5 报纸订阅报表

泰勒和伯克利需要下列问题的答案,请建立查询来帮助她们获得问题答案。如果愿意,你可以以这些问题为基础生成报表。

1. 这对双胞胎想造访一到两家主要的信用卡公司,来获得电影商城推广的机会。会员们目前都在使用哪些种类的信用卡?哪种信用卡用的最多?(你的答案应该确定出该信用卡的发行公司,以及这种信用卡在国内的用户数)
2. 哪些会员有 Hotmail 帐户?(给出会员的姓名、州和电子邮件地址)
3. 有多少当前会员居住在德克萨斯州的城镇?(你的结果应该列出城镇名称、每个城镇的会员总数以及一个人数汇总)
4. 泰勒和伯克利想知道她们从德克萨斯州每个城镇获得的会员费收益。你的结果要给出城镇名和那个城镇的总会员费收入。
5. 堪萨斯州的现有会员是如何知道他们的在线电影商城的?(给出每种广告资源的描述,而不是广告资源名称,并对每种广告资源描述提供一个统计结果)
6. 3 个新会员加入了在线电影俱乐部。使用注册表单把他们的信息输入数据库。对会员编号,使用下一个可用的编号,对于电子邮件地址,输入你的邮件地址,注册日期填当天日期,3 个会员都接受每月的新闻。

姓	名	街道住址	城市	州	邮政编码	电话	信用卡	ICC	会员计划编号
Melvin	David	104 Northidge	Waco	TX	76701	(254)753－9933	MC	002	004
Livingston	Kirk	111 king's way	Emporia	KS	66801	(620)243－1111	DI	003	003
Moriamo	Tan	107 Northidge	Waco	TX	76701	(254)753－9944	MC	002	004

7. 哪些会员是 3 月份注册的?准备一份新注册会员的报表。

实施要点

这个案例要求你修改表,创建表单,建立一些查询和报表。表修改要求对新闻字段(Newspaper)设置一个默认的接受值,并对电话号码字段输入使用掩码形式。为了方便会员计划数据的输入,你要创建简单的输入表单,这个表单使得泰勒和伯克利能够方便地增删改会员计划。由于这是一个简单的表单,你可以使用自动的表单向导来生成初始表单,再在设计视图里编辑修改。为方便会员表的数据录入,你也要创建输入表单。同理,可以使用自动的表单向导建立初始表单,再在设计视图里编辑。

要建立会员计划对比图表,你首先需要建立选择查询来获得需要的数据。注意这个选择查询要获取两个表的数据,并要用统计函数。建立了选择查询之后,使用图表向导来生成饼形图。这个图表可能需要编辑,因此你可以使用系统的联机帮助功能来学习更多的有关图表制作的知识。图表要包含日期,有一个适当的标题,并旋转一下以提高其可读性。同时,每一个扇形区要有数据标签和百分比。由于新闻接受报表只用会员表,你既可以先建立一个选择查询,再使用报表向导来生成报表也可以直接用报表向导来得到该报表。周统计报表需要两个表的数据,建立一个选择查询来提取这些信息,然后使用报表向导来创建该报表。当这些报表建立后,你可以在设计视图里编辑它们。

设计测试

在完成了案例中要求的改变之后,你要测试你的数据库设计,进行以下步骤。

1. 使用你新设计的会员计划表单,更改每个会员计划的价格。使用下表提供的数据。当新的价格使用后,收入会增长多少?

会员计划编码	描述	价格(美元)
001	Blue Moon	14.99
002	Sharrie's Special	18.99
003	Popcorn and More	23.99
004	Couch Potato Special	28.99
005	Seymour Movies	36.99

2. 双胞胎对州之间的会员计划对比感兴趣。准备德克萨斯州和路易斯安那州之间的对比饼形图。你的图表应该类似于前面讨论的如图3的对比图。

案例提交

为了圆满地完成案例,你要完成要求的表修改,并建立表单、查询和报表。你也要准备书面的和口头的报告,除了特殊要求,至少应该把以下结果提交给你的老师。

1. 提交一份书面报告说明你在案例中使用的假设和案例的关键因素。另外,哪些是你添加的

额外特性来使得数据库更能发挥功能？用户界面更友好？（请注意，你的假设不能违反案例要求，而且这些假设必须征得老师的同意）

2. 每份表单的打印输出。
3. 每份报表的打印输出。
4. 一份数据库的电子拷贝。数据库要满足在案例情景和说明中提到的标准。
5. 每一个查询的结果。（一个讨论这些结果的备忘录要提供给你的老师）
6. 正如开始所述，你要准备一个口头的报告（你的指导老师会确定分配给你的报告时间）。除了以上提到的查询和报表，泰勒和伯克利从数据库中还能提取到哪些有用的信息？这些信息如何帮助他们更好地进行市场决策？

2.6 案例 18:蒂龙电玩游戏

数据库案例 难度指数:★★★

所需技能

你应该复习下面领域的相关技能

数据库技能

- ✓ 集合函数
- ✓ 计算字段
- ✓ 表单设计
- ✓ 表单向导
- ✓ 查找向导
- ✓ 参数查询
- ✓ 关联
- ✓ 报表设计
- ✓ 选择查询
- ✓ 子表
- ✓ 标签控制
- ✓ 表设计

案例背景

蒂龙·斯卡利基拥有并运营着蒂龙电玩店。他的这个正在发展中的小店给当地的很多商家提供游戏出租,包括影视业、虚拟现实、弹球游戏、照相业、保龄球等。为了鼓励游戏出租,斯卡利基先生和商家分享一定比例的游戏收入。随着斯卡利基先生的游戏租赁业务的不断增长,他的工作文件也在剧增。斯卡利基先生现在的纸质记录系统很不方便,既耗时又没有条理。他雇佣你给他完成一个电玩数据库。这个数据库能够使斯卡利基先生追踪他的客户、游戏租赁和租赁收入。要完成这个数据库,你需要设计表单和报表,修改关联,创建一些查询。

案例情景

斯卡利基先生年轻时对电玩很痴迷,他常常把一周的零花钱都花在了游戏上。成年以后,他仍然爱玩游戏。所以,当他在大学获得了商学学位后,他决定利用自己的专业知识和游戏方面的知识来开展自己的游戏租赁业务。在租赁业务的初期,他购买旧的电玩设备,再把它们修理组装起来,然后租给当地的商家。随着他收入的增加,他还为他的一些客户在最新的电玩上投资。

对很多商家来说,电玩租赁是很好的选择,不用自己购买设备,商家租赁后就可以获得可观的收入,还不用为电玩设备的升级而头疼。

在租赁过程中，斯卡利基先生走访商家，他们共同确定哪种电玩是有利可图的。同时，他们就如何分配收入进行磋商。当就收入的分配比例达成一致后，斯卡利基先生匆匆记下敲定的分成比列，不用说，目前这些分成比例，不能很及时地记录。

斯卡利基先生努力去走访他的每个客户并定期提供租赁服务。提供一个租赁包括收取租金并对电玩提供必须的维护。随着他的客户的不断增加，他走访客户的频次也在下降，而且，他收取租金也并不细致。

为了保持业务持续成功，斯卡利基先生必须更好地组织和管理他的业务。作为一个起点，他雇佣你来完成他的电玩数据库。完成以后，这个数据库将能追踪管理斯卡利基先生的客户、电玩租赁和租金收入。一开始，斯卡利基先生请你设计并填充租赁表和租金表，准备电玩设备表单和客户表单，设计游戏名单报表和客户租赁报表，修改表之间的关联，并准备一些查询。

存储说明

目前部分完成的电玩数据库包括客户表和电玩设备表。客户表存储每一位客户的基本信息：客户识别编码、客户的姓名、商家（公司）名称、街道地址、城市、州名、邮政编码和电话号码。在客户表中的这些字段分别是：CID，CLastName，CFirstName，BusinessName，StreetAddress，City，State，Zip，Phone。对每一个电玩设备，电玩设备表存储一个设备识别编号、设备名和类别。在电玩设备表中这些字段分别是：MID，MName，MCategory。CID字段作为客户表的主关键字，MID字段作为电玩设备表的主关键字。

因为斯卡利基先生要存储每一个设备的租赁和收入情况，因此你要给电玩数据库增加租赁表和收入表。租赁表记录每个客户租赁的设备和每个电玩设备的租赁分成比例。表1给出了租赁表的结构。收入表记录了从每一个设备中获得的租金以及收取租金的日期。表2展示了收入表的结构（你的指导老师会提供给你数据来填充这两个表）。

表1 租赁表结构

字段名称	数据类型	字段描述	字段大小	备注
CID	数值型	与MID和RentalDate两个字段共同组成一个组合关键字来作为表的主关键字	长整型	必填项 应用查找向导
MID	数值型	与CID和RentalDate两个字段共同组成一个组合关键字来作为表的主关键字	长整型	必填项 应用查找向导
RentalDate	日期/时间型	与CID和MID两个字段共同组成一个组合关键字来作为表的主关键字记录设备的出租日期	短日期型	必填项 使用掩码输入
Rotation-Date	日期/时间型	说明需要联系客户更换游戏的时间	短日期型	必填项 使用掩码输入
Their Percentage	数值型	说明客户在游戏收入中的分配比例	单精度型	必填项

表 2 收入表结构

字段名称	数据类型	字段描述	字段大小	备注
CID	数值型	与 MID 和 CollectionDate 两个字段共同组成一个组合关键字来作为表的主关键字	长整型	必填项 应用查找向导
MID	数值型	与 CID 和 CollectionDate 两个字段共同组成一个组合关键字来作为表的主关键字	长整型	必填项 应用查找向导
Collection-Date	日期/时间型	说明从游戏机提取货币的日期	短日期型	必填项
Gross	数值型	记录游戏毛收入	单精度型	必填项

你在检查租赁表和收入表结构时，将会发现 CID 和 MID 这两个字段在客户表和设备表中已经存在。所以，当在租赁表和收入表中建立这两个字段时，你使用查找向导。（当为 CID 和 MID 这两个字段选择数据类型时，你选择“查找向导”选项。当你选择“查找向导”作为数据类型时，查找向导被引入。这时，你在查找向导的设置对话框中输入必要的信息）

尽管查找向导在客户表和租赁表之间、设备表和租赁表之间、客户表和收入表之间以及设备表和收入表之间建立了关联，这些关联并没有加强指示完整性，你应修改这些关联来加强指示完整性。

输入说明

斯卡利基先生希望给电玩数据库加入设备表单和客户表单。斯卡利基先生使用设备表单把新设备的信息，以及更新已有设备的信息输入到电玩数据中。客户表单方便斯卡利基先生输入客户的信息、客户租赁的设备，以及由每个租赁设备获得的收入。

如图 1 所示，设备表单形式简单，可以用表单向导很容易地完成。创建设备表单后，可以在设计视图里编辑它的外观。

蒂龙电玩游戏

游戏设备表

设备编号：　　　　设备名称：

设备类型：

图 1 游戏设备表单

图 2 展示了客户表单的初始设计。研究表 2 后发现，该表单实际上是一个多页的表单。客户的信息在主表单上，而设备租赁信息和设备收入信息用标签控制来组织管理。当斯卡利基先生单击设备租赁标签时，一个包含租赁表字段信息的子表单会显现出来。他使用这个子表单来输入特定客户租赁设备的相关信息。同理，当斯卡利基先生单击收入标签时，一个包含租金收入表字段信息的子表单会显现出来，斯卡利基先生使用该表单输入在某一天从某客户

收取的租金收入的信息。

蒂龙电玩游戏

客户表

客户身份证号： 街道地址： 城市： 州： 邮政编码：

客户姓名： 电话号码：

公司名称：

[设备租赁] [收 入]

图 2 客户表单

信息说明

斯卡利基先生需要客户租赁报表和游戏报表。如图 3 所示，客户租赁报表为斯卡利基先生按字母顺序列出了当前租赁游戏设备的客户。这个草图也表明，对每一个客户，租赁的游戏设备和租赁日期也按字母顺序列出(马文·德文(Marvin Devon)在 2006 年 2 月 5 日租了两个邪恶帝国(Evil Empire)的游戏设备)。游戏报表按照类别列出游戏设备。该报表给出出租的游戏设备数和在库的可供出租设备数的统计汇总。图 4 是该报表的一个草图。

蒂龙电玩游戏

客户租赁报表

(当前日期)

姓	名	公司名称
Devon	Marvin	Marvin's Place
	设备名称	租赁日期
	Evil Empire	2/5/2006
	Evil Empire	2/5/2006
Dipierro	Angelo	Angelo's Place
	设备名称	租赁日期
	FantasyLand	2/17/2006
	Last Man	2/17/2006
	Last Man	2/17/2006
	Millenium Fighter Jet ⋮	2/17/2006

图 3 客户租赁报表

蒂龙电玩游戏

游戏名单报表

（当前日期）

类型	名字	存量	已出租量	现有量
Bowling	Extreme Bowling	3	2	1
		⋮		
Video	DayRider	2	2	0
	Deluxe Astroids	2	2	0
	Last Man	4	2	2
		⋮		

图 4　游戏名单报表

斯卡利基先生需要下列问题的答案，请建立查询来帮助斯卡利基先生获得这些问题答案。如果愿意，可以基于这些问题生成报表。

1. 哪些游戏设备没有出租过并且仍然在库等待出租？斯卡利基先生需要每个没出租过的游戏设备的名称、编号和类别。
2. 出租 6 个月及更长时间的游戏设备就要升级或更换。哪些客户有租赁了 6 个月及更长时间的游戏设备？斯卡利基先生要求看到这些客户的姓名、公司名称、电话号码和租赁日期。结果要以客户名字的字母顺序排列。用 2006 年 7 月 15 日作为查询的当前日期。
3. 斯卡利基先生需要一个查询，能够给他提示游戏的名称，然后在他输入游戏名称后，能够查找出哪些顾客租赁了该游戏设备。结果要求列出客户的姓名、公司名称、电话号码和租赁日期。
4. 斯卡利基先生需要一份创收报表，这个报表要按照字母顺序列出每个客户。对每个客户，按字母顺序列出该客户租赁的游戏设备，对每个设备，给出该设备创造的毛收入、客户分得的收入和他自己分得的收入。这个报表要对每个客户提供汇总结果，也要提供总的报表。
5. 找出为斯卡利基先生创造最多收入的游戏。
6. 找出给斯卡利基先生带来最多收入的客户。
7. 找出那些在斯卡利基先生的公司租赁了 4 件及以上电玩设备的客户。

实施要点

尽管你可以自由设计这些表单和报表，但是要保证它们有统一和专业的外观。考虑使用向导来准备初始的表单和报表。当准备好初始的表单和报表后，再在设计视图里修改编辑。

一个查找字段使得最终用户能够在一列数据中查找某一个数值，因此可以方便数据输入和提高数据准确度。你要在租赁表和收入表中把 CID 和 MID 字段设为查找字段。当给每个字段定义数据类型时，在数据类型选择列中选择“查找向导”，然后按照对话框的说明进行。

如图 2 所示，客户表单有一个设备租赁标签和收入标签。你应把一个标签控制放到该表单上，当斯卡利基先生单击设备租赁标签时，他会进入设备租赁页，这一页使得斯卡利基先生能够输入特定客户的租赁信息。当斯卡利基先生单击收入标签时,他会进入收入页,这一页使得斯卡利基先生能够输入从特定客户租赁的每一个设备获得的收入的信息。创建客户表单有许多方法。当创建客户表单并使用标签控制在客户表单中加入标签后,一种好的方法就是把新建立的子表单从数据库窗口分别拖到他们对应的标签页。你可以使用在线帮助功能来获得更多的有关子表单和标签控制的知识。

设计测试

在创建了需要的表、表单、查询和报表后,你要测试你所建的数据库。进行以下步骤。

1. 斯卡利基先生购买了5套新的电玩设备。把下列信息输入数据库。斯卡利基先生购买了2套 Cruncher 游戏,类别是视频游戏,另外3套是 Power Dunk 游戏,类别是篮球游戏。
2. 输入下列租赁信息。Marv Waxler 的 Marv 电影租赁商城,位于 888 Pine Bluff, Bar Harbor, Maine,电话号码(207)288－5555。Benji Cullas 的汽车店,位于 919 Brenham Way, Bar Harbor, Maine,电话号码是(207)288－6666。邮政编码都是 04609。他们租赁了如下设备。

客户	租赁设备	租赁日期	利润分配比率	设备更新日期
Marvin Waxler	Cruncher	3/1/2006	45%	9/1/2006
Marvin Waxler	Power Dunk	3/1/2006	45%	9/1/2006
Marvin Waxler	MiniCalw(00027)	3/1/2006	45%	9/1/2006
Marvin Waxler	Last Man(00016)	3/1/2006	45%	9/1/2006
Marvin Waxler	MemoryMaker(00008)	3/1/2006	45%	9/1/2006
Benji Cullas	Power Dunk	3/6/2006	45%	9/6/2006
Benji Cullas	NightRaider(00032)	3/6/2006	50%	9/6/2006

3. 斯卡利基先生需要把下列收入信息输入数据库。收入日期是 2006 年 3 月 4 日。

客户	设备编号	金额(美元)
Pauley Tien	4	75.00
Marinello Pourchot	25	178.00
Marinello Pourchot	29	204.00
AngeloDipierro	14	132.00
AngeloDipierro	17	144.75
AngeloDipierro	18	199.50
AngeloDipierro	20	50.00

案例提交

为了圆满地完成案例，你要完成数据库并准备书面的和口头的报告，除了特殊要求，把以下结果提交给你的老师。

1. 提交一份对你在案件中所做的假设以及关键因素进行说明的书面报告。另外，你在工作表中加入了哪些特性使得它具有更多功能？用户界面更友好？（请注意，你的假设不能违反案例要求，而且这些假设必须征得老师的同意）
2. 每个表单的打印输出。
3. 每个报表的打印输出。
4. 一份数据库的电子拷贝，要满足在案例情景和说明中提到的标准。
5. 每一个查询的结果（要提供给你的老师一个讨论这些结果的备忘录）。
6. 正如开始所述，你要准备一个口头的报告（你的指导老师会确定分配给你的报告时间）。你要使用报告制作软件，并讨论你所建的数据库的主要特点。当然，也要说明你所建的数据库会给斯卡利基先生带来哪些收益，哪些额外的数据还能存储到该数据库中？

2.7 案例 19:凯勒工业公司

数据库案例 难度指数:★★★

所需技能

你应该复习下面领域的相关技能

数据库技能

- ✓ 集合函数
- ✓ 自动查询
- ✓ 计算控件
- ✓ 查找未匹配项查询向导
- ✓ 表单设计
- ✓ 查找向导(可选项)
- ✓ 参数查找
- ✓ 关联
- ✓ 报表设计
- ✓ 选择查找
- ✓ 表设计

案例背景

凯勒工业公司正碰到很多麻烦。随着配给员工的个人电脑数量的增多,管理这些个人电脑以及给这些电脑安装软件令 IT 部门感到愈来愈头痛。由于现在没有安装正规的电脑硬件/软件跟踪系统,IT 部门不知道什么电脑硬件正配置给员工使用,也不知道安装的软件是否都是正版软件。

为了更好地跟踪电脑硬件/软件资源,凯勒工业公司已经决定正式跟踪所有配置给员工使用的硬件和软件资源。开始时跟踪系统将跟踪电脑硬件/软件配置情况。IT 部门经理迈克·迈耶斯给你提供一份部分完成的跟踪数据库副本,然后要求你建立一些表单及报表,设计并填充一份电脑硬件表格并建立各表格之间的联系,以及建立几个查询。

案例情景

当凯勒工业公司的员工需要更新他的计算机系统时,他只需要给 IT 部门打个电话作个口头请求就可以了。IT 部门工作人员会准备一张工作订单,如果这张工作订单被批准的话,那么这个请求会尽快得到满足。工作订单一旦完成后,它就会保存在档案柜里,再也不会重见天日。缺乏正式的电脑硬件/软件跟踪系统给 IT 部门带来了不少的麻烦,因为 IT 部门工作人员只是大概地知道哪些电脑硬件和软件正在被凯勒工业公司的员工使用。而且现在也存在许多其他问题，例如偷窃，使用盗版以及不兼容软件。

没有人可以肯定地说公司有多少台个人电脑，也不能保证个人电脑安装的都是正版软件。为了控制这种局面，迈耶斯女士要求你盘查一下所有的个人电脑和可用的软件。她要求你为每台电脑配置一个唯一的ID号，然后建立完成跟踪数据库。开始的时候，跟踪数据库将跟踪所有可用的个人电脑、软件以及电脑硬件/软件配置情况（操作系统并未包括在软件清单内）。

当购买一台新的个人电脑时，迈耶斯女士想知道这台进入跟踪数据库的新购电脑的各个细节。IT部门的工作人员使用一张电脑硬件表格去获得关于这台电脑的各个细节，例如电脑ID号、中央处理器类型和速度、内存容量、电脑型号、制造商、硬盘容量以及序列号。这台电脑配置给某个员工后，表单的用户栏就会填上这位员工的ID号。

当一个工作订单完成后，迈耶斯女士想让这些信息立即进入跟踪系统，这样制作一份电脑硬件/软件配置表单就显得很有必要。这份表单可以允许IT部门工作人员增加，修改或者删除当前的电脑硬件/软件配置。

迈耶斯女士知道跟踪数据库包含了关于硬件、软件以及现在的电脑硬件/软件配置情况的重要细节。通过基于这些数据所生成的报表，她可以做出许多有价值的决策。例如，软件配置报表帮助迈耶斯女士决定某个特定的软件现在安装了多少份拷贝；电脑硬件报表告诉迈耶斯女士现在公司员工使用的个人电脑的配置情况；员工配置报表显示现在每位员工的电脑硬件/软件配置情况。虽然电脑硬件报表是由电脑组织信息，但是员工配置报表却是由员工搜集信息，因此方便了信息的检查。

存储说明

跟踪数据库包含软件表、员工表以及配置表。研究这些表，你会发现软件表是由SID，Publisher，Title以及License这几字段组成。其中SID字段是软件表格的关键字，唯一地确定某个特定的软件；Publisher字段储存的是发布这款软件的公司名称；Title字段储存的是这款软件的名称；License字段储存的是公司有多少张这款特定软件的许可证。员工表是由EID，Lname以及Fname这几字段组成。EID字段是员工表格的关键字，储存的是员工的ID号码；Lname字段和Fname字段分别储存员工的姓和名。配置表格识别各台特定的电脑各自安装了哪些软件。现在，配置表格只包含HID和SID这两个字段，HID字段识别某台特定的电脑，是这台电脑的ID号；SID字段储存这台电脑所安装的软件。仔细研究这张配置表格，你就会发现某些特定的电脑安装的应用软件不止一种，所以HID字段和SID字段是配置表格的组合关键字。

迈耶斯女士给你一张包含各台个人电脑数据的电子文档。研究这份文件你会发现它包含各台电脑的序列号、中央处理器类型和速度、内存大小、硬盘容量、电脑型号和制造商这些字段。文件还包括分配字段，储存现在使用这台电脑的员工ID号。你决定在电脑硬件表格上使用这些字段所提供的信息，设计的表结构如表1所示。然后你通过复制粘贴将电子文档里的数据转移到电脑硬件表格中。

表 1 电脑硬件表结构

字段名称	数据类型	字段描述	字段大小	备注
HID	数值型	电脑 ID 号,表格关键字	整数	IT 工作人员分配,与序列号不同,必填项
PSpeed	文本型	处理器速度	15	
PType	文本型	处理器类型	25	必填项
SerialNo	文本型	电脑序列号,与 HID 不同	20	必填项
HardDrive	文本型	硬盘容量	10	
RAM	文本型	内存大小	10	
Manufacturer	文本型	电脑制造商	25	
Model	文本型	电脑型号	25	
Category	文本型	电脑类型	10	
AssignedTo	文本型	用户 ID 号	4	

仔细研究跟踪数据库,你就会发现至少有三种关联是必要的,而且这些关联有助于加强数据库的参考完整性。第一种是员工表和电脑硬件表之间的联系,可以通过员工表的 EID 字段和电脑硬件表的 AssignedTo 字段将两张表格联系在一起。第二种是电脑硬件表和配置表之间的联系,因为两张表格都有 HID 字段,所以可以通过这个字段将两张表格联系在一起。第三种是配置表格和软件表格之间的联系,因为两张表格都含有 SID 字段,所以可以通过这个字段将两张表格联系在一起。

输入说明

图 1 和图 2 分别是电脑登录表单和电脑硬件/软件配置表单的草图。虽然你可以随意修改每个表单的设计,但你设计出的表单必须有专业的外观,还至少要包含草图中所示的数据。

电脑硬件登记

电脑 ID: **EID:**

序列号: 制造商: 内存大小:

类别: 型号: 硬盘容量:

CPU 速度:

CPU 类型:

图 1 电脑硬件登记表格

IT 人员需要一个电脑登记表来获取新购电脑的数据,图 1 是这个表单的草图。这个表单所获取的数据将储存于电脑硬件表中,你可以使用表单向导来创建这个表单,表单创建之后,你就可以在设计视图上随意修改它的外观。

IT 人员需要知道每台个人电脑都安装了什么软件。电脑硬件/软件配置表单就可以实现这种功能，它允许 IT 人员增加、修改、删除每台个人电脑的软件安装数据，图 2 是这个表单的草图。

电脑硬件/软件配置表单

电脑 ID: **EID:**

序列号: 制造商: 内存大小:

类别: 型号: 硬盘容量:

CPU 速度:

CPU 类型:

这台电脑所安软件:

软件 ID	标题	发布商

图 2 电脑硬件/软件配置表单

迈耶斯女士要求电脑硬件/软件配置表格的数据录入过程尽可能简单。例如，她想当她从组合框中选择一个 HID 后，系统就能够通过该号码将图 2 中其他相应信息调出来，包括以前安装的任何软件。你可以采用自动查询工具来检索这些数据。安装软件时，她希望通过选择一个 SID，系统就能够通过该号码找到软件的标题以及发布商的信息。你发现自动查询工具使软件数据检索变得相当简单。

信息说明

迈耶斯女士需要三份报表，分别是软件配置报表，电脑配置报表以及员工配置报表。这些报表以不同的方式组织数据，给迈耶斯女士分析问题时提供不同的视角。图 3～5 是这些报表的草图。尽管迈耶斯女士鼓励你创造性地设计报表，但是修改后的报表至少要包含草图中所有的数据，并且有一个专业的外观。迈耶斯女士希望每份报表的表头包含标题、当前日期以及公司的标志，页脚包含当前页码以及总页码。

迈耶斯女士给你一张软件配置报表的草图，如图 3 所示。检查这份报表，你会发现它列出了公司有哪些正版软件，指出了哪些电脑安装了这些软件，还可以看到哪些员工在使用这些软件。这份报表以软件名称字母顺序组织信息。在每个软件名称内，按电脑 ID 号(HID)升序排列。每款软件安装数量也可从中看出，迈耶斯女士用此信息来检验所有安装的软件是否都是许可的。你可以建立一个查询来为该报表检索数据，然后在这个查询的基础上建立报表。

软件配置报表

（当前日期）

软件名称	**发布商**	**电脑 ID 号**		**用户**
	⋮			
IGRAFX Flowcharter 2006	科立尔	20		Dancer，Robin
	⋮			
			安装数量:	
Project Professional 2003	微软	1		Murphy，Agnes
	⋮			
			安装数量:	

第＊页，共＊页

图 3　软件配置报表

图 4 是硬件配置报表的草图。该报表根据个人电脑的 HID 升序排列，对每台电脑作了初步描述，包括处理器类型和速度、内存大小以及硬盘容量。此外还包括各台电脑分别安装了哪些软件以及哪位员工使用该台电脑。

电脑配置报表

（当前日期）

电脑 ID 号	**硬件描述**	**安装软件**	**发布商**	**用户**
1	惠普电脑 奔腾 4，3.6GHz 内存 2GB 硬盘 80GB	诺顿 2006 项目专业版 2003 Word 2003 完美专业版	诺顿 微软 科立尔	Murphy，Agnes
		⋮		
2	惠普电脑 奔腾 4，3.6GHz 内存 2GB 硬盘 80GB	Office 标准版 2003	微软	Vorse，Barry
		⋮		

第＊页，共＊页

图 4　电脑配置报表

迈耶斯女士还想知道每位员工各自使用了哪些电脑和软件，她希望以员工的姓氏升序排列信息。图 5 是员工配置报表的草图。分析这张草图，你会发现有些员工配置的电脑可能不止一台，第二排序方式可以按电脑的 HID 号升序排列。

员工配置报表

(当前日期)

雇员	电脑 ID 号	序列号	硬件描述	安装软件	发布商
Blatt, Renae	5	784569-58-2222	戴尔电脑 速龙，2.8GHz	诺顿 2006 Word 2003 完美专业版	诺顿 科立尔
⋮					
Vorse, Barry	2	746389-03-0098	惠普电脑 奔腾 4，3.6GHz	Office 2003	微软
⋮					

第 * 页，共 * 页

图 5　员工配置报表

迈耶斯女士需要你回答下列问题。你可以基于对这几个问题的回答生成报表。

1. 有什么软件迄今为止还没有安装在任何电脑上？迈耶斯女士希望只看到此软件的标题，不希望看到其他字段。
2. 有哪些员工还没有配置电脑？迈耶斯女士希望只看到此员工的姓名，不希望看到其他字段。
3. 迈耶斯女士需要一个以软件标题为检索项的查询程序。输入软件标题后，查询程序可以列出所有安装此软件的员工姓名。你应该将查询程序准备好给迈耶斯女士，查询结果按员工的姓氏升序排列。
4. 有三名员工想将软件 Corel WordPerfect Office X3 Professional 安装在他们的电脑上。现在此软件已经安装了多少份？公司有足够的许可证来满足这些新的需求吗？
5. 哪些员工有手提电脑？提供员工的姓名、电脑制造商、型号、处理器类型和速度。
6. 迈耶斯女士需要一个以员工姓名为检索项的查询程序。当她输入员工姓名后，查询程序可以列出所有配置给该员工的电脑硬件和软件的信息。

实施要点

为了使修改工作满足案例情景的需要，你需要设计一个表，建立两个表单，准备三份报表，建立各表之间的联系，还要创建几个查询。一旦你创建电脑硬件表后，此表所需数据储存在一份电子文档上，你可以把这些数据通过复制粘贴填入电脑硬件表。

设计电脑硬件登记表单时，你可以考虑使用表单向导来创建。一旦基本表单完成后，你就可以在设计视图上随意修改该表单。

电脑硬件/软件配置表单是一份包含子表单的主表单。你可以考虑采用自动查询工具来检索数据库，采用表单向导来创建电脑硬件/软件配置表单。一旦你创建完初始表单，你就可以在设计视图上随意修改该表单。

每份报表的数据都来自多份表格。对于每份报表，你都应该建立一个从潜在的表格中检索出必要信息的查询，并在查询的基础上建立报表。电脑硬件/软件配置表单需要提供每个软件在公司电脑上各自安装了多少次，获此数据的一个可行方法是在你的报表中使用计算控件。

设计测试

创建完表、表单、查询、各表间的关联以及报表之后，你应该测试一下该设计，进行下列的检验步骤：

1. IT 部门最近新购五台电脑。使用电脑硬件登记表单，将下面各台电脑的信息输入跟踪数据库。由于电脑还没有分配给员工，所以下表不包括 AssignedTo(用户)字段。

硬件号	主频	CPU	序列号	硬盘	网卡型号	内存	制造商	类型
22	3.4GHz	P4	684922-12-4944	160GB	Profile 5.5	2GB	Gateway	台式
23	3.6GHz	P4	483203-98-4935	80GB	xw 4300	1GB	惠普	台式
24	3.6GHz	P4	483203-98-4936	80GB	xw4300	1GB	惠普	台式
25	3.4GHz	P4	684922-12-4943	200GB	Profile 5.5	1GB	Gateway	台式
26	2.3GHz	PM	994847-90-0003	80GB	M70	21GB	戴尔	手提

2. IT 部门对电脑做出如下配置：
   - 将 HID 为 22 的电脑配置给 Clint Zumwalt。他要求安装 Microsoft Office Professional 2003 以及 Microsoft Project Professional 2003 两款软件。
   - 将 HID 为 26 的电脑配置给 Marsha Leminsky。她要求安装 Corel WordPerfect Office X3 Professional、Norton AntiVirus 2006 以及 SAS JMP 6 这三款软件。
3. Agnes Murphy 不想要安装在她电脑里的 Microsoft Office Standard Edition 2003，请在数据库中作出适当变更。
4. 公司现在有多少台 P4(奔腾 4)电脑？这些电脑中有多少是台式电脑？公司有多少台 PD (奔腾 D)电脑？

5. 公司现在有多少台戴尔手提电脑?
6. 有多少台电脑没有安装诺顿2006杀毒软件?你认为所有电脑都应该安装杀毒软件吗?如果是的话,请作出必要更新。

案例提交

为了使案例完美完成,你不仅应该将数据库做好,还应该准备书面及口头报告。除非另有说明,你应该将下列材料提交给你的老师。

1. 提交一份书面报告说明你在案例中使用的假设和案例的关键因素。另外,你在数据库中加入了哪些特征使得它具有更多功能?用户界面更友好?(请注意这些假设不能违反任何上述特定要求,而且所做的假设必须经过老师的同意)
2. 每张表单的打印版。
3. 每份报表的打印版。
4. 一份能满足案例情景和说明部分要求的能够正常运行的电子数据库。
5. 每次查询的结果。(还应该提供你与老师讨论这些结果时的备忘录)
6. 如前所述,你还要准备一份口头报告(你的指导老师将确定你报告的时间)。你应该运用报告制作软件并描述数据库的关键特征,还可以讨论这个数据库怎样有利于迈耶斯女士,哪些地方可以修改?

2.8 案例 20:ABC 医疗福利公司

数据库案例 难度指数:★★★

所需技能

你应该复习下面领域的相关技能

数据库技能

- ✓ 高级报表设计
- ✓ 集合函数
- ✓ 自动查找
- ✓ 计算控件
- ✓ 交叉表查询
- ✓ 表单筛选
- ✓ 表单设计
- ✓ 表单向导
- ✓ 查找向导
- ✓ 邮件合并向导
- ✓ 关联
- ✓ 选择查询
- ✓ 子表单
- ✓ 表设计

案例背景

说到医疗保健,ABC 公司认识到公司员工有不同的医疗保健需求,因此使用弹性的福利方案,允许员工根据个人喜好选择适合自己的医疗福利方案。医疗福利的登记工作将在两个月后展开,人力资源部经理安东尼奥·冈萨雷斯先生迫切希望更新公司的医疗福利数据库。冈萨雷斯先生聘请你主管这项更新工作。在星期一与冈萨雷斯先生的会晤中,你获知了数据库的技术要求。你需要设计员工医疗保险登记表单,建立并填充员工表以及选择表,构建几个查询,准备一封格式信函、员工保险报告,还要为每位员工准备一份个性化的员工登记报告。

案例情景

ABC 公司人力资源部采用"自助餐式"方法向公司员工提供医疗保健福利。每年秋天,ABC 公司的每位员工都将检查他们现在的福利,修改他们的选择,然后在第 125 号条款上签字。这些变化都必须输入福利数据库。

对于医疗保险,员工可以入会首选保险提供商组织(PPO)或者健康保养组织(HMO)。公司每月替所有员工支付医疗保险金。但是,如果员工登记牙科项目或者视力项目,那么该员工将为该可选项目每月支付适当的费用。员工也可以和一名或多名家人一起参保医疗、牙科以及/或者视力项目，但前提是家人所保险的项目员工也必须保险。比如配偶参加牙科保险，该员工自己也必须参加牙科保险。

几个星期后，一封登记信以及 ABC 公司费用变更表将寄给每位员工。登记信通知员工即将到来的登记时间，提供时间、地点信息。ABC 公司费用变更表列出新的医疗保险费用，生效日期是次年 1 月 1 日。新的 ABC 公司费用变更表如表 1 所示。

表 1　ABC 公司费用变更表

（有效日期：1 月 1 日）

费率（单位：美元）						
保险公司	**E**	**S**	**S1**	**S2**	**C1**	**C2**
All American Life Care (AALC)—PPO	00.00	281.22	462.06	523.54	180.84	242.32
Best Health Care (BHC)—HMO	00.00	263.07	405.64	455.54	142.57	192.47
Midwest Dental (MD)	15.89	37.92	67.96	78.29	30.04	40.37
Perfect Vision (PV)	18.44	25.78	48.64	79.27	22.86	30.63
E＝只有员工 S＝只有配偶 S1＝配偶和一个孩子			S2＝配偶和两个及两个以上的孩子 C1＝一个孩子 C2＝两个及两个以上孩子			

与冈萨雷斯先生会谈后，你意识到有必要对现在的福利数据库进行修改。这些修改需要你设计员工医疗保险登记表单，建立并填充员工表以及选择表，构建几个查询，准备一封格式信函、员工保险报表，还要为每位 ABC 员工准备一份个人化的员工登记报表。

存储说明

福利数据库包括填充好的公司表、家属表以及费用表。观察这些表，你会发现公司表包含各个保险公司的信息，具体来说包括保险公司代码（InsCode）、保险公司名称（InsName）以及备注（Comments）这几个字段。家属表包括家属代码（DepCode）以及对这些代码的描述（DepDesc）这些字段。费用表包括 InsCode、DepCode 以及费用（Rate）字段。费用表格有个组合关键字，由 InsCode 和 DepCode 字段组成。费用表格包含现在的保险费用信息，并将会更新以反映表 1 所示的变化。

与冈萨雷斯先生会谈期间，他给你一份包含员工表以及选择表所需数据的电子文档。员工表结构如表 2 所示，选择表结构如表 3 所示，根据此结构可以建立你的员工表和选择表。员工代码（EID）字段可以作为员工表的关键字，"TX"可以作为州（State）字段的默认值。

表 2 员工表格结构

字段名称	数据类型	字段描述	字段大小	备注
EID	数值型	员工代码,数字唯一,主关键字	长整型	五位数,必填项
DeptID	数值型	部门代码,数字唯一	长整型	两位数,必填项
EFirstName	文本型	员工的名	50	
ELastName	文本型	员工的姓	50	
StreetAddress	文本型	员工的街道地址	50	
City	文本型	员工所在城市	50	
State	文本型	员工所在州	2	州缩写必须全用大写。默认值为“TX”
ZipCode	文本型	邮政编码	10	使用输入掩码
OfficeExt	文本型	办公室分机号	4	

表 3 选择表结构

字段名称	数据类型	字段描述	字段大小	备注
EID	数值型	员工 ID 号,组合关键字的一部分	长整型	五位数,必填项,数据位于员工表
DepCode	文本型	家属代码,组合关键字的一部分	3	代码位于家属表
InsCode	文本型	保险公司代码,组合关键字的一部分	4	代码位于公司表
EffectiveDate	日期/时间型	政策生效日期	短日期型	

分析了选择表的设计后,你决定选择表格的首要关键字也是一个组合关键字,由 EID、DepCode 和 InsCode 这三个字段构成。生效日期(EffectiveDate)字段包含的日期是政策生效日期,尽管日期通常是 1 月 1 日,但也有例外。例如,年中雇用的员工就有一个不同的生效日期。你可能会发现 EID、DepCode 和 InsCode 字段的数据分别储存在员工表、家属表和公司表之中。为方便数据录入,你可以使用查询向导来创建这些字段的值。

自动查询向导创建选择表、员工表以及家属表之间的关联,这些关联有助于增强数据库的参考完整性。你要编辑每个关联的结合性质以增强数据库的参考完整性。

输入说明

福利数据库需要一张员工保险登记表单,图 1 就是这张表单的草图(与真实数据可能有异,表单数据只起说明作用)。由于该表单的数据来自前面的三个表格,所以你可以编一个选择查询。在此基础上,使用表单向导来创建员工保险登记表单(你也可以使用系统的在线帮助功能来增强对表单向导及子表的了解)。

员工保险登记

员工 ID: 00005　　**每月所扣工资:** 379.25 美元

员工姓名: Votaw, Jaque　　**部门代码:** 05

员工地址: 203 Chowning Avenue　　**办公室分机号:** 3201

Arlington, TX 76004

登记项:

家属代码	保险公司代码	费率(美元)	有效日期
S	AALC	281.22	1/1/2007
S	PV	25.78	1/1/2007
S	MD	37.92	1/1/2007
E	PV	15.89	1/1/2007
E	MD	18.44	1/1/2007

图 1　员工保险登记表单

仔细检查员工保险登记表单草图,你会发现每月所扣工资(Monthly Payroll Deduction)字段显示的正是员工每月所交的医疗保险金。该字段显示在主表单上,是保险项目登记子表单各种费用之和。使用你系统中的在线帮助功能解决如何将子表单各项求和后显示在主表单上。

信息说明

冈萨雷斯先生想给公司所有现有员工发一封格式信函通知他们即将到来的保险登记时期。他希望这封格式信函可以实现员工定制,即针对不同的员工,这封信会有所不同,看上去像是专门写给该员工的。至少信件的地址部分应该写上该员工的地址,称呼也应该写上该员工的姓。信的主体应该告诉员工即将到来的登记时期,并且提供新的费用变更表。冈萨雷斯先生请你准备这封信。

冈萨雷斯先生也要求你制作一份员工保险报表以及为每位员工定制的保险登记报表。图 2 和图 3 是这些报表的草图。你可以自由修改这些报表的设计,但是修改后的报表至少要包含草图中所有的数据项目,还应该有专业的外观。员工保险报表将员工与他们所选的保险项目联系起来。员工登记报表是一份个性化表格,它显示了各个员工在特定登记时期所享有的保险福利。

员工保险报表的信息组织方式按保险公司的名称排序;在保险公司相同的情况下,按员工名字排序,各组升序排列。对于每位员工,冈萨雷斯先生要求知道他们的姓、名以及家属代码。由于这个报表所需数据来自于多个表格,所以你可以先建立一个选择查询,然后报表就基于这个查询。标题和日期是报表表头的一部分。

员工保险

(当前日期)

保险公司	员工 ID 号	姓	名	家属代码
All American Life Care Company				
	00013	Enriquez	Antonio	C2
	00020	Timanus	Deona	S
		⋮		
Best Health Care				
	00010	Chee	Akiko	S2
	00011	Lou	Chia-Yi	E
		⋮		

图 2 员工保险报表

冈萨雷斯先生希望每位员工都能收到一份个性化员工登记报表。该份报表将在 1 月份新费用制度生效后打印出来。由于这份报表所需数据来自于多个表格，所以你可以先建立一个查询，然后报表就基于这个选择查询。草图如图 3 所示，报表表头由标题、当前日期、员工姓和名、部门代码、员工 ID 号、每月所扣工资这几项组成。你也注意到，对每项健康福利，保险公司名称，独立编码和费用也打印了出来。你可以使用强制分页功能将每个员工的报表各自在一张新的页面上打印出来，而不必为每位员工单独设计报表（你可以使用系统中的在线帮助来了解强制分页这项功能）。

个性化员工登记

(当前日期)

准备给： Antonio Enriquez　　**部门代码：** 01

员工 ID 号： 00013　　**每月所扣工资：** 284.45 美元

保险公司	部门代码	费率(美元)
Best Health Care	C2	3.66
Midwest Dental	C2	41.63
Perfect Vision	C2	239.16

图 3 个性化员工登记报表

冈萨雷斯先生需要你回答下面的问题，你可以使用一些查询来帮助冈萨雷斯先生回答。如果合适的话，你也可以在这些查询的基础上生成报表。

1. 有多少 ABC 员工参加 HMO？多少参加 PPO？
2. 有多少 ABC 员工为两个或两个以上的孩子购买医疗保险，但并不包括配偶？

3. 如果员工家属视力保险费用增加,有多少员工受此影响?
4. 冈萨雷斯先生想知道每个保险公司分别有多少员工参保,他要求获得保险公司名称、保险公司的描述以及参保人数这些信息。
5. 冈萨雷斯先生想知道每个保险公司分别有多少员工家属参保,他要求获得保险公司名称、员工家属代码名称以及家属总数这些信息。
6. ABC公司的员工平均每月的保险费是多少?

实施要点

要将案例情景中提到的变化具体化,你需要设计并填充员工表以及选择表,创建员工保险登记表单,建立各个表格之间的联系,准备一封格式信函、员工保险报表以及每位员工的个性化员工登记报表。在建立选择表格时,你可以使用查询向导来取得EID、DepCode和InsCode字段的值。

除了存储说明部分所提到的三种联系外,你还应该定义一些其他联系。你所定义的每个联系都要增强引用完整性。

至于格式信函,你可以使用Microsoft Access的邮件合并向导。如需更多关于邮件合并向导的信息,请使用系统中的在线帮助功能来获取。

虽然有好些办法可以创建员工保险登记表单,你应该考虑使用表单向导。创建了主表单和子表单之后,就可以编辑它们。你可以使用在线帮助系统来获得更多的有关子表单的信息。

虽然员工保险报表的设计有些简单,但个性化员工登记报表就不一样了。你需要首先建立一个查询来检索报表所必须的数据,然后就在这个查询的基础上创建报表。为了使你准备的报表满足冈萨雷斯先生的要求,你可以使用强制分页功能。如需更多关于强制分页功能的信息,请使用系统中的在线帮助功能来获取。

设计测试

在创建完表单、表、各表间的关联、查询套用信函以及报表之后,你应该测试一下你的数据库设计。检验步骤如下:

1. 下面员工想修改他们的医保计划,生效日期使用当前日期。
   - Ying Fang先生(00025)为他的妻子和两个孩子增加牙科和视力保险。
   - Donatica Angelo女士(00016)为她的丈夫买了一份与自己相同的保险,即参保Best Health Care和Perfect Vision。
   - Gayle Yates博士给她的丈夫和五个孩子增加一份牙科保险。她忘记她的员工ID号了。
2. ABC公司雇用了两名新员工。请将下列信息输入数据库,并将可用的员工ID号分配给这两名雇员。

员工姓名：Barbara Michaels　　部门代码：04
员工地址：1944 Calvin Boulevard　　办公室分机号：4822
Dallas，TX 75261
员工 ID 号：XXXX

家属代码	保险公司代码	费用	生效日期
S	AALC	XXX	3/15/2007
S	PV	XXX	3/15/2007
E	AALC	XXX	3/15/2007
E	PV	XXX	3/15/2007

员工姓名：Fredrico Behar　　部门代码：02
员工地址：2204 Pigeon Nest　　办公室分机号：2797
Garland，TX 75040
员工 ID 号：XXXX

家属代码	保险公司代码	费用	生效日期
S1	AALC	XXX	5/1/2007
S1	PV	XXX	5/1/2007
S1	MD	XXX	5/1/2007
E	AALC	XXX	5/1/2007
E	PV	XXX	5/1/2007
E	MD	XXX	5/1/2007

3. 使用表 1 所示的新费用率更新费用表。你可能需要建立一个费用表单来帮助数据的输入。
4. 哪些员工受到牙科保险费用增加的影响？列出员工的姓名。

案例提交

为了圆满地完成案例，你不仅应该将数据库做好，还应该准备书面及口头报告。除非另有说明，你应该将下列材料提交给你的老师。

1. 一篇对你在案例中所做任何假设以及案例关键因素进行讨论的书面报告。另外，你在数据库中加入了哪些特性使得它具有更多功能？用户界面更友好？（请注意这些假设不能违反任何上述特定要求，而且所做的假设必须经过老师的同意）

2. 每个表单的打印版。
3. 每份报表的打印版。
4. 一份能满足案例情景和说明部分要求的能够正常运行的电子数据库。
5. 每个查询的结果(还应该提供你与老师讨论这些结果时的备忘录)。
6. 如前所述,你还要准备一份口头报告(你的老师将确定你报告的时间)。你应该运用报告制作软件并描述数据库的关键特征,还要讨论这个数据库怎样有利于冈萨雷斯先生,对于数据库中哪些其他信息冈萨雷斯先生可能会认为有用?

2.9　案例21:赖特兄弟机场短途客运公司

数据库案例　难度指数:★★★★

所需技能

你应该复习下面领域的相关技能

数据库技能

- ✓ 集合函数
- ✓ 自动查找
- ✓ 计算控件
- ✓ 计算字段
- ✓ 组合框
- ✓ 表单筛选
- ✓ 表单设计
- ✓ 查找向导
- ✓ 参数查找
- ✓ 关联
- ✓ 报表设计
- ✓ 选择查找
- ✓ 表格设计

案例背景

赖特兄弟机场短途客运公司为顾客提供经济的机场外停车服务以及机场短途客运服务。巴兹尔·赖特和塞奇·赖特两兄弟认识到给顾客提供这种服务前途光明,在两个月前开办公司提供机场外停车和短途客运服务。从那时起,他们的生意蒸蒸日上,巴兹尔·赖特也被铺天盖地的文书所淹没。于是他开始创建一个简单的预订数据库。数据库的目的就是追踪当前停车位的预订情况。而现在,巴兹尔·赖特由于事务缠身不能完成数据库,他请求你的帮助。

案例情景

作为一个经常出行的旅行者,巴兹尔·赖特对旅客需要一个经济的机场外停车场深有体会。去年当一个机会呈现在面前的时候,巴兹尔·赖特和他的兄弟塞奇·赖特就抓住这次机会,购买了靠近国际机场10英亩[①]的土地。他们在所购的部分土地上修建了一个停车场,还为旅客提供往返机场的短途客运服务。塞奇·赖特负责往返机场的客运服务,而巴兹尔·赖特则负责日常的文书打理工作。

---

① 1英亩=4 046.856平方米

赖特兄弟机场短途客运公司提供服务生代客泊车服务，车位中有 200 个为有棚车位，250 个为敞篷车位。有棚车位的价格是 12.00 美元/天，敞篷车位为 10.50 美元/天。

当顾客到达时，他将车交给泊车服务生，然后走进办公室向另一位服务生提供必要信息，要有棚车位或是敞篷车位，拿到一张领取条，然后乘短途客车到机场。当一辆车登记后，服务生要在一系列可用的泊车位中决定应该将此车停在何处。车被分配到某个泊车位后，就在此车的后视镜上挂一张领取标签。当泊车顾客回来时，他给短途客运公司打个电话，提供他的领取号码，然后乘下一趟短途客车到停车场。到达停车场后，泊车服务生根据领取号码找到该顾客的记录，然后顾客付停车费，取车离开。

上月巴兹尔·赖特开始为停车和客运服务建立数据库。但停车场生意红火让他每天疲于奔命，根本无力完成数据库的工作。你是赖特先生的好朋友，所以你自愿将此工作接手过来。开始的时候，你需要修改数据库以追踪当前停车位的预订情况。

赖特先生交给你一份当前的预订名单以及一份未完成的数据库拷贝。仔细检查，你会发现数据库是使用电子表格软件创建的，预订名单包含现在的基本预订信息。由于预订名单是电子文件，所以表格创建后，你可以通过复制粘贴的方式将名单中的内容填入停车表。

目前的数据库包含几个表，其中包括航班表、车辆表、车型表以及费率表。这些表格都填充有数据，不需要更改，即使需要，修改也很少。但是，你意识到除停车表很必要外，停车预订表单、每日停入报表、每日预计开出报表、车辆表和车型表之间的关联以及几个查询也很必要。赖特先生强调数据库在设计上要简单，他也提到并不需要保留过去顾客、先前所停车辆或过去预订的信息。

存储说明

如同前面所提到的，赖特先生在一个月前就开始了停车场数据库的创建工作。但他实在太忙，根本无力完成数据库的工作。他将未完成的数据库交给你，要求你在此基础上将数据库的工作做完。赖特先生已经设计并填充了航班表、车辆表、车型表以及费率表，现在你需要设计并填充停车表。

表 1 显示的是停车表的结构。如前所述，填充这张表的数据都存储在一份电子文档上。一旦表设计好后，你就可以通过复制粘贴的方式将数据填入停车表的适当字段。

由于领取单号码是主关键字，所以服务生在为领取单分配号码时必须确定所分配的号码是唯一的。你可以假定领取单号码是从一份预先打印好的领取单上获得的。为了便于数据录入，汽车品牌、车型、航班缩写以及费率代码从一份数值表上获得。在进行表设计时，使用查询向导来为每个字段创建数值。由于赖特先生不希望保留顾客的历史信息，已经将车取回的顾客的信息将会从数据库中删除。但是，在本练习中你不需要创建一个删除查询。

该数据库需要建立车辆表格和型号表格之间的关联。你可以寻找你要创建关联的两个表格之间的共同列。例如，车辆表和型号表都有 MakeID 列，你可以使用该字段建立两个表之间的关联。要记住这种列并不需要相同的名称，尽管在此例中两列名称相同。

表 1 停车表结构

字段名称	数据类型	字段描述	字段大小	备注
Ticket Number	数值型	领取单号码，号码唯一	长整型	主关键字
Customer Last Name	文本型	客户姓氏	50	必填项
Customer First Name	文本型	客户名字	50	必填项
Check-in Date	日期/时间型	车辆登记日期	短日期型	必填项
Check-out Date	日期/时间型	车辆领取日期，可能与预计返回日期不同	短日期型	
Tag Number	文本型	车牌号	10	必填项
Tag State	文本型	颁发车牌州	2	默认值"OK"
Parking Location	文本型	停车位	5	必填项
MakeID	数值型	汽车品牌	长整型	必填项
ModelID	数值型	车辆型号	长整型	
Tentative Return Date	日期/时间型	预计返回日期	短日期型	
AAB	文本型	两位数的航班号	3	
Rate Code	文本型	识别车辆费率代码	3	必填项
Comments	备注型	泊车服务生添加的关于该车的额外信息		

输入说明

图 1 是你要创建的停车预订表单的草图。尽管你可以随意修改表单设计，但修改后的表单要有一个专业的外观，还要有图 1 所示的数据。

停车服务生完善表单后，你希望他选择一个费率代码，然后费率字段以及描述字段可以被自动填充。要实现这个功能，你需要使用停车表以及费率表中的数据来创建一个自动查询。创建这个查询时，所用数据有停车表的所有字段，费率表的费率以及描述字段。

在使用查询向导创建停车表的航班、汽车品牌、车辆型号以及费率代码这些字段时，你想让这些字段的下拉菜单自动出现在停车预订表单上。使用这些字段的下拉菜单便于数据录入工作，你欣赏这个创意。

仔细研究当前收费字段，你会发现它是与日期字段相关的计算字段。如果一个顾客是在 1 月 1 日停车，1 月 2 日取车，那么他应该付两天的停车费，所以你的当前收费字段公式应该反映这个事实。

赖特兄弟机场短途客运公司

停车预订表单

领取单号码：	登记日期：
客户姓：	预计返回日期：
客户名：	领取日期：
航班：	
	停车位置：
汽车品牌：	
车辆型号：	
车牌号：	
颁发车牌州：	
	费率代码：费率描述：
	费率：
	当前收费：
备注：	

图1 停车预订表单

信息说明

每天结束时，赖特先生需要准备好两份报表：一份每日登记报表和一份预计领取报表。每日登记报表列出了当天登记的每台车辆。预计领取报表列出了预计第二天领取的每台车辆。图2和图3是这些报表的草图。尽管你可以随意修改这些报表的设计，但每份报表必须提供草图中所示的信息，并且有一个专业的外观。

赖特兄弟机场短途客运公司

每日登记报表

(当前日期)

有棚/敞篷	停车位置	客户姓	客户名	领取单号码	车牌号	车辆品牌	车辆型号	预计领取日期
有棚	C1	Bennett	Brooke	144	B7987	Mitsubishi	Montero	1/5/2007
	C3	Lansing	Larry	146	D4756	Lexus	ES250	1/7/2007
				⋮				
				登记有棚车位合计：				
敞篷	U5	Farmer	David	145	IMOK4	Ford	Expo	1/4/2007
	U7	Yu	Samantha	148	IM47	Mazda	Miata	1/15/2007
				⋮				
				登记敞篷车位合计：				
				登记车位总数：				

图2 每日登记报表

如前面所提到的,每日登记报表列出的是当天登记的车辆。你决定在参数查询的基础上建立此报表。在使用参数查询时,要求用户提供一个日期。每日登记报表也详细说明了各种类型的服务生代客泊车服务所需的停车位。在报表的末端提供所用停车位的总数。为增强报表的可读性,报表内容按照费率描述分类。作为报表表头的一部分,你应该将报表标题、当前日期以及图片包括进去,所包含的图片要适当。

每天结束时,赖特先生会打印一份预计领取报表,该报表列出了预计第二天领取的车辆。赖特先生希望该报表按照费率代码分类。他也希望知道预计第二天会领取多少辆车。因为报表会在特定的一天打印出来,所以你要使用参数查询。参数查询要求用户提供一个特定的日期,然后在这个日期的基础上生成报表。该参数查询与前面提到的类似。图 3 是预计领取报表的草图。

赖特兄弟机场短途客运公司

预计领取报表

(当前日期)

停车位置	客户姓	客户名	领取单号码	车牌号	车辆品牌	车辆型号
C1	Adams	Audrey	144	B7987	Mitsubishi	Expo
C3	Lansing	Larry	146	D4756	Lexus	ES250
			⋮			
U5	Farmer	David	145	IMOK4	Ford	Expo
U7	Yu	Samantha	148	IM47	Mazda	Miata
			⋮			

预计领取车辆总数:

图 3 预计领取报表

赖特先生需要下列问题的答案,你可以建立查询来帮助赖特先生回答,在这些查询的基础上生成你的报表。对这些问题的回答要建立在当前数据库中数据的基础之上(不要担心是否应该删除历史顾客的记录)。

1. 每辆车平均呆多长时间?平均可以挣多少钱?
2. 有多少辆车使用有棚停车位?多少辆车使用敞篷停车位?
3. 今天登记了多少辆车?领取走了多少辆车?(使用当前日期为 12/31/2006 的数据)
4. 哪次航班使用最频繁?
5. 2006 年 12 月 31 日,使用了百分之几的有棚停车位?使用了百分之几的敞篷停车位?
6. 假设两兄弟想将敞篷停车位的费率增加至 12 美元/天,有棚停车位的费率增加至 16 美元/天。提高费率将怎样影响总收益?
7. 2007 年 1 月 22 日,本公司顾客坐了哪些航班?结果应该包括航班及乘坐该航班的顾客数。

实施要点

为了建立案例情景中描述的部分数据库,你要建立一个表、一个表单、两份报表以及一些查询，包括选择查询、参数查询和自动查询。有些查询需要你分类，设定标准，建立表达式以及使用两个或多个表中的数据。牢记表单和报表都是建立在查询基础上的，所以你在创建表单和报表之前应该建立你的查询。

为了设计报表，你要将报表建立在查询的基础之上，设定分类次序，做报表表头、页脚以及页眉。为了增加表单和报表外观的美化程度，你应该在表单表头或报表表头的适当位置放一张图片。报表和表单需要计算控件。

你要建立车辆表与车型表之间的关联，在创建查询前你就应该建立这个关联。

设计测试

创建完表、表单、查询和报表后，你应该测试一下你的数据库设计。进行的检验步骤如下：

1. 下列顾客已经登记停车，请将下面信息输入数据库。你不必输入领取日期和备注，所以下面的表格没有这些字段。

领取单号码	客户姓	客户名	车辆品牌	车辆型号	车牌号	颁发车牌州	停车位置	登记日期	预计返回日期	航班号	费率代码
400	Jester	Eleanor	Mitsubishi	Montero	E7T89	OK	U21	输入当前日期	1 周后	AA	1
401	Pellegrino	Allan	GMC	Envoy	YT090	OK	U22	输入当前日期	2 周后	WN	1
402	Ho	Chen	Cadillac	Escalade	KYRJT	TX	C14	输入当前日期	第 2 天	AA	2
403	Yeh	Ling	Infiniti	G20	HI9864	TX	C19	输入当前日期	第 2 天	CO	2
404	Polito	Ralph	Jeep	Grand Cherokee	KL76H	KS	C20	输入当前日期	4 天后	WN	2
405	Arnett	Benny	Buick	LeSabre	TR3345	KS	C21	输入当前日期	1 周后	DL	1

2. 下列客人要求领取他们的车辆。

领取单号码	客户姓	客户名	领取日期
9	Wodraska	Lester	3/1/2007
10	Longfellow	Tabitha	3/1/2007

3. 找到领取单号码 20，该名顾客现在的停车费为多少？她乘坐哪趟航班？

案例提交

为了圆满地完成案例，你不仅应该将数据库做好，还应该准备书面及口头报告。除非另有说明，你应该将下列材料提交给你的老师。

1. 一篇讨论你对案例所做全部假设以及案例关键因素的书面报告。另外，你加入了什么特性使数据库有更多功能？用户界面更友好？（请注意这些假设不能违反任何前述特定要求，而且所做的假设必须经过老师的同意）
2. 每个表单的打印版。
3. 每份报表的打印版。使用 2007 年 1 月 3 日作为预计领取报表的当前日期，使用 2007 年 1 月 22 日作为登记报表的当前日期。
4. 递交符合案例情景和说明部分要求的电子数据库拷贝。
5. 每次查询的结果（还应该提供你与老师讨论这些结果时的备忘录）。
6. 如上所述，你还要准备一份口头报告（你的老师将确定你报告的时间）。这份报告要重点讨论数据库有哪些关键功能，还要讨论这个数据库怎样有利于赖特先生，数据库中可以作哪些修改对赖特先生更有益？

2.10 案例 22:茂盛花木苗圃

数据库案例 难度指数:★★★★★

所需技能

你应该复习下面领域的相关技能

数据库技能

- ✓ Microsoft Excel 分析
- ✓ 自动筛选(电子表格)
- ✓ 计算字段
- ✓ 图表(电子表格)
- ✓ 命令按钮
- ✓ 数据访问页面
- ✓ 表单设计
- ✓ 表单向导
- ✓ 宏
- ✓ 关联
- ✓ 报表设计
- ✓ 选择查找
- ✓ 表格设计
- ✓ 更新查找

案例背景

茂盛花木苗圃位于佛罗里达州南部阳光充足的地区,有一百多年的历史,它以培养优质花草和果树,特别是热带植物品种,而闻名于世。苗圃主要的顾客是当地的园艺公司、园林店铺、家庭以及一些个人。所有文书工作都需手工完成,这种情况令苗圃老板胡安·雷加纳多很头疼。雷加纳多先生需要做到将苗圃的现有库存信息告诉他的店铺经理,这很困难。为了改变这种状况,雷加纳多先生雇佣你为苗圃建立一个库存数据库。与雷加纳多先生初次会面后,你认为产品表、当前库存清单页面、产品表单、低库存报表和一些查询是必需的。雷加纳多先生特别希望苗圃数据能够提供决策支持的功能。由于苗圃数据很快将以电子文档的方式存储起来,雷加纳多先生要求能够使用 Microsoft Excel 软件来分析数据。

案例情景

茂盛花木苗圃为它的客户提供一系列的优质花草和果树,特别是热带植物品种。苗圃库存清单包括许多品种的果树,其中包括橘子、番石榴、芒果。果树装在容器里卖出,容器的容量从 7 加仑到 25 加仑不等。苗圃也卖优质珍稀花草,其中包括嘉兰、丝兰以及宝莲灯花。所有苗圃花草盆装销售，花盆尺寸从6英寸[①]到12英寸不等。花木的价格与种类及容器大小有关。

目前茂盛花木苗圃有两个商店和一个苗圃。每个区域都有网络接入，都能够出售花木。苗圃区域有几个培养花木的温室。当花草或果树准备卖时，它会被移到一个特别的配送温室，那儿储存的花木都是准备立即配送出去卖的。每天晚上，每个商店的库存都需要盘查，向苗圃发出补给订单。补给订单根据分销库房的当前库存来填写，订货一般在第二天就会运抵商店。

有时也会出现商店当前的库存没有顾客想购买的花木，或者顾客想大量购买某个品种的花木。如果商店的库存中没有那个品种的花木或者库存不足，那么商店经理会给配送温室打电话确定这种花木是否还有，什么时候可以送到商店以及库存数量。如果有库存，该花木就会留给这个顾客。货物一般在第二天就会送达。

在未来，雷加纳多先生希望商店经理能够通过因特网访问苗圃现有库存数据，那样的话，对于小笔交易就不必打电话给苗圃。如果苗圃销售库房需要某个品种的花木50株以上，商店经理查看当前库存清单页面，然后给雷加纳多先生打电话预留该品种所需数量给顾客。任何订单只要其所需品种的花木少于50株就不必给苗圃打电话。尽管雷加纳多先生希望商店经理能够访问苗圃的库存数据，但他并不希望他的商店经理可以更新苗圃的库存数据。雷加纳多先生认为这样的变化可以改进苗圃运作的绩效。仔细考虑这些需求，你判断一个数据访问网页就可轻易满足这些要求。

除了要接听来自商店经理的电话外，另外一个对雷加纳多先生来说比较耗时的事就是苗圃库存记录的更新。他要求数据库有能力判断当前配送温室里哪种花木库存低。他需要使用这些信息从苗圃其他温室给配送温室进货。低库存报表可以满足这种信息需求。

除了减轻数据维护工作的负担外，雷加纳多先生还希望能够使用 Microsoft Excel 来分析苗圃数据。他特别希望知道卖得最好的花木品种、毛利以及库存费用这几个项目。他还希望能够准备用于描述和分析的图表。这些信息可以帮助他更好地制定营销、定价以及库存管理策略。雷加纳多先生要求你，如果可能的话，将库存数据导出至电子表格软件，比如 Microsoft Excel，以便进一步地分析。尽管存在好几种将数据库的数据导出至电子表格的方法，你推荐使用 Microsoft Excel 中的分析功能。你向雷加纳多先生解释一旦数据导出至 Excel 中，他就可以使用 Excel 来辅助决策。

开始的时候，雷加纳多先生要求库存数据库能够跟踪配送温室里花木的数据。然后，他希望库存数据库能够扩大运用范围，将跟踪苗圃其他温室的花木数据也包括在内。为了建立这个数据库，你需要设计并填充一份产品表，设计一个产品表单、当前库存列表数据访问网页、低库存报表，还要建立几个查询。

存储说明

要满足雷加纳多先生的信息需求，你需要在苗圃数据库中建立一份产品表格。产品表格储存有关可以立即销售和配送的花木的重要库存数据。每个产品需要存储产品代码、名称、种类、成本、价格、容器尺寸、现有数量这些信息。产品表的结构如表1所示（你的老师会向你提供填充表所必需的数据）。每个产品的代码都是唯一的，你可以使用产品代码字段作为主关键

① 1英寸＝0.025 4米

字。种类字段标志该产品是花草还是果树的信息。由于花木有很多不同大小的尺寸，容器尺寸字段标志的是花盆或容器的尺寸。如果是果树，容器用加仑①来衡量；如果是花草，花盆用英寸来衡量。

表 1　产品表格结构

字段名称	数据类型	字段描述	字段大小	备注
PNo	长整型	产品代码，主关键字		必填项
PName	文本型	产品名称	25	必填项
PCategory	文本型	两位数的代码。说明产品的类型。目前类型是热带花草或果树。所有字符大写。	2	必填项
ProductCost	货币型	产品成本		必填项
SellingPrice	货币型	零售价		必填项
ContainerSize	长整型	容器尺寸		必填项
QOH	长整型	准备发出的某种产品的现有数量		必填项

输入说明

为了维持苗圃库存，产品表单是必需的，表单草图如图 1 所示。查看这张草图，你会发现表单的表头包括苗圃名称以及表单名称。你可以插入一张适当的花木图片。表单的正文包括产品表的所有字段，所以你可以使用表单向导快速建立初始产品表单。一旦完成产品表单草图后，你可以在设计视图上编辑以使该表单有一个更加专业的外观。

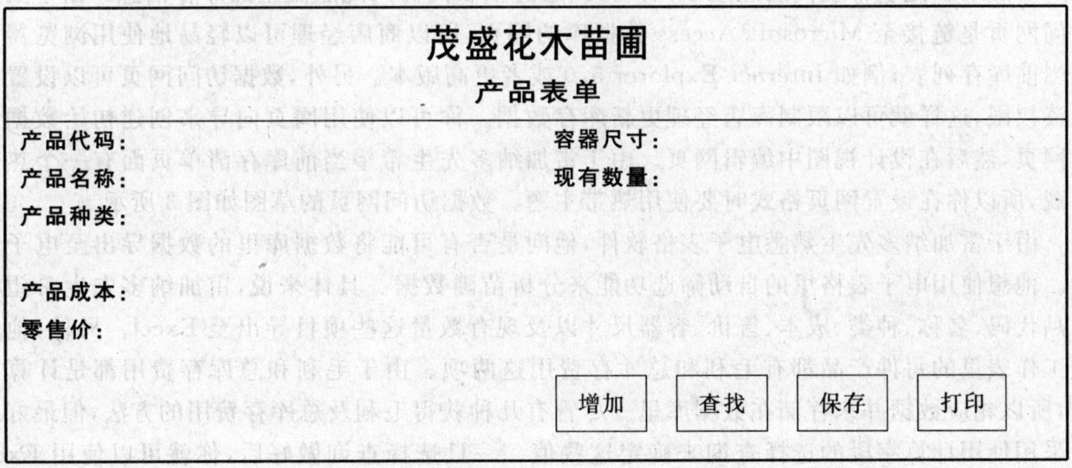

图 1　产品表单

在最近和雷加纳多先生的一次谈话中，他提到需要简化报表导航和操作。要满足这些需

① 1 美加仑＝3.785 升，1 英加仑＝4.546 升

求，产品表单应该包括增加、查找、储存和打印按钮。命令按钮向导使得在产品表单上添加按钮变得简单，所以你可以使用命令按钮向导在表单上放置这些按钮。

信息说明

与雷加纳多先生会谈之后，你发现低库存报表和当前库存清单页面是必需的。低库存报表标志配送温室中数量少于 75 的花木，其草图如图 2 所示。雷加纳多先生希望报表的表头包含苗圃名称、报表标题以及当前日期。报表正文列出产品种类、名称、产品代码、容器尺寸以及现有数量这几项。他希望花木按种类升序排列，同一种类中按产品名称升序排列。尽管在草图中未显示出来，雷加纳多先生希望报表的页脚部分有页码。

茂盛花木苗圃

低库存报表

（当前日期）

种类名称	产品名称	产品代码	容器尺寸	现有数量
FT	多香果	30	10	75
	多香果	5	15	50
		⋮		
TP	嘉兰	22	6	15
		⋮		

图 2　低库存报表

雷加纳多先生希望商店经理以只读方式通过互联网访问配送温室的库存信息。由于数据访问网页是链接至 Microsoft Access 数据库的网页，所以商店经理可以轻易地使用浏览器访问当前库存列表，例如 Internet Explorer 5.0 或者更高版本。另外，数据访问网页可以设置为只读权限，这样就可以限制商店经理更新库存数据。你可以使用网页向导来创建初始数据访问网页，然后在设计视图中编辑网页。由于雷加纳多先生希望当前库存清单页面有一个热带外观，所以你在设置网页格式时要使用热带主题。数据访问网页的草图如图 3 所示。

由于雷加纳多先生熟悉电子表格软件，他问是否有可能将数据库里的数据导出至电子表格。他想使用电子表格里的自动筛选功能来分析苗圃数据。具体来说，雷加纳多先生希望将产品代码、名称、种类、成本、售价、容器尺寸以及现有数量这些项目导出至 Excel。另外，他希望工作表里的每件产品都有毛利和总库存费用这两项。由于毛利和总库存费用都是计算字段，所以相应数据并未存储在数据库里。尽管有几种获得毛利及总库存费用的方法，但最好还是采用使用计算字段的选择查询来确定这些值。一旦选择查询做好后，你就可以使用 Excel 中分析功能将动态集复制到工作表中，然后雷加纳多先生就能够使用 Excel 中的任何功能来分析数据了。

茂盛花木苗圃

当前库存清单页面

种类名称	产品名称	产品代码	容器尺寸	现有数量	售价(美元)
FT	多香果	5	15	50	69.48
FT	多香果	30	10	75	45.07
			⋮		
TP	盆景	6	24	159	16.75
TP	竹	6	20	199	12.75
			⋮		

图 3　当前库存清单页面

雷加纳多先生需要你回答下面的问题，请使用 Excel 中的自动筛选功能来回答。

1. 哪些品种的花木现有数量不足 20 株？
2. 总库存费用为多少？（你可能会发现 Excel 中的求和函数很有用）
3. 哪些品种的花木毛利最高？（列出前 10 个）
4. 哪些品种的花木毛利最低？（列出前 5 个）
5. 苗圃中有哪些品种的花木其现有数量大于 300 株？

实施要点

为了使建立的数据库满足雷加纳多先生的要求，你需要设计并填充产品表，设计产品表单、当前库存清单页面、低库存报表，还要设计几个选择查询，并且分析数据时要使用 Excel。尽管你可以随意修改表单、报表以及数据访问网页的设计，但修改的目的是要有一个专业、协调的外观，还要使用热带主题。

考虑使用可用的向导来创建初始表单、数据访问网页以及报表，然后可以很容易地在设计视图中编辑它们。页面向导可以简化当前库存清单页面的创建工作。一旦数据访问网页创建好后，你就可以在设计视图中编辑它。

尽管有几种方法能够实现将数据库中的数据导出到电子表格软件中以进行进一步的分析，但 Excel 中的分析功能是一个比较好且容易使用的工具。将库存数据导出到 Excel 之前，请考虑采用选择查询。选择查询可以从产品表格中检索出必要数据来计算每种产品的毛利和库存费用（如欲进一步了解计算字段，请使用系统的在线帮助功能）。

设计测试

创建完表、表单、数据访问网页、报表以及查询后，你应该测试一下你的数据库设计。进行的检验步骤如下：

1. 插入下列 5 个新产品。

产品代码	产品名称	产品种类	产品成本 (美元)	售价 (美元)	容器尺寸	现有数量
41	柠檬树	FT	47.68	62.95	10	150
42	脐橙树	FT	37.87	50.25	10	100
43	杏树	FT	56.78	74.95	10	270
44	鹤望兰	TP	8.25	16.95	10	500
45	宝莲灯花	TP	8.25	16.95	10	403

2. 对于下面每种苗圃花木，在产品表单中找到相应项目并更新现有数量。
   苗圃配送温室现在有 175 株 15 加仑的莱檬树(产品代码＝2)。
   苗圃配送温室现在有 150 株 15 加仑的樱桃树(产品代码＝12)。
   苗圃配送温室现在有 15 株 6 英寸的嘉兰(产品代码＝22)。
3. 使用产品表单，找到巴豆树(产品代码＝16)。将记录打印出来。
4. 用 Excel 中的自动筛选功能，找出 10 个售价最高的产品，按照售价降序排列。
5. 准备一张柱状图显示各种 15 加仑树的毛利。
6. 雷加纳多先生想将产品售价提高 10%。请使用更新查询来更新产品售价。

案例提交

为了使案例圆满完成，你不仅应该将数据库做好，还应该准备书面及口头报告。除非另有说明，你应该将下列材料提交给你的老师。

1. 一篇对你在案例中所做任何假设以及案例关键要素进行讨论的书面报告。另外，你在数据库中加入了哪些特性使得它具有更多功能？用户界面更友好？(请注意这些假设不能违反任何前述特定要求，而且所做的假设必须经过老师的同意)。
2. 每张表单的打印版。
3. 每份报表的打印版，包括数据访问网页。
4. 一份数据库的电子拷贝。数据库要满足在案例情景和说明中提到的标准。
5. 一份满足在案例情景中提到的标准的电子表格拷贝。
6. 一份信息说明部分所提出的问题的答案，要求交打印版(还应该提供你与老师讨论这些结果时的备忘录)。
7. 产品表打印版。
8. 一份检验你设计部分步骤 3,4,5,6 所提出问题的答案，要交打印版(还应该提供你与老师讨论这些结果时的备忘录)。
9. 如前所述，你还要准备一份口头报告(你的老师会确定你报告的时间)。你应该运用报告制作软件并讨论数据库的关键特征，还要讨论这个数据库怎样有利于雷加纳多先生，还有哪些数据可以储存在数据库中？
10. 雷加纳多先生还可能使用 Excel 做哪些其他类型的决策？你应该至少说出两种其他类型的决策。除了上面提到的图表外，还应该至少说出一种雷加纳多先生可能使用的其他图表。

2.11 案例23:富兰克林大学:学生奖学金管理

数据库案例 难度指数:★★★★★

所需技能

你应该复习下面领域的相关技能

数据库技能

√ 集合函数	√ 参数查找
√ 按钮	√ 关联
√ 计算控件	√ 报表设计
√ 计算字段	√ 报表向导
√ 表单设计	√ 选择查找
√ 表单向导	√ 子表单
√ IIF 函数	√ 切换面板
√ 宏	√ 表设计

案例背景

每年初春,富兰克林大学的学生忙着申请下个学期的奖学金、减免学费以及其他各种类型的奖励。学生们将填好的奖学金申请表格交至院长办公室。过了申请表的截止期限后,根据学生的专业申请表被提交给相应的系。院系会检查奖学金申请表并作出奖励分配。尽管院系希望每个该获奖的同学都能获得相应的奖励,但是他们不想将不能使用的钱也分配出去。到目前为止,还没有什么便利的资源能够帮助院系判断申请人是否已经获得足够多的奖金。新成立的富兰克林大学奖学金办公室的一个主要任务就是跟踪已经授予的各种奖学金、学费减免以及其他奖励。虽然院系仍然主管奖励分配,但他们会与奖学金办公室紧密合作完成奖励分配。奖学金办公室需要设计和填充奖励表;设计奖励表单和申请者表单;准备可用奖励报表、州内学费减免报表、基于专业的申请者报表以及获奖清单报表;创建主、表单、查询以及报表切换面板;构造几个查询和创建一些宏。

案例情景

每年春季学期，有希望获奖的同学都会填写一份奖学金申请表，然后交到他们的院长办公室，院长办公室再将申请书递交给相应的院系做评估。尽管这种申请程序有它的优点，但是这种分散机制在分配过程中产生了很多问题。学校经常发现有许多受奖励的学生都不能花光分配给他的钱。例如，学费减免只适用于减免学费，而不适用于其他教育开支，比如食宿费、技术费等。所以，如果一个学生从多种渠道获得多个学费减免奖金，那么这些奖金只能用于支付学费，而不能将多余奖金用于其他用途。没有用到的钱要留在一个帐户上直到学期末或学年末，取决于奖金有什么指定的用途。因为这些钱不能及时用于分配，所以其他该获得奖学金的学生也不能从这些未使用的奖金上获益。

为了更好地协调奖金分配过程，富兰克林大学成立奖学金办公室负责协调奖金分配活动。办公室主任西蒙娜·泽维尔主管奖金分配事宜，她雇佣你帮助她。

泽维尔女士解释新流程工作如下：可用奖报表以及奖学金申请表要于 3 月间发给每个学院，其中奖学金申请表要与特定学院相关。可用奖报表告知该院系可用于分配的奖项以及该奖项的数额。院系收集、评估申请表，并对奖项做出推荐，然后将暂定奖金分配报表提交给学校奖学金办公室。办公室工作人员将暂定奖金分配报表中的相应信息输入奖学金数据库，交叉检查每位获奖者以确保只获得可以使用的奖项。例如：一位申请者可能同时获得优生奖学金以及学费减免，由于这些奖项都包含减免学费，所以其中的一个奖项就可以重新分配给另一位该获奖的同学。

泽维尔女士交给你一份部分完成的奖学金数据库，要求你完成数据库的创建工作。你检查后认为需要添加奖项表单以及申请者表单，主切换面板，表单切换面板，查询切换面板以及报表切换面板，可用奖项报表，州内学费减免报表，按照专业分类的申请者报表以及获奖清单报表，几个查询以及宏。泽维尔女士特别要求奖学金数据库要界面友好，对于经常使用的表单、报表以及查询要提供按钮式进入方式。

存储说明

现行的奖学金数据库包括申请者表以及分配表。学生提交奖学金申请表后，表里面的数据就会被录入并存储在申请者表中，这个表包含如下几个字段：申请者的基本联系信息、现在的平均分(GPA)、完成的学时数、每学期的预期学时数、专业、一般评论、州内学费以及预计毕业日期。已完成学时字段标志该名学生在他的成绩单上已经完成多少学时；预期学时字段标志预计每学期平均有多少学时；州内学费字段标志该名学生是否交州内学费；学号是申请者表的主关键字；分配表存储的是学生获得的奖项信息。这个表有一个组合关键字：奖项号和学号。

你认为奖项表在奖学金数据库中是必要的。这张表存储可用奖项的信息，包括奖项号、名称、每个学生最高金额、总共的可用金额数、指定奖项是内部奖学金还是外部奖学金、指定奖项是否是院系奖学金以及管理奖项的指导方针。学院或学校设立的是内部奖学金，外部的组织或机构会提供外部奖学金。另外，有些奖项与某个特定的系有关，或者给只要满足某些条件的学生而不管他的学院与专业。例如：信管系优秀奖学金是一个内部奖项，每年只给一名优秀的信管系的学生。相反,鲍勃·霍兰基金奖学金就是一个外部奖项,可以给任何一个有资格的学生,不管他的院系和专业。表1显示的就是奖项表的结构(你的导师会提供相应的数据来填充表格)。

你认为有两种关联是必要的。首先,奖项表和分配表的关联是必要的。由于这两张表都有奖项号码(AwardNo)字段,所以你使用奖项号码字段来建立两张表之间的关联。其次,分配表和申请者表之间的关联是必要的。由于两张表都有学号(SID)字段,所以你使用学号字段来建立两者之间的关联。你也加强了每种关联的参考完整性。

表1　奖项表结构

字段名称	数据类型	字段描述	字段大小	备注
AwardNo	长整型	主关键字		每个奖项分配一个可用号码。必填项
AwardName	文本型	奖项名称	50	必填项
Internal?	是/否	奖金是否来源于校外组织		公司或基金记“否”,政府资助的当作“是”
Department?	是/否	奖金是否分配给某个特定的系		
CollegeAffiliation	文本型	奖金分配给的学院	4	字母要大写
MajorCode	文本型	奖金分配给的专业	4	
MaxStudentAmount	货币型	每个学生所能获得的最高金额		必填项
TotalAvailable	货币型	该奖项分配出去的总金额	8	必填项
TuitionOnly	是/否	是否只能用于支付学费和一般费用		
Guidelines	备注型	提供获得此奖的标准		

输入说明

奖学金数据库需要奖项表单和申请者表单。奖项表单容许终端用户更新现存奖项的信息,也可添加新的奖项。虽然奖项表单更新信息是在奖项表格里面,但是申请者表单更新信息却是在两张表里面:申请者表和分配表。申请者表单获得了申请者个人详细信息以及申请者已经获得的任何奖项细节。由于建立奖项表单相对容易,所以你决定首先设计奖项表单,然后再做申请者表单。

图1是奖项表单的草图。如图1所示,奖项表单包括奖项表的所有字段,所以你可以使用表单向导快速建立初始奖项表单。一旦初始表单创建后,你就可以在设计视图里编辑奖项表单。奖项表单的表单头部分包括富兰克林大学奖学金办公室的名称和表单名称(你也应该在表单头部分插入一张适宜的图片)。此外,奖项表单还应该包括一些按钮,这样的话泽维尔女士就可以添加新的奖项,查找一个现存的奖项或者打印当前的表单。

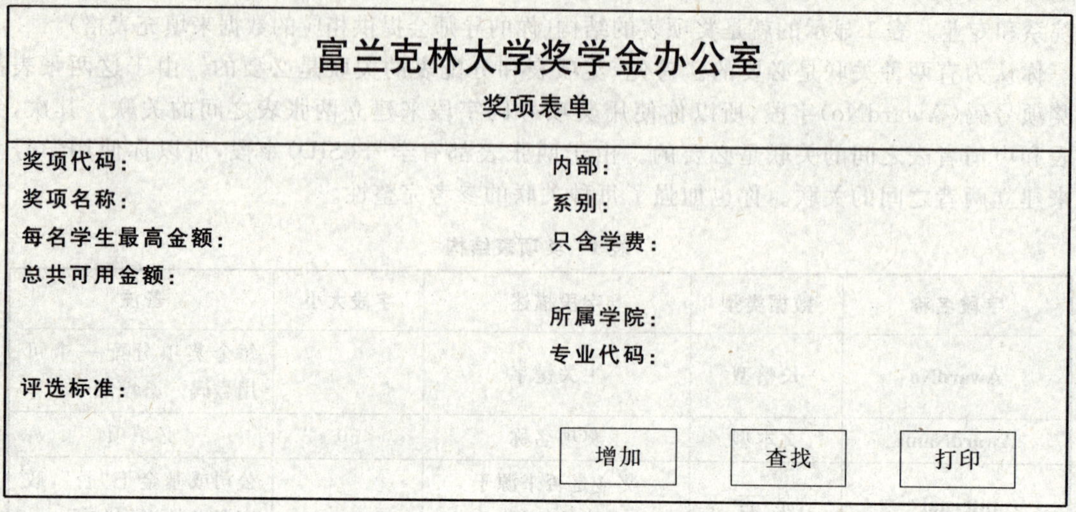

图1　奖项表单

申请者表单获取的信息不仅包括每个申请人的基本信息,还包括他所获得的任意奖项。图2是这张表单的草图。表单的表头部分包括富兰克林大学奖学金办公室的名称和表单名称(你也应该在表头部分插入一张适宜的图片)。申请者表单包括申请者表的所有字段,对于每个奖项,都包括该学生所获得的奖项号码、名称、奖金数。

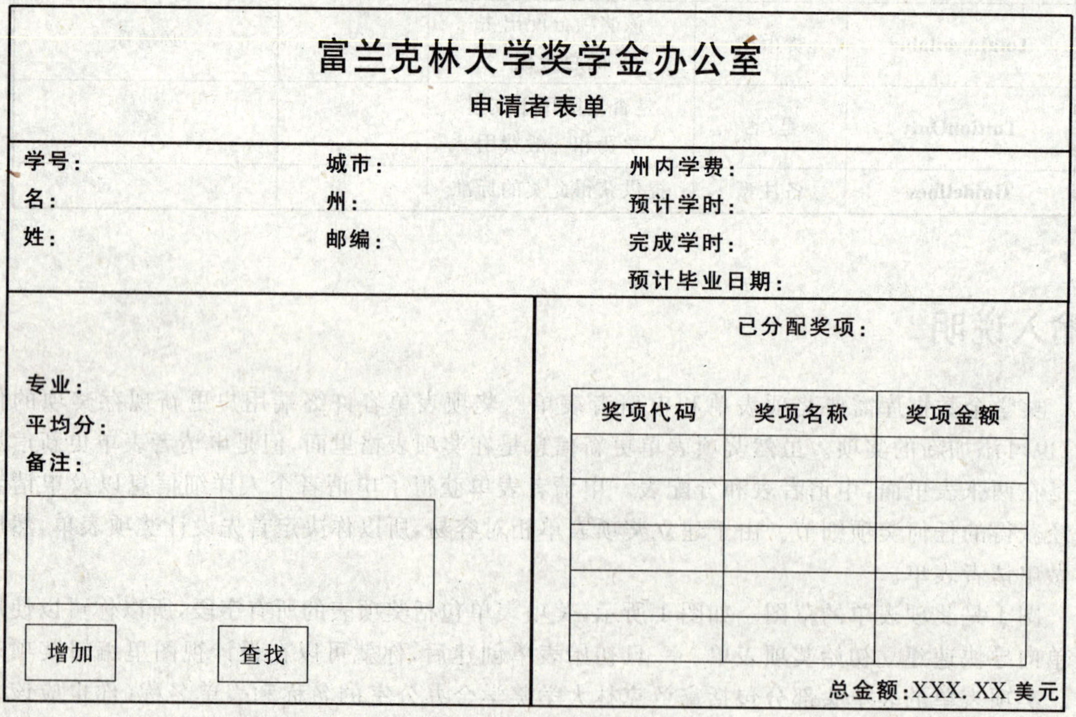

图2　申请者表单

由于奖项号码、名称以及参考金额数都存储在分配表里,所以一张子表是必要的(如欲进一步了解子表设计,请使用系统的在线帮助功能)。泽维尔女士最希望能够一眼看出每位学生所获得的总奖金数。你可以在子表中使用一个计算字段来加总所颁发的总金额数。然后你可以在主要表单中参考这个子表字段。

泽维尔女士希望通过按几个按钮就可以很方便地进入数据库中的表单、报表以及查询。由于切换面板就提供了这样的一种标准界面,所以你可以创建四种切换面板:主切换面板、表单切换面板、查询切换面板以及报表切换面板。主切换面板可以作为一个主菜单,提供切换到其他页面的途径。表单切换面板提供切换到数据库表单的途径;查询切换面板提供切换到数据库查询的途径;报表切换面板提供切换到数据库报表的途径。

图 3 和图 4 分别是主切换面板和表单切换面板的草图(查询切换面板以及报表切换面板可以使用类似的格式)。主切换面板的最后一个项目"退出富兰克林数据库"允许用户返回到数据库窗口。为了实现这个功能,你创建了一个宏并将它分配到"退出到富兰克林数据库"按钮上(如欲进一步了解宏以及切换面板,请参阅系统的在线帮助)。图 4 是表单切换面板的草图。通过该面板,你可以进入数据库的表单系统。你需要增加一个项目使用户可以返回主切换面板。报表切换面板以及查询切换面板也需要包括这样的按钮以使用户可以返回主切换面板。

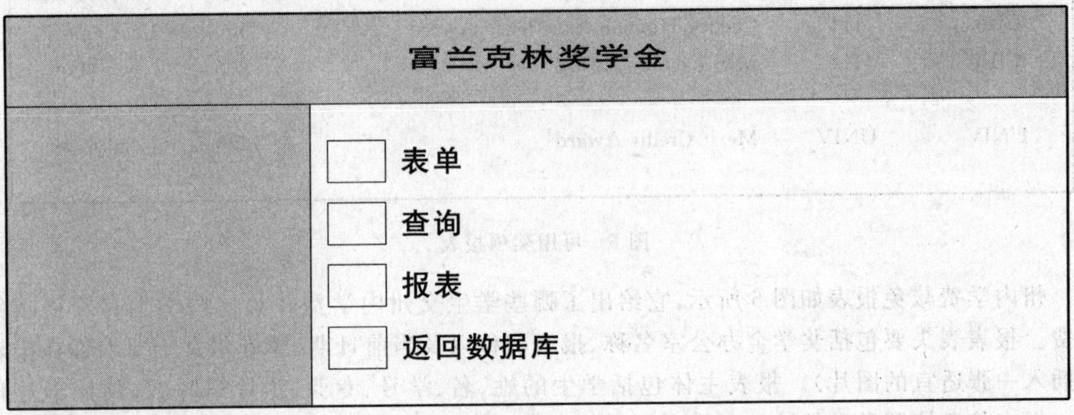

图 3 主切换面板

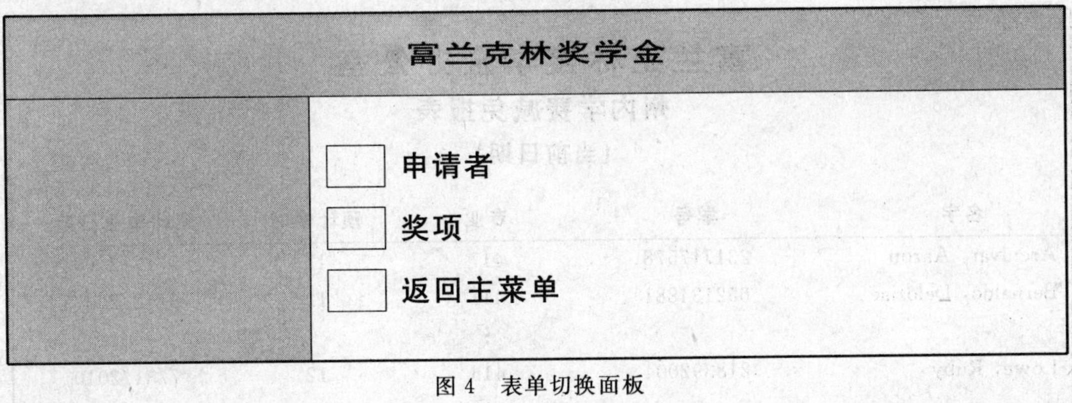

图 4 表单切换面板

信息说明

泽维尔女士需要可用奖项报表、州内学费减免报表、基于专业的申请者报表以及获奖清单报表。图 5 是可用奖项报表的草图，该报表列出了下学年可用的奖项。所属学院字段或者专业代码字段标注“UNIV”表示该奖项不局限于某个特定的院系。同样，标注“CBA”表示该奖项只颁给某个特定的学院，但不限系和专业。报表表头要包括奖学金办公室名称、报表名称以及当前日期。报表信息按照所属学院排列，然后按照专业代码排列，在相同的专业中按照奖项名称排列。

富兰克林奖学金办公室

可用奖项报表

（当前日期）

所属学院	专业代码	奖项名称	美元/人	总可用金额
CBA	411	Caedee Hannah Excellence Award	3500	3500
CBA	411	MIS Faculty Award	800	800
		⋮		
UNIV	UNIV	Merit Credit Award	1500	20 000
		⋮		

图 5　可用奖项报表

州内学费减免报表如图 6 所示，它给出了哪些学生交州内学费并且这些学生有资格减免学费。报表表头要包括奖学金办公室名称、报表名称以及当前日期（泽维尔女士要求你在报表中插入一张适宜的图片）。报表主体包括学生的姓、名、学号、专业、预计学时数、预计毕业日期。报表信息按照学生的姓升序排列。尽管在草图中未显示出来，泽维尔女士要求在页脚部分显示页码。

富兰克林奖学金办公室

州内学费减免报表

（当前日期）

名字	学号	专业	预计学时	预计毕业日期
Arenivar, Aaron	231717578	417	12	5/12/2007
Bernaldo, Delorise	652134881	411	12	5/12/2007
		⋮		
Lowe, Ruby	218392004	416	12	7/31/2010
		⋮		

图 6　州内学费减免报表

泽维尔女士需要根据专业定期检查申请者,因此她问你是否能够根据专业代码来生成报表。为了满足这种要求,你建立了一个参数查询,然后基于这个查询生成根据专业的申请者报表,草图如图7所示。报表表头要包括奖学金办公室名称、报表名称,指定专业代码以及当前日期。报表主体包括每位学生的姓、名、学号、平均分数、完成学时数、预计学时数、预计毕业日期。报表信息按照学生的姓升序排列。

富兰克林奖学金办公室

根据专业分类的申请者报表

专业代码:411

(当前日期)

名字	学号	平均分数	完成学时	预计学时	预计毕业日期
Bernaldo, Delorise	652134881	3.64	94	12	5/12/2007
Chambers, James	660635664	3.12	99	12	5/12/2007
		⋮			
Noels, Frank	100496263	3.77	60	12	7/25/2009
		⋮			

图7　根据专业分类的申请者报表

获奖名单报表给出了申请者和他们所获得的奖项。所有奖项都被分配出去以后产生该报表,然后分发给各院院长和系主任。草图如图8所示。报表表头要包括奖学金办公室名称、报表名称以及当前日期。报表主体依据学生的姓按照字母顺序排列,然后列出每个学生所获得的各项奖励以及获奖总金额。尽管在图8中未显示出来,页脚部分要求显示页码。

富兰克林奖学金办公室

获奖清单报表

(当前日期)

学生姓名	学号	获奖名称	获奖金额(美元)
Dennington, Louise	012780183	Bob Horan Foundation Scholarship	1500.00
		MIS Department Tuition Waiver	350.00
		总金额:	**1850.00**
		⋮	
Ninemire, Guy	122388169	Marketing Department Tuition Waiver	450.00
		总金额:	**450.00**

图8　获奖清单报表

泽维尔女士需要下面问题的答案,请建立查询帮助她回答这些问题。你也可以在这些查询的基础上生成报表。

1. 哪些申请人是大四学生?请提供这些申请人的姓名,注意不要显示其他字段。

2. 有多少申请人的平均分大于 3.5？请显示这些申请人的姓名以及他们的平均分，不要显示其他字段。
3. 申请人所获奖的平均金额？
4. 鲍勃·霍兰基金奖学金的评选标准是什么？
5. CBA 杰出学生奖学金还有多少钱可用？该奖项的评选标准是什么？请将符合此标准的申请者列举出来？
6. 哪些申请者没有获得任何奖励？你认为这些申请者为什么不能获得奖励？
7. 哪些申请者获得多项学费减免的奖项？请提供他们的名字、奖项以及所获金额。这些奖金应该用于重新分配吗？
8. 根据分配的总金额，哪个专业的学生获奖金额最多？

实施要点

根据案例背景的说明，你需要建立并填充奖项表，建立各个表之间的联系，设计奖项表单以及申请者表单，设计可用奖项报表、州内学费减免报表、根据专业划分的申请者报表以及获奖名单报表，准备主切换面板、表单切换面板、查询切换面板以及报表切换面板，建立几个查询和创建宏。

表单向导可以很方便地创建奖项表单。一旦创建，你可以在设计视图修改奖项窗体。申请者表单包含一个主表单和一个子表单。尽管存在几种方法来创建申请者表单和它的子表单，但使用表单向导显得简单一些。同样创建后可以在设计视图上修改(如欲了解子表的其它信息，请使用系统的在线帮助)。申请者表单的总分配金额字段是一个计算字段，你的子表单就包含这样一个字段，它将该学生所获得的各个奖项奖金加总起来。然后在主表单中参考这个字段。

作为案例的一部分，你需要创建四个切换面板。本质上，切换面板就是一个菜单，它向用户提供一种标准界面或方法使用户很容易访问数据库中的相关数据。使用主切换面板切换到表单、查询及报表切换面板。

你需要确保在进入系统时出现的就是主切换面板。这是一个很容易实现的简单功能。如欲了解此项功能的更多信息，请参阅系统的在线帮助并查阅“在开始界面显示切换面板”。另外，主切换面板的最后一个按钮要求你退出到数据库窗口，而不是退出应用程序。要完成这个任务，你需要创建一个宏，并将此宏分配给“退出到富兰克林数据库”按钮。

你可以自由设计这些表单、报表以及切换面板。但是，各个部分都应该有一个专业、统一的外观。另外，查询切换面板至少要能够进入 5 个查询页面。

设计测试

创建完表单、表、关系、查询、报表以及宏后，你应该测试一下你的数据库设计。进行的检验步骤如下：

1. 下面的学生申请奖学金：

学生学号: 63548780	**学生学号**: 25972225
姓:Zeytounian	**姓**:Yu
名:Ossie	**名**:Linda
街道:101 Mockingbird Lane	**街道**:2874 Pippin Street
城市:Los Angeles	**城市**:Los Angeles
州:CA	**州**:CA
州内:是	**州内**:否
专业:411	**专业**:417
预计学时:15	**预计学时**:18
完成学时:93	**完成学时**:88
平均分:3.22	**平均分**:3.57
预计毕业日期:5/14/2007	**预计毕业日期**:12/14/2008

学生学号: 48484329	**学生学号**: 58485529
姓:Abernathy	**姓**:Beaumont
名:Lamont	**名**:Joan
街道:7878 Baylee Way	**街道**:7584 Harrison Street
城市:Los Angeles	**城市**:Los Angeles
州:CA	**州**:CA
州内:是	**州内**:否
专业:411	**专业**:413
预计学时:12	**预计学时**:15
完成学时:36	**完成学时**:80
平均分:3.77	**平均分**:3.98
预计毕业日期:5/14/2010	**预计毕业日期**:7/31/2010

2. 富兰克林奖学金办公室又收到两个新的奖项。请将下面的信息录入数据库。

奖项号码:用下一个可用号码	**内部奖学金**:是
奖项名称:Friends of Education Award	**学院奖学金**:否
总金额:750 美元	**只用于支付学费**:否

每名学生所能获得的最大金额数:750 美元

评选标准: 大四,GPA≥3.75, 积极参加校园活动

奖项号码:用下一个可用号码	**内部奖学金**:否
奖项名称:Mary Lou Memorial Fund	**学院奖学金**:是
总金额:1000 美元	**只用于支付学费**:否

每名学生所能获得的最大金额数:1000 美元

评选标准: MIS 专业,可以证明是急需

3. 哪些奖学金已经分配出去了？准备一张报表。

4. 泽维尔女士想知道每个申请者的年级以及他所获得的奖励。要求显示申请者姓、名、完成学时数、年级、奖项名称以及奖项金额。(提示:使用下表来确定学生年级。还有,考虑使用IIF函数)

表2 学生分类表

年级	完成学时数
大四	≥90
大三	60～89
大二	30～59
大一	0～29

案例提交

为了圆满地完成案例,你不仅应该将数据库做好,还应该准备书面及口头报告。除非另有说明,你应该将下列材料提交给你的老师。

1. 提交一份书面报告说明你在案例中使用的假设和案例的关键因素。另外,你在数据库中加入了哪些特性使得它具有更多功能?用户界面更友好?(请注意这些假设不能违反任何前述特定要求,所做的假设必须经过老师的同意)
2. 每张表单的打印版。
3. 每份报表的打印版(为了便于操作,使用专业代码:411)。
4. 一份数据库的电子拷贝。数据库要满足在案例情景和说明中提到的标准。
5. 每次查询的结果(还应该提供你与导师讨论这些结果时的备忘录)。
6. 如前所述,你还要准备一份口头报告(你的老师会确定你报告的时间)。你应该运用报告制作软件并讨论数据库的关键特征,还要讨论这个数据库怎样有利于泽维尔女士,还有哪些信息可能对泽维尔女士有用?

2.12 案例 24：莱蒂服装租赁商店

综合案例 难度指数：★★★★★

所需技能

你应该复习下面领域的相关技能

数据库技能	电子表格技能
✓ 操作查询	✓ 高级筛选
✓ 自动查询	✓ 自动筛选(可选)
✓ 计算控件	✓ 图表
✓ 命令按钮	✓ DAVERAGE 函数
✓ 表单设计	✓ DMAX 函数
✓ IIF 函数	✓ DSUM 函数
✓ 查找向导	✓ Microsoft 查找(可选)
✓ 宏(可选)	✓ 透视表
✓ 报表设计	
✓ 子表单设计	
✓ 切换面板	
✓ Tab 控件(可选)	

案例背景

莱蒂服装租赁商店是在这个夏天开张的，老板莱蒂·斯科特对于她的服装租赁业务不断增长感到很满意。斯科特女士认识到客户服务的重要性，认为数据库有助于跟踪服装租赁、顾客、顾客支付、服装以及过去的服装租赁。斯科特女士雇用你为她建立数据库。建立数据库需要你创建几个表单、子表单、报表、查询以及一个切换面板。另外，斯科特女士还希望数据能够输出到 Microsoft Excel 中以做进一步分析。在 Excel 中分析数据时，斯科特女士喜欢使用透视表、图表、筛选工具以及数据库函数。

案例情景

这个夏天，莱蒂·斯科特开了一家服装租赁商店。生意挺好，斯科特女士雇用了两个人帮她打理。随着万圣节和假期的临近，斯科特女士认识到数据库能够提高服装租赁业务的工作效率。而且，她还认识到服装租赁数据能够帮助她做出更好、更明智的决策。现在的租赁业务只限于成人，但从长远来看，肯定会扩展到小孩。当前的库存容量也只有 500 件，一旦数据库运行后，她将添加新的种类和服装。

来到店里的顾客会询问斯科特女士或店员是否出租某种特定的衣服。斯科特女士会检查收银柜旁边的服装出租登记簿，判断在请求日期是否有这样的衣服可用。如果有，她会在登记簿中做一条登记，包括预订日期、出租日期、顾客姓名以及联系信息。然后要求顾客签一个服装租赁合同，交押金和租赁费。

如果服装返还时状况良好，那么就退押金。但是，如果服装破损了，那么就要交罚金。一般来说，客人会在活动的前一天来拿服装，会在活动的后一天还服装。例如，如果客人要参加星期五的活动需要租一件海盗服，那么他会在星期四来取，然后在星期六返还。如果需要的话，可以租一个较长的时间，需要特别安排。如果没有特别安排，迟还一天会罚款 20 美元。

存储说明

与斯科特女士见面后，你认为服装数据库应该包括种类表、服装表、顾客表、支付表、租赁表以及租赁历史表（你的老师会给你提供必要的数据来填充表）。斯科特女士希望服装按服装类型划分类别。服装类型包括诸如中世纪风格、食品风格、幻想风格之类。为了便于服装分类，数据库需要建立一个种类表。种类表包括种类代码字段以及种类描述字段。种类代码字段是主关键字，要求唯一。种类描述字段提供了关于特定服装种类的附加信息。种类表结构如表 1 所示。

表 1 种类表结构

字段名称	数据类型	字段描述	字段大小	备注
CategoryID	数值型	主关键字	长整型	必填项
Category Description	文本型	种类描述	50	

服装表存储的是库存中各个服装的信息，包括服装号、描述、大小、租赁价格以及种类代码字段。每套衣服的服装号具有唯一性，并作为表的主关键字。描述字段存储的是服装名称，例如海盗、癞蛤蟆等。大小字段描述的是服装大小，例如小、中、大。租赁价格字段存储的是服装的租赁价格。种类代码字段存储的则是种类识别代码，种类代码的值是从种类表中取得。服装表的结构如表 2 所示。

表 2 服装表结构

字段名称	数据类型	字段描述	字段大小	备注
CostumeID	数值型	主关键字	长整型	必填项
Description	文本型	描述服装	50	
Size	文本型	服装大小	5	

续表2

字段名称	数据类型	字段描述	字段大小	备注
RentalPrice	货币型	每日租金		
CategoryID	数值型	服装与某类型联系起来，使用查找向导	长整型	必填项

顾客表存储的是每个顾客的信息，包括顾客号、姓、名、住址、城市、州、邮编以及电话字段。由于每位顾客的顾客号是唯一的，所以该字段可以作为顾客表的主关键字。顾客表结构如表3所示。

表3　顾客表结构

字段名称	数据类型	字段描述	字段大小	备注
CustomerID	自动号码型	唯一识别每位客户、主关键字	长整型	必填项
LastName	文本型	姓	50	必填项
FirstName	文本型	名	50	必填项
StreetAddress	文本型	街道住址	30	必填项
City	文本型	居住城市	50	必填项
State	文本型	所在州	2	必填项
Zip	文本型	邮编	10	
Phone	文本型	联系电话	10	必填项

支付表存储的是顾客付款信息，表4中给出了支付表的字段，包括支付号、顾客号、支付日期、支付金额以及备注字段。每次支付的支付号都是唯一的，并作为主关键字。顾客号字段与某个支付的顾客相联系。支付日期字段标记付款的日期，支付金额字段标记的是付款金额，备注字段存储的是支付过程中任何必要的备注。支付表的结构如表4所示。

表4　支付表结构

字段名称	数据类型	字段描述	字段大小	备注
PaymentID	自动号码型	每次支付具有唯一性、主关键字	长整型	必填项
CustomerID	数值型	与特定客户相联系，使用自动查询	长整型	必填项
PaymentDate	日期/时间型	付款日期	短日期型	必填项
PaymentAmount	货币型	付款金额	货币型	必填项
Comment	文本型	必要备注	备注型	

租赁表结构包含预订号、顾客号、服装号、租赁日期、预订日期、约定归还日期、实际归还日期、登记和附加罚款字段。每项记录的预订号是唯一的，并作为主关键字。顾客号字段标记的是租服装的顾客。服装号字段标记的是租出去的服装。出租日期字段标记的是哪天顾客想要

服装。预订日期字段标记的是顾客做出租赁预订的日期。约定归还日期字段标记的是服装应该归还的日期。实际归还日期字段标记的是顾客实际归还服装的日期。登记字段标记的是顾客是否已经归还了服装。这个字段只有在归还服装时才检查,默认值为否。附加罚款字段存储的是顾客需要支付的附加罚款。如果服装有污迹、裂口或迟还,那么就有附加罚款。租赁表结构如表 5 所示。

表 5 租赁表结构

字段名称	数据类型	字段描述	字段大小	备注
ResID	自动号码型	唯一识别每次预订、主关键字	长整数型	必填项
CustomerID	数值型	与特定客户相联系,使用查询向导	长整数型	必填项
CostumeID	数值型	与特定服装相联系,使用查询向导	长整数型	必填项
RentalDate	日期/时间型	服装租赁日期	短日期型	必填项
BookingDate	日期/时间型	服装预订日期	短日期型	必填项
DueDate	日期/时间型	按计划的归还日期	短日期型	
ActualReturnDate	日期/时间型	实际归还日期	短日期型	
CheckedIn	是/否	标记服装是否已经归还,默认为否		
AdditionalPenalty	货币型	附加罚款		

租赁历史表的结构与租赁表的结构类似。该表的目的就是要存储以前的服装租赁信息。当顾客返还所租服装时,就需要检查租赁记录的登记字段。每天结束时,登记字段为"是"的预约需要移至租赁历史表并从租赁表中删除。移动这些预约需要一个查询来识别需要移动的预约,还要更新查询以将这些预约移至租赁历史表。

作为设计程序的一部分,你认识到表之间的关联是很必要的。研究表后,你需要创建一些必要的关联,还需要做出必要的修改以增加参照完整性。

输入说明

服装数据库必须获取和存储有关客户、服装、租赁和支付的信息,需要建立客户、服装以及可用服装表单。斯科特女士要求你为她设计这些表单。她还要求你为她的企业创建一个商标,并在表单中使用它。

客户表单要至少能使斯科特女士获取并查看客户姓名、住址和电话号码。另外还应该包括客户所欠费用、所付费用、总保证金、预计罚款、结欠余额。查看客户记录时,斯科特女士想知道当前该客户的服装租赁以及支付情况。对每次服装租赁,她想知道服装号、服装描述、租赁价格、所需押金以及罚款。另外,她还想知道该衣服是否已经归还。对每笔客户支付,她想包括支付日期、金额以及评论。

服装表单应该允许斯科特女士创建、修改和删除服装记录。表单至少要包括服装表中的字段。

可用服装表单提供的信息便于斯科特女士判断某件服装是否可用。该表单至少要包括服装表的所有字段，还应包括一个特殊字段来标记该服装是否可用。如果服装当前不可用，那么该字段应该标记预计可用时间。斯科特女士将使用表单筛选来找到特定服装。

当服装数据库一打开时，斯科特女士希望自动出现一个切换面板。通过该切换面板可以从固定位置进入表单、报表以及查询。当她想结束数据库的使用时，她希望在主菜单上提供一个退出应用程序的选项。

信息说明

斯科特女士需要服装类型报表以及迟还客户报表，她要求你为她设计并建立这些报表。

服装类型报表可以当作一个详细的库存报表。斯科特女士希望该报表按类型组织服装报表。类型应该按字母升序排列，在相同类型里，按服装描述升序排列。这篇报表至少要包括类型名称、服装号、服装描述、服装大小以及服装租赁价格字段。表头部分应该包括一个适当的名称、报表准备日期、店名以及商店标志。

迟还客户报表包括未按预定日期归还服装的客户姓名、地址以及电话号码，也包括已经租出去但还没有归还的服装。报表信息按照预定归还日期升序排列，相同情况下，按照顾客的姓升序排列。如果一个顾客所租服装不止一件，那么按照服装描述升序排列。

斯科特女士需要下面问题的答案，请建立查询帮助她回答这些问题。你也可以在这些查询的基础上生成你的报表。

1. 今天哪些服装租出去了？哪些顾客租了这些服装？（请使用2006年10月15日的数据。你的报表至少应该包括顾客的姓、名、服装描述、预定日期、服装大小以及租金）
2. 根据租赁历史数据，哪些服装从未租出过？
3. 当前有多少件恐龙服装租出去了？有多少件公主服装租出去了？
4. 根据租赁历史数据，每位顾客的平均租金是多少？
5. 根据租赁历史数据，哪些顾客付了罚款？请提供每位顾客的罚款数额。

斯科特女士想将服装数据库中的数据输出到 Microsoft Excel 中做进一步研究（你需要决定哪些数据需要输出）。她需要下列问题的答案。请使用 Excel 回答下面问题：

6. 根据租赁历史数据，斯科特女士想知道哪类服装产生的利润最大？根据描述，哪套服装产生的利润最大？
7. 各个类型服装的利润是多少？斯科特女士想知道这个结果，不同类型要在不同的页面上。
8. 根据10月份的数据，画一张柱状图比较各种类型服装所获利润。
9. 使用客户和租赁历史表中的数据，创建一个 Excel 清单。对于一个特定顾客和特定的租赁日期，平均罚款是多少？该名顾客的总罚金是多少？在这特定的一天，所有顾客中，最高罚金是多少？
10. 顾客迟还的比例有多大？
11. 对于那些迟还的顾客，平均迟还多少天？
12. 对于一个特定的租赁日期，平均租金和罚金是多少？

实施要点

为了建立服装数据库，你要建立选择查询、自动查询、参数查询以及操作查询，设计表单和子表单，设计报表，建立表，创建宏（如果有必要的话），以及建立各个表之间的关联。尽管斯科特女士鼓励你自由设计，但她也要求，表单要有一个专业、统一的外观，用户界面操作简单，显示企业名称和商标（她还要你设计一个商标）。为了方便，请加入“增加”、“删除”、“打印”报表这些按钮。为了便于输入，斯科特女士希望使用自动查询、组合框以及可以用上的控件。你还应该尽可能使用有效规则、缺省值、输入掩码以及适当格式。

为了适应电子表格的需要，你需要将数据从数据库中提取到工作表里。要完成所要求的分析，你需要使用几条电子表格的功能，包括数据透视表、高级筛选及数据库函数。你可能会使用 Microsoft 查询，取决于你选择怎样输出数据。

正如前面所说的，你可以自由设计表单、报表和工作表，你也可以做出有关案例的其他假设。但是，这些假设不能违反前面提到的要求，而且需要你老师的同意。你可能需要创建一些其他表单，或者搜集一些前面没有提到的其他信息。

设计测试

创建完你的数据库和工作簿后，你应该测试一下你的设计。测试步骤如下：

1. 在服装数据库中输入下列信息。

   开瑞特·穆罕默德想租南瓜服以及恐龙服。是否有可用服装？使用今天为租赁和预订日期，明天为归还日期。（请为他选择一套南瓜服以及一套恐龙服。另外，选择归还日期。可做其他必要的假设）

   佩绸娜·霍根想租一套 Bo Peep 服以及狼服。是否有可用服装？使用今天为租赁和预订日期，明天为归还日期（可做其他必要的假设）。

   伊姆兰·色古拉想租一件修女服、一件主教服和一件红衣主教服。是否有可用服装？使用今天为租赁和预订日期，明天为归还日期（可做其他必要的假设）。

2. 更新租赁表格记录，显示直到 2006 年 10 月 17 日的所有归还的租赁记录。
3. 斯科特女士想看看客户租赁的历史记录。修改客户表单让她能够看到每位顾客的租赁历史记录（你应该决定哪些租赁历史字段是必要的）。

案例提交

为了使案例圆满完成，你不仅应该将数据库做好，还应该准备书面及口头报告。除非另有说明，你应该将下列材料提交给你的老师。

1. 一篇对你在案例中所做任何假设以及案例关键因素进行讨论的书面报告。另外，你在数据库中加入了哪些特性使得它具有更多功能？用户界面更友好？（请注意这些假设不能违反任何前述特定要求，而且所做的假设必须经过老师的同意）
2. 每份工作表的打印版。

3. 每份工作表的公式的打印版。
4. 一份工作簿的电子拷贝。工作簿要满足在案例情景和说明中提到的标准。
5. 一份数据库的电子拷贝。数据库要满足在案例情景和说明中提到的标准。
6. 每次查询的结果(还应该提供你与老师讨论这些结果时的备忘录)。
7. 如前所述,你还要准备一份口头报告(你的老师将确定你报告的时间)。你应该运用报告制作软件并讨论数据库和工作簿的关键特征,还要讨论这个数据库怎样有利于斯科特女士,在数据库和工作簿中还应该加入哪些额外信息可能对斯科特女士更有用?

第三篇 网页开发

- 案例25：山景牙科诊所
- 案例26：家庭兽医宠物看护诊所

3.1 案例25:山景牙科诊所

网页案例 难度指数:★★

所需技能

你应该复习下面领域的相关技能

网页技能

- ✓ 基本网页设计
- ✓ 熟悉网页编辑
- ✓ 标题
- ✓ HTML(可选项)
- ✓ 超链接
- ✓ 插入图片
- ✓ 列表
- ✓ 段落
- ✓ 表格
- ✓ 文本编辑

案例背景

Joshi Michailoff 医生拥有一家生意兴隆的私人牙科诊所,位于美国东北部。他和他的员工为成人和儿童提供了一套广泛的牙科服务。Michailoff 医生注意到许多牙科诊所都有专为病人服务的网页,非常有益也很受用。由于他很想吸引新病患光顾,也希望能为目前患者提供信息,因此,他要求你为他的牙科诊所设计一个专业的网页。

案例情景

山景牙科诊所坐落于美国东北部,是一家面向家庭的牙科机构。牙科诊所同时满足儿童和成人的需求。Joshi Michailoff 医生 10 年前从德克萨斯大学保健科学中心毕业并取得外科牙医博士学位后就开了这家诊所。Michailoff 医生是很多组织的成员,包括美国牙医协会,美国牙科美容学会,普通牙科学会和美国临床牙医协会。他最近还获得了普通牙科学会的研究基金,该基金是一项声望很高的殊荣。

Michailoff 医生有很多非常棒的工作伙伴,包括有黛安娜·哈姆里克,贝妮塔·杰克逊,克莱德·麦吉尔和科里·帕西。黛安娜是一名牙医助手,在过去的 6 年里一直与 Michailoff 医生共事。贝妮塔也是一名牙医助手,去年开始在诊所工作。克莱德是一名牙科保健员,在诊所工作已有 2 年。科里是办公室经理,已经在诊所工作 6 个月。

这家牙科诊所提供了一整套服务,包括牙齿清洁,氟化护齿,镶假齿冠,齿桥,拔牙,口腔检查,填补,美容接合,烤瓷牙罩,牙齿增白,齿间填缝,齿龈护理,根管治疗以及部分假牙和全假牙。每一项服务的付费都将在服务完成时进行。病患可以通过主要信用卡、现金、支票或被允许的保险支付。

诊所开业时间为周一至周五，每天早上 8 点到下午 6 点。Michailoff 医生下班后仍可提供紧急救护。大多数的紧急病患均能享受跟白天一样的护理。

Michailoff 医生要求你为他的牙科诊所设计一个网页。他希望这个网页能够提升他的营业，为诊所提供基本的信息，并且吸引新的顾客。

设计说明

Michailoff 医生要求你做出一个有益的、有专业外观的网页。当他的病人访问这个网页时，Michailoff 医生希望他们觉得这是一个具有吸引力的、导航简易的网页。Michailoff 医生也想让该网页同时为已有病人和潜在病人服务，提供一种信息渠道。最起码，这个网页要提供有关于牙科诊所的基本信息，比如营业时间、联系方式、服务和工作人员等。他想让所有的访问者们都能随意的在网站移动，并且网页上的下载链接速度要快，还要包含其他感兴趣的链接。他要求你找到几个这样的网站。

信息说明

在发布这个网页之前，你想让 Michailoff 医生过目一下。Michailoff 医生明确地说他希望在他诊所的网页上能看到以下信息。

1. Michailoff 医生希望能看到诊所紧急救护信息。
2. Michailoff 医生希望能看到关于诊所职员的简介。他觉得这样会有助于病人们感到安心(你应当提供有关职员的简单概要)。
3. Michailoff 医生希望能看到诊所提供服务的列表。
4. Michailoff 医生希望网页能提供一些网站链接，这些网站应包含对牙科病人来讲有用的信息(你需要提供这一信息)。

实施要点

案例情景中已经给了你关于该牙科诊所的很多背景材料。在很多实例中，你需要做很多假设，以便于设计一个较好的网页。一个很有帮助的方法就是访问其他牙科诊所的网站，去看看他们展示的信息。然而，你要牢记不能侵犯任何已有版权。

当你可以自由去设计这个牙科诊所网页的时候，该网页必须有一个一致、专业的外观。同时，你应当放置一些合适的图片在上面。你的老师将给你有关该网页的附加要求。

设计测试

在网页制作完成之后，你应该检验你的设计。演示以下步骤。

1. Michailoff 医生最近新雇了一名牙医。Ashok Patmon 医生刚刚从一所著名的牙科学院毕业。Michailoff 医生让你发布一条关于 Patmon 医生的简要信息并挂在牙科诊所的网页上(你需要提供必要的简要信息)。

2. 一位病人的牙科护理账单通常都是很多的。为了减轻财务负担,Michailoff 医生制定了一项新支付计划,称为牙科护理月支付计划。该计划使得病人们可以按月支付,不必再在每次服务完结后立刻付全额的钱了。Michailoff 医生希望把该信息添加进诊所的网页。

案例提交

为了圆满地完成这个案例,你应当建立网页并且同时准备书面和口头的报告。除非另有说明,你要将以下交付内容提交给你的老师。另外,除非另有说明,你应该在检验设计之后演示以下的步骤。

1. 提交一份书面报告说明你在案例中使用的假设和案例的关键因素。另外,你添加了什么特性使得该网页运行得更好?用户界面更友好?(请注意,这些假设不能违背以上任何要求,并且要得到你的老师的允许)
2. 该网页的打印版(如果有新添加的页面,你必须也一起提交它们)。
3. 一项该网页的电子拷贝,它必须满足案例情景以及说明中提到的要求。
4. 如同以上提到的,你应当准备一份口头陈述(你的老师会给你分配这部分时间)。你应该使用报告制作软件并讨论网页中的关键特性。同时,讨论网页是如何惠及 Michailoff 医生和他的诊所的。有哪些附加信息有可能是 Michailoff 医生的患者们觉得有用的呢?

3.2 案例 26:家庭兽医宠物看护诊所

网页案例 难度指数:★★

所需技能

你应该复习下面领域的相关技能

网页技能

✓ 基本网页设计	✓ 插入图片
✓ 熟悉网页编辑	✓ 列表
✓ 标题	✓ 段落
✓ HTML(可选项)	✓ 表格
✓ 超链接	✓ 文本编辑

案例背景

Paul Tao 医生拥有一家位于美国西南部的小型兽医诊所。Tao 医生和他的工作伙伴们为宠物主人提供了一整套高质量的服务和产品。Tao 医生注意到在他们那个地区已经有好几家兽医诊所建立了网页。为了与时俱进,他要求你为他的诊所设计一款外观专业的网页。

案例情景

家庭兽医宠物看护诊所是一家位于美国西南部的小型兽医诊所,特别为小型动物看护而开设。Paul Tao 医生是在大约 20 年前(也就是 1983 年)开设了这家诊所,那时他刚获得兽医科学的博士学位。Tao 医生获得了很多国家和团体奖项,包括声望很高的 AVMA 动物福利奖。Tao 医生是美国兽医科学协会和美国动物医院协会的成员,他还持有德克萨斯州、新墨西哥州、亚利桑那州和俄克拉荷马州的兽医营业执照。

这家兽医诊所是由专业护理人员较好地组织起来的,这里有兽医技师、办公经理以及一些兽医助手。Isla Meiring 是一名兽医技师,他已经在诊所工作 5 年了;Valerie Widick,Harriett Lafollette,Brian Hallett 和 Bill Mckee 都是诊所的兽医助手。Valerie 已经在这里工作 10 年了,Harriett 工作了 2 年,Brian 工作了 6 个月,Bill 是上周新聘用的。Gary Dromgoole 和 Jules Dubois 自从 1980 年诊所开业起就在这儿当宠物美容师了。

家庭兽医宠物看护诊所提供广泛的服务,包括常规检查、外科手术、透视、配药剂、美容整形、牙科、接种疫苗、宠物美容、宠物食品、即时看护、家庭探访、药品和供给品的发放以及紧急救治。作为一家功能完备的宠物诊所，这家兽医诊所提供了多种多样的产品，包括一些辅助项，比如牙科治疗、饮食、清洁产品等，还有一些药品和皮毛护理、饮食补充等等产品。每一项服务的付费都将在服务完成后进行。客户可以通过常用信用卡、现金、支票来完成支付。使用信用卡消费时，全部消费额必须在 25 美元以上。

诊所开业时间为：周一至周五，每天早上 8 点到下午 6 点，周六是从早上 8 点至中午 12 点。Tao 医生下班后仍可提供紧急救护。建议客户使用预约的形式与诊所联系，同时也接受未经预约的联系形式。

在最近的一次谈话中，Tao 医生要求你为他的诊所建立一个网页。他希望这个网页能够提升诊所的业绩，同时也能向外界提供诊所的基本信息。

设计说明

Tao 医生要求你设计一个信息量大且形象专业的网页。当他的客户访问这个网页时，Tao 医生希望他们觉得这是一个具有吸引力的、导航简易的网页。他希望网页针对的是社区里养小动物的个人。最起码，这个网页要提供关于诊所的基本信息，比如营业时间、服务工作人员和产品等。他想让所有的访问者们都能随意的在网站移动，并且网页上的下载链接速度要快，还要包含其他感兴趣的链接。他要求你找到几个这样的网站。

信息说明

在发布这个网页之前，你想让 Tao 医生过目一下。Tao 医生明确地说他希望在他诊所的网页上能看到以下信息：

1. Tao 医生希望能看到诊所的营业时间及紧急救护信息。
2. Tao 医生希望能看到关于诊所职员的简单介绍。他觉得这样会有助于使客户感到放心。
3. Tao 医生希望能看到有关诊所在喂养动物方面的方法(你需要提供这一信息)。
4. Tao 医生希望能看到他们产品的分类列表以及相关价格明细(你需要提供这一信息)。
5. Tao 医生希望网页能提供一些网站链接，这些网站应包含对宠物主人有用的信息(你需要提供这一信息)。

实施要点

案例情景中已经给了你关于该兽医诊所的很多背景材料。在很多实例中，你需要做很多假设，以便于设计一个较好的网页。一个很有帮助的方法就是访问其他兽医诊所的网站，去看看他们展示的信息。然而，你要牢记不能侵犯任何版权。

在你可以自由去设计这个兽医诊所网页的时候，该网页必须有一个一致、专业的外观。同时，你应当放置一些合适的图片在上面。你的老师将给你有关该网页的附加要求。

设计测试

在网页制作完成之后，你应该检验你的设计。请完成以下步骤：

1. Tao 医生最近新雇了一名兽医。Lawanda Fontaine 医生刚刚从一所著名的兽医学院毕业。Tao 医生让你发布一条关于 Fontaine 医生的简介信息并挂在该诊所的网页上（你需要提供必要的简介信息）。
2. 通常来讲，一位客户的宠物护理账单通常都是很多的。为了减轻财务负担，Tao 医生制定了一项新支付计划，称为宠物护理延期支付计划。该计划使得客户们可以按月支付，不必再在每次服务完结后立刻付全额的费用了。Tao 医生希望把该信息添加进诊所的网页。

案例提交

为了圆满地完成这个案例，你应当建立网页并且同时准备书面和口头的报告。除非另有说明，你要将以下内容提交给你的老师。另外，除非另有说明，你应该在检验设计之后完成以下的步骤。

1. 一篇对你所做的关于本案例的任何假设及案例的关键因素进行讨论的书面报告。另外，你添加了什么特性使得该网页运行得更好？用户界面更友好？（请注意，这些假设不能违背以上任何要求，并且要得到你的老师的允许）
2. 该网页的打印版（如果有新添加的页面，你必须也一起提交它们）。
3. 一项该网页的电子拷贝，它必须满足案例情景以及说明中提到的要求。
4. 如同以上提到的，你应当准备一份口头陈述（你的老师会给你分配这部分时间）。你应该使用报告制作软件并讨论网页中的关键特性。同时，讨论网页是如何惠及 Tao 医生和他的诊所的。有哪些附加信息有可能是 Tao 医生的客户们觉得有用的呢？

第四篇 指南

- 电子表格指南
- 数据库指南
- 网页指南

4.1 电子表格指南

Timeka 古铜日晒沙龙

指南介绍

Timeka 古铜日晒沙龙的案例是针对由 Prentice Hall 出版的《管理信息系统案例——应用软件辅助决策》(第 3 版)而配套设计的。这部指南是电子表格开发的复习工具，面向的是对电子表格及其专有名词、Microsoft Excel 有基础了解和认识的人们。

该指南分为两部分。第一部分介绍了背景，情景，设计说明，信息说明，检验设计要求及可交付使用等方面的内容。第二部分为你在这一基础上做相关的准备。由于第一部分介绍了案例的主要特征，并且为所要求的电子表格设计工作订立了步骤，你应当在着手进入第二部分之前先阅读第一部分。在第二部分中，你将会设计并且建立一个满足指南信息要求的工作簿。

第一部分 设置场景

背景指南

Timeka Lorenzo 经营并掌控着坐落于加州旧金山的 Timeka 古铜日晒沙龙。这家古铜日晒沙龙已经开业很多年了，客户群还在不停地增长。古铜日晒沙龙为顾客提供了最新的古铜日晒床、古铜日晒色产品以及健身中心等等。

由于沙龙的业绩是人工记录的，Lorenzo 女士每周要花大把的时间在跟踪沙龙销售活动上。最近，她逐渐意识到把沙龙的纸质记录转成电子记录形式的必要性。Lorenzo 女士雇用你来为她设计一款能追踪沙龙日营业活动的工作簿。为了准备这个案例，你需要设计 6 个工作表，使用一些功能模块，并通过使用外部参考单元来使数据统一在一张总结工作表上。你还需要合理地整合各个单元和工作表并且准备一个数据透视表和一张图表，还要用到自动筛选工具。

情景指南

四年前，Timeka Lorenzo 在旧金山开设了这家 Timeka 古铜日晒沙龙，不但生意兴隆，客户量还在不断增加。由于沙龙的生意越做越大，目前使用的人工记录体系也就不再适用了。

每天打烊的时候，Lorenzo 女士都要在日营业活动报告中手工记录当天的营业额。图 1

给出了日营业活动报告。每当有空的时候，Lorenzo 女士就用图 2 中的价格表来计算营业收入的美元数。随后 Lorenzo 女士会将日营业活动报告中的信息与实际的现金收据登记作对比，并且标出两个文本中有出入的地方。每逢周末，Lorenzo 女士都要准备一份周营业活动报告，以此来汇总这 7 天的日营业活动报告数据。

Lorenzo 女士意识到这种手工记录和计算沙龙营业数据的过程不但沉闷而且费时。她需要一种更有效的系统来帮她完成跟踪和分析沙龙日营业活动的情况。于是，Lorenzo 女士雇用你来为她建立一个工作簿，使她能更有效地跟踪和分析沙龙的营业情况。

Timeka 古铜日晒沙龙 日销量活动报表 日期：________		
服务项目	销量	收入
单项		
5 项		
10 项		
15 项		
20 项		
一月内不限次		
月特殊服务		
忠诚顾客		
介绍		
年度登记		
青铜色 12 盎司①洗液		
金色 12 盎司洗液		
青铜色 12 盎司油		
金色 12 盎司油		
Timeka 古铜日晒提亮 12 盎司洗液		
Timeka 古铜日晒提亮 16 盎司洗液		
半年会员		
年度会员		
日销量总计		

图 1 日销量活动报表

① 1 盎司＝28.349 523 克

Timeka 古铜日晒沙龙 价格表(美元)	
单项	5.00
5 项	25.00
10 项	50.00
15 项	75.00
20 项	100.00
一月内不限次	35.00
月特殊服务	30.00
忠诚顾客	29.99
介绍	29.99
年度登记	350.00
青铜色 12 盎司洗液	24.99
金色 12 盎司洗液	27.99
青铜色 12 盎司油	19.99
金色 12 盎司油	21.99
Timeka 古铜日晒提亮 12 盎司洗液	27.99
Timeka 古铜日晒提亮 16 盎司洗液	34.99
半年会员	180.99
年度会员	280.99

图 2 价格表

设计说明

每天打烊的时候，Lorenzo 女士都要在日营业活动报告中手工记录当天的营业额。图 1 给出了日营业活动报告的副本。如图所示，Lorenzo 女士为沙龙的每一项服务都记录了销量和收入额。每逢周末，Lorenzo 女士都要用这些日营业活动报告来准备一份周营业活动报告。周营业活动报告的形式同日营业活动报告是一样的，只不过它反映的内容是每周销售数据。

Lorenzo 女士希望沙龙的日营业活动信息可以整合在一个工作簿中，并且一年当中的每个月都要再生成一份工作簿。(本指南中，你将要为 10 月制作一份工作簿。)这份沙龙的工作手册里包含了 4 周的工作表，一份汇总工作表和一份价格目录的工作表。该月份中的周工作手册将在每周内生成。周工作手册汇总了这一周内的每日销售活动情况。汇总的工作表经过整理后就是每月的情况。价格目录工作表包含了当前沙龙的各项服务价格，它与图 2 中所示的价格表的形式是一样的。

信息说明

Lorenzo 女士将使用新的沙龙工作簿去分析古铜日晒沙龙的销售情况。她对确认出最受欢迎的古铜日晒环节和分类回顾沙龙销量特别感兴趣。在这些基础要求上，Lorenzo 女士希望你还能提供以下信息。

1. Lorenzo 女士希望有比较这些古铜日晒产品月销量的饼图。
2. 在每月总营业额的基础上，总结出沙龙两款最受欢迎的服务项目。
3. 在每月总营业额的基础上，揭示出受欢迎程度最低的沙龙服务项目。

设计测试

在沙龙工作簿制作完成之后，你应该检验你的设计。对这一沙龙工作簿做以下修改。

1. Lorenzo 女士现在推出 2 款新的健身礼包。你应当修正工作表并将新的会员健身礼包反映在其中。表 1 列出了新健身礼包的销量，1 个月的会员健身礼包要价 35.99 美元，3 个月的会员礼包要价 66.99 美元(所有的 4 个月都用该数据)。

表 1　健身礼包的销量

Timeka 古铜日晒沙龙 新款健身礼包 销量							
健身礼包	周日	周一	周二	周三	周四	周五	周六
为期 1 个月健身会员	5	3	4	2	1	7	3
为期 3 个月健身会员	1	2	0	4	2	3	5

2. 依照第 4 周的数据，建立一张数据透视表来比较每一项的日销量。Lorenzo 女士希望在另一单独的页面上看到每一个类别。

指南提交

为了圆满地完成这个指南，你应当依照要求建立工作簿，并且同时准备书面和口头的报告。除非另有说明，你要将以下可交付内容提交给你的老师。

1. 一篇对你所做的关于该指南的任何假设及关键因素进行讨论的书面报告。另外，你在工作簿中加入了哪些特性使得它具有更多功能？用户界面更友好？(请注意，这些假设不能违背以上任何要求，并且要得到老师的允许)
2. 每一份工作表单的打印版。
3. 每一份工作表单公式的打印版。
4. 一项该工作簿的电子拷贝，它必须满足案例情景以及说明中提到的要求。
5. 上文中提到的每一个问题的结论(应当提供你与老师讨论这些结论的备忘录)。
6. 如前所述，你应当准备一份口头陈述(你的老师会给你分配这部分时间)。你应该使用报告制作软件并讨论工作簿中的关键特性。同时，讨论工作簿是如何惠及 Lorenzo 女士的。有哪些附加信息应当被引入，这样工作簿会变得更有用呢？

第二部分 工作簿准备

设计准备

如果你还没有这样做，请翻阅本指南的第一部分。

为了满足 Lorenzo 女士的设计说明，你将开发一个包含每周、总计和价格目录工作表单的工作簿。你将要准备 4 个周工作表单。每一份周工作表单汇总了这一周的日销售活动。周工作表单将被命名为第 1 周，第 2 周，第 3 周，第 4 周。汇总表单命名为总计，它整合了各个周工作表单的数据。价格目录表单被命名为价格表，它包含了沙龙的当前价格列表。周工作表单使用价格目录表单中的数据来计算日销售额。

沙龙工作簿的准备工作可以分为 4 个初级活动。这些活动包括准备初始工作簿，制作价格表，制作周工作表单和总计工作表单。关于每一个活动的描述如下。为了参考的需要，图 3 所示的是一张完整的价格表工作表单。图 24 所示的第 1 周的工作表。图 25 所示的是完整的总计工作表单(这些图里的数据不反映检验设计中提到的更新要求)。

活动 1：准备初始工作簿

准备初始工作簿包含 3 个主要任务：创建并保存一个新的工作簿，插入 3 个附加的工作表单并重命名这些工作表单。每一任务的内容都在下面给出(切记要定时保存你的工作)。

任务 1：创建并保存一个新工作簿

准备初始工作簿需要实施以下步骤：

1. 运行 Microsoft Excel。
2. 创建一张新工作簿。
3. 保存这张新工作簿为沙龙。

任务 2：插入 3 份新工作表

要插入 1 份新工作表，你可以：

1. 从工作表目录条中的插入目录中点选工作表命令。
2. 重复这一步骤 2 次。

任务 3：重命名这些工作表

要重命名这些工作表，你可以：

1. 右键点击该工作表的标签名，然后选择重命名命令。键入工作表的新名称。
2. 对每一张工作表重复该过程。命名这些工作表为：价格表、总计、第 1 周、第 2 周、第 3 周和第 4 周。(提示：按这一顺序将工作表排好)

活动 2:创建价格表工作表单

价格表工作表单含有沙龙各项服务项目的当前价格,可以为周工作表单提供价格查找功能(周工作表单使用 VLOOKUP 功能来参照价格表工作表单中的价格)。创建价格表工作表单包括有设计价格表工作表单并进行排版,输入价格表工作表单中的数据,以及对价格目录分配一系列的名字。作为参照中的一个点,图 3 给出了一张完整的价格表工作表单。

任务 1:设计价格表工作表单并排版

为了准备一张如图 3 所示的价格表工作表单,你应当:

1. 使价格表工作表单成为你的有源表单。
2. 调整第 1 行的高度为 30,第 2 行的高度为 21,A 列的宽度为 49,B 列的宽度为 10。
3. 在 A1 格中输入标题“Timeka 古铜日晒沙龙”。设置 A1 中的字体大小为 26 号,将标题置为黑体。
4. 在 A2 格中输入文本“价格表”。设置 A2 中的字体大小为 16 号,将文本置为黑体。
5. 选择 A1 和 B1 格,点击“Formatting toolbar”(格式工具栏)中的“Merge and Center”(“合并”和“居中”)按钮。选择 A2 和 B2 格,点击“Formatting toolbar”(格式工具栏)中的“Merge and Center”(“合并”和“居中”)按钮。
6. 选择 A1 至 B2 格。从“Worksheet Menu Bar”(工作表菜单栏)上的“Format menu”(格式菜单)里选择“Cells”(单元格)选项。点击“Patterns”(版式)标签。选择深蓝色(第 6 列,第 1 行),然后点击“OK”(确定)。
7. 有必要的话,重新选择 A1 至 B2 格。点击在“Formatting toolbar”(格式工具栏)上“Font Color”(字体颜色)按钮旁边的箭头,选择白色。
8. 选择 A1 至 B20 格。点击位于“Formatting toolbar”(排版工具栏)上“Borders”(边框)按钮旁的箭头,选择“Outside Borders”(外侧框线)选项。(注意:你的按钮外形可能跟这里不同。如果是这样的话,点击“Borders”(边框)按钮旁的箭头,随后选择“Outside Borders”(外侧框线)选项即可)
9. 选择 A3 至 A20 格。点击位于“Formatting toolbar”(格式工具栏)上“Borders”(边框)按钮旁的箭头,选择“right border”(右框线)选项。
10. 选择 A7 和 B7 格。点击位于“Formatting toolbar”(格式工具栏)上“Borders”(边框)按钮旁的箭头,选择“bottom border”(下框线)选项。
11. 选择 A12 和 B12 格。点击位于“Formatting toolbar”(格式工具栏)上“Borders”(边框)按钮旁的箭头,选择“bottom border”(下框线)选项。
12. 选择 A18 和 B18 格。点击位于“Formatting toolbar”(格式工具栏)上“Borders”(边框)按钮旁的箭头,选择“bottom border”(下框线)选项。
13. 对 A3 至 A20 格加粗,对 B3 至 B20 格也应用当前模式。你的美元数值应当用两位小数点表示。
14. 保存你的工作。

任务 2:输入价格表工作表单中的数据

为了能够输入价格表工作表单中的数据,你可以:

1. 参照图 3,然后将各个数据项目及其价格输入价格表工作表单中的 A3 至 B20 格。
2. 花一些时间,检查有无输入错误。

Timeka 古铜日晒沙龙 价格表(美元)	
单项	5.00
5 项	25.00
10 项	50.00
15 项	75.00
20 项	100.00
一月内不限次	35.00
月特殊服务	30.00
忠诚顾客	29.99
介绍	29.99
年度登记	350.00
青铜色 12 盎司洗液	24.99
金色 12 盎司洗液	27.99
青铜色 12 盎司油	19.99
金色 12 盎司油	21.99
Timeka 古铜日晒提亮 12 盎司洗液	27.99
Timeka 古铜日晒提亮 16 盎司洗液	34.99
半年会员	180.99
年度会员	280.99

图 3 价格表工作表单

任务 3:对价格表分配一系列的名字

为了对价格表分配一系列的名字,你可以:

1. 选择 A3 至 B20 格。
2. 在"Formula toolbar"(公式工具栏)上的命名框中输入名称"Pricelist",按回车键。图 4 是"Formula toolbar"(公式工具栏)上命名框的示意图。
3. 保存。

活动 3:创建周工作表单

由于 4 份周工作表单的设计和排版要求是一样的,你可以将工作表单分组,然后同时排版和设计他们的布局。为了较好地准备工作表单,你需要对它们分组,排版,设计,输入数据和公式。当开发公式来计算日营业额时,你的公式要参考包含在价格表工作表单中的数据。

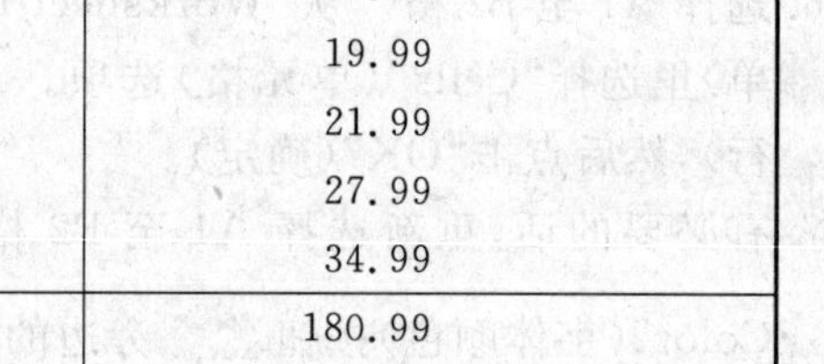

图 4 命名框

任务1：将“Week 1”（第1周）、“Week 2”（第2周）、“Week 3”（第3周）、“Week 4”（第4周）的工作表单组合

为了将“Week 1”（第1周）、“Week 2”（第2周）、“Week 3”（第3周）、“Week 4”（第4周）的工作表单组合，你可以：

1. 点击工作表标签“Week 1”。按住Shift键的同时，点击工作表标签“Week 4”。（当一个工作表属于一个工作表组时，它的工作表标签背景是白色的。图5显示表单“Week 1”、“Week 2”、“Week 3”和“Week 4”是成组的。在图5中，“Week1”是激活的表单。牢记对表单“Week1”所做的任何改变都将发生在表单“Week2”、“Week3”和“Week4”上）

图5 分组后的工作表单

任务2：对“Week 1”（第1周）、“Week 2”（第2周）、“Week 3”（第3周）、“Week 4”（第4周）的工作表单排版和设计

为了排版和设计“Weekly worksheets”（周工作表单），你可以：

1. 设行1的高度为30，设行2的高度为21，并设行3的行高为26。你可以按照以下方法设置一行的高度：
   a. 从位于“Worksheet Menu Bar”（工作表菜单条）的“Formatmenu”（格式菜单）中，选择“Row”（行）命令；然后选择“Height”（高度）选项。
2. 调整列A的宽度为38。调整列R的宽度为16。你可以通过以下方法设置列宽：
   a. 从“Format menu”（格式菜单）定位到“Worksheet Menu Bar”（工作表菜单条），选择“Column”（列）命令；然后选择“Width”（宽度）选项。
3. 在单元格A1，输入文本“Timeka's Tanning Salon”。
4. 选择单元格A1:R1。点击“Formatting toolbar”（格式工具栏）上的“Merge and Center”（合并及居中）按钮。设置字体大小为26。点击“Formatting toolbar”（格式工具栏）上的“Bold”（加粗）按钮。
5. 在单元格A2中，输入文本“Weekly Sales”（周销量）。设置字体大小为16。点击“Formatting toolbar”（格式工具栏）上的“Bold”（加粗）按钮。
6. 选择单元格A2:R2。点击“Formatting toolbar”（格式工具栏）上的“Merge and Center”（合并和居中）按钮。
7. 选择单元格A1:R3。
8. 从位于“Worksheet Menu Bar”（工作表菜单条）的“Formatmenu”（格式菜单）中，选择“Cells”（单元格）命令，点击“Patterns”（图案）选项，选择深蓝选项（第1行，第6列），见图6。再选择“Font”（字体）选项。在颜色对话框中选择白色选项，点击“OK”（确定）按钮。
9. 在单元格A3中，输入字符“Plan Type”（计划类型）。在单元格A4中，输入字符“Item”（项目）。在单元格B4中，输入字符“Category”（类别）。加粗和居中这些字符。
10. 在单元格C3中，输入字符“Sunday”（星期日）。选择C3:D3，然后点击“Formatting toolbar”（格式工具栏）上的“Merge and Center”（合并及居中）按钮。

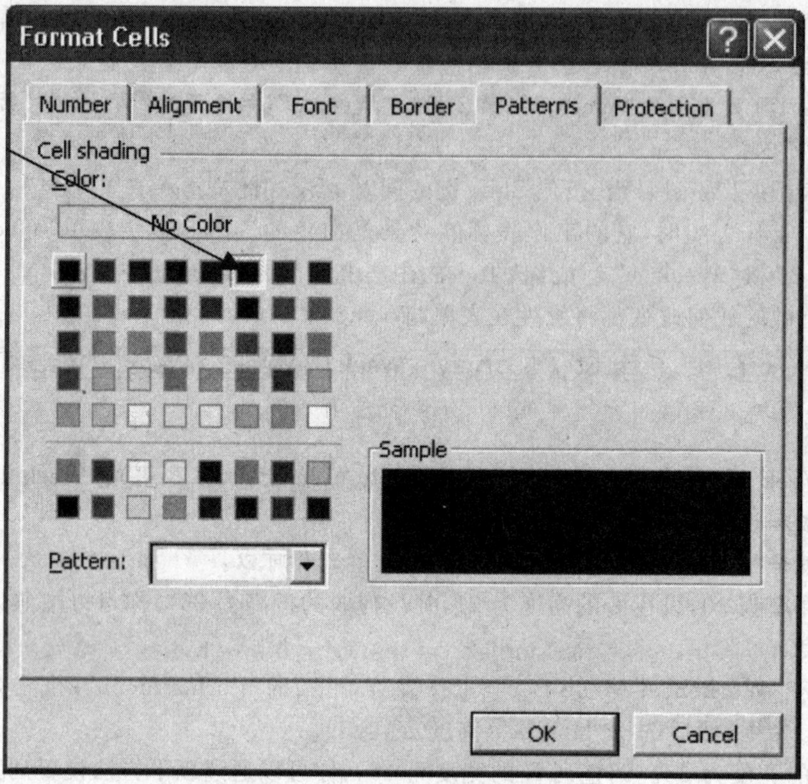

图 6 单元格格式对话框

11. 在单元格 E3 中,输入字符“星期一”。选择 E3:F3,然后点击“Formatting toolbar”(格式工具栏)上的“Merge and Center”(合并及居中)按钮。
12. 在单元格 G3 中,输入字符“星期二”。选择 G3:H3,然后点击“Formatting toolbar”(格式工具栏)上的“Merge and Center”(合并及居中)按钮。
13. 在单元格 I3 中,输入字符“星期三”。选择 I3:J3,然后点击“Formatting toolbar”(格式工具栏)上的“Merge and Center”(合并及居中)按钮。
14. 在单元格 K3 中,输入字符“星期四”。选择 K3:L3,然后点击“Formatting toolbar”(格式工具栏)上的“Merge and Center”(合并及居中)按钮。
15. 在单元格 M3 中,输入字符“星期五”。选择 M3:N3,然后点击“Formatting toolbar”(格式工具栏)上的“Merge and Center”(合并及居中)按钮。
16. 在单元格 O3 中,输入字符“星期六”。选择 O3:P3,然后点击“Formatting toolbar”(格式工具栏)上的“Merge and Center”(合并及居中)按钮。
17. 在单元格 Q3 中,输入字符“Total Weekly Sales”(一周总销量)。选择 Q3:P3,然后点击“Formatting toolbar”(格式工具栏)上的“Merge and Center”(合并及居中)按钮。

18 选择单元格 C3:R3。点击“Formatting toolbar”(格式工具栏)上的“Bold”(加粗)按钮 **B** 。
19. 在单元格 C4、E4、G4、I4、K4、M4 和 O4 中,输入字符“Units”(单位)。在单元格 Q4 中,输入字符“Total Units”(总单位)。
20. 在单元格 D4、F4、H4、J4、L4、N4 和 P4 中,输入字符“Sales”(销量)。在单元格 R4 中,输入字符“Total Dollar Sales”(总销量)。
21. 选择单元格 C4:R4;点击“Formatting toolbar”(格式工具栏)上的“Center”(居中)按钮 ≣ 和“Bold”(加粗)按钮 **B** 。
22. 设置单元格 A4:R24 的字体大小为 8。
23. 把图 7 中的数据输入到你的周工作表中的 A5:B22。(作为 VLOOKUP 函数使用的数据,你必须保证没有输入错误)

	A	B
3	**计划类型**	
4	服务项目	分类
5	单项	SE
6	5 项	SE
7	10 项	SE
8	15 项	SE
9	20 项	SE
10	一月内不限次	SP
11	月特殊服务	SP
12	忠诚顾客	SP
13	介绍	SP
14	年度登记	SP
15	青铜色 12 盎司洗液	PR
16	金色 12 盎司洗液	PR
17	青铜色 12 盎司油	PR
18	金色 12 盎司油	PR
19	Timeka 古铜日晒提亮 12 盎司洗液	PR
20	Timeka 古铜日晒提亮 16 盎司洗液	PR
21	半年会员	FC
22	年度会员	FC

图 7 A5:B22 的数据

24. 选择单元格 A5:A22。点击“Formatting toolbar”(格式工具栏)上的“Bold”(加粗)按钮 **B**。

25. 选择单元格 B5:B22。点击“Formatting toolbar”(格式工具栏)上的“Center”(居中)按钮 。

26. 保存你的工作。

任务 3:在“Weekly Worksheets”(周工作表单)中输入数据

为了在“Weekly worksheets”(周工作表单)中输入数据,你可以:

1. 取消工作表之间的组合。为了达到这一点,你可以:
   a. 右击“Week 1”(第 1 周)表单的标签。
   b. 选择“Shortcut menu”(快捷菜单)中的“Ungroup Sheets”(取消组合)选项。
2. 如果“Week 1”(第 1 周)的标签没有被选中,可以点击“Week 1”(第 1 周)表单的标签。
3. 输入“Week 1”(第 1 周)表单中的单位销量数据。图 8 给出了“Week 1”(第 1 周)表单的销量数据。

	第 1 周销量						
	周日	周一	周二	周三	周四	周五	周六
服务项目	量	量	量	量	量	量	量
单项	25	25	6	30	10	10	3
5 项	10	10	5	10	9	2	2
10 项	5	5	4	12	4	7	8
15 项	5	5	13	5	5	9	10
20 项	1	1	7	4	6	4	12
一月内不限次	25	25	10	10	5	4	6
月特殊服务	10	10	9	15	10	12	4
忠诚顾客	15	15	6	2	9	2	2
介绍	12	12	14	12	8	5	2
年度登记	10	10	22	6	2	1	4
青铜色 12 盎司洗液	22	22	12	4	4	4	2
金色 12 盎司洗液	10	10	4	3	5	3	5
青铜色 12 盎司油	19	19	2	2	9	2	1
金色 12 盎司油	18	18	2	1	8	7	8
Timeka 古铜日晒提亮 12 盎司洗液	14	14	4	5	7	1	9
Timeka 古铜日晒提亮 16 盎司洗液	2	2	0	5	12	1	0
半年会员	12	12	1	0	2	5	2
年度会员	19	19	2	0	10	2	1

图 8 第 1 周销售量

4. 点击“Week 2”(第 2 周)表单的标签。

5. 输入“Week 2”(第 2 周)表单中的单位销量数据。图 9 给出了“Week 2”(第 2 周)表单的销量数据。

第 2 周销量	周日	周一	周二	周三	周四	周五	周六
服务项目	量	量	量	量	量	量	量
单项	12	1	1	1	5	8	10
5 项	4	5	6	7	8	10	1
10 项	5	1	2	3	4	7	8
15 项	9	1	2	3	1	3	3
20 项	5	1	2	4	7	8	10
一月内不限次	1	10	2	2	2	9	10
月特殊服务	4	7	1	10	15	1	12
忠诚顾客	5	2	3	1	0	4	1
介绍	1	5	4	9	1	0	5
年度登记	1	2	3	8	0	1	2
青铜色 12 盎司洗液	5	7	1	1	2	10	12
金色 12 盎司洗液	5	4	5	6	8	10	1
青铜色 12 盎司油	3	8	9	10	1	1	8
金色 12 盎司油	0	4	5	5	5	6	7
Timeka 古铜日晒提亮 12 盎司洗液	0	5	6	8	7	9	10
Timeka 古铜日晒提亮 16 盎司洗液	5	0	5	6	7	8	10
半年会员	8	4	5	6	6	1	2
年度会员	2	3	1	5	2	0	1

图 9 第 2 周销售量

6. 点击“Week 3”(第 3 周)表单的标签。
7. 输入“Week 3”(第 3 周)表单中的单位销量数据。图 10 给出了“Week 3”(第 3 周)表单的销量数据。

第 3 周销量	周日	周一	周二	周三	周四	周五	周六
服务项目	量	量	量	量	量	量	量
单项	1	1	2	6	10	7	4
5 项	3	2	0	7	2	5	4
10 项	4	2	0	8	1	2	4
15 项	7	2	0	2	2	2	6

（续）

第 3 周销量							
	周日	周一	周二	周三	周四	周五	周六
20 项	2	2	3	2	8	1	2
一月内不限次	2	5	3	1	0	5	5
月特殊服务	0	4	2	0	0	8	2
忠诚顾客	0	3	8	0	9	9	10
介绍	0	1	2	4	1	6	4
年度登记	0	3	2	5	2	2	2
青铜色 12 盎司洗液	1	8	2	6	3	2	3
金色 12 盎司洗液	1	5	4	1	4	2	8
青铜色 12 盎司油	1	2	8	2	2	5	2
金色 12 盎司油	0	2	6	6	9	5	7
Timeka 古铜日晒提亮 12 盎司洗液	0	0	7	4	2	1	2
Timeka 古铜日晒提亮 16 盎司洗液	5	1	2	2	1	1	2
半年会员	1	2	2	8	1	5	2
年度会员	1	2	1	1	1	4	2

图 10 第 3 周销售量

8. 点击“Week 4”(第 4 周)表单的标签。
9. 输入“Week 4”(第 4 周)表单中的单位销量数据。图 11 给出了“Week 4”(第 4 周)表单的销量数据。

第 4 周销量							
	周日	周一	周二	周三	周四	周五	周六
服务项目	量	量	量	量	量	量	量
单项	2	4	2	7	7	1	0
5 项	1	2	2	6	2	2	0
10 项	1	5	2	5	2	1	0
15 项	0	5	5	2	1	2	2
20 项	1	6	2	6	3	1	2
一月内不限次	5	3	2	4	1	1	2
月特殊服务	2	1	2	1	1	1	2
忠诚顾客	2	1	1	1	4	1	1
介绍	2	1	2	1	2	1	1
年度登记	1	1	12	1	1	3	1

（续）

第 4 周销量							
	周日	周一	周二	周三	周四	周五	周六
青铜色 12 盎司洗液	3	1	3	2	1	3	1
金色 12 盎司洗液	3	2	2	3	1	3	4
青铜色 12 盎司油	3	5	3	5	1	1	4
金色 12 盎司油	4	6	2	4	1	2	4
Timeka 古铜日晒提亮 12 盎司洗液	0	0	1	1	1	3	4
Timeka 古铜日晒提亮 16 盎司洗液	0	0	2	1	1	1	6
半年会员	2	3	2	2	1	2	3
年度会员	2	2	3	3	1	0	4

图 11　第 4 周销售量

任务 4：建立"Weekly Worksheets"（周工作表单）的公式

为了建立"Weekly worksheets"（周工作表单）中必要的公式，你可以：

1. 将第 1 周、第 2 周、第 3 周、第 4 周工作表编成一组。
2. 在单元格 D5 中，插入下列公式：=VLOOKUP($A5,pricelist,2,False)*C5（在公式中，注意单元格 $A5 是混合类型的。对单元格 D5，Excel 将使用 A5 中的值查询项目中的价格，在"lookup table"（查询数据表）中的列 2 中）。Execl 将用返回值乘以 C5 中的值。
3. 把 D5 中的公式拷贝到单元格 D6:D22，F5:F22，H5:H22，J5:J22，L5:L22，N5:N22 和 P5:P22 中。
4. 如果必要，将单元格中包含的美元价值转换为具有两位小数的货币格式。
5. 插入下列公式到单元格 Q5：=C5+E5+G5+I5+K5+M5+O5。
6. 将 Q5 中的公式拷贝到单元格 Q6:Q22。
7. 插入下列公式到单元格 R5：=D5+F5+H5+J5+L5+N5+P5。
8. 将 R5 中的公式拷贝到单元格 R6:R22。
9. 将具有两位小数的货币格式应用到单元格 R5:R22。
10. 选中单元格 A23。点击"Bold"（加粗）按钮 **B**，设置字体大小为 8。在单元格 A23 中，输入"总日销量"。
11. 插入一个将对每个项目加总销量的公式。为了加总每个项目的销量，你可以：
    a. 选中 D23。
    b. 点击"Standard toolbar"（标准工具栏）上的"AutoSum"（自动求和）按钮 Σ。
    c. 确保单元格范围是正确的。如果是，按回车键。如果不是，则编辑单元格范围。
    d. 对 F23、H23、J23、L23、N23 和 P23 重复这个步骤。
12. 在单元格 R23 中包含了总数之和。为了对每个项目加总销量，你可以：
    a. 选中 R23。
    b. 点击"Standard toolbar"（标准工具栏）上的"AutoSum"（自动求和）按钮 Σ。

c. 确保单元格范围是正确的。如果是,按回车键。如果不是,则编辑单元格范围。

13. 如果必要,显示销量为数字格式并且不要小数点。
14. 选择单元格 B23:R23。点击"Formatting toolbar"(格式工具栏)上的"Bold"(加粗)按钮 **B** 。设置字体大小为 8。
15. 选择单元格 Q5:R22。设置字体大小为 8。
16. 选择单元格 A22:R22。点击"Formatting toolbar"(格式工具栏)上的"Borders"(边框)按钮 。选择"bottom border"(下框线)选项。
17. 解组工作表。
18. 保存你的工作。

活动 4:总计工作表单的准备工作

总计工作表单汇总了四份周工作表单中的数据。它的准备工作包括排版和设计总计工作表单和建立参照外部表格的公式。

任务 1:排版和设计总计工作表单

为了排版和设计总计工作表单,应当遵循以下步骤:

1. 点击"Summary sheet"(总计表单)。
2. 设行 1 的高度为 30,设行 2 的高度为 20.25,并设行 3 的高度为 26。你可以按以下方法设置行高:

   a. 从位于"Worksheet Menu Bar"(工作表菜单条)的"Format menu"(格式菜单)中,选择"Row"(行)命令;然后选择"Height"(高度)选项。
3. 调整列 A 的宽度为 38。调整列 L 的宽度为 16。你可以按以下方法设置行宽:

   a. 从位于"Worksheet Menu Bar"(工作表菜单条)的"Format menu"(格式菜单)中,选择"Column"(列)命令;然后选择"Width option"(宽度)选项。
4. 在单元格 A1,输入"Timeka's Tanning Salon"。
5. 选择单元格 A1:L1。点击"Formatting toolbar"(格式工具栏)上的"merge" and "Center"(合并及居中)按钮 。设置字体大小为 26。点击"Formatting toolbar"(格式工具栏)上的"Bold"(加粗)按钮 **B** 。
6. 在单元格 A2 中,输入文本"Monthly Sales Summary"(月销量和)(在"Monthly"(月)之前输入当前月的名称。如果你愿意,你可以使用 10 月)。设置字体大小为 16。点击"Formatting toolbar"(格式工具栏)上的"Blod"(加粗)按钮。
7. 选择单元格 A2:L2。点击"Formatting toolbar"(格式菜单栏)上的"merge" and "center"(合并及居中)按钮 。
8. 选择单元格 A1:L3。
9. 从位于"Worksheet Menu Bar"(工作表菜单条)的"Format menu"(格式菜单)中,选择"cells"(单元格)命令。点击"Patterns"(格式)选项卡。选择深蓝项(第 1 行,第 6 列)。见图 6。点击"Font"(字体)选项卡。设置这个范围内的字体颜色为白色。

10. 在单元格 A3 中，输入文本“Plan Type”（计划类型）。在单元格 A4 中，输入文字“Item”（项目）。在单元格 B4 中，输入文字“Category”（类别）。加粗并居中这些文字。
11. 在单元格 C3 中，输入文本“Week 1”（第 1 周）。选择范围 C3:D3，然后点击“Formatting toolbar”（格式工具栏）上的“Merge and Center”（合并及居中）按钮。
12. 在单元格 E3 中，输入文本“Week 2”（第 2 周）。选择单元格 E3:F3，然后点击“Formatting toolbar”（格式工具栏）上的“Merge and Center”（合并及居中）按钮。
13. 在单元格 G3 中，输入文本“Week 3”（第 3 周）。选择单元格 G3:H3，然后点击“Formatting toolbar”（格式工具栏）上的“Merge and Center”（合并及居中）按钮。
14. 在单元格 I3 中，输入文本“Week 4”（第 4 周）。选择单元格 I3:J3，然后点击“Formatting toolbar”（格式工具栏）上的“Merge and Center”（合并及居中）按钮。
15. 在单元格 K3 中，输入文本“Total Weekly Product Sales”（周产品总销量）。选择单元格 K3:L3，然后点击“Formatting toolbar”（格式工具栏）上的“Merge and Center”（合并及居中）按钮。
16. 选择单元格 C3:L3。点击“Formatting toolbar”（格式工具栏）上的“Blod”（加粗）按钮 **B**。
17. 点击“Week 1”（第 1 周）工作表；拷贝单元格 C4:L4。
18. 点击“Summary sheet”（总计工作表）；选择单元格 C4:L4；点击“Formatting toolbar”（格式工具栏）上的“Paste”（粘贴）按钮。
19. 设置单元格 A4 和 B4 的字体大小为 8。
20. 点击“Week 1”（第 1 周）工作表；拷贝单元格 A5:B23。
21. 点击“Summary sheet”（总计工作表）；点击单元格 A5；点击“Formatting toolbar”（格式工具栏）上的“Paste”（粘贴）按钮。
22. 如果必要，选择单元格 B5:B22，然后点击“Formatting toolbar”（格式工具栏）上的“Center”（居中）按钮。
23. 如果必要，选择单元格 A5:L23。设置这个范围内的字条大小为 8。

任务 2：为总结工作表创建公式

为了给总结工作表创建公式，应当遵循以下步骤：

1. 在单元格 C5 中，输入公式 =SUM（Week1！Q5）。复制这个公式到单元格 C6:C22。
   在单元格 D5 中，输入公式 =SUM(Week1！R5)。复制这个公式到单元格 D6:D22。
   在单元格 E5 中，输入公式 =SUM(Week2！Q5)。复制这个公式到单元格 E6:E22。
   在单元格 F5 中，输入公式 =SUM(Week2！R5)。复制这个公式到单元格 F6:F22。
   在单元格 G5 中，输入公式 =SUM(Week3！Q5)。复制这个公式到单元格 G6:G22。
   在单元格 H5 中，输入公式 =SUM(Week3！R5)。复制这个公式到单元格 H6:H22。
   在单元格 I5 中，输入公式 =SUM(Week4！Q5)。复制这个公式到单元格 I6:I22。
   在单元格 J5 中，输入公式 =SUM(Week4！R5)。复制这个公式到单元格 J6:J22。

2. 在单元格 K5 中，插入公式 ＝C5＋E5＋G5＋I5。复制这个公式到单元格 K6：K22(如果必要，将单元格 K5：K22 的格式设置为通用数字格式)。
3. 在单元格 L5 中，插入公式 ＝D5＋F5＋H5＋J5。复制这个公式到单元格 L6：L22。
4. 在单元格 D23 中，插入公式 ＝SUM(D5：D22)。复制这个公式到单元格 F23、H23、J23 和 L23(如果必要，调整列宽使得数字能显示完全)。
5. 加粗单元格 D23：L23 和 L5：L22。应用具有两位小数的货币格式到 D23、F23、H23、J23、L23 和 L5：L22。
6. 选择单元格 A1：L23。点击“Formatting toolbar”(格式工具栏)上的“Outside Borders”(边框)按钮 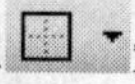 旁的箭头，选择“Outside Borders”(外部框线)选项。(注意：你的按钮可能是不同的外形。如果这样，点击“borders”(边框)按钮，然后选择“Outside Borders”(外部框线)选项)
7. 选择单元格 A3：L3。点击“Formatting toolbar”(格式工具栏)上的“borders”(边框)按钮  旁的箭头，选择“Bottom Border”(下框线)选项。
8. 选择单元格 A22：L22。点击“Formatting toolbar”(格式工具栏)上的“borders”(边框)按钮 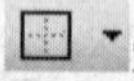 旁的箭头，选择“Bottom Border”(下框线)选项。
9. 选择单元格 A4：L4。点击“Formatting toolbar”(格式工具栏)上的“borders”(边框)按钮 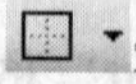 旁的箭头，选择“Bottom Border”(下框线)选项。
10. 选择单元格 K5：K22。点击“Formatting tollbar”(格式工具栏)上的“Bold”(加粗)按钮 **B**。

信息说明准备

在本指南中，你将会使用沙龙工作簿确定最受欢迎的古铜日晒环节和按类划分的总销量。自动筛选和数据透视表工具能满足这些信息方面的要求。你可以用自动筛选去找出最受欢迎的古铜日晒环节，同时用数据透视表得到按类划分的总销量。另外，你应当为古铜日晒产品准备一张饼图，用来对比他们的月销量，确认沙龙位于前两名的销售服务项目以及最不受欢迎的销售服务项目。图表向导可以帮助你准备饼图，自动筛选可以帮助你去找出受欢迎与不受欢迎的服务项目。

任务 1：确定最受欢迎的古铜日晒环节

为了找出最受欢迎的古铜日晒环节，你可以：

1. 点击总计工作表标签。
2. 选择单元格 A4：L22。
3. 从“Data menu”(数据菜单)中选择“Filter”(筛选)命令，然后选“AutoFilter”(自动筛选)命令(字段名字旁的箭头会出现)。
4. 点击“Category”(类别)字段旁边的箭头，见图 12。
5. 因为洛伦佐女士想看最流行的晒黑，点击“Category”(类别)列表中的“SE”选项。列表现在对“SE”选项筛选。图 13 显示了筛选结果(尽管 C 到 K 列在图 13 中被隐藏了,你不需要隐藏你的列)。

6. 从“Data menu”(数据菜单)中选择“Filter”(筛选)命令,然后选择“AutoFilter”(自动筛选)命令(这一步关掉“AutoFilter”(自动筛选))。

	A	B	C	D	E	F	G	H
1	Timeka's Tanning Salon							
2	October Monthly Sales Summary							
3	Plan Type		Week 1		Week 2		Week 3	
4	Item	Categoı	Units	Sales	Units	Sales	Units	Sales
5	1 Session	SE	109	$ 545.00	38	$ 190.00	31	$ 155.00
6	5 Sessions	SE	48	$ 1,200.00	41	$ 1,025.00	23	$ 575.00
7	10 Sessions	SE	45	$ 2,250.00	30	$ 1,500.00	21	$ 1,050.00
8	15 Sessions	SE	52	$ 3,900.00	22	$ 1,650.00	21	$ 1,575.00
9	20 Sessions	SE	35	$ 3,500.00	37	$ 3,700.00	20	$ 2,000.00
10	One Month Unlimited	SP	85	$ 2,975.00	36	$ 1,260.00	21	$ 735.00
11	Monthly Special	SP	70	$ 2,100.00	50	$ 1,500.00	16	$ 480.00
12	Loyal Customer	SP	51	$ 1,529.49	16	$ 479.84	39	$ 1,169.61
13	Referral	SP	65	$ 1,949.35	25	$ 749.75	18	$ 539.82
14	Yearly Enrollment	SP	55	$ 19,250.00	17	$ 5,950.00	16	$ 5,600.00
15	Bronze 12 oz Lotion	PR	70	$ 1,749.30	38	$ 949.62	25	$ 624.75
16	Golden 12 oz Lotion	PR	40	$ 1,119.60	39	$ 1,091.61	25	$ 699.75
17	Bronze 12 oz Oil	PR	54	$ 1,079.46	40	$ 799.60	22	$ 439.78

图 12 自动筛选举例

	A	B	K	L
1	Timeka's Tanning Salon			
2	October Monthly Sales Summary			
3	Plan Type		Total Weekly Product Sales	
4	Item	Categoı	Units	Sales
5	1 Session	SE	201	$ 1,005.00
6	5 Sessions	SE	127	$ 3,175.00
7	10 Sessions	SE	112	$ 5,600.00
8	15 Sessions	SE	112	$ 8,400.00
9	20 Sessions	SE	113	$ 11,300.00

图 13 基于 SE 分类的筛选列表

任务 2:显示按类划分的总销量

为看到按类划分的月总销量,你可以使用数据透视表工具。要准备一张数据透视表,你可以:

1. 在总计工作表中,选择单元格 A4:L22。
2. 从“Data”(数据)菜单中,选择“Pivot Table”(数据透视表)和“Pivot Chart”(数据透视图)选项(“Pivot Table”(数据透视表)和“Pivot Chart”(数据透视图)的向导—3 步骤之 1 对话框出现）。

3. 在 Execl 列表中指出你的数据，并且选上想制作一个“Pivot Table”（数据透视表）（见图 14）。点击“next”（下一步）按钮。

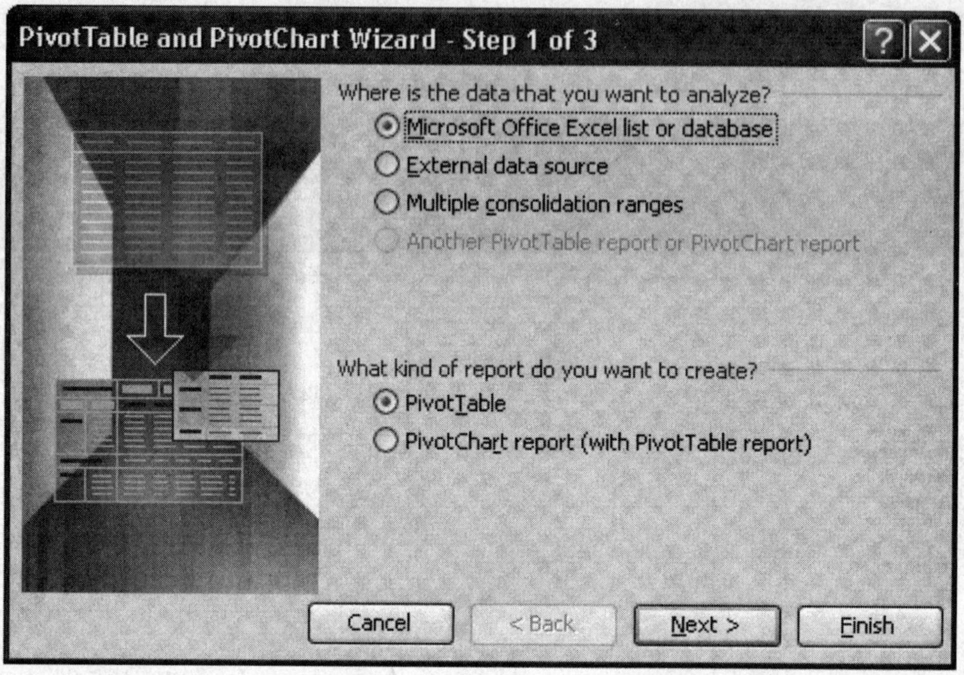

图 14 数据透视表和数据透视图向导——对话框第 1 步

4. 在“Pivot Table”（数据透视表）和“Pivot Chart”（数据透视图）的向导—3 步骤之 2 对话框中，确保范围是＄A＄4:＄L＄22，见图 15。单击“Finish”（完成）按钮。

图 15 数据透视表和数据透视图向导——对话框第 2 步

5. 指出数据透视表的层。图 16 显示数据透视表在屏幕报告层上（记住你也可以用数据透视表向导制作报告）。

6. 从“PivotTable field List”（数据透视表字段列表）把“Category”（类别）拖到“Pivot Table”（数据透视表）中的“将行字段拖到此处”区域。从“PivotTable field List”（数据透视表字段列表）中把“Sales 5”（销量 5）拖到样板中的“Drop Data Items Here”（将数据项拖至此处）区域。你的报告看起来应该和图 17 查不多。在图 17 中，注意字段名“Sals 5”（销量 5）已经改

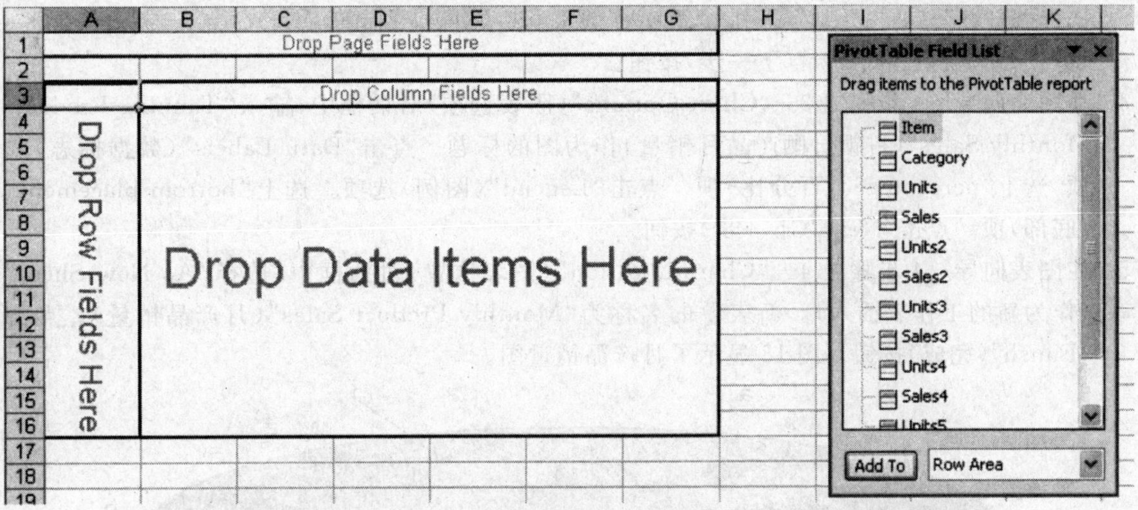

图 16　数据透视表显示报表布局

变为“Total Sales”(总销量),并且总销量的值使用的是具有两位小数的货币格式(下一步解释如何做这些改变)。

3	Total Sales	
4	Category	Total
5	FC	$44,874.04
6	PR	$19,767.28
7	SE	$29,480.00
8	SP	$54,827.65
9	Grand Total	$148,948.97

图 17　数据透视表显示按类别划分的总销量

7. 在“PivotTable”(数据透视表)中,右键单击“Sum of Sales 5”(销量 5 总和)字段名按钮。从“Shortcut menu”(快捷菜单)中选择“field settings”(字段设置)。“PivotTable Field Settings”(数据透视表字段设置)对话框现在被打开。在“Name”(名称)框内,输入“Total Sales”(总销量)。接下来,点击“Number”(数字)按钮,选择“currency format”(货币格式)并且设置小数点位数为 2。点击“OK”(确定);点击“OK”(确定)。
8. 重命名表单标签为“Category Sales”(分类销量)。
9. 保存你的工作。

任务 3:比较古铜日晒产品的月销量

为了准备一张饼图,你可以:

1. 在“Summary sheet”(总计表单)中,选择单元格 A15:A20;按住 CTRL 键的同时,选择单元格 L15:L20。
2. 点击“Strandard toolbar”(标准工具栏)上的“Chart Wizard”(图表向导)按钮。
3. 在图表向导—4 步骤之 1—“Chart Type”(图表类型)对话框中,选择“pie chart”(饼图)项。

选择“3—D visual effect”(三维饼图视觉效果)选项(第 1 排,第 2 列)。点击“Next”(下一步)按钮。再点击“Next”(下一步)按钮。

4. 在图表向导—4 步骤之 3—“Chart Options”(图表选项)对话框中,输入“Tanning Products Monthly Sales”(古铜日晒产品月销量)作为图的标题。点击“Datu Labels”(数据标志)选项,选上“percentage”(百分比)项。点击“Legend”(图例)选项。选上“bottom placement”(底部)项。点击“Next”(下一步)按钮。
5. 在图表向导—4 步骤之 4—“Chart Location”(图表位置)对话框中,选择“As New Sheet”(作为新的工作表插入)。新表单的名称为“Monthly Product Sales”(月产品销量)。点击“Finish”(完成)按钮。图 18 显示了月产品销量图。

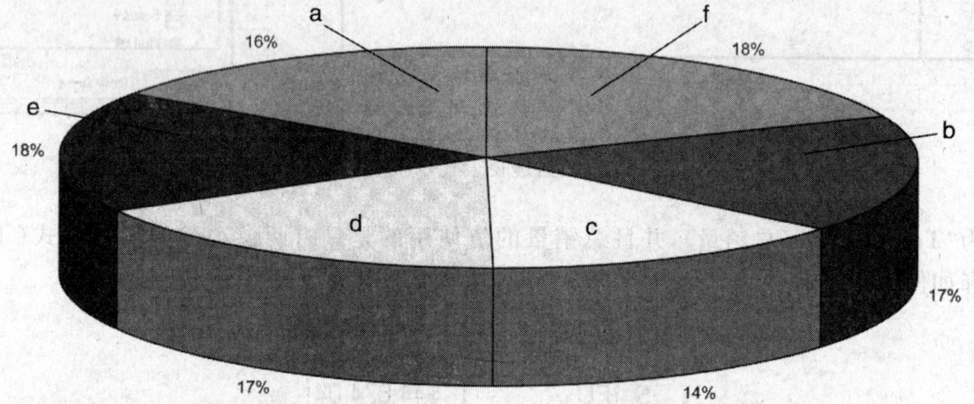

a. Bronze 12 oz Lotion b. Golden 12 oz Lotion c. Bronze 12 oz Oil
d. Golden 12 oz Oil e. Timeka's Tan Enhancer 12 oz Lotion f. Timeka's Tan Enhancer 16 oz Lotion

图 18 月产品销量图

任务 4:确认位于前两名的销售服务项目

为了确认沙龙位于前两名的销售服务项目,你可以利用自动筛选工具实现。为了满足这一信息方面的要求,你可以:

1. 在“Summary sheet”(总计表单)中,选择单元格 A4:L22。从位于“Worksheet Menu Bar”(工作表菜单条)的“Datamenu”(数据菜单)中,选择“Filter”(筛选)命令;选择“Auto Filter”(自动筛选)命令。
2. 在单元格 L4 中,点击“Sales”(销量)旁边的向下箭头,选择(Top 10…)项(见图 19)。“Top 10”(前 10)对话框出现(见图 20)。在中间的对话框,插入数字 2,点击“OK”(确定)按钮。如图 21 所示,“yearly enroument”(年注册)与“yearly fitness membership plans”(年健身会员计划)是前两位销售项目(在图 21 中,C 列到 J 列被隐藏)。
3. 在你准备好答案后,再次点击下拉箭头然后选择所有项。这时所有清单会被显示出来。

任务 5:确认最不受欢迎的销售服务项目

为了找出最不受欢迎的销售服务项目,你可以:

1. 在“Summary sheet”(总计工作表单)中,选择 A4 至 L22 的区域。从位于“Workshet Menu Bar”(工作表菜单条)上的“Data”(数据)目录中选择“Filter”(筛选)功能;选择“AutoFilter”(自动筛选)命令。

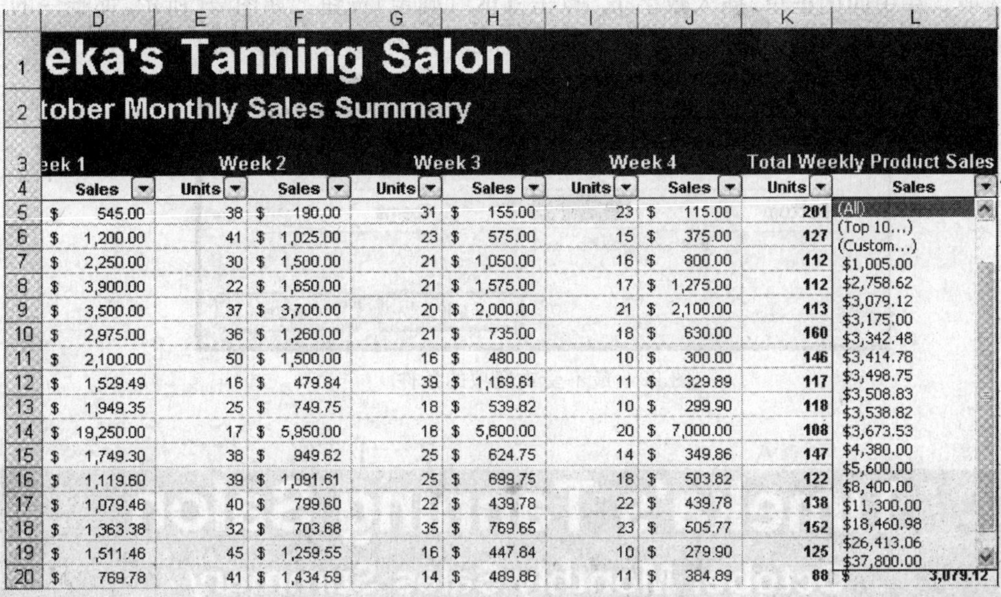

	D	E	F	G	H	I	J	K	L
1	eka's Tanning Salon								
2	tober Monthly Sales Summary								
3	eek 1	Week 2		Week 3		Week 4		Total Weekly Product Sales	
4	Sales	Units	Sales	Units	Sales	Units	Sales	Units	Sales
5	$ 545.00	38	$ 190.00	31	$ 155.00	23	$ 115.00	201	
6	$ 1,200.00	41	$ 1,025.00	23	$ 575.00	15	$ 375.00	127	
7	$ 2,250.00	30	$ 1,500.00	21	$ 1,050.00	16	$ 800.00	112	
8	$ 3,900.00	22	$ 1,650.00	21	$ 1,575.00	17	$ 1,275.00	112	
9	$ 3,500.00	37	$ 3,700.00	20	$ 2,000.00	21	$ 2,100.00	113	
10	$ 2,975.00	36	$ 1,260.00	21	$ 735.00	18	$ 630.00	160	
11	$ 2,100.00	50	$ 1,500.00	16	$ 480.00	10	$ 300.00	146	
12	$ 1,529.49	16	$ 479.84	39	$ 1,169.61	11	$ 329.89	117	
13	$ 1,949.35	25	$ 749.75	18	$ 539.82	10	$ 299.90	118	
14	$ 19,250.00	17	$ 5,950.00	16	$ 5,600.00	20	$ 7,000.00	108	
15	$ 1,749.30	38	$ 949.62	25	$ 624.75	14	$ 349.86	147	
16	$ 1,119.60	39	$ 1,091.61	25	$ 699.75	18	$ 503.82	122	
17	$ 1,079.46	40	$ 799.60	22	$ 439.78	22	$ 439.78	138	
18	$ 1,363.38	32	$ 703.68	35	$ 769.65	23	$ 505.77	152	
19	$ 1,511.46	45	$ 1,259.55	16	$ 447.84	10	$ 279.90	125	
20	$ 769.78	41	$ 1,434.59	14	$ 489.86	11	$ 384.89	88	$ 3,079.12

图 19 自动筛选

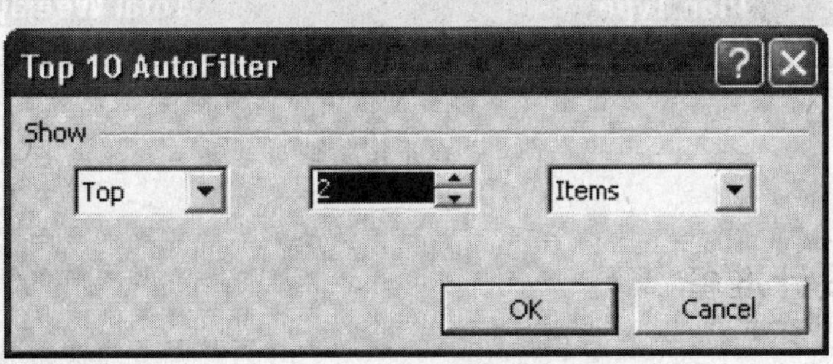

图 20 “前 10 名自动筛选”对话框

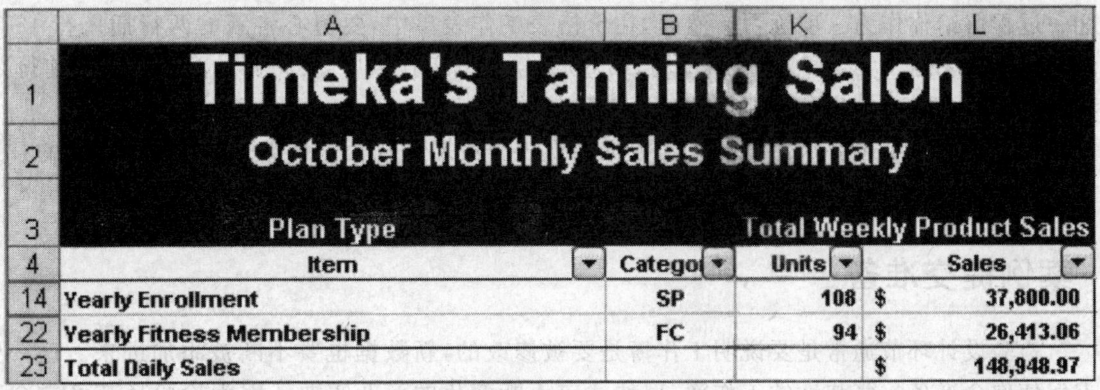

	A	B	K	L
1	Timeka's Tanning Salon			
2	October Monthly Sales Summary			
3	Plan Type		Total Weekly Product Sales	
4	Item	Categoı	Units	Sales
14	Yearly Enrollment	SP	108	$ 37,800.00
22	Yearly Fitness Membership	FC	94	$ 26,413.06
23	Total Daily Sales			$ 148,948.97

图 21 前两名销售服务项目

2. 在 L4 格中，点击在“Sales”(销量)名称前的下箭头。选择“Top 10”(前 10 名)的选项。“Top 10”(前 10 名)对话框就会出现(见图 22)。点击最上面名称旁的箭头，然后选择最底下的选项。在中间的框里，插入数字 1。点击“OK”（确定）按钮。如图 23 所示，那唯一的一项古铜日晒环节即为最不受欢迎的那一项（在图 23 中，列 C 至 J 被隐藏）。

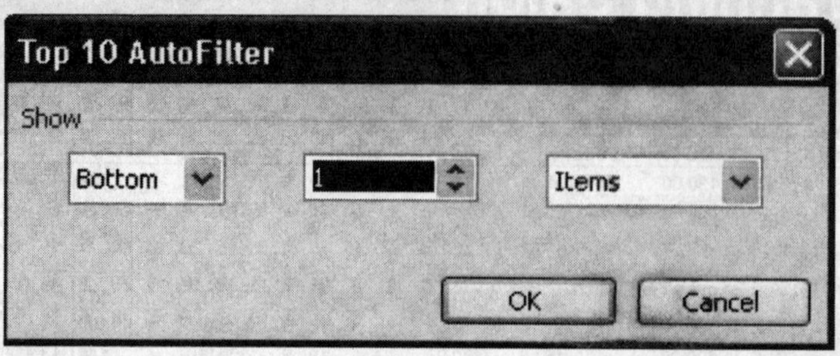

图 22 最不受欢迎项的条件

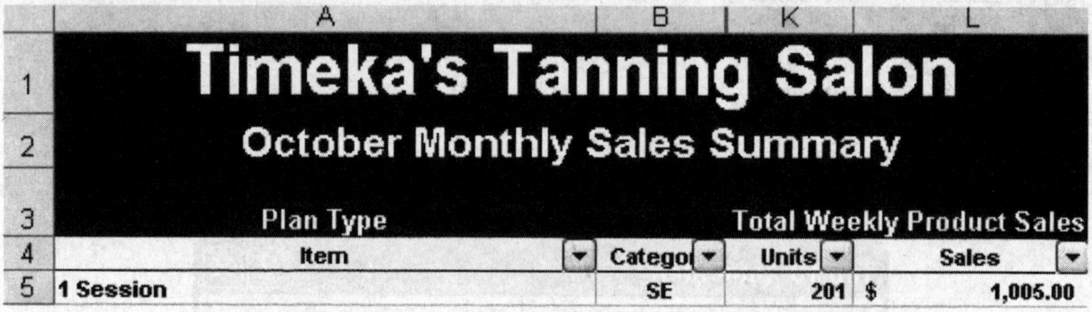

图 23 最不受欢迎项

检验你的设计准备

如同指南中提到的一样，沙龙现在提供两项新款健身礼包。表 1 给出了新款健身礼包的数据。为了将这一新款健身礼包的信息引入，你需要在价格表、总计表、第 1 周、第 2 周、第 3 周、第 4 周工作表中均插入新的两行。鉴于你已经很熟悉插入行和更新公式的工作，这里就把这一过程留给你作为一项练习。然而，在价格表工作表单中，要留心将新的两行插入行 18 和 19 之间。而在总计表、第 1 周、第 2 周、第 3 周、第 4 周工作表中，要将新的两行插入当前行 20 和 21 之间。图 26 给出了更新后的总计工作表单。

检验设计环节也要求你准备一张数据透视表。数据透视表将第 4 周内各服务项目的日销量做了对比。图 27 给出了数据透视表。

案例提交准备

检验设计环节通常是要说明工作簿是要被修改的，新数据也要不断被添加进来。这一要求促使你会准备一张弹性的工作簿，以便适应不断变化的商业需要。因为检验环节经常会改变你新开发的工作簿中的数据，你应该找你的老师予以确认，看他希望你在检验设计完成之前还是之后将为信息说明部分准备的可交付工作打印出来。

Timeka's Tanning Salon Weekly Sales																	
Plan Type		Sunday		Monday		Tuesday		Wednesday		Thursday		Friday		Saturday		Total Weekly Sales	
Item	Category	Units	Sales	Units	Sales	Units	Sales	Units	Sales	Units	Sales	Units	Sales	Units	Sales	Total Units	Total Dollar Sales
1 Session	SE	25	$ 125.00	25	$ 125.00	6	$ 30.00	30	$ 150.00	10	$ 50.00	10	$ 50.00	3	$ 15.00	109	$ 545.00
5 Sessions	SE	10	$ 250.00	10	$ 250.00	5	$ 125.00	10	$ 250.00	9	$ 225.00	2	$ 50.00	2	$ 50.00	48	$ 1,200.00
10 Sessions	SE	5	$ 250.00	5	$ 250.00	4	$ 200.00	12	$ 600.00	4	$ 200.00	7	$ 350.00	8	$ 400.00	45	$ 2,250.00
15 Sessions	SE	5	$ 375.00	5	$ 375.00	13	$ 975.00	5	$ 375.00	5	$ 375.00	9	$ 675.00	10	$ 750.00	52	$ 3,900.00
20 Sessions	SE	1	$ 100.00	1	$ 100.00	7	$ 700.00	4	$ 400.00	6	$ 600.00	4	$ 400.00	12	$ 1,200.00	35	$ 3,500.00
One Month Unlimited	SP	25	$ 875.00	25	$ 875.00	10	$ 350.00	10	$ 350.00	5	$ 175.00	4	$ 140.00	6	$ 210.00	85	$ 2,975.00
Monthly Special	SP	10	$ 300.00	10	$ 300.00	9	$ 270.00	15	$ 450.00	10	$ 300.00	12	$ 360.00	4	$ 120.00	70	$ 2,100.00
Loyal Customer	SP	15	$ 449.85	15	$ 449.85	6	$ 179.94	2	$ 59.98	9	$ 269.91	2	$ 59.98	2	$ 59.98	51	$ 1,529.49
Referral	SP	12	$ 359.88	12	$ 359.88	14	$ 419.86	12	$ 359.88	8	$ 239.92	5	$ 149.95	2	$ 59.98	65	$ 1,949.35
Yearly Enrollment	SP	10	$ 3,500.00	10	$ 3,500.00	22	$ 7,700.00	6	$ 2,100.00	2	$ 700.00	1	$ 350.00	4	$ 1,400.00	55	$ 19,250.00
Bronze 12 oz Lotion	PR	22	$ 549.78	22	$ 549.78	12	$ 299.88	4	$ 99.96	4	$ 99.96	4	$ 99.96	2	$ 49.98	70	$ 1,749.30
Golden 12 oz Lotion	PR	10	$ 279.90	10	$ 279.90	4	$ 111.96	3	$ 83.97	5	$ 139.95	3	$ 83.97	5	$ 139.95	40	$ 1,119.60
Bronze 12 oz Oil	PR	19	$ 379.81	19	$ 379.81	2	$ 39.98	2	$ 39.98	9	$ 179.91	2	$ 39.98	1	$ 19.99	54	$ 1,079.46
Golden 12 oz Oil	PR	18	$ 395.82	18	$ 395.82	2	$ 43.98	1	$ 21.99	8	$ 175.92	7	$ 153.93	8	$ 175.92	62	$ 1,363.38
Timeka's Tan Enhancer 12 oz Lotion	PR	14	$ 391.86	14	$ 391.86	4	$ 111.96	5	$ 139.95	7	$ 195.93	1	$ 27.99	9	$ 251.91	54	$ 1,511.46
Timeka's Tan Enhancer 16 oz Lotion	PR	2	$ 69.98	2	$ 69.98	0	$ -	5	$ 174.95	12	$ 419.88	1	$ 34.99	0	$	22	$ 769.78
6-Month Fitness Membership	FC	12	$ 2,171.88	12	$ 2,171.88	1	$ 180.99	0	$ -	2	$ 361.98	5	$ 904.95	2	$ 361.98	34	$ 6,153.66
Yearly Fitness Membership	FC	19	$ 5,338.81	19	$ 5,338.81	2	$ 561.98	0	$ -	10	$ 2,809.90	2	$ 561.98	1	$ 280.99	53	$ 14,892.47
Total Daily Sales			$ 16,162.57		$ 16,162.57		$ 12,300.53		$ 5,655.66		$ 7,518.26		$ 4,492.68		$ 5,545.68	$	67,837.95

图24 第1周工作表单

Timeka's Tanning Salon

October Monthly Sales Summary

Plan Type		Week 1		Week 2		Week 3		Week 4		Total Weekly Product Sales	
Item	Category	Units	Sales	Units	Sales	Units	Sales	Units	Sales	Units	Sales
1 Session	SE	109	$ 545.00	38	$ 190.00	31	$ 155.00	23	$ 115.00	201	$ 1,005.00
5 Sessions	SE	48	$ 1,200.00	41	$ 1,025.00	23	$ 575.00	15	$ 375.00	127	$ 3,175.00
10 Sessions	SE	45	$ 2,250.00	30	$ 1,500.00	21	$ 1,050.00	16	$ 800.00	112	$ 5,600.00
15 Sessions	SE	52	$ 3,900.00	22	$ 1,650.00	21	$ 1,575.00	17	$ 1,275.00	112	$ 8,400.00
20 Sessions	SE	35	$ 3,500.00	37	$ 3,700.00	20	$ 2,000.00	21	$ 2,100.00	113	$ 11,300.00
One Month Unlimited	SP	85	$ 2,975.00	36	$ 1,260.00	21	$ 735.00	18	$ 630.00	160	$ 5,600.00
Monthly Special	SP	70	$ 2,100.00	50	$ 1,500.00	16	$ 480.00	10	$ 300.00	146	$ 4,380.00
Loyal Customer	SP	51	$ 1,529.49	16	$ 479.84	39	$ 1,169.61	11	$ 329.89	117	$ 3,508.83
Referral	SP	65	$ 1,949.35	25	$ 749.75	18	$ 539.82	10	$ 299.90	118	$ 3,538.82
Yearly Enrollment	SP	55	$ 19,250.00	17	$ 5,950.00	16	$ 5,600.00	20	$ 7,000.00	108	$ 37,800.00
Bronze 12 oz Lotion	PR	70	$ 1,749.30	38	$ 949.62	25	$ 624.75	14	$ 349.86	147	$ 3,673.53
Golden 12 oz Lotion	PR	40	$ 1,119.60	39	$ 1,091.61	25	$ 699.75	18	$ 503.82	122	$ 3,414.78
Bronze 12 oz Oil	PR	54	$ 1,079.46	40	$ 799.60	22	$ 439.78	22	$ 439.78	138	$ 2,758.62
Golden 12 oz Oil	PR	62	$ 1,363.38	32	$ 703.68	35	$ 769.65	23	$ 505.77	152	$ 3,342.48
Timeka's Tan Enhancer 12 oz Lotion	PR	54	$ 1,511.46	45	$ 1,259.55	16	$ 447.84	10	$ 279.90	125	$ 3,498.75
Timeka's Tan Enhancer 16 oz Lotion	PR	22	$ 769.78	41	$ 1,434.59	14	$ 489.86	11	$ 384.89	88	$ 3,079.12
6-Month Fitness Membership	FC	34	$ 6,153.66	32	$ 5,791.68	21	$ 3,800.79	15	$ 2,714.85	102	$ 18,460.98
Yearly Fitness Membership	FC	53	$ 14,892.47	14	$ 3,933.86	12	$ 3,371.88	15	$ 4,214.85	94	$ 26,413.06
Total Daily Sales			$ 67,837.95		$ 33,968.78		$ 24,523.73		$ 22,618.51		$ 148,948.97

图25 总计工作表单

Timeka's Tanning Salon

October Monthly Sales Summary

Plan Type		Week 1		Week 2		Week 3		Week 4		Total Weekly Product Sales	
Item	Category	Units	Sales	Units	Sales	Units	Sales	Units	Sales	Units	Sales
1 Session	SE	109	$ 545.00	38	$ 190.00	31	$ 155.00	23	$ 115.00	201	$ 1,005.00
5 Sessions	SE	48	$ 1,200.00	41	$ 1,025.00	23	$ 575.00	15	$ 375.00	127	$ 3,175.00
10 Sessions	SE	45	$ 2,250.00	30	$ 1,500.00	21	$ 1,050.00	16	$ 800.00	112	$ 5,600.00
15 Sessions	SE	52	$ 3,900.00	22	$ 1,650.00	21	$ 1,575.00	17	$ 1,275.00	112	$ 8,400.00
20 Sessions	SE	35	$ 3,500.00	37	$ 3,700.00	20	$ 2,000.00	21	$ 2,100.00	113	$ 11,300.00
One Month Unlimited	SP	85	$ 2,975.00	36	$ 1,260.00	21	$ 735.00	18	$ 630.00	160	$ 5,600.00
Monthly Special	SP	70	$ 2,100.00	50	$ 1,500.00	16	$ 480.00	10	$ 300.00	146	$ 4,380.00
Loyal Customer	SP	51	$ 1,529.49	16	$ 479.84	39	$ 1,169.61	11	$ 329.89	117	$ 3,508.83
Referral	SP	65	$ 1,949.35	25	$ 749.75	18	$ 539.82	10	$ 299.90	118	$ 3,538.82
Yearly Enrollment	SP	55	$ 19,250.00	17	$ 5,950.00	16	$ 5,600.00	20	$ 7,000.00	108	$ 37,800.00
Bronze 12 oz Lotion	PR	70	$ 1,749.30	38	$ 949.62	25	$ 624.75	14	$ 349.86	147	$ 3,673.53
Golden 12 oz Lotion	PR	40	$ 1,119.60	39	$ 1,091.61	25	$ 699.75	18	$ 503.82	122	$ 3,414.78
Bronze 12 oz Oil	PR	54	$ 1,079.46	40	$ 799.60	22	$ 439.78	22	$ 439.78	138	$ 2,758.62
Golden 12 oz Oil	PR	62	$ 1,363.38	32	$ 703.68	35	$ 769.65	23	$ 505.77	152	$ 3,342.48
Timeka's Tan Enhancer 12 oz Lotion	PR	54	$ 1,511.46	45	$ 1,259.55	16	$ 447.84	10	$ 279.90	125	$ 3,498.75
Timeka's Tan Enhancer 16 oz Lotion	PR	22	$ 769.78	41	$ 1,434.59	14	$ 489.86	11	$ 384.89	88	$ 3,079.12
One-Month Fitness Membership	FC	25	$ 899.75	25	$ 899.75	25	$ 899.75	25	$ 899.75	100	$ 3,599.00
Three-Month Fitness Membership	FC	17	$ 1,138.83	17	$ 1,138.83	17	$ 1,138.83	17	$ 1,138.83	68	$ 4,555.32
6-Month Fitness Membership	FC	34	$ 6,153.66	32	$ 5,791.68	21	$ 3,800.79	15	$ 2,714.85	102	$ 18,460.98
Yearly Fitness Membership	FC	53	$ 14,892.47	14	$ 3,933.86	12	$ 3,371.88	15	$ 4,214.85	94	$ 26,413.06
Total Daily Sales			$ 69,876.53		$ 36,007.36		$ 26,562.31		$ 24,657.09		$ 157,103.29

图26 更新了的总计工作表单

	A	B
1	Category	SE
2		
3	Sum of Units4	
4	Item	Total
5	1 Session	23
6	10 Sessions	16
7	15 Sessions	17
8	20 Sessions	21
9	5 Sessions	15
10	Grand Total	92

图 27 第 4 周日销量对比

4.2 数据库指南

Timeka 古铜日晒沙龙

指南介绍

Timeka 古铜日晒沙龙的案例是针对由 Prentice Hall 出版的《管理信息系统案例——应用软件辅助决策》(第 3 版)而配套设计的。这部指南是数据库开发的复习工具，面向的是对数据库及其专有名词、Microsoft Access 有基本了解和认识的人们。

该指南分为两部分。第一部分介绍了背景、情景、存储说明、输入说明、信息说明、检验设计及可交付使用等方面的内容。第二部分为你在这一基础上做相关的准备。由于第一部分介绍了案例的主要特征，并且为所要求的数据库设计工作订立了步骤，你应当在着手进入第二部分之前先阅读第一部分。在第二部分，你将会设计并且建立一个满足指南信息要求的数据库。

第一部分 设置场景

背景指南

Timeka Lorenzo 经营并掌控着坐落于加州旧金山的 Timeka 古铜日晒沙龙。这家古铜日晒沙龙已经开业很多年了，客户群还在不停地增长。古铜日晒沙龙为顾客提供了最新的古铜日晒床、古铜日晒色产品以及健身中心等等。

由于沙龙的业绩是人工记录的，Lorenzo 女士每周要花大把的时间在更新客户信息记录上。她逐渐意识到把沙龙的纸质记录转成电子记录形式的必要性。Lorenzo 女士雇用你来为她设计一款能查询沙龙客户的数据库。起初，该数据库要查找沙龙的客户、会员计划以及客户登记情况。到后来，沙龙的古铜日晒产品将会被添加进数据库中。为了准备这一指南，你需要设计 3 张表格、3 种表单、3 种查询和一份报告。

情景指南

四年前，Timeka Lorenzo 在旧金山开设了这家 Timeka 古铜日晒沙龙。虽然生意很好，但这家沙龙却存在很多问题。由于客户记录经常丢失、出错或错放，导致客户抱怨不断增加。另外，Lorenzo 女士没有有效的办法来确定哪个企划案对她的顾客最具吸引力。Lorenzo 女士决定是时候修正这些失误了，于是她向你求助。

当一个客户在沙龙注册登记后，一张客户登记卡也即刻完成。这张客户登记卡包含有客户的姓名、住址、电话号码、计划类型、登记日期及光临情况。图 1 给出了当前使用的客户登记卡。当一个客户消费一项新的服务环节，开始一项特殊计划或这张卡已写满时，就可启用一张新卡，这张新卡会钉在旧卡的上面。

目前，所有过去和现在正在使用的客户登记卡都保存在前台下的塑料桶里。当一个客户光临这家沙龙时，他的卡片就会从一个桶里被拉出来，工作人员会在卡上登记他的到来记录，然后这张卡就会被再次放回桶里。这种手工记录的过程经常会导致错放卡片和登记失误等问题。

Timeka 古铜日晒沙龙 客户登记			
客户姓名： 客户住址：			
电话号码：			
计划类型： 登记日期：			
光临登记			

图 1　当前使用的客户登记卡

Lorenzo 女士需要一个可以查询沙龙客户的数据库。确切地说，Lorenzo 女士希望该数据库能跟踪沙龙的客户、服务项目以及登记记录情况（本指南中不要求你查询客人的到来情况）。为了根据 Lorenzo 女士的要求建立这样一个数据库，你要设计客户、服务项目和登记表格，设计客户、服务项目和登记表单，并构造名为 qrySingleSession，qrylnactive 和 qryNewEnrollment 的查询，最后准备一个客户列表报告。

存储说明

在与 Lorenzo 女士见过几次面后，你意识到沙龙的数据库需要客户、服务项目和登记表格。客户表格存储了客户编号、姓名、电话号码、住址、城市、所在州以及邮编，客户编号将是主关键字。表 1 给出了客户表的结构。

表 1 客户表结构

字段名	数据类型	字段描述	字段大小	备注
CustomerID	自动编号型	作为主关键字	长整型	必填项
LastName	文本型		50	
FirstName	文本型		25	
PhoneNumber	文本型		10	使用输入掩码
SAddress	文本型		30	
City	文本型		30	默认值为旧金山
State	文本型		2	默认值为加州
ZipCode	文本型		10	

服务项目表格存储了沙龙的服务环节、特别服务以及健身会员的情况。服务项目表格存储了每一项的编号、具体描述以及价格。每一服务项目的编号是主关键字。表 2 给出了服务项目表格的结构。在表 2 中，名称 IType 用来指定项目的编号。Lorenzo 女士要求你用字段名 IType。

表 2 服务项目表结构

字段名	数据类型	字段描述	字段大小	备注
IType	文本型	作为主关键字	5	必填项
Description	文本型		50	
Price	货币型			

登记表存储了每位客户的当前登记信息。对每一次登记来说，表格存储的是登记编号、客户编号、服务项目编号以及登记日期。虽然顾客编号和服务项目编号可以作为组合关键字，但你发现这种组合仍然有不唯一的情况发生，所以你决定使用登记编号是必要的。登记编号作为了它的主关键字。由于客户编号存储在客户表中，你需要用查询向导来为登记表创建 CID 字段。同样地，服务项目编号存储在服务项目表中，因此查询向导可以在服务项目表中创建服务项目编号字段。表 3 给出了登记表的结构。

表 3 登记表结构

字段名	数据类型	字段描述	字段大小	备注
ENID	自动编号型	作为主关键字	长整型	必填项
CID	数值型		长整型	必填项，使用查找向导
IType	文本型		5	使用查找向导
EDate	日期型			使用短日期格式

当你研究这 3 个表结构的时候，你发现有必要建立两种关系。客户和服务项目表之间以

及服务项目和登记表之间的关系是必要的。客户和登记表之间的关系应当加强参照完整性，允许一连串更新和删除的情况。服务项目和登记表之间的关系应当加强参照完整性，并允许一连串更新的发生。

输入说明

Lorenzo 女士要求你创建客户、服务项目和登记表单。她要用客户表单来登记新客户并保持已有客户的数据。如图 2 所示，客户表单使得 Lorenzo 女士能够捕捉到客户的姓名、住址和电话号码。Lorenzo 女士希望系统能自动给客户分配一个编号。

在这里插图

Timeka 的古铜日晒沙龙

客户表单

在这里插图

客户认证码：
客户的姓：
客户的名：
客户电话：
街道地址：
城市：
州：

图 2　客户表单草图

Lorenzo 女士将使用服务项目表单来保存沙龙服务项目的数据。随后，她将会在表格中添加沙龙的古铜日晒产品。如图 3 所示，服务项目表单捕捉到的是服务项目的编号、描述和价格。

在这里插图

Timeka 的古铜日晒沙龙

项目表单

在这里插图

项目编号：　项目描述：　价格：

图 3　服务项目表单草图

当一个客户消费其中一种服务环节，特别服务或健身计划时，Lorenzo 女士将用登记表单来了解登记情况。登记情况包括有登记编号、客户编号、服务项目的编号和登记日期，登记编号是系统自动生成的。图 4 给出了登记表单的草图。

在这里 插图	**Timeka 的古铜日晒沙龙** **登记表单**	在这里 插图
登记编号：	项目编号：	
客户认证码：	登记日期：	

图 4 登记表单草图

为了能够快速生成这些表单，你决定用窗体向导来生成初始表单。然后在设计视图里修改这些表单。一旦 Lorenzo 女士审阅这些表单，你需要完成她要求对这些表单进行的的任何设计改动。

信息说明

为了能对客户了解更多，Lorenzo 女士想让你准备一份客户列表报告。这份客户列表报告提供给了 Lorenzo 女士有关客户的姓名、住址和电话号码。Lorenzo 女士将会用这一信息联系她的客户们，并鉴于他们对沙龙的忠诚度予以特别折扣。

另外，Lorenzo 女士想知道以下问题的答案。请给出 Lorenzo 女士想知道的信息。

1. 最受欢迎环节是什么？
2. 沙龙的哪些客户目前没有登记？
3. 哪些客户是在 2006 年 1 月 18 日登记的？

设计测试

在沙龙数据库制作完成之后，你应该检验你的设计。对这一沙龙数据库做以下修改。

1. Lorenzo 女士希望将以下健身计划添加进服务项目表格中。

项目类型编号	详述	价格(美元)
FC001	月度健身会员	35.99
FC002	3 个月健身会员	66.99
FC003	半年度健身会员	180.99
FC004	年度健身会员	280.99

2. 在登记表格中输入下面的客户登记情况。

客户认证码	项目类型编号	登记日期
10	FC004	2/1/2006
2	FC003	2/1/2006
6	FC001	2/1/2006

指南提交

为了圆满地完成这个指南，你应当依照指南中的要求建立沙龙数据库，并且同时准备书面和口头的说明。除非另有说明，你要将以下可交付内容提交给你的老师。

1. 提交一份书面报告说明你在指南中使用的假设和指南的关键因素。另外，你在数据库中加入了哪些特性使得它具有更多功能？用户界面更友好？（请注意，这些假设不能违背以上任何要求，并且要得到老师的允许）
2. 每一份表单的打印版。
3. 每一份报告的打印版。
4. 一项该数据库的电子拷贝，它必须满足情景以及说明中提到的要求。
5. 上文中提到的每一个问题的结论（应当提供你与老师讨论这些结论的备忘录）。
6. 如前所述，你应当准备一份口头陈述（你的老师会给你分配这部分时间）。你应该使用报告制作软件并讨论数据库中的关键特性。同时，讨论数据库是如何惠及 Lorenzo 女士的。你建议这个数据库应该做何改动？有哪些附加数据应当被存入数据库中？

第二部分 工作簿准备

设计准备

如果你还没有这样做，请翻阅本指南的第一部分。

为了满足 Lorenzo 女士的设计说明，你将开发一个包含客户、服务项目和登记表格的数据库；客户、服务项目和登记表单；以及单个环节、未登记和已登记查询，还有一张客户列表报告。另外，你必须建立客户和登记表格之间以及服务项目和登记表格之间的关系。

沙龙数据库的准备工作分为 4 个主要活动。这些活动包括设计表格、创建表单、创建查询和创建报告。每一活动的描述如下。

活动 1：创建数据库和表格设计

活动 1 包括了 5 个子任务。第一个任务是创建沙龙数据库。第二个任务是设计客户表格。第三个任务是创建服务项目表格。第四个任务是设计登记表格。第五个任务是创建必要的关系（切记要定时保存你的工作）。

任务 1：创建数据库

为了创建沙龙的数据库，实施以下步骤：

1. 打开 Microsoft Access。
2. 单击“New file task”（任务窗格上新建文件）的“Blank Database”（空白数据库）按钮。
3. 在新数据库的对话框中输入“Salon”（沙龙），然后点击“Create”（创建）按钮。

任务 2：创建客户表格

为了创建客户表格，实施以下步骤：

1. 在数据库窗口下，在“Object bar”（对象栏）上单击“Table”（表）按钮 

。
2. 双击“Design View”（设计视图）上的快捷键创建表，“Design View”（设计视图）打开。
3. 在第一行的空白“Field Name”（字段名称）栏输入“CID”作为字段名，点击制表键。
4. 在“Data Type”（数据类型）栏，点击下拉箭头，如图 5 中所示，选择“AutoNumber”（自动编号）。
5. 在说明栏，输入“Serve as primary key”（作为主关键字）。
6. 点击“Primary Key”（主关键字）按钮 ，位于“Table Design toolbar”（表设计工具栏）上。
7. 点击“Table Design toolbar”（表设计工具栏）上的“Save”（保存）按钮 。在提示栏中输入“tblCustomer”作为表名。点击“OK”（确定）按钮。
8. 在“Field Name”（字段名称）栏，点击 CID 字段名下面的空白栏，输入“LastName”作为新的字段名。

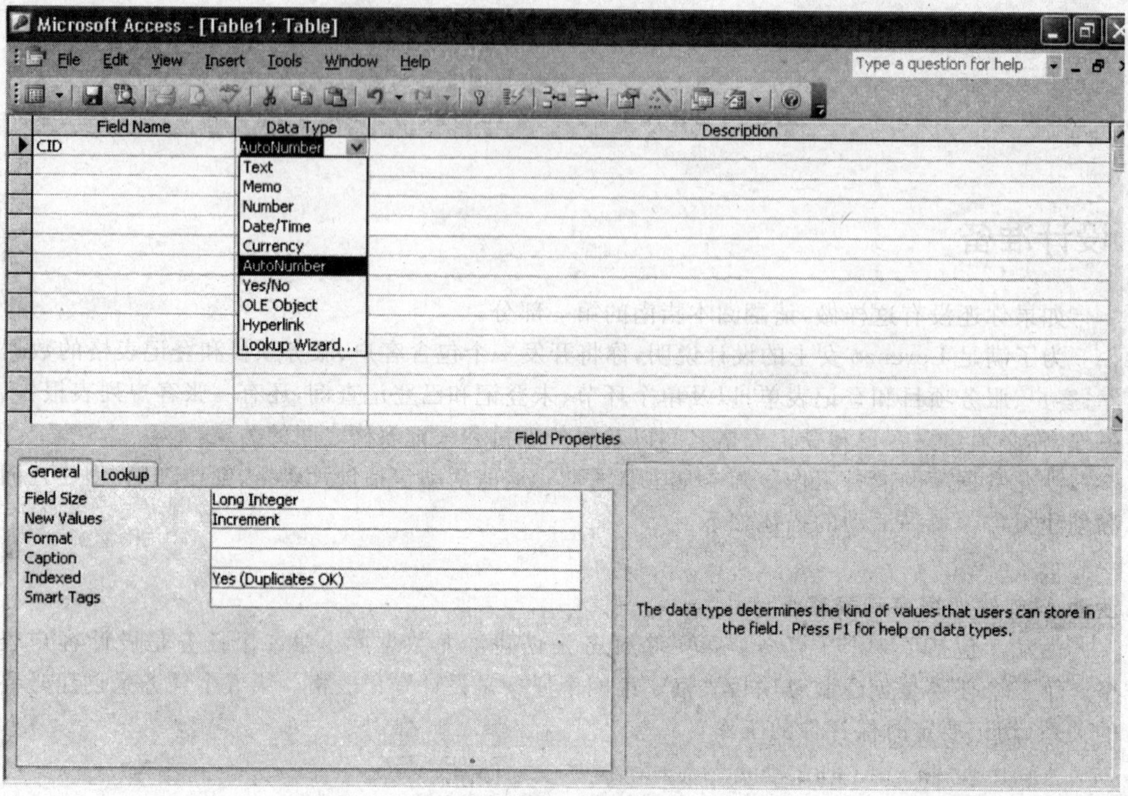

图 5 客户表设计视图

9. 在“Field Name”(字段名称)栏,点击 LastName 字段名下面的空白栏,输入“FirstName”作为新的字段名。
10. 按下 F6 键,在“field Size”(字段大小)框中输入“25”。
11. 按下 F6 键。
12. 在“Field Name”(字段名称)栏,点击 FirstName 字段名下面的空白栏,输入“PhoneNumber”作为新的字段名,并按下 F6 键。
13. 在字段大小框中输入“10”。
14. 移动鼠标到“Input Mask”(输入掩码)框,输入“000\-0000;0;_”(掩码中不包括引号及句号)。
15. 按下 F6 键。移动鼠标到下一个空白的“Field Name”(字段名称)栏,输入“SAddress”作为新的字段名。按下 F6 键,并设置字段大小为 30。
16. 按下 F6 键。移动鼠标到下一个空白的“Field Name”(字段名称)栏,输入“City”作为新的字段名。按下 F6 键,并设置字段大小为 30。
17. 移动鼠标到“Default Value”(默认值)框,输入“San Francisco”。按下 F6 键。
18. 移动鼠标到下一个空白的“Field Name”(字段名称)栏,输入“State”作为新的字段名。按下 F6 键,并设置字段大小为 2。
19. 移动鼠标到“Default Value”(默认值)框,输入“CA”。按下 F6 键。
20. 移动鼠标到下一个空白的“Field Name”(字段名称)栏,输入“ZipCode”作为新的字段名。

按下 F6 键，并设置字段大小为 5。

21. 移动鼠标到“Input Mask”(输入掩码)框，点击“Input Mask”(输入掩码)框右侧的“Build”(建立)按钮。如果有提示需要保存表，则保存表。
22. 随后“Input Mask Wizard”(输入掩码向导)弹出，如图 6，选择“Zip Code”(邮政编码)“input mask”(输入掩码)，点击“Finish”(完成)按钮。
23. 点击“Table Design toolbar”(表设计工具栏)上的“Save”(保存)按钮。
24. 关闭“Design View”(设计视图)窗口。现在您重新回到“database”(数据库)窗口。

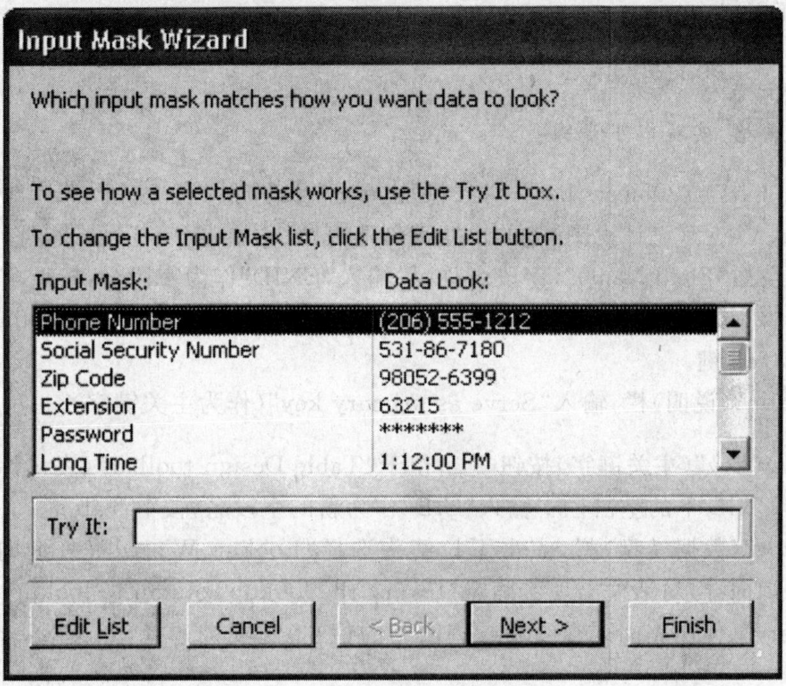

图 6 “输入掩码向导”对话框

任务 3：创建服务项目表格

为了创建服务项目表格，实施以下步骤：

1. 在数据库窗口下，在“Object bar”(对象栏)上单击“Tables”(表)按钮 Tables 。
2. 双击“Design View”(设计视图)上的快捷键创建表，“Design View”(设计视图)打开。
3. 在第一行的空白“Field Name”(字段名称)栏输入“IType”作为字段名。
4. 在说明栏，输入“Serve as primary key”(作为主关键字)。
5. 按下 F6 键，设置字段大小为 5。
6. 按下 F6 键，点击“Primary key”(主关键字)按钮，位于“Table Design”(表设计工具栏)上。
7. 点击“Table Design toolbar”(表设计工具栏)上的“Save”(保存)按钮。在提示栏中输入“tblltem”作为表名，点击“OK”(确定)按钮。

8. 在“Field Name”(字段名称)栏，点击 Itype 字段名下面的空白栏，输入“Description”作为新的字段名。
9. 在“Field Name”(字段名称)栏，点击 Description 字段名下面的空白栏，输入“Price”作为新的字段名。在“Data Type”(数据类型)栏，点击下拉箭头，如图 5 中所示，选择“Currency”(货币型)。
10. 按下 F6 键，然后选择小数点数位为 2。
11. 点击“Table Design toolbar”(表设计工具栏)上的“Save”(保存)按钮 。
12. 退出数据库窗口。

任务 4：创建登记表格

为了创建登记表格，实施以下步骤：

1. 在数据库窗口下，在“Objects bar”(对象栏)上单击“Tables”(表)按钮 Tables 。
2. 双击“Design View”(设计视图)上的快捷键创建表，“Design View”(设计视图)打开。
3. 在第一行的空白“Field Name”(字段名称)栏输入“ENID”作为字段名，按下 Tab 键。
4. 在“Data Type”(数据类型)栏，点击下拉箭头，如图 5 中所示，选择“AutoNumber”(自动编号型)，按下 Tab 键。
5. 在“Description”(说明)栏，输入“Serve as primary key”(作为主关键字)。
6. 点击“Primary key”(主关键字)按钮 ，位于“Table Design toolbar”(表设计工具栏)上。
7. 在字段名称 ENID 下的空白栏中输入“CID”作为新的字段名，按下 Tab 键。
8. 在“Data Type”(数据类型)栏，点击下拉箭头选择“Lookup Wizard”(查询向导)，“Lookup Wizard”(查询向导)对话框出现。确定“I want the lookup column to lookup the values in a table or query”(使用查阅列查阅表或查阅中的值)备选项被选择，点击“Next”(下一步)按钮，如图 7。
9. “Lookup Wizard”(查询向导)提示，指定 tblCustomer 提供为探查指令的数据，点击“Next”(下一步)按钮，如图 8。
10. “Lookup Wizard”(查询向导)提示，指定 CID、LastName 和 FirstName 字段为你想要列入查阅列中的数据，点击“Next”(下一步)按钮。点击“Next”(下一步)按钮，如图 9。
11. “Lookup Wizard”(查询向导)提示，取消“Hide”(隐藏)键选项，点击“Next”(下一步)，如图 10。
12. “Lookup Wizard”(查询向导)提示，确认 CID 字段包括你想要存储在数据库的值。如图 11，点击“Next”(下一步)。
13. “Lookup Wizard”(查询向导)提示你指定标签名称，输入“CID”(CID 是默认的标签名称，如果不是，则将其改成 CID)。点击“finish”(完成)按钮。
14. 以“tblEnrollment”保存表。
15. 在下面空白的字段名称栏内输入“IType”。在“data type”(数据类型)中选择“Lookup Wizard”(查询向导)。你下面将遵照设置 CID 字段的步骤完成设置。
16. “Lookup Wizard”(查询向导)提示，确保你要查询的值在表内。

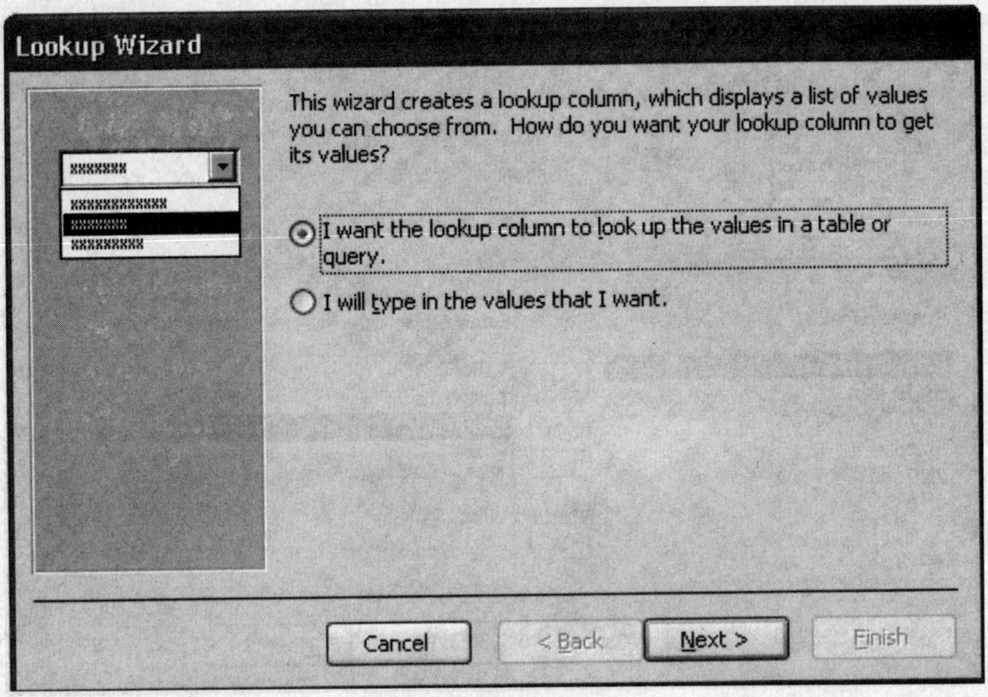

图 7 “查询向导”对话框 1

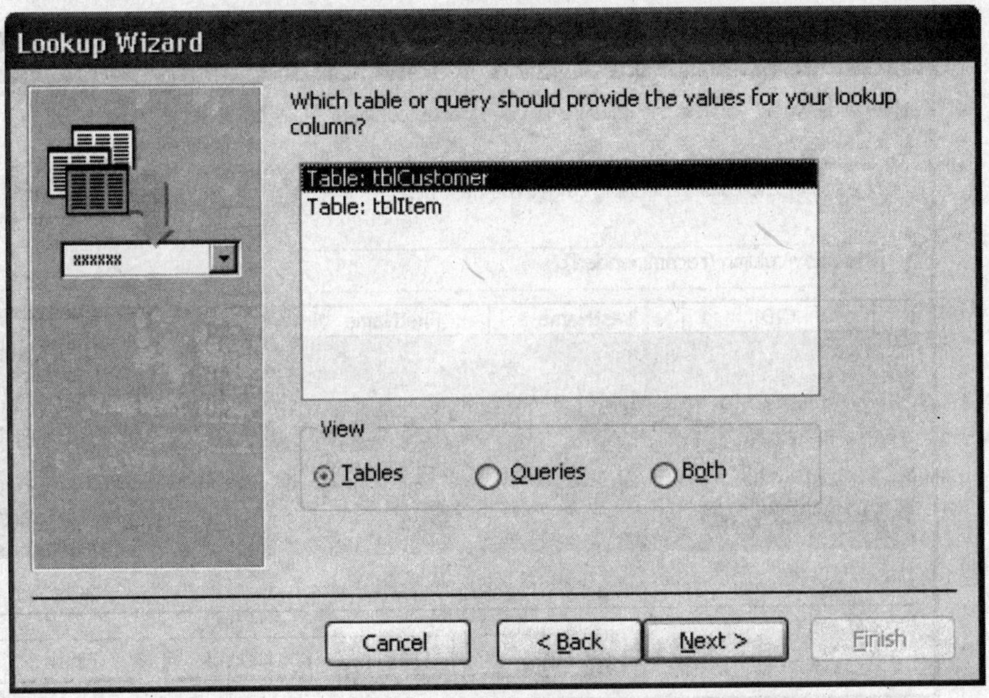

图 8 “查询向导”对话框 2

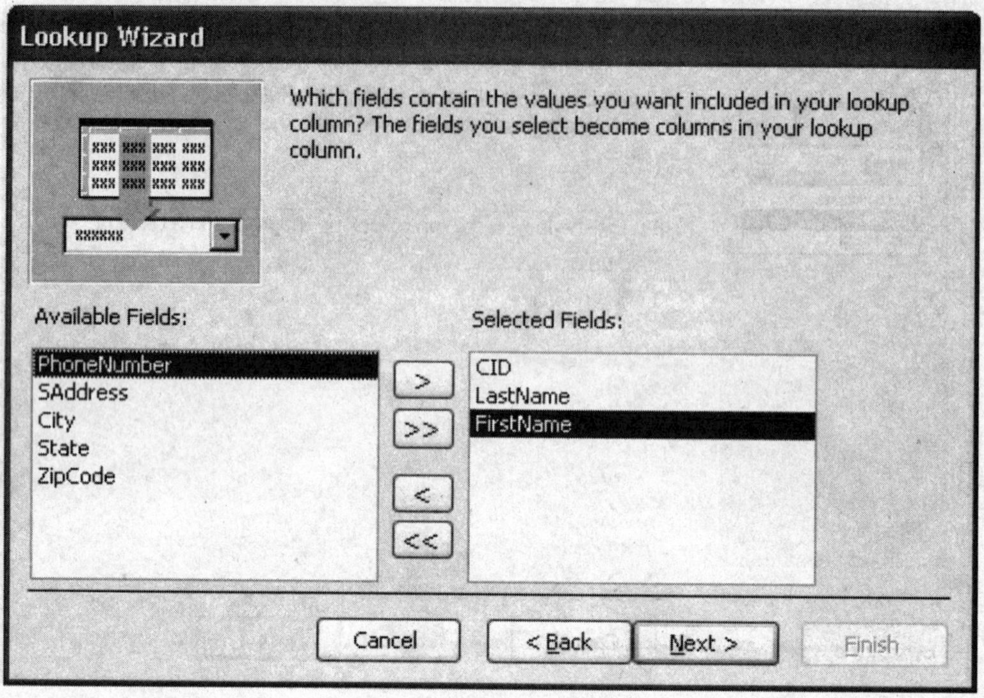

图 9 “查询向导”对话框 3

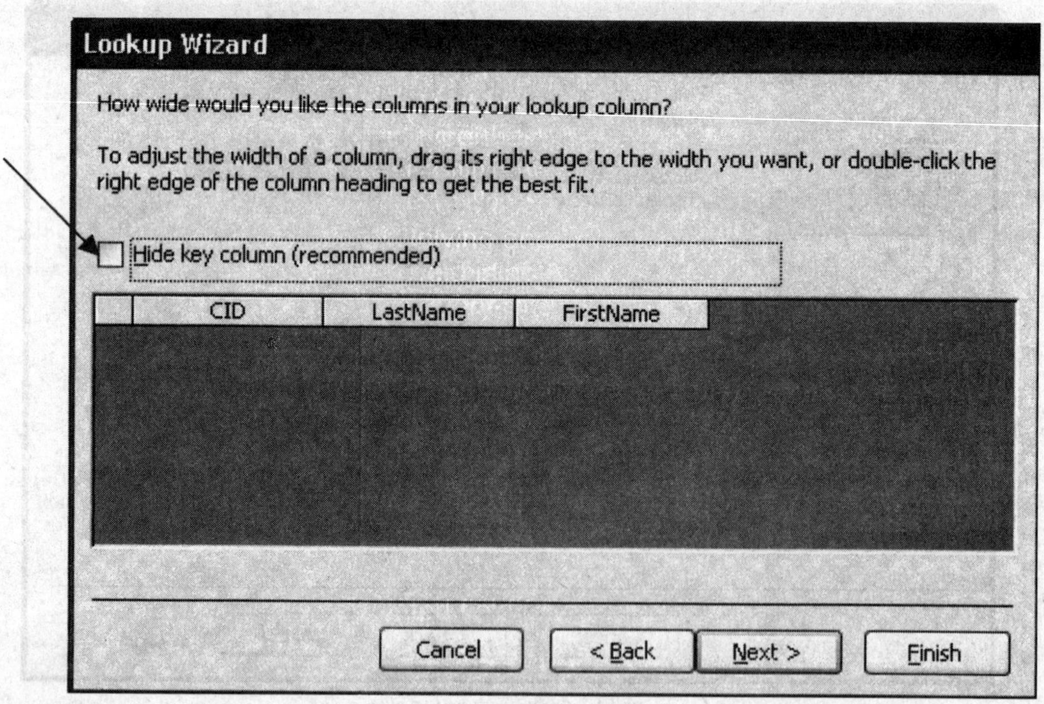

图 10 “查询向导”对话框 4

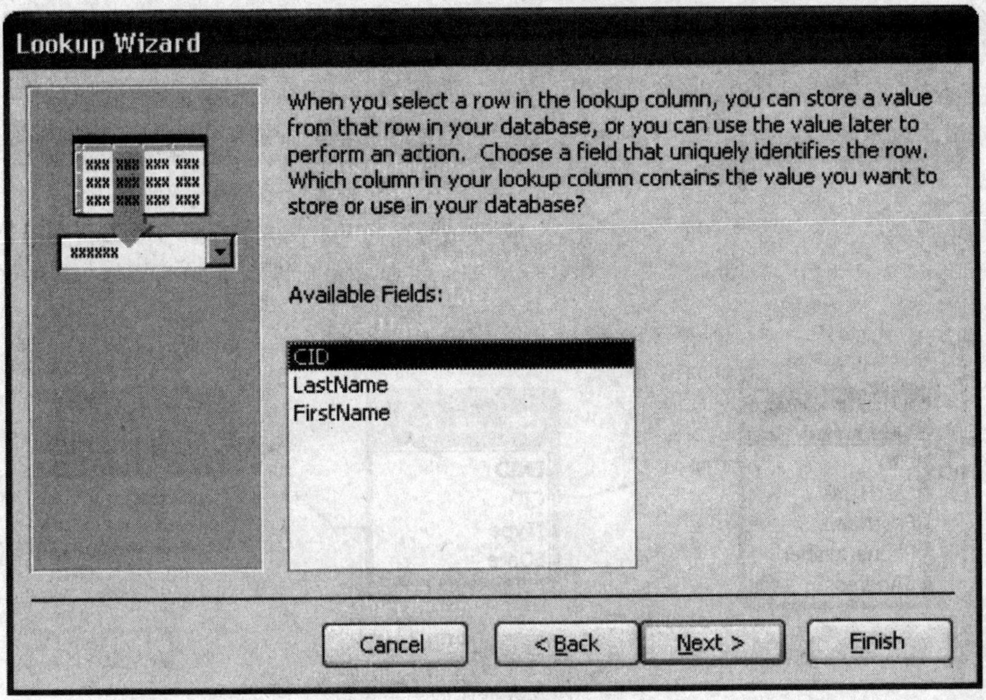

图 11 “查询向导”对话框 5

17. “Lookup Wizard”(查询向导)提示,确认表 tblItem 提供数据。
18. “Lookup Wizard”(查询向导)提示,确认 IType 和 IDescription 字段包含你想要列入查阅列中的数据;不要隐藏主关键字栏。
19. “Lookup Wizard”(查询向导)提示,确认 IType 字段包括你想要存储在数据库的值,并将该栏命名为“IType”。
20. 接受提示并保存表。
21. 在字段名称栏的空白栏中输入“EDate”作为新的字段名,将数据类型设置为“Date/Time”(日期/时间)类型。
22. 按下 F6 键,设置成“Short Date”(短日期)类型。
23. 点击“Table Design toolbar”(表设计工具栏)上的“Save”(保存)按钮。

任务 5:创建关系

1. 在数据库窗口下,点击位于“Database toolbar”(数据库工具栏)的“Relationships”(关系)按钮。关系窗口打开,如图 12 所示。
2. 双击连接 tblCustomer 和 tblEnrollment 表的连线。弹出“Edit Relationships”(编辑关系)对话框。
3. 点选“Enforce Referential Integrity”(实施参照完整性),“Cascade Update Related Fields”(级联更新相关字段),“Cascade Delete Related Records”(级联删除相关记录)框,点击“OK”(确定)按钮,如图 13。
4. 双击连接 tblEnrollment 和 tblItem 表的连线。之后弹出“Edit Relationships”(编辑关系)对

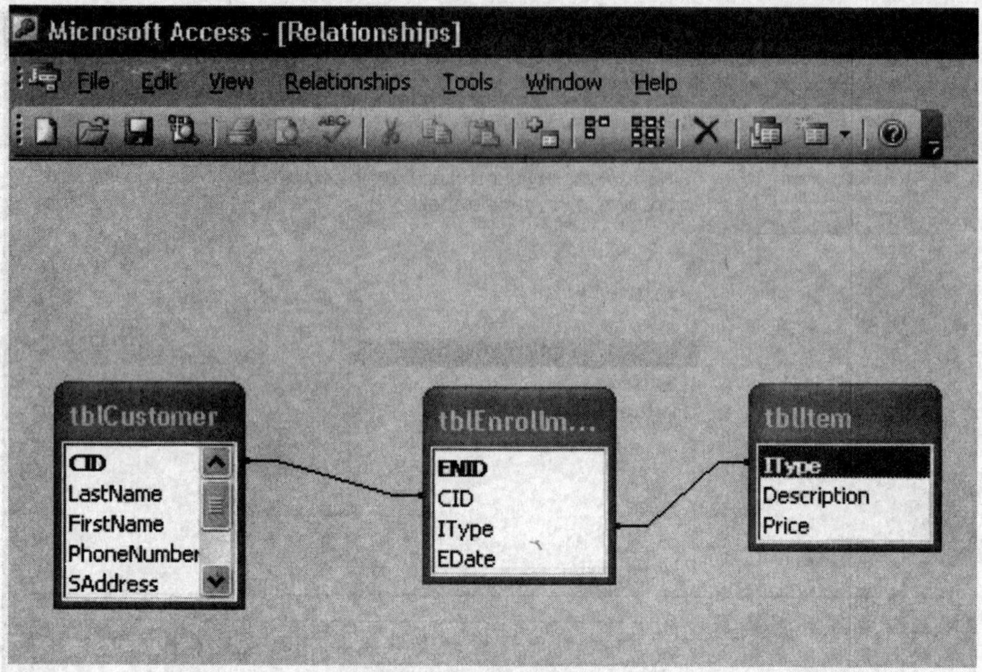

图 12 沙龙数据库的关系窗口

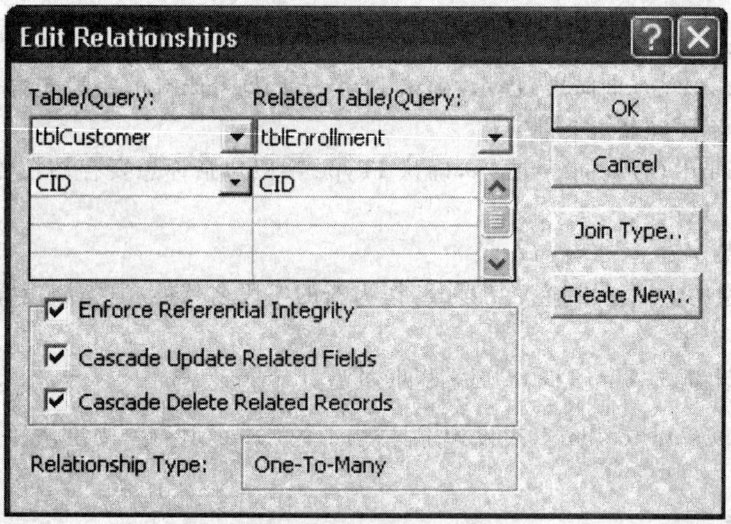

图 13 “编辑关系”对话框

话框。

5. 点选“Enforce Referential Integrity”(实施参照完整性),“Cascade Update Related Fields”(级联更新相关字段)框,点击“OK”(确定)按钮。

6. 点击“Relationship toolbar”(关系工具栏)上的(保存)按钮,关闭关系窗口。

25. 加粗并且靠右对齐“FirstName”(名)标签。
26. 双击“PhoneNumber”(电话号码)标签，弹出“Properties”(属性)窗口。点击“Format”(格式)标签，在“Caption box”(标题栏)输入“Phone Number:”(电话号码)，然后关闭“Properties”(属性)窗口。
27. 加粗并且靠右对齐“PhoneNumber”(电话号码)标签。
28. 双击“SAddress”(地址)标签，弹出“Properties”(属性)窗口。点击“Format”(格式)标签，在“Caption box”(标题栏)输入“Street Address”(地址)，然后关闭“Properties”(属性)窗口。
29. 加粗并且靠右对齐“SAddress”(地址)标签。
30. 双击“City”(城市)标签，弹出“Properties”(属性)窗口。点击“Format”(格式)标签，在“Caption box”(标题栏)“City”(城市)后面插入一个冒号，然后关闭“Properties”(属性)窗口。
31. 加粗并且靠右对齐“City”(城市)标签。
32. 双击“State”(国家)标签，弹出“Properties”(属性)窗口。点击“Format”(格式)表，在“Caption box”(标题栏)“State”(国家)后面插入一个冒号，然后关闭“Properties”(属性)窗口。
33. 加粗并且靠右对齐“State”(国家)标签。
34. 双击“Zipcode”(邮政编码)标签，弹出“Properties”(属性)窗口。点击“Format”(格式)表，在标题栏输入“Zip Code:”(邮政编码)，然后关闭“Properties”(属性)窗口。
35. 加粗并且靠右对齐“ZipCode”(邮政编码)标签。
36. 根据你个人的需要调整客户窗口的布局，如图 20 所示。
37. 保存表单。

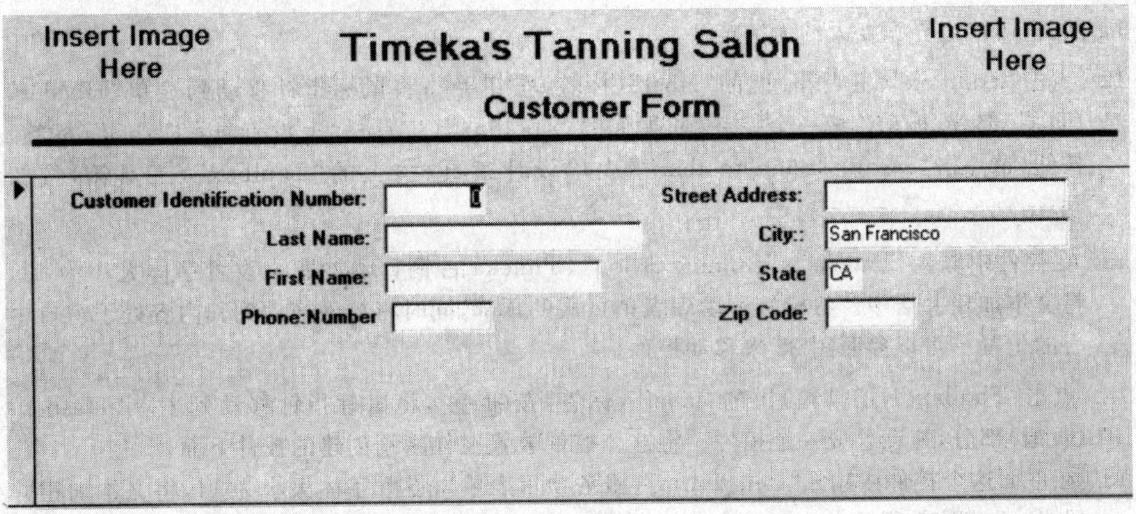

图 20 表单视图中的客户表单

任务 2:创建服务项目表单

为了创建服务项目表单，你可以：

1. 在“Objects bar”(对象栏)上单击“Forms”(表单)按钮 

。

2. 点击“Database”(数据库)窗口上的“New”(新建)按钮 New ，弹出“New Form”(新建表单)对话框。如图 14 所示。
3. 选择“Form Wizard”(表单向导)。
4. 点击下拉菜单，选择 tblItem。点击“OK”(确定)按钮。
5. 依照提示，将 tblItem 中的所有可用字段添加到选定的字段，如图 15 所示，点击“Next”(下一步)。
6. 依照提示，点选表单布局为“Columnar”(纵栏)表。点击“Next”(下一步)。
7. 依照提示，选择标准为所用样式，点击“Next”(下一步)。
8. 依照提示，表单标题为“frmItem”。点击“Finish”(完成)按钮。初始的服务项目窗口如图 21 所示。

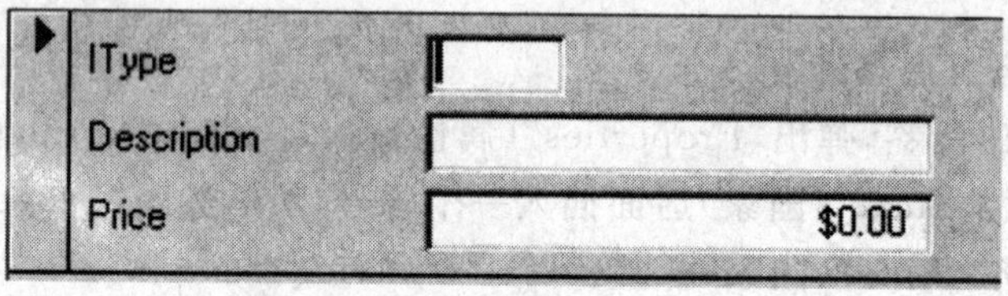

图 21 初始的服务项目表单

9. 点击“Form View toolbar”(表单视图工具栏)上的“View”(视图)按钮 改变视图。
10. 将鼠标指针放置在表单页眉和主体之间的位置。当鼠标指针变成一个中间有一条粗线的双向箭头 ，向下拖动鼠标直到表单页眉部分打开大约 1 英寸(此步骤打开“Header”(页眉)窗口)。
11. 调整窗口边界宽度大约为 7 英寸。
12. 点击“Toolbox”(工具箱)上的“label”(标签)按钮 ；将鼠标指针移动到表单“Header”(页眉)部分，拖动绘成一个控件(如果你的“Toolbox”(工具栏)上没有显示“label”(标签)按钮，请点击“Form Design toolbar”(表单设计工具栏)上的“Toolbox”(工具箱)按钮)。
13. 在控件中输入“Timeka’s Tanning Salon”(Timeka 古铜日晒沙龙)，设置字体大小为 18，将文本加粗并居中。将标签移动到表单页眉的顶部，同时将控件拖动到其内容处于窗口中心的位置。可以参照图 22 来移动控件。
14. 点击“Toolbox”(工具箱)上的“label”(标签)按钮 ，将鼠标指针移动到表单“Header”(页眉)部分，拖动绘成一个控件。将这个控件放置在你刚刚创建的控件下面。
15. 在下面这个控件内输入“Item Form”(服务项目表单)，设置字体大小为 14，将文本加粗并居中。如图 22 所示。
16. 打开 Microsoft Clip Organizer 选择合适的图片；复制图片，切换到“Item Form’s design view”(服务项目窗口设计界面)，将图片粘贴在表单页眉的左上角，将鼠标移动到页眉的右上角再次粘贴图片(如果 Microsoft Clip Organizer 不可用，请向你的老师咨询如何在窗口内添加合适的图片)。
17. 使用画幅大小调整柄重新调整每一个图片的大小，如果必要的话，可以将主体栏调整到 1

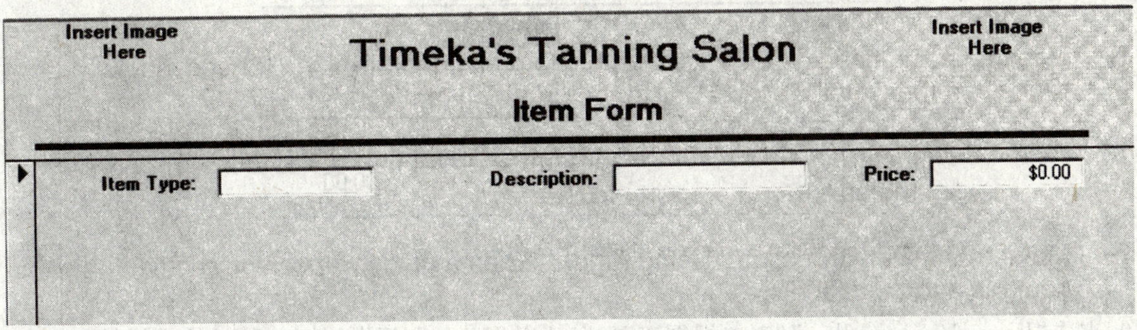

图 22 表单视图中的服务项目表单

英寸的位置。

18. 同时选择两幅图片，单击右键，在“shortcut menu”（快捷菜单）中选择“properties”（属性），将“size mode”（缩放模式）改为“Stretch”（拉伸）。
19. 鼠标移动到主体部分，按照图 22，重新布局字段控件和标签。
20. 双击 IType 标签，会弹出“Properties”（属性）窗口。单击“Format”（格式）标签。在“Caption box”（标题框）中键入“Item Type:”，关闭“Properties”（属性）窗口。
21. 将 IType 标签的字体加粗并靠右对齐。
22. 双击“Description”（说明）标签，会弹出“Properties”（属性）窗口。单击“Format”（格式）标签。在“Caption box”（标题框）中的说明后键入冒号。关闭“Properties”（属性）窗口。
23. 将“Description”（说明）标签的字体加粗并靠右对齐。
24. 双击“Price”（价格）标签，会弹出“Properties”（属性）窗口。单击“Format”（格式）标签。在“Caption box”（标题框）中的价格后键入冒号。关闭“Properties”（属性）窗口。
25. 将“Price”（价格）标签的字体加粗并靠右对齐。
26. 根据使用的需要，做出任何可以提高“Customer”（客户）表单表现方式的变动。
27. 保存表单。

任务 3：创建登记表单

为了创建登记表单，你可以：

1. 在“Objects bar”（对象栏）上单击“Forms”（表单）按钮 

。
2. 点击“Database”（数据库）窗口上的“New”（新建）按钮 

，弹出“New”（新建）表单对话框。如图 14 所示。
3. 选择“Form Wizard”（表单向导）。
4. 点击下拉菜单，选择 tblEnrollment。点击“OK”（确定）按钮。
5. 依照提示，将 tblEnrollment 中的所有可用字段添加到选定的字段，点击“Next”（下一步）。
6. 依照提示，点选表单布局为“columnar”（纵栏）表。点击“Next”（下一步）。
7. 依照提示，选择“standard”（标准）为所用样式，点击“Next”（下一步）。
8. 依照提示，表单标题为“frmEnrollment”。点击“Finish”（完成）按钮。初始的服务项目窗口如图 23 所示。

图 23 表单视图中的初始登记表单

9. 点击“Form View toolbar”(表单视图工具栏)上的“View”(视图)按钮改变设计视图。
10. 将鼠标指针放置在表单页眉和主体之间的位置。当鼠标指针变成一个中间有一条粗线的双向箭头，向下拖动鼠标直到表单页眉部分打开大约 1 英寸(此步骤打开“Header”(页眉)窗口)。
11. 调整窗口边界宽度大约为 7 英寸。
12. 点击工具箱上的“label”(标签)按钮；将鼠标指针移动到表单页眉部分，拖动绘成一个控件(如果你的“Toolbox toolbar”(工具栏)上没有显示“label”(标签)按钮，请点击“Form Design toolbar”(表单设计工具栏)上的“Toolbox”(工具箱)按钮)。
13. 在控件中输入“Timeka’s Tanning Salon”(Timeka 古铜日晒沙龙)，设置字体大小为 18，将文本加粗并居中。将控件拖动到其内容处于窗口中心的位置，同时将标签移动到表单页眉的顶部。可以参照图 24 来移动控件。
14. 点击“Toolbox”(工具箱)上的“label”(标签)按钮，将鼠标指针移动到表单页眉部分，拖动绘成一个控件。将这个控件放置在你刚刚创建的控件下面。
15. 在下面这个控件内输入“Enrollment Form”，设置字体大小为 14，将文本加粗并居中。如图 22 所示。
16. 打开 Microsoft Clip Organizer，选择合适的图片；复制图片，切换到“Enrollment”(登记项目)表单设计界面，将图片粘贴在表单页眉的左上角，将鼠标移动到页眉的右上角再次粘贴图片(如果 Microsoft Clip Organizer 不可用，请向你的老师咨询如何在窗口内添加合适的图片)。
17. 使用画幅大小调整柄重新调整每一个图片的大小。
18. 同时选择两幅图片，单击右键，在“shortcut menu”(快捷菜单)中选择“properties”(属性)，将“size mode”(缩放模式)改为“stretch”(拉伸)。
19. 鼠标移动到主体部分，按照图 24，重新布局主题上的控件和标签。
20. 双击 ENID 标签，会弹出“Properties”(属性)窗口。点击“Format”(格式)标签，在“Caption box”(标题栏)输入“Enrollment Identification Number:”，然后关闭“Properties”(属性)窗口。
21. 将 ENID 标签的字体加粗并靠右对齐。
22. 双击 CID 标签，弹出“Properties”(属性)窗口。点击“Format”(格式)标签，在“Caption box”(标题栏)输入“Customer Identification Number:”，然后关闭“Properties”(属性)窗口。

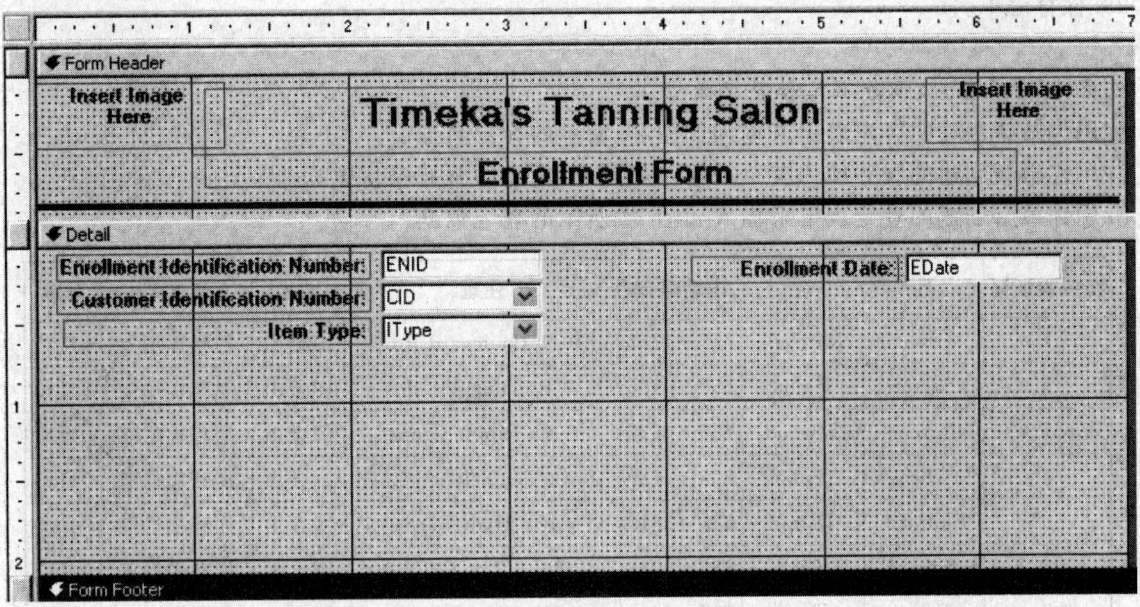

图 24 设计视图中的登记表单

23. 加粗并且靠右对齐 CID 标签。
24. 双击 IType 标签，弹出“Properties”(属性)窗口。点击“Format”(格式)标签，在“Caption box”(标题栏)输入“Item Type:”，然后关闭“Properties”(属性)窗口。

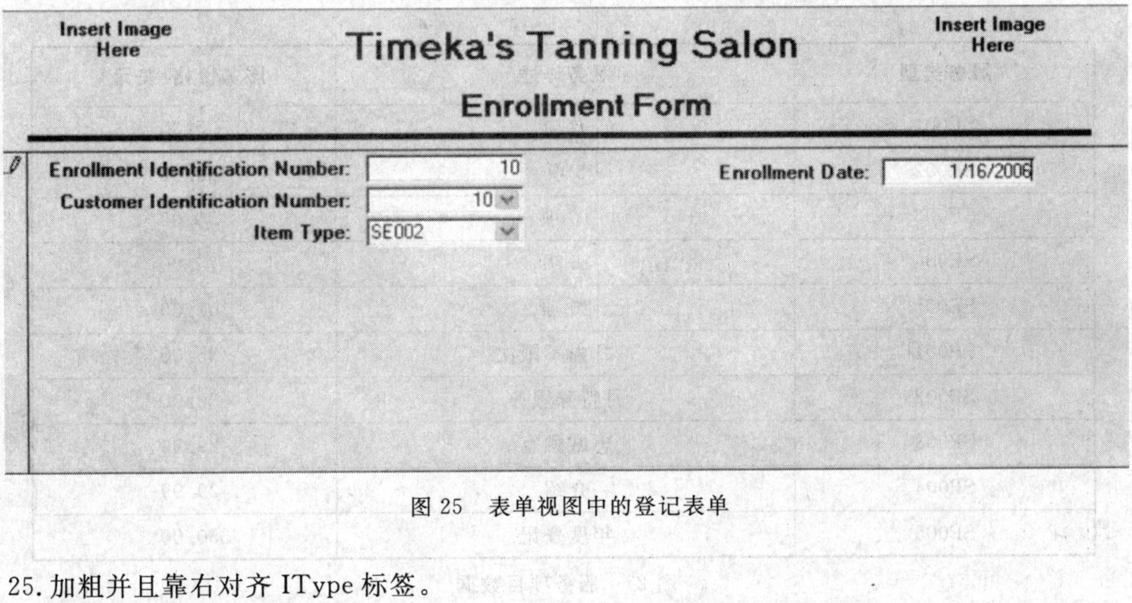

图 25 表单视图中的登记表单

25. 加粗并且靠右对齐 IType 标签。
26. 双击 EDate 标签，弹出“Properties”(属性)窗口。点击“Format”(格式)标签，在标题栏输入“Enrollment Date:”，然后关闭“Properties”(属性)窗口。
27. 将 EDate 标签的字体加粗并靠右对齐。
28. 根据使用的需要，做出任何可以提高登记表单表现方式的变动。

29. 保存表单。

任务 4:输入客户、服务项目和登记数据

1. 用你最新创建的客户表单来输入如图 26 所示的客户数据。
2. 用你最新创建的服务项目表单来输入如图 27 所示的服务项目数据。
3. 用你最新创建的登记表单来输入如图 27 所示的登记数据。

客户验证码	姓	名	电话号码	住址	城市	所在州	邮编
1	Grant	Mitchell	555－1255	1010 Boulevard Rd.	旧金山	加利福尼亚	94111
2	Sasser	lexina	555－6456	210 Rushing Meadows	旧金山	加利福尼亚	94112
3	Rother	Elwood	555－6577	3001 Ripple Creak	旧金山	加利福尼亚	94113
4	Chen	Shibo	555－4789	15712 Tanglewood Road	旧金山	加利福尼亚	94113
5	Elotmani	Damir	555－3812	2121 Hyde Parke	旧金山	加利福尼亚	94115
6	Schoenhals	Eliah	555－6058	1920 Pine Drive	旧金山	加利福尼亚	94111
7	Erbst	Troy	555－1300	1780 Glacier Drive	旧金山	加利福尼亚	94112
8	Ottinger	Clarissa	555－9351	11908 Coltrane	旧金山	加利福尼亚	94112
9	Blochowiak	Edith	555－0202	1223 Ridgewood	旧金山	加利福尼亚	94115
10	Harley	Sasha	555－5931	10625 Brighton	旧金山	加利福尼亚	94115

图 26 客户数据

服务类型	服务详述	服务价格(美元)
SE001	单项	5.00
SE002	5 项	25.00
SE003	10 项	50.00
SE004	15 项	75.00
SE005	20 项	100.00
SP001	一月内不限次	35.00
SP002	月特殊服务	30.00
SP003	忠诚顾客	29.99
SP004	介绍	29.99
SP005	年度登记	350.00

图 27 服务项目数据

客户验证码	服务类型	登记日期
1	SP001	1/17/2003
2	SE002	1/15/2006
3	SP001	1/13/2006
4	SE003	1/18/2006
5	SE001	1/13/2006
6	SP003	1/16/2006
7	SE004	1/17/2006
8	SP001	1/18/2006
9	SE003	1/18/2006
10	SE002	1/16/2006

图 28 登记数据

活动 3:创建查询

活动 3 创建了 3 个查询。第一个查询 qrySingleSession 定义的是在某项单独的古铜日晒环节上有多少客户消费了。第二个查询 qryInactive 定义的是沙龙里当前没有登记的客户。第三个查询 qryNewEnrollment 定义的是在 2006 年 1 月 18 日登记的客户们。

任务 1:创建 qrySingleSession 查询

1. 在“Database”(数据库)的窗口中,点击“Objects bar”(对象栏)上的“Queries”(查询)按钮 Queries 。
2. 点击“Database”(数据库)窗口工具栏上的“New”(新建)按钮 New 。
3. 在“New”(新建)查询对话框里选择“Design”(设计)视图。点击“OK”(确定)。“Query Design View”(查询设计视图)就会弹出。“Show Table”(显示表)也会一起弹出(如果“Show Table”(显示表)对话框没有出现,点击“Query Design toolbar”(查询视图工具条)上的“Show Table”(显示表)的按钮)。
4. 在“Show Table”(显示表)对话框中,双击 tblEnrollment 和 tblItem。这两个表的字段列表就会被添加进“Query Design”(查询设计)窗口的上方框格中。点击“Close”(关闭)。
5. 添加 tblItem 中的“Description”(说明)字段和 tblEnrollment 中的“Itype”字段进入查询设计表格中(你可以通过双击字段的名字来完成添加工作)。
6. 单击“Query Design”(查询设计)工具栏上的“Totals”(总计)按钮 Σ 。
7. 在 Itype 字段所在列与总计行交汇处,点击框里的下拉箭头并选择下拉列表中的 Count(如果下拉列表没有出现,点击“By”,下拉箭头就会出现了)。
8. 在说明字段列与排序行交汇处,点击框里的下拉箭头并选择列表中的“Ascending”(升序)。
9. 在说明字段的条件行里输入“One Session”。

10. 点击位于“Query Design toolbar”(查询设计工具栏)上的“Save”(保存)按钮。按照提示,命名该查询为“qrySingleSession”。

11. 点击位于“Query Design toolbar”(查询设计工具栏)上的“Run”(运行)按钮。图 29 给出了在“Design View”(设计视图)中的“query”(查询),图 30 给出了查询结果。

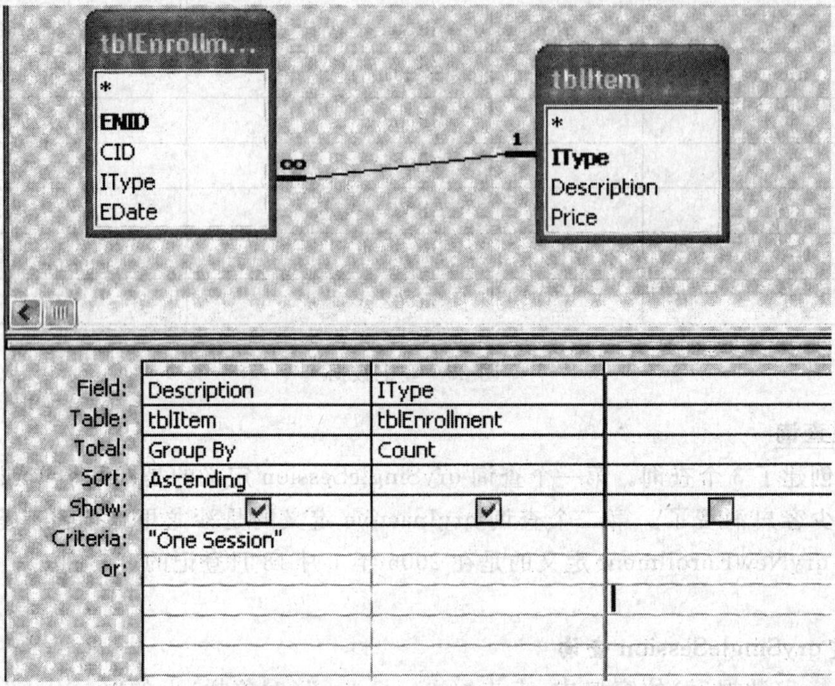

图 29 设计视图中的 qrySingleSession 查询

Description	CountOfIType
One Session	1

图 30 qrySingleSession 查询结果

任务 2:创建 qryInactive 客户查询

1. 在“database”(数据库)的窗口中,点击“Objects bar”(对象栏)上的“Queries”(查询)按钮 

。

2. 点击“Database”(数据库)窗口工具栏上的“New”(新建)按钮 

。

3. 在“New Query”(新建查询)对话框里,选择“Find Unmatched Query Wizard”(查找不匹配项查询向导),点击“OK”(确定)。见图 31。

4. 在“Find Unmatched Query Wizard”(查找不匹配项查询向导)的对话框里,确定 tblCustomer 为查询结果中含有相关记录的表。点击“Next”(下一步)。见图 32。

5. 根据“Find Unmatched Query Wizard”(查找不匹配项查询向导)的提示,选择 tblEnrollment 为包含相关记录的表。点击“Next”(下一步)。见图 33。

6. 根据“Find Unmatched Query Wizard”(查找不匹配项查询向导)的提示,确定 CID 字段为

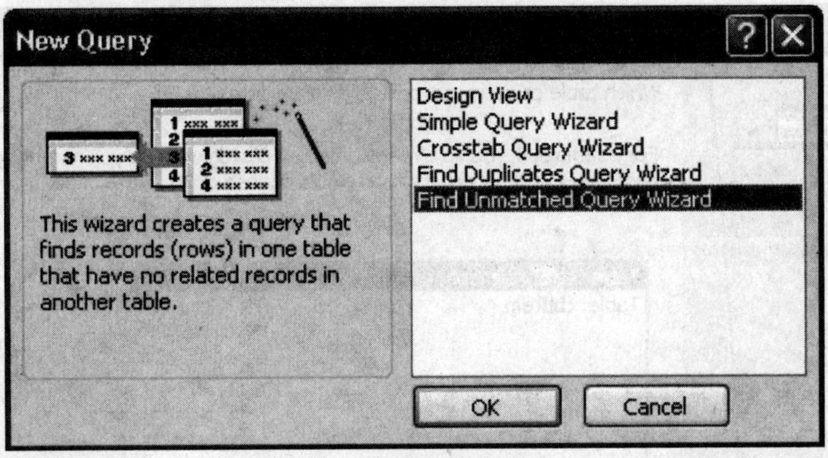

图 31 “新查询”对话框

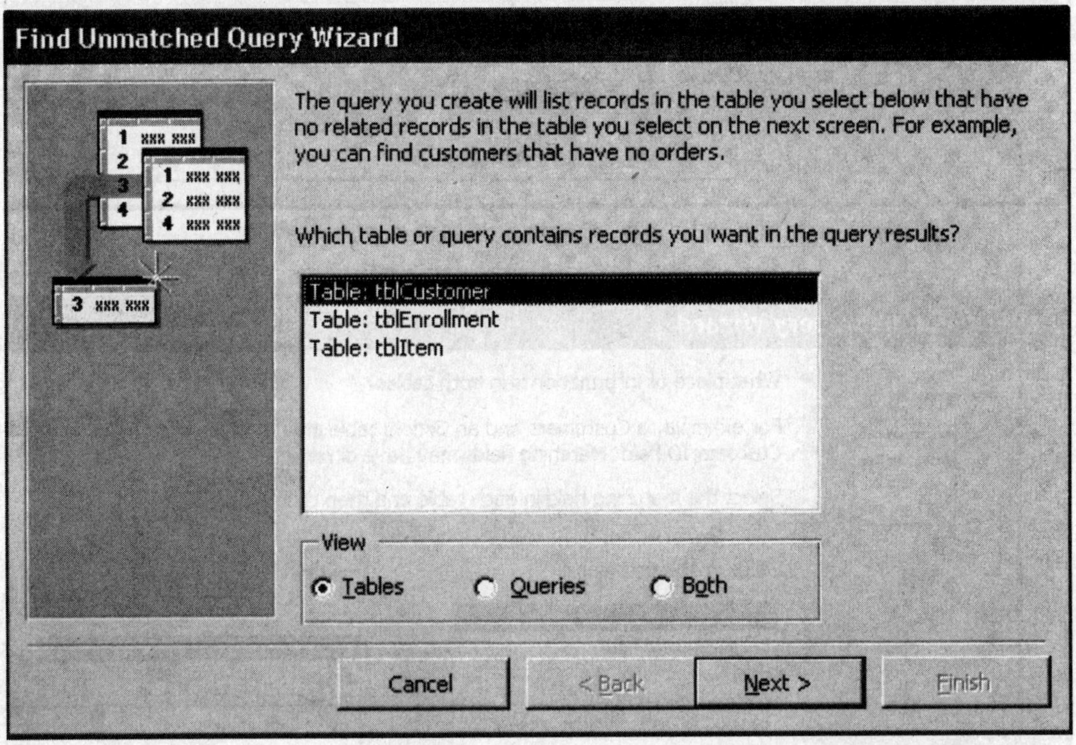

图 32 “查找不匹配项查询向导”对话框 1

“matching fields”(匹配字段)。点击“Next”(下一步)。见图 34。

7. 根据“Find Unmatched Query Wizard”(查找不匹配项查询向导)的提示，显示查询结果中的所有字段。点击“Next”(下一步)。见图 35。
8. 根据提示，指定查询名称为 qryInactive。点击“Finish”(完成)。图 36 给出了 Mitchell Grant 是一名未登记的顾客。

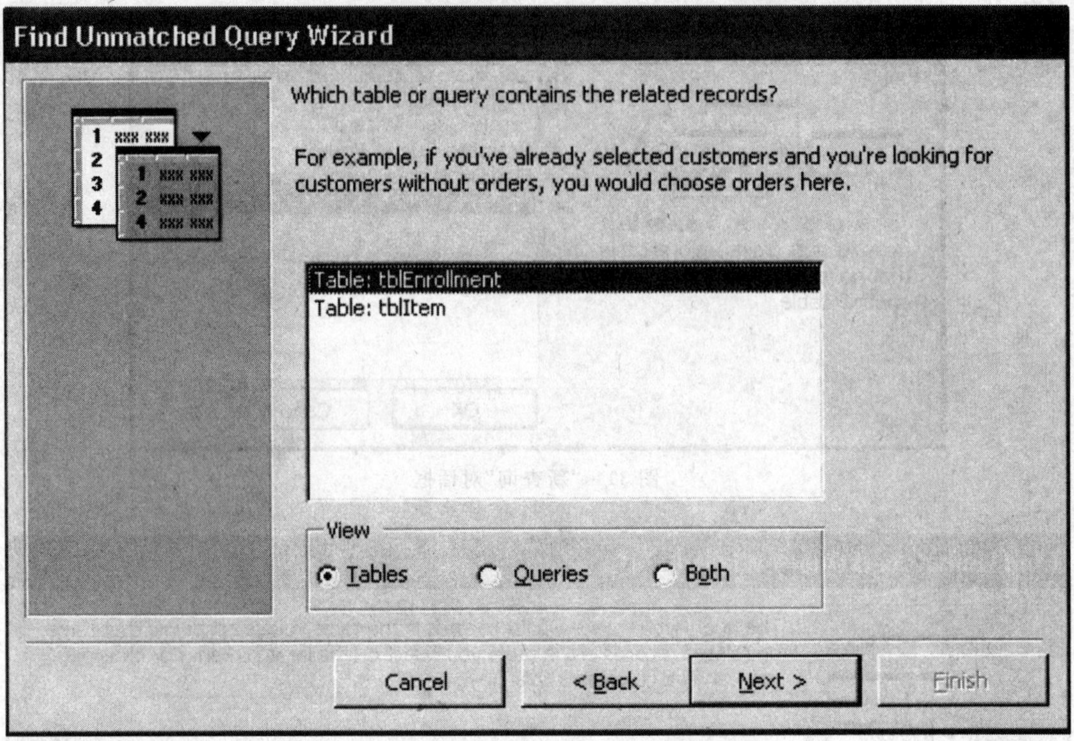

图 33 “查找不匹配项查询向导”对话框 2

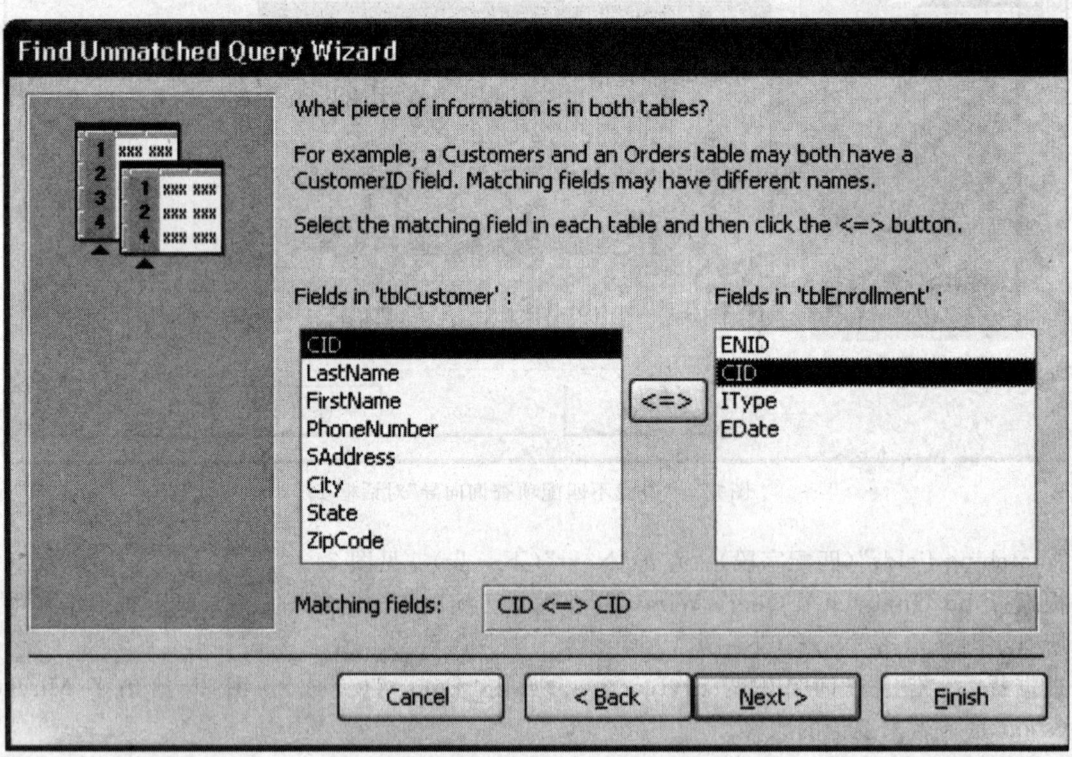

图 34 “查找不匹配项查询向导”对话框 3

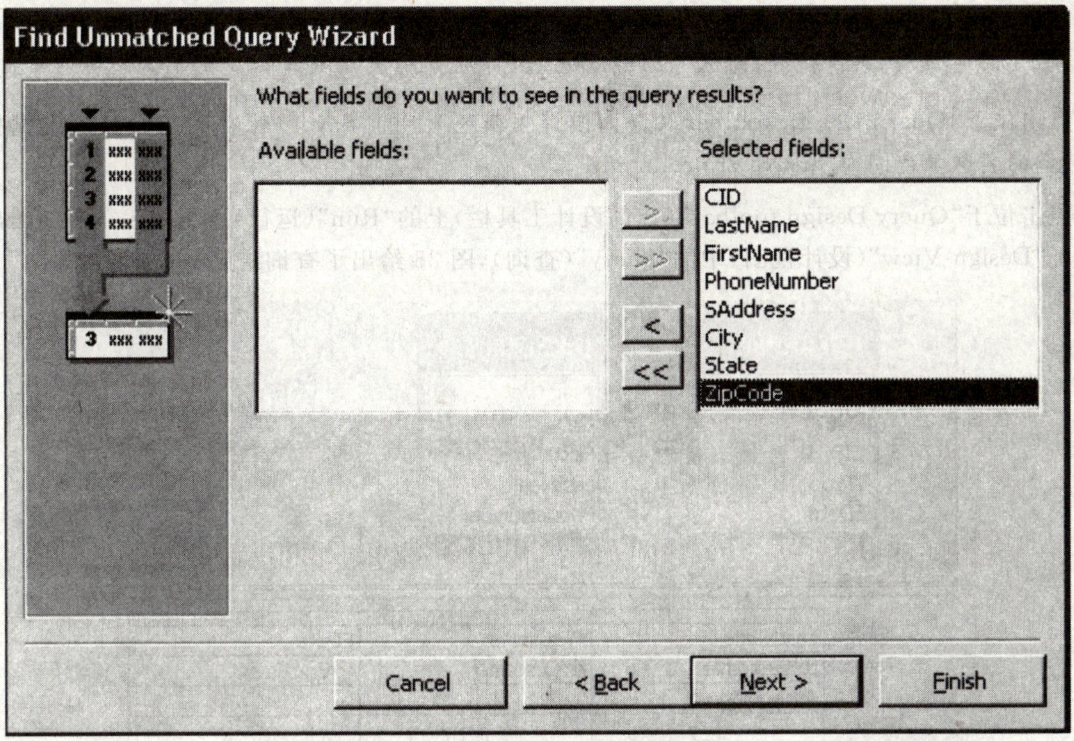

图 35 “查找不匹配项查询向导”对话框 4

	CID	LastName	FirstName	PhoneNumber	SAddress	City	State	ZipCode
	1	Grant	Mitchell	555-1255	1010 Boulevard	San Francisco	CA	94111
▶	nber)							

图 36 未登记客户查询结果

任务 3：创建 qryNewEnrollment 查询

1. 在“database”(数据库)的窗口中，点击“Object bar”(对象栏)上的“Queries”(查询)按钮  。
2. 点击“Database”(数据库)窗口工具栏上的“New”(新建)按钮  。
3. 在“New Query”(新建查询)对话框里选择“Design View”(设计视图)。点击“OK”(确定)。“Query Design View”(查询设计视图)就会弹出。“Show Table”(显示表)也会一起弹出(如果“Show Table”(显示表)对话框没有出现，点击“Query Design toolbar”(查询设计工具条)上的“Show Table”(显示表)的按钮 )。
4. 在“Show Table”(显示表)对话框中，双击 tblEnrollment 和 tblCustomer。这两个表的字段列表就会被添加进“Query Design Window”(查询设计窗口)的上方框格中。关闭“Show Table”(显示表)的对话框。
5. 添加 tblCustomer 中的 LastName 和 FirstName 字段以及 tblEnrollment 中的 EDate 字段进入“query design grid”(查询设计表格)中(你可以通过双击字段的名字来完成添加工作)。

6. 在 LastName 字段的排序行处，点击下拉箭头并选择下拉列表中的升序。
7. 在 EDate 字段的条件行处，键入“1/18/2006”。
8. 点击位于“Query Design toolbar”(查询设计工具栏)上的“Save”(保存)按钮。根据提示，命名这个查询为“qryNewEnrollment”。
9. 点击位于“Query Design toolbar”(查询设计工具栏)上的“Run”(运行)按钮。图 37 给出了“Design View”(设计视图)中的“query”(查询)，图 38 给出了查询结果。

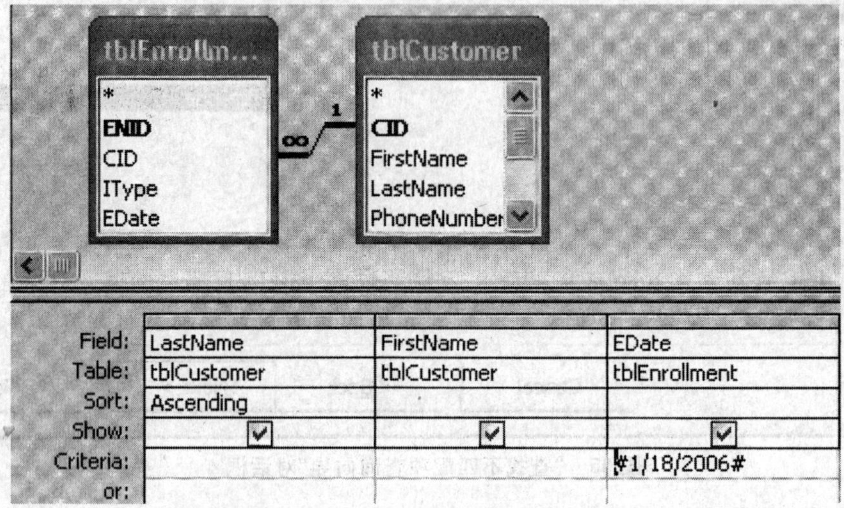

图 37　设计视图中的 qryNewEnrollment 查询

LastName	FirstName	EDate
Blochowiak	Edith	1/18/2006
Chen	Shibo	1/18/2006
Ottinger	Clarissa	1/18/2006

图 38　qryNewEnrollment 查询的结果

活动 4:准备客户报告

活动 4 根据 Timeka 的说明准备了客户列表报告。由于报表向导的使用，这个活动很易于被执行。

任务 1:创建客户列表报告

1. 在“database”(数据库)的窗口中，点击“Objects Bar”(对象栏)上的“Reports”(报表)按钮 Reports。
2. 点击“Database”(数据库)窗口工具栏上的“New Report”(新建报表)按钮 New。
3. 在“New Report”(新建报表)对话框中，选择“Report Wizard”(报表向导)，然后选择 tblCus-

tomer 作为选定数据源。点击“OK”(确定)。见图 39。

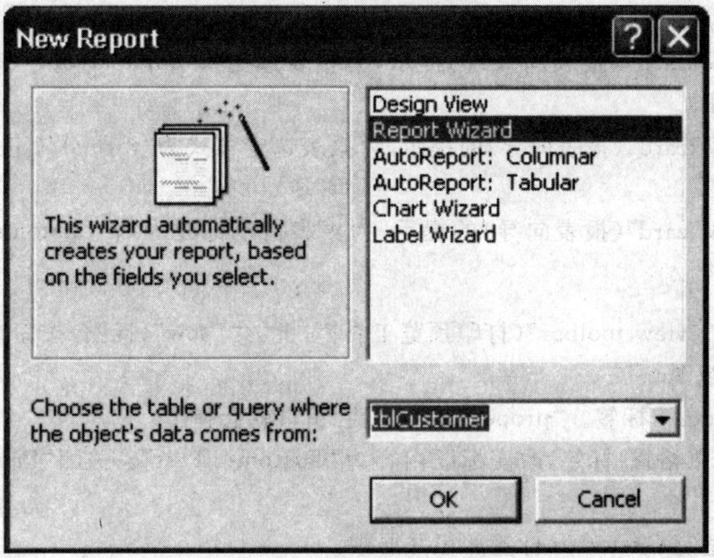

图 39 “新建报表”对话框

4. 根据“Report Wizard”(报表向导)的提示,添加 tblCustomer 中除 CID 以外的所有字段进入选定框。点击“Next”(下一步)。见图 40。

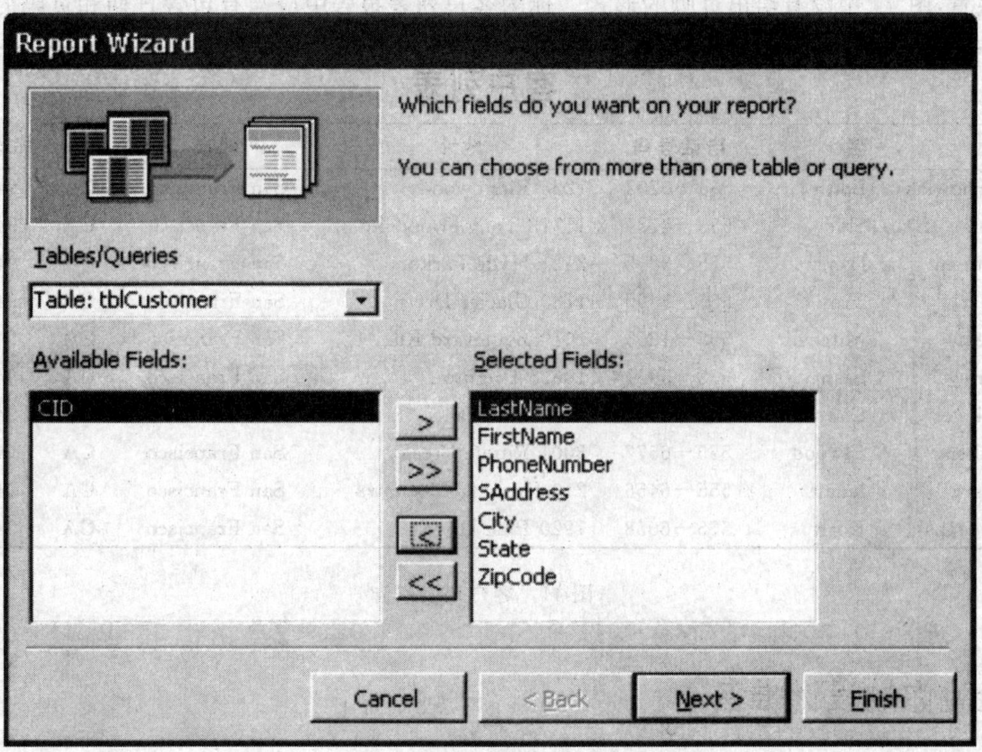

图 40 客户报表的字段选择

5. 不添加“grouping level”(分组级别)到报表中;点击“Next”(下一步)。

6. 根据“Report Wizard”(报表向导)的提示,在 LastName 字段上选择“ascending sort order”(升序排列)。点击“Next”(下一步)。
7. 根据“Report Wizard”(报表向导)的提示,为报表选定“tabular layout”(表格布局)。点击“Next”(下一步)。
8. 根据“Report Wizard”(报表向导)的提示,为报表选定样式为“formal”(正式)。点击“Next”(下一步)。
9. 根据“Report Wizard”(报表向导)的提示,为报表指定标题为 rptCustomer。点击“Finish”(完成)。
10. 点击“Print Preview toolbar”(打印预览工具栏)上的“View”(视图)按钮改变“Design View”(设计视图)。
11. 双击 rptCustomer 标签。“properties”(属性)窗口就会弹出。
12. 单击“Format”(格式)标签,改变标题内容为“Customer List”。关闭“Properties”(属性)窗口。
13. 在报表内容里使 Customer 标签加粗并居中。
14. 在“Page Header”(页眉)部分,照图 41 所示修改标签,使其尽量接近图 41 的形式。
15. 在“Detail section”(详细列表区),照图 41 所示重新定位控件。
16. 保存报表。
17. 注意:图 41 中没有给出页脚的形式。你的客户列表报告中应当有包含日期和页码的页脚。

客户列表

姓	名	电话号码	地址	城市	州	邮政编码
Blochowiak	Edith	555-0202	1223 Ridgewood	San Francisco	CA	94115
Chen	Shibo	555-4789	15712 Tanglewood Ro	San Francisco	CA	94113
Elotmani	Damir	555-3812	2121 Hyde Parke	San Francisco	CA	94115
Erbst	Troy	555-1300	1780 Glacier Drive	San Francisco	CA	94112
Grant	Mitchell	555-1255	1010 Boulevard Rd.	San Francisco	CA	94111
Harley	Sasha	555-5931	10625 Brighton	San Francisco	CA	94115
Ottinger	Clarissa	555-9351	11908 Coltrane	San Francisco	CA	94112
Rother	Elwood	555-6577	3001 Ripple Creak	San Francisco	CA	94113
Sasser	lexina	555-6456	210 Rushing Meadows	San Francisco	CA	94112
Schoenhals	Eliah	555-6058	1920 Pine Drive	San Francisco	CA	94111

图 41 客户列表报告

检验你的设计准备

如在指南中提到的一样,Lorenzo 女士需要你在数据库中输入健身会员计划,并在其中添加新客户登记的信息。由于指南的检验设计部分仅仅包含在表格中添加新的数据,因此这里就不给出操作步骤向导了。

案例提交准备

检验设计环节通常是要说明数据库是要被修改的，新数据也要不断被添加进来。这一要求促使你去准备一个弹性的数据库，以便适应不断变化的商业需要。因为检验环节经常会改变你新开发的数据库中的数据，你应该找你的老师予以确认，看他希望你在检验设计完成之前还是之后将为信息说明部分准备的可交付工作打印出来。

4.3 网页指南 Timeka 古铜日晒沙龙

指南介绍

Timeka 古铜日晒沙龙的案例是针对由 Prentice Hall 出版的《管理信息系统案例——应用软件辅助决策》(第 3 版)而配套设计的。这部指南是网页开发的复习工具,面向的是对网页有基础了解和认识的人们。为了完成这一指南,你将要使用 Microsoft Word。

该指南分为两部分。第一部分介绍了背景,情景,设计说明,信息说明,检验设计及可交付使用等方面的内容。第二部分为你在这一基础上做相关的准备。由于第一部分介绍了案例的主要特征,并且为所要求的网页设计工作订立了步骤,你应当在着手进入第二部分之前先阅读第一部分。在第二部分中,你将会设计并且建立一个满足指南信息要求的网页。

第一部分 设置场景

背景指南

Timeka Lorenzo 经营并掌控着 Timeka 古铜日晒沙龙。这家古铜日晒沙龙位于加州旧金山市沙滩港口路 555 号。这家店已经开业很多年了,客户群还在不停地增长。自从约四年前开业以来,这家古铜日晒沙龙已经从原来的 4 张古铜日晒床增长到了包含 25 张古铜日晒床以及一个健身中心的规模。

Lorenzo 女士意识到网络的强大威力,并且希望通过网络向沙龙的客户们提供关于沙龙、健身中心以及古铜日晒产品的信息。Lorenzo 女士要求你为她的沙龙设计一款网页。

情景指南

大约四年前,Timeka Lorenzo,也就是沙龙现在的拥有者,在旧金山的一处热闹且贸易往来频繁的地点开设了这家 Timeka 古铜日晒沙龙。今天,这家古铜日晒沙龙已经增长到 25 张古铜日晒床,一个健身中心以及一系列古铜日晒提升产品的规模。这家沙龙每天从早上 6 点到晚上 10 点间营业。他们受理未经预约的形式,但更希望您能拨打 505－555－5758 预约沙龙和健身中心的服务。

Lorenzo 女士希望能够提升沙龙的服务质量和专业程度。为了实现这个目标，Timeka 古铜日晒沙龙已经成为了国际时尚古铜日晒网络中的一员。

古铜日晒沙龙最近一项新添加的服务是健身中心。健身中心提供了一条慢跑跑道，免费称量体重，台阶实验，脚踏车和练习用自行车。在不远的将来，Lorenzo 女士还将为她的客户引入室内温水游泳池和有氧教室。当一个客户加入健身中心的时候，他就能获得一份健身评估作为奖励。在完成健身评估之后，一个健身代表将会为这位新客户准备一份健身计划。

图 1 给出了沙龙当前的价格表。客户可以以现金、支票或信用卡来支付。信用卡仅能支付超过 50 美元的一次性消费。

Timeka 古铜日晒沙龙 价格表（美元）	
单项	5.00
5 项	25.00
10 项	50.00
15 项	75.00
20 项	100.00
一月内不限次	35.00
月特殊服务	30.00
忠诚客户	29.99
介绍	29.99
年度登记	350.00
青铜色 12 盎司洗液	24.99
金色 12 盎司洗液	27.99
青铜色 12 盎司油	19.99
金色 12 盎司油	21.99
Timeks 古铜日晒提亮 12 盎司洗液	27.99
Timeka 古铜日晒提亮 16 盎司洗液	34.99
半年会员	180.99
年度会员	280.99

图 1　当前的价格表

设计说明

Lorenzo 女士希望能为沙龙建立一个有用的、形象专业的网页。这个网页应该提供有关沙龙的基本信息，并且有一个温和、阳光的界面和感觉。这些基本信息应当确定出沙龙的营业时间，确定出可享用的古铜日晒产品类型，并提供有关沙龙和健身中心的信息。Lorenzo 女士希望网页的访问者能够容易地操作网页。图 2 和图 3 给出了网页暂定的草图。

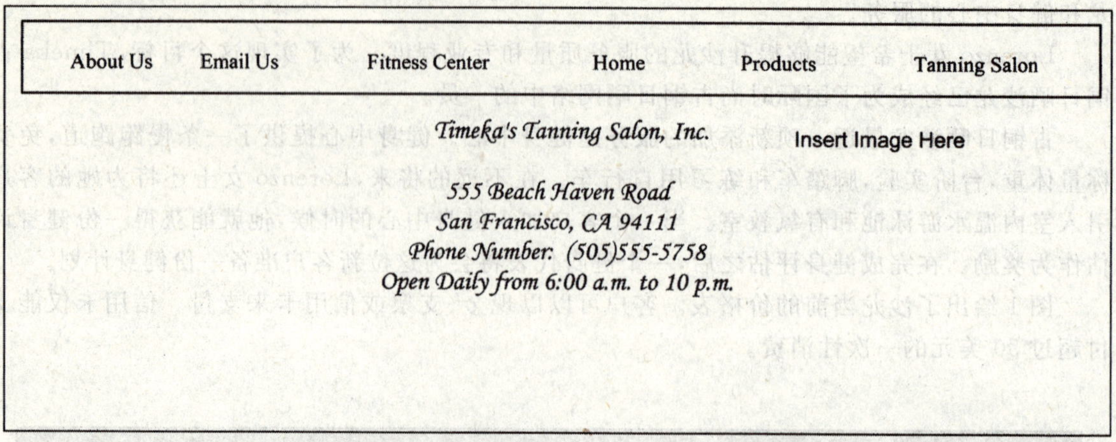

图 2 主页草图

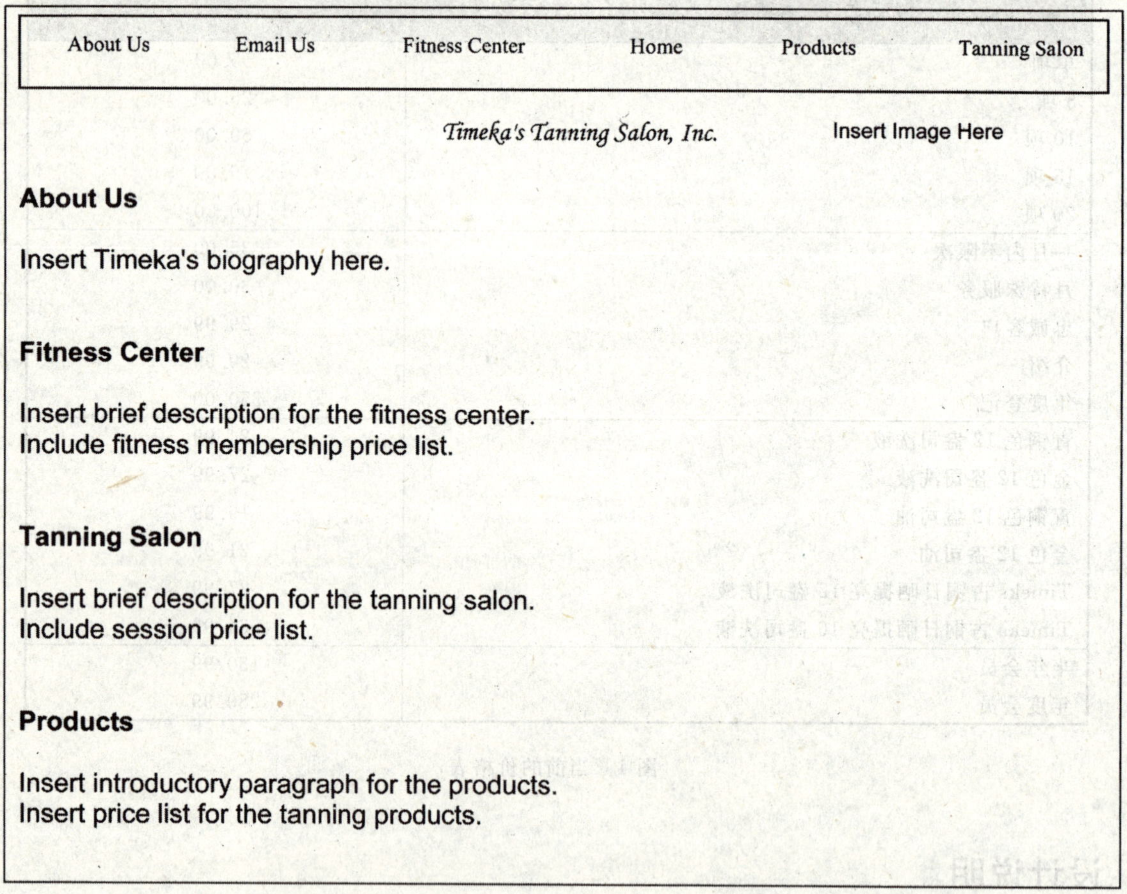

图 3 内部网页草图

信息说明

Lorenzo 女士希望网页上登出沙龙的营业时间，讨论沙龙的起源并包含对其他资源的链接。另外，Lorenzo 女士想通过沙龙的网页提供以下信息：

1. 古铜日晒产品的价格表。
2. 可申请的健身中心会员资格。
3. 古铜日晒环节的价格。

设计测试

在网页制作完成之后，你应该检验你的设计。演示以下步骤。

1. Lorenzo 女士希望有氧教室的安排情况能在网页上显示。客户应该通过打电话预约（你应该提供有氧教室的安排信息）。
2. Timeka 古铜日晒沙龙给它的客户提供了消费特别古铜日晒环节大礼包的机会，比如一个月不限次，每月特别享受，忠诚度客户，提名以及年度光临特别服务等。在沙龙的网页上添加一项每月特别享受（在图 1 中每月特别享受的旁边，包括几项附加的该部分中的月特别享受）。
3. Timeka 古铜日晒沙龙现在提供一个月及三个月的会员计划。一个月的健身会员计划要价 35.99 美元，三个月的健身会员计划要价 66.99 美元。将这一信息添加进沙龙的网页上。

指南提交

为了圆满地完成这个案例，你应当建立网页并且同时准备书面和口头的报告。除非另有说明，你要将以下可交付内容提交给你的老师。另外，除非另有说明，你应该在检验设计之后演示以下的步骤。

1. 提交一份书面报告说明你在指南中使用的假设和指南的关键因素。另外，你在网页中加入了哪些特性使得它具有更多功能？用户界面更友好？（请注意，这些假设不能违背以上任何要求，并且要得到老师的允许）。
2. 该网页的打印版（如果有新添加的页面，你必须也一起提交它们）。
3. 一项该网页的电子工作拷贝，它必须满足案例情景以及说明中提到的要求。

如前所述，你应当准备一份口头陈述（你的老师会给你分配这部分时间）。你应该使用报告制作软件并讨论网页中的关键特性。同时，讨论网页是如何惠及 Lorenzo 女士和她的古铜日晒沙龙的。有哪些附加信息有可能是 Lorenzo 女士的客户们觉得有用的呢？

第二部分 网页准备工作

设计准备

如果你还没有完成这个工作，那么请你阅读第一部分的指南。

为了完善 Lorenzo 夫人的设计说明书，你将为该沙龙开发两个网页。第一个是主页。主页也就是网站的访问者进入站点时将会见到的第一个页面。第二个网页是提供有关沙龙具体信息的内部网页。

该沙龙网站的的准备可以分为三个主要活动。这些活动涉及创建网站的主页、内部页面以及网页的测试。这个主页用来当作 Timekas 网站的主页，内部连接的网页可以看成是 Timekas 的页面。下边将详细介绍每个具体的活动。从沙龙网站上某个部分截下来的图 28 和图 29 可以作为参考。

活动 1：主页的设计

沙龙主页的设计涉及创建一个新的 Microsoft Word 的文档，创建导航工具栏；输入文本和插入一个图像。每一项任务陈述如下(时刻记住定期保存你的工作)。

任务 1：创建和保存主页

为了创建沙龙的主页，必须完成以下步骤：

1. 创建一个名为 Timeka 的文件夹(每个网页以及相关的文件都要放到这个文件夹里)。
2. 打开一个 Word 文档。
3. 创建一个新文件。
4. 从位于"Menu Bar toolbar"(菜单条工具栏)的"Format menu"(格式菜单)中，选择"Theme"(主题)选项。当"Theme"(主题)的对话框出现后，选择"Network"(网页)主题。单击"OK"(确定)按钮。见图 4。
5. 从位于"Menu Bar toolbar"(菜单条工具栏)的"File menu"(文件菜单)中，选择"Save as Web Page"(保存为网页)选项。然后出现一个"Save as"(另存为)的对话框。将网页保存为"TimekasHomePage"(Timekas 主页)。将文件的类型保存为"Web Page"(网页)(* htm；*. html)，单击"Save"(保存)选项。

任务 2：创建导航工具栏。

为了创建导航工具栏，必须完成以下步骤：

1. 选中"Formatting toolbar"(格式工具栏)，将字体设为"Trebuchet MS"并将字体大小设为 10 号。将字体的颜色设成金色。单击"Bold"(加粗)按钮。
2. 从位于"Menu Bar toolbar"(菜单条工具栏)的"Format menu"(格式菜单)，选择"Tabs"(标签)选项。然后将出现一个"Tabs"(标签)的对话框。如图 5 所示。

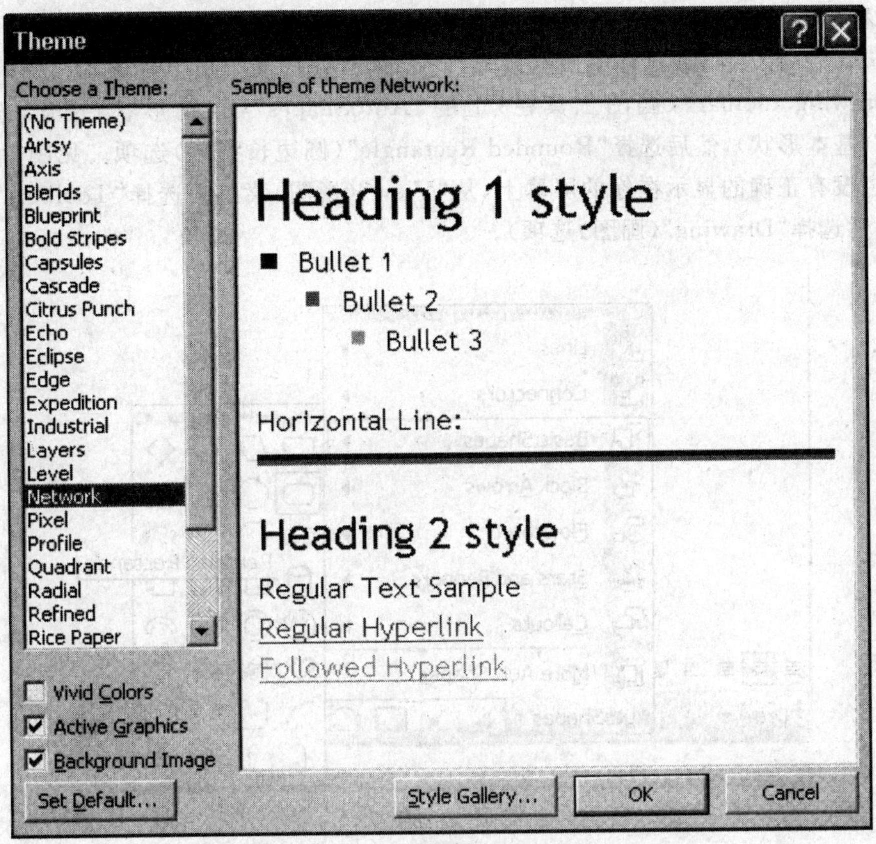

图 4 “主题”对话框

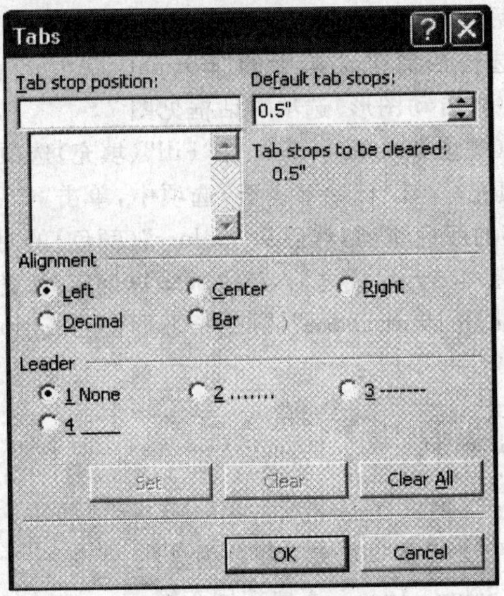

图 5 “标签”对话框

3. 将标签设置成 0.88，2，3，4.38，5.13，6.13 英寸。标签设置好之后，单击“OK”（确定）按钮。

4. 按下“Tab”（标签）键，键入“About Us”（关于我们）。再按下“Tab”（标签）键，键入“Email

Us”(联系我们)。按下“Tab”(标签)键,然后键入“Fitness Center”。按下“Tab”(标签)键,键入“Home”。按下“Tab”(标签)键,键入“Products”。按下“Tab”(标签)键,键入“Salon”。

5. 单击“Drawing toolbar”(画图工具栏)上的“AutoShapes”(自动形状)按钮,选择“Basic Shapes”(基本形状),然后选择“Rounded Rectangle”(圆边长方形)选项。见图 6(如果所画的工具栏没有正确的显示在你的屏幕上,从“View”(视图)菜单中选择“Toolbars”(工具栏)选项,然后选择“Drawing”(画图)选项)。

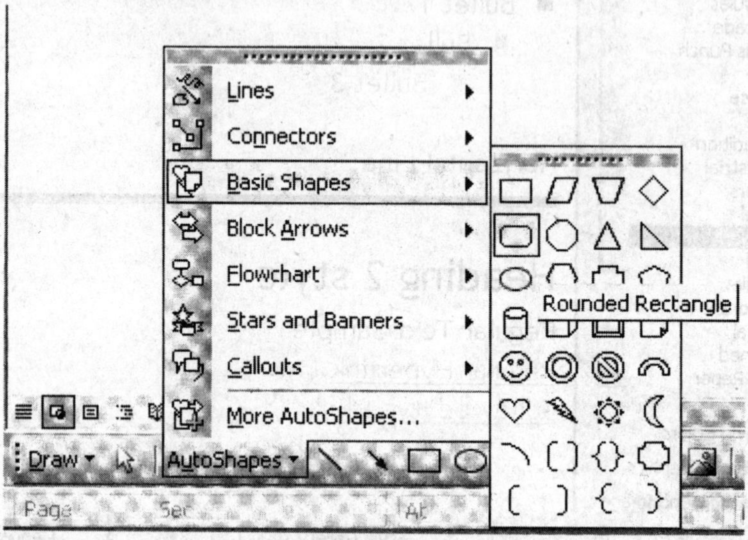

图 6 自动形状

6. 拖动鼠标指针使得刚才键入的字能够完全包括在圆边长方形的框内。(注意:刚才创建的那些标签可能隐藏在图形后边,下一步把那些填充去掉,标签就可以看见了)
7. 右击圆边长方形,然后选择快捷键菜单中的“Format AutoShape”(格式自动图形)选项。“Format AutoShape”(格式自动图形)选项对话框见图 7。
8. 单击“Colors and Lines”(颜色和线条)标签。在“Fill”(填充)选项中,选择“Color”(颜色)盒,选择“No Fill”(无任何填充)。在“Line”(线条)选项中,单击“Color”(颜色)盒,将其颜色选为金色(你可以选择更多的颜色选项,然后从“Colors”(颜色)的对话框中选择金色。图 8 显示了“Color”(颜色)的对话框)。完成之后,单击“OK”(确定)按钮。
9. 取消选择“rounded rectangle AutoShape”(圆边长方形自动成形),然后按两次回车键。

任务 3:输入文本及插入图片

按如下步骤输入文本和插入图片:

1. 点击“Formatting toolbar”(格式工具栏)中的“Center”(居中)按钮 。将文体设置为“Monotype Corsiva”,文字大小为 26,文字颜色为金色。
2. 键入“Timeka's Tanning Salon, Inc.”,不要按回车键。
3. 从“Menu Bar toolbar”(菜单栏)中选择“Insert”(插入),再选择“Picture”(图片)选项,继续选择“Clip Art”(剪贴画),见图 9。在“search text”(搜索文字)中输入“sun”就会得到一个合适的剪贴画图片。双击这个剪贴画图片将其插入文档。关闭“插入剪贴画”面板。

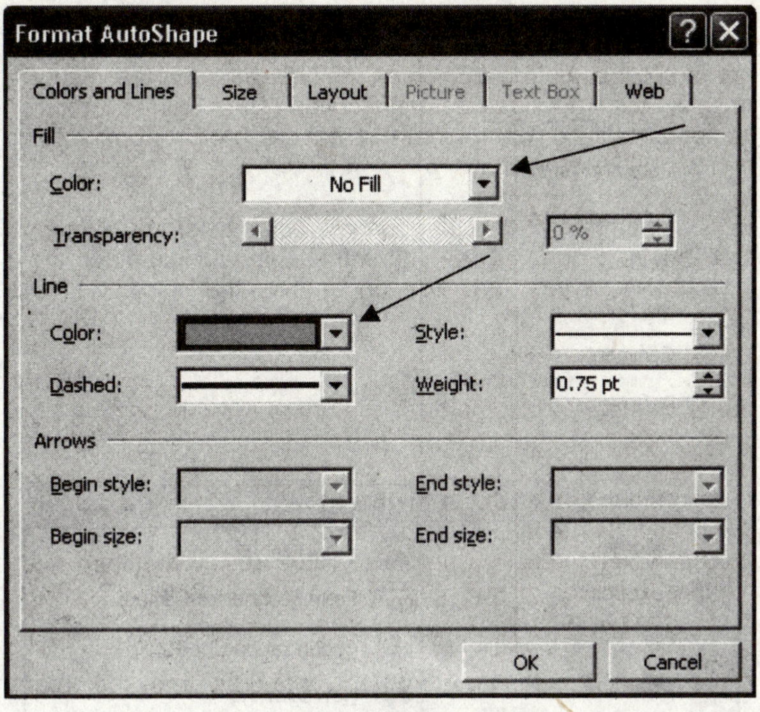

图 7 “格式自动成形”对话框

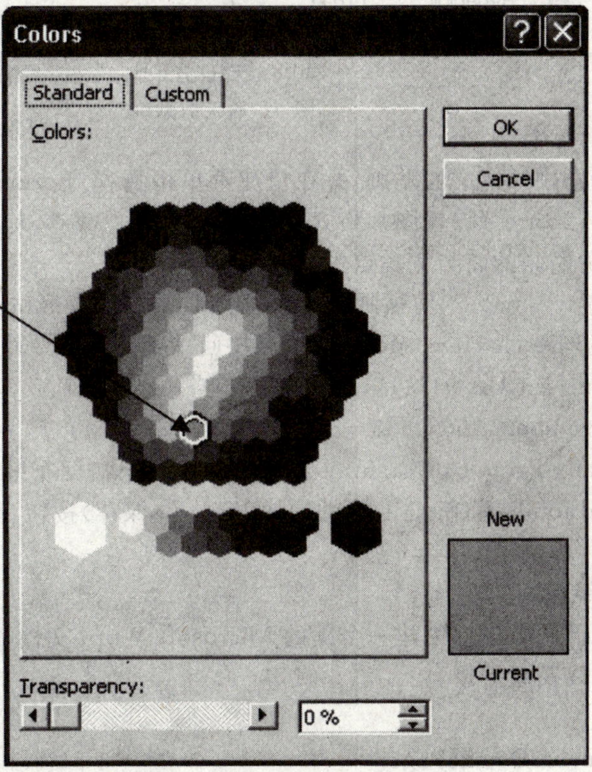

图 8 “色彩”对话框

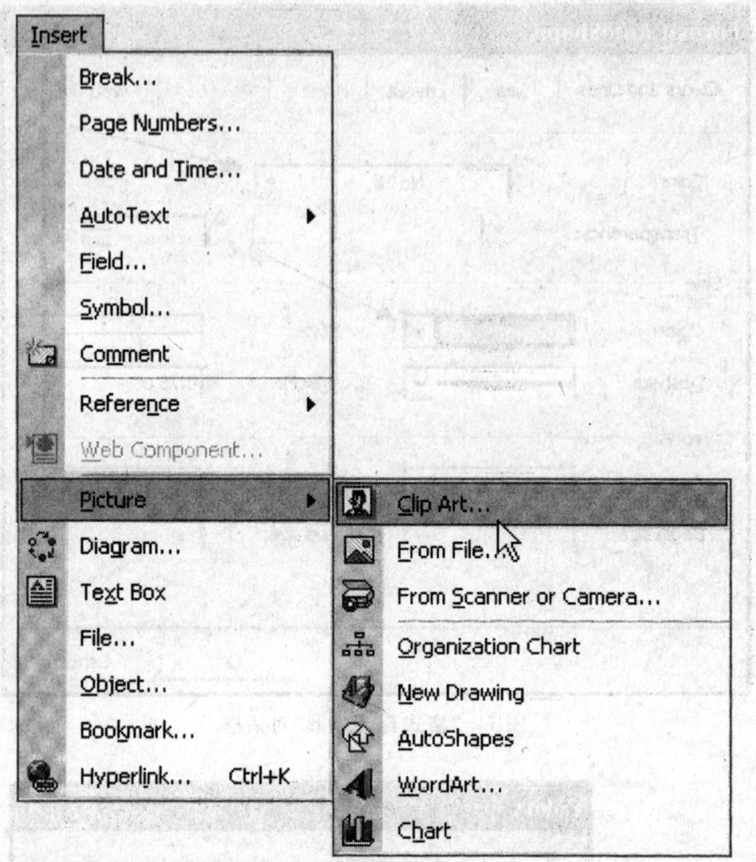

图 9 插入剪贴画

4. 鼠标右键单击刚刚插入的剪贴画，并在快捷菜单中选择"Format Picture"(设置图片格式)，出现"Format Picture"(设置图片格式)对话框。点击"Size"(大小)选项卡，见图 10。如果需要，可以修改剪贴画的高与宽。点击"OK"(确定)。
5. 取消选择"clip art image"(剪贴画图片)。在"Timeka's Tanning Salon, Inc."及剪贴画的下一行，键入"555 Beach Haven Road"，然后按回车键。
6. 键入"San Francisco,CA 94111"，按回车键。
7. 键入"Phone Number：(505)555－5748"，按回车键。
8. 键入"Open Daily From 6:00 a.m. to 10:00 p.m."，按回车键。
9. 点击"Standard toolbar"(标准工具栏)上的"Save"(保存)按钮。

活动 2：创建内部网页

创建一个内部网页包括创建一个新的 Microsoft Word 文档，在页面插入一些包含信息的图片、表格、书签以及超链接。

任务 1：创建 TimekasDetailsPage

按以下步骤操作：

1. 创建一个新的 Microsoft Word 文档。

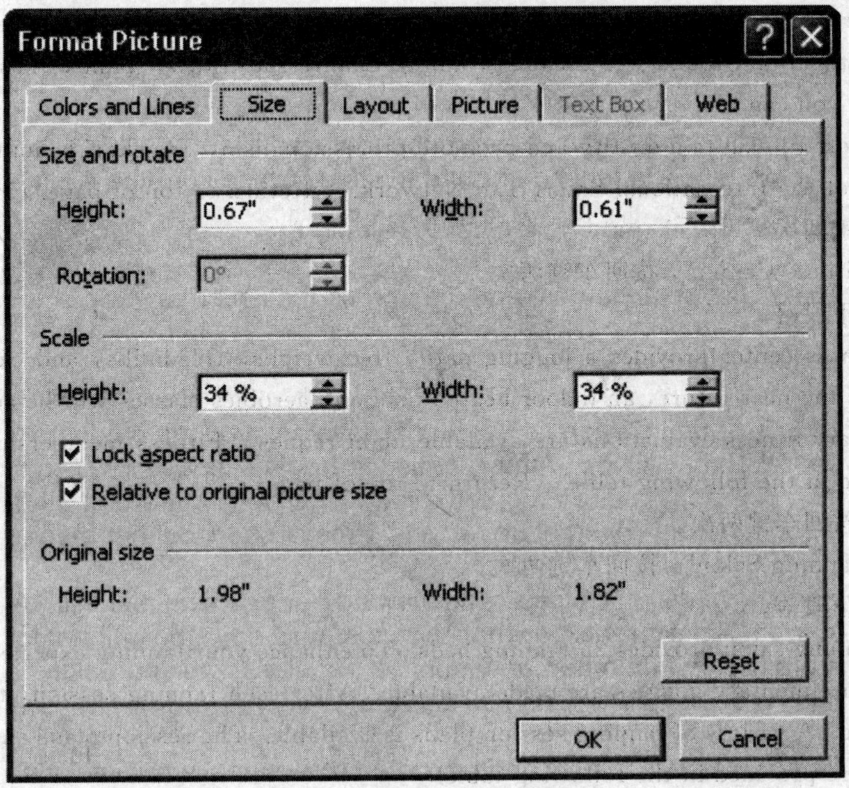

图 10 “设置图片格式”对话框

2. 从“Menu Bar toolbar”(菜单栏)中选择“Format”(格式)菜单,选择“Theme”(主题)选项。当“Theme”(主题)对话框出现后,选择“Network”(网络)模式。点击“OK”(确定)。
3. 在“File”(文件)菜单,选择“Save as Web Page”(另存为网页)选项。在“Save As”(另存为)对话框中将网页保存为“TimekasDetailsPage”,文件类型为“Web Page(*htm;*.html)”。
4. 返回“TimekasHomePage”文件,拷贝导航栏、文本“Timeka's Tanning Salon, Inc.”以及那张剪贴画(“navigation”(导航栏)包括那个圆角矩形条及栏中的文本)。
5. 返回“TimekasDetailsPage”,并将拷贝的内容粘贴在页面顶部。
6. 按回车键两次。
7. 在“Formatting toolbar”(格式工具栏),确保文字大小设置为 12,字体格式为“Trebuchet MS”并且文字颜色为金色;确保选中“Formatting toolbar”(格式工具栏)上的“Align Left”(左对齐)按钮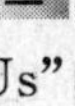。
8. 键入“About Us”,并加粗。按回车键两次。
9. 键入以下段落。

Growing up in sunny California, Tamika always enjoyed the outdoors, especially any water-related activities. After graduating from college in 1994 with an accouting degree, Timeka accepted a job with Mervin Marshall Manufacturing. The new job required constant travel, and Timeka soon lost her marvelous tan.

After being snowed in Chicago and viewing her pasty reflection in the hotel room's mirror,

Timeka realized what she must now do. She quit her job, borrowed money from her grandmother, and founded Timeka's Tanning Salon, Inc. Now, Timeka has a beautiful tan, and you can too.

In an effort to maintain quality and promote professionalism, Timeka's Tanning Salon is a member of the International Smart Tan Network. (Return to top of page.)

10. 按回车键两次。
11. 键入"Fitness Center",按回车键两次。
12. 键入如下段落。

    The fitness center provides a jogging path, free weighs, treadmills, and exercise bicycles. In the near future, an indoor heated pool and aerobics classes will be added. Complimentary fitness evaluations are available upon request. Fitness membership plans are provided in the following table. (Return to top of page.)

13. 结束后按回车键两次。
14. 键入"Tanning Salon",按回车键两次。
15. 键入如下段落。

    The tanning salon provides 25 tanning beds. To enhance your tanning experience, a radio and complimentary goggles are made available. After each tanning session, the beds are sanitized. A variety of tanning session plans is available. The session plans and associated prices are provided in the following table.

    (Return to top of page.)

16. 结束后按回车键两次。
17. 键入"Products",按回车键两次。
18. 键入如下段落。

    To obtain a dark,glowing tan, Timeka's Tanning Salon offers its clients several tan enhancing products. The products and available prices are provided below.

    (Return to top of page.)

19. 按回车键两次。

任务 2:插入健身中心表格

1. 将鼠标指针放在"Fitness Center"段落末尾的右括号后,按回车键两次。
2. 在位于"Menu Bar toolbar"(菜单栏)的"Table"(表格)菜单中选择"Insert"(插入)选项,然后选择"Table"(表格),见图 11。出现"Insert Table"(插入表格)对话框。
3. 在"Insert Table"(插入表格)对话框中,指定这个表格为 2 列 4 行,见图 12。点击"OK"(确定)。

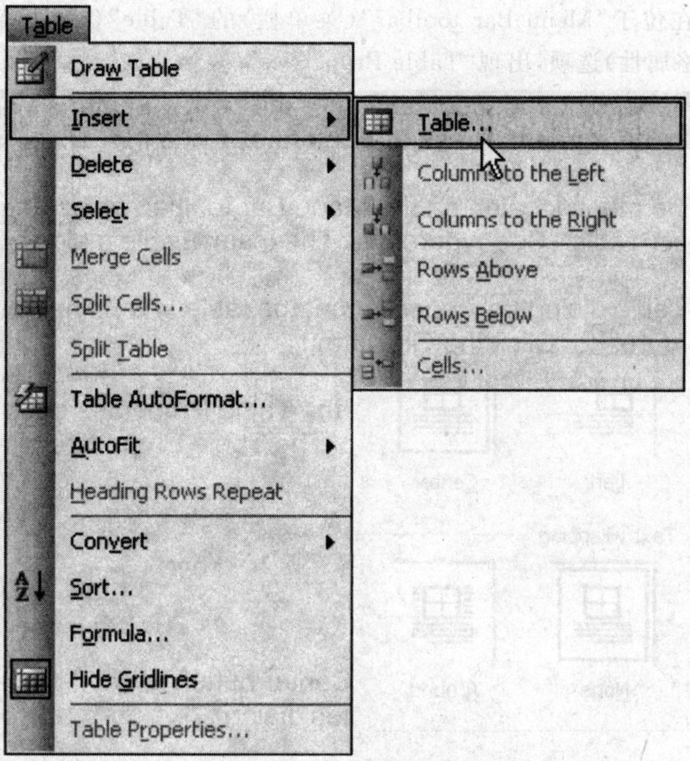

图 11 表格菜单

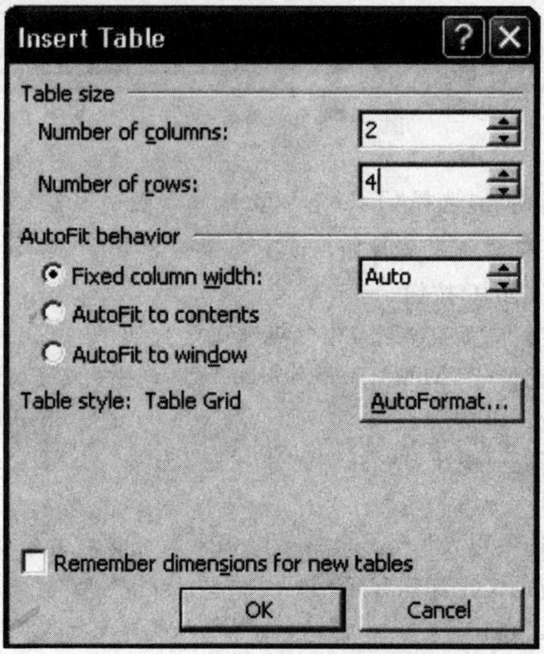

图 12 "插入表格"对话框

4. 选择整个表格，在位于“Menu Bar toolbar”(菜单栏)的“Table”(表格)菜单中选择“Table Properties”(表格属性)选项，出现“Table Properties”(表格属性)对话框，见图 13。

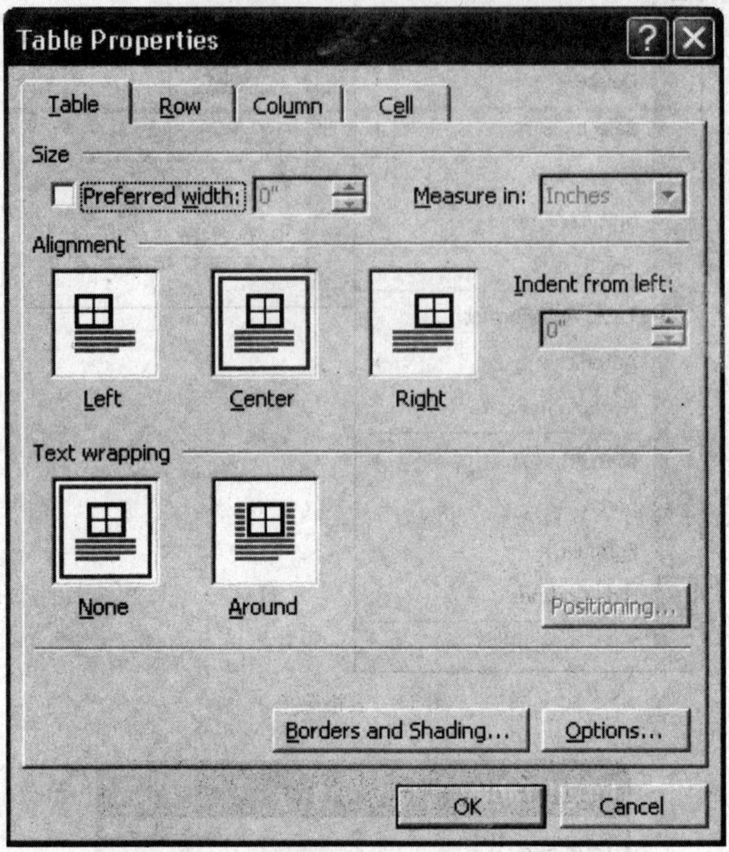

图 13 “表格属性”对话框

5. 点击“Table”(表格)选项卡，选择“Table Properties”(表格属性)对话框中“Alignment”(对齐方式)中的“Center”(居中)按钮  。
6. 点击(行)选项卡，指定行高为 0.3。点击“OK”(确定)。见图 14。
7. 选择表格的第一行。在位于“Menu Bar toolbar”(菜单栏)的“Format”(格式)菜单中选择“Borders and Shading”(边框和底纹)选项，见图 15。点击“Shading”(底纹)选项卡；点击“More Colors”(其他颜色)按钮，然后选择“象牙白”选项。见图 16。点击“OK”(确定)。点击“OK”(确定)。
8. 确保表格的第一行被选中以及“Formatting toolbar”(格式工具栏)上的“Bold”(加粗)按钮被选中(你想使第一行的文字加粗显示)。
9. 选择表格的最后一行。在位于“Menu Bar toolbar”(菜单栏)的“Table”(表格)菜单中选择“Merge Cells”(合并单元格)选项。

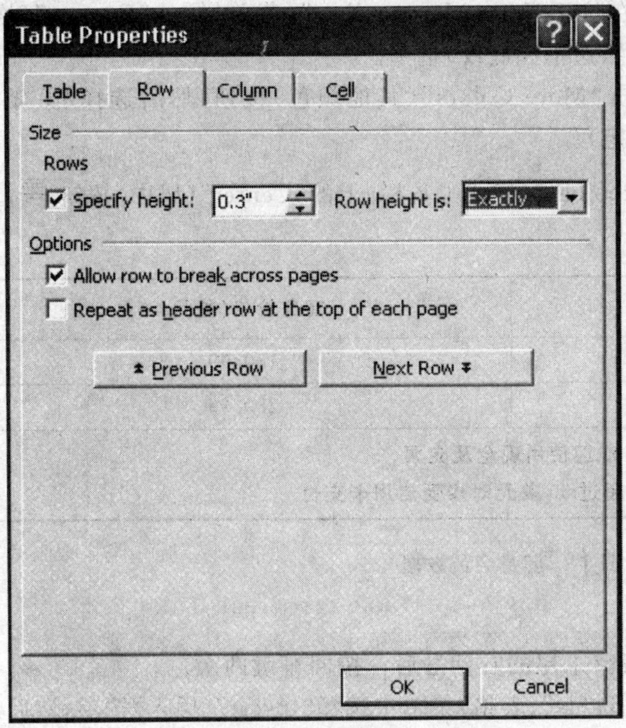

图 14　行属性

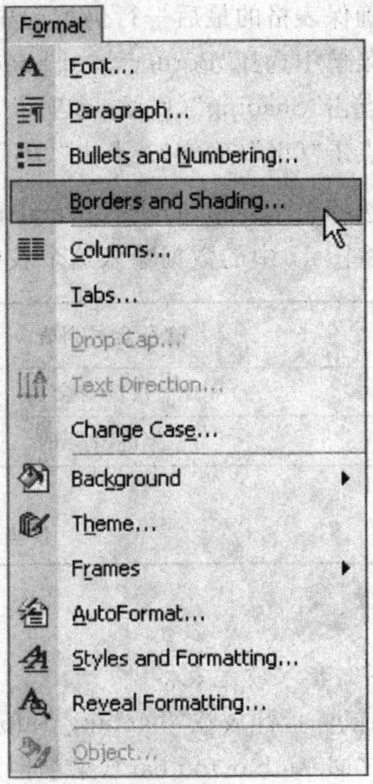

图 15　边框和底纹选项

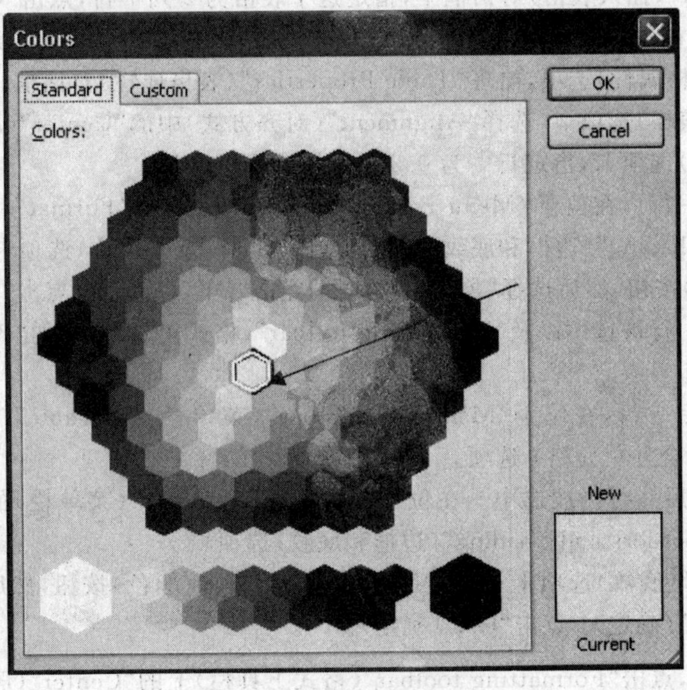

图 16　行阴影的颜色选择

10. 确保表格的最后一行仍被选中。在位于“Menu Bar toolbar”（菜单栏）的“Format”（格式）菜单中选择“Borders and Shading”（边框和底纹）选项。
11. 点击“Shading”（底纹）选项卡；点击“More Colors”（其他颜色）按钮，然后选择“象牙白”。点击“OK”（确定）。点击“OK”（确定）。
12. 选择整个表格，点击“Formatting toolbar”（格式工具栏）上的“Center”（居中）按钮。
13. 将图 17 中的数据输入这个表格。

健身会员列表	**健身价格(美元)**
6 个月健身会员	180.99
1 年健身会员	280.99
欢迎使用现金及支票 **仅当消费超过 50 美元时接受信用卡支付**	

图 17 健身会员数据

任务 3：插入沙龙表格

1. 将鼠标指针放在“Tanning Salon”段落末尾的右括号后。按回车键两次。
2. 在“Menu Bar toolbar”（菜单栏）的“Table”（表格）菜单中选择“Insert”（插入）选项，然后选择“Table”（表格），出现“Insert Table”（插入表格）对话框。
3. 在“Insert Table”（插入表格）对话框中，指定这个表格为 2 列 7 行，点击“OK”（确定）。
4. 选择整个表格，在位于“Menu Bar toolbar”（菜单栏）的“Table”（表格）菜单中选择“Table Properties”（表格属性）选项，出现“Table Properties”（表格属性）对话框。
5. 点击“Table”（表格）选项卡，选择“Alignment”（对齐方式）中的“Center”（居中）按钮。
6. 点击“Row”（行）选项卡，指定行高为 0.3。点击“OK”（确定）。
7. 选择表格的第一行。在位于“Menu Bar toolbar”（菜单栏）的“Format”（格式）菜单中选择“Borders and Shading”（边框和底纹）选项，点击“Shading”（底纹）选项卡；点击“More Colors”（其他颜色）按钮，然后选择“象牙白”选项。点击“OK”（确定）。点击“OK”（确定）。
8. 确保表格的第一行被选中以及“Formatting tollbar”（格式工具栏）上的“Bold”（加粗）按钮被选中。
9. 选择表格的最后一行，在位于“Menu Bar toolbar”（菜单栏）的“Table”（表格）菜单中选择“Merge Cells”（合并单元格）选项。
10. 确保表格的最后一行仍被选中。在位于“Menu Bar toolbar”（菜单栏）的“Format”（格式）菜单中选择“Borders and Shading”（边框和底纹）选项。
11. 点击“Shading”（底纹）选项卡；点击“More Colors”（其他颜色）按钮，然后选择“象牙白”选项。点击“OK”（确定）。点击“OK”（确定）。
12. 选择整个表格，点击“Formatting toolbar”（格式工具栏）上的“Center”（居中）按钮。
13. 将图 18 中的数据输入这个表格。

课程列表	课程价格(美元)
1 节	5.00
5 节	25.00
10 节	50.00
15 节	75.00
20 节	100.00
欢迎使用现金及支票 仅当消费超过 50 美元时接受信用卡支付	

图 18 课程价格

任务 4:插入产品表格

1. 将鼠标指针放在“Products”段落末尾的右括号后。按回车键两次。
2. 在“Menu Bar toolbar”(菜单栏)的“Table”(表格)菜单中选择“Insert”(插入)选项,然后选择“Table”(表格),出现“Insert Table”(插入表格)对话框。
3. 在“Insert Table”(插入表格)对话框中,指定这个表格为 2 列 8 行。
4. 选择整个表格,在位于“Menu Bar toolbar”(菜单栏)的“Table”(表格)菜单中选择“Table Properties”(表格属性)选项,出现“Table Properties”(表格属性)对话框。
5. 点击“Table”(表格)选项卡,选择“Alignment”(对齐方式)中的“Center”(居中)按钮。
6. 点击“Row”(行)选项卡,指定行高为 0.3。点击“OK”(确定)。
7. 选择表格的第一行。在位于“Menu Bar toolbar”(菜单栏)的“Format”(格式)菜单中选择“Borders and Shading”(边框和底纹)选项,点击“Shading”(底纹)选项卡;点击“More Colors”(其他颜色)按钮,然后选择“象牙白”选项。点击“OK”(确定)。点击“OK”(确定)。
8. 选择表格的最后一行。在位于“Menu Bar toolbar”(菜单栏)的“Table”(表格)菜单中选择“Merge Cells”(合并单元格)选项。
9. 确保表格的最后一行仍被选中。在位于“Menu Bar toolbar”(菜单栏)的“Format”(格式)菜单中选择“Borders and Shading”(边框和底纹)选项。点击“Shading”(底纹)选项卡;点击“More Colors”(其他颜色)按钮,然后选择“象牙白”选项。点击“OK”(确定)。点击“OK”(确定)。
10. 选择整个表格,点击“Formatting toolbar”(格式工具栏)上的“Center”(居中)按钮 。
11. 将图 19 中的数据输入这个表格。

产品列表	产品价格(美元)
青铜色 12 盎司洗液	24.99
金色 12 盎司洗液	27.99
青铜色 12 盎司油	19.99
金色 12 盎司油	21.99

（续）

产品列表	产品价格(美元)
Timeka's 美黑肤色修饰霜 12 盎司洗液	27.99
Timeka's 美黑肤色修饰霜 16 盎司洗液	34.99
欢迎使用现金及支票	
仅当消费超过 50 美元接受信用卡支付	

图 19　产品价格表

任务 5：插入书签

1. 将指针置于“About Us”段落起始的左端。
2. 在“Menu Bar”（菜单栏）中的“Insert”（插入）菜单中选择“Bookmark”（书签）选项，见图 20。
3. 在“Bookmark”（书签）对话框中，键入“AboutUs”作为书签的名字。点击“Add”（添加）。见图 21。

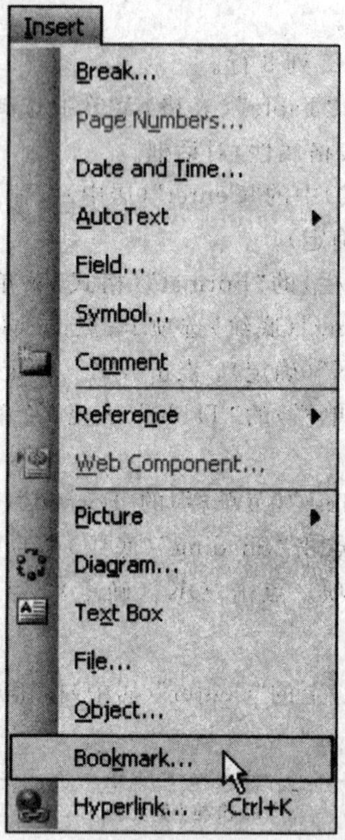

图 20　插入书签

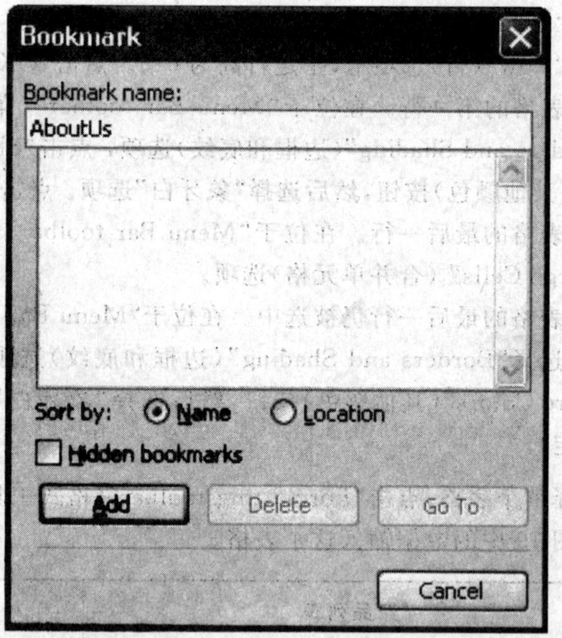

图 21　“书签”对话框

4. 将指针置于“Fitness Center”段落起始的左端。
5. 在“Menu Bar toolbar”（菜单栏）中的“Insert”（插入）菜单中选择“Bookmark”（书签）选项。
6. 在“Bookmark”（书签）对话框中，键入“FitnessCenter”作为书签的名字。点击“Add”（添加）。

7. 将指针置于“TanningSalon”段落起始的左端。
8. 在“Menu Bar toolbar”(菜单栏)中的“Insert”(插入)菜单中选择“Bookmark”(书签)选项。
9. 在“Bookmark”(书签)对话框中，键入“TanningSalon”作为书签的名字。点击“Add”(添加)。
10. 将指针置于“Products”段落起始的左端。
11. 在“Menu Bar toolbar”(菜单栏)中的“Insert”(插入)菜单中选择“Bookmark”(书签)选项。
12. 在“Bookmark”(书签)对话框中，键入“Products”作为书签的名字。点击“Add”(添加)。
13. 返回页面顶端，将指针置于“navigation bar”(导航栏)的左端。
14. 在“Menu Bar toolbar”(菜单栏)中的“Insert”(插入)菜单中选择“Bookmark”(书签)选项。
15. 在“Bookmark”(书签)对话框中，键入“PageTop”作为书签的名字。点击“Add”(添加)。
16. 返回“TimekasHomePage”文档。
17. 在页面顶端，将指针置于“Navigation bar”(导航栏)的左端。
18. 在“Menu Bar toolbar”(菜单栏)中的“Insert”(插入)菜单中选择“Bookmark”(书签)选项。
19. 在“Bookmark”(书签)对话框中，键入“Home”作为书签的名字。点击“Add”(添加)。

任务 6：在“TimekasDetailsPage”文档中插入超链接

1. 返回“TimekasDetailsPage”文档的顶端，从“navigation bar”(导航栏)中选择“About Us”。

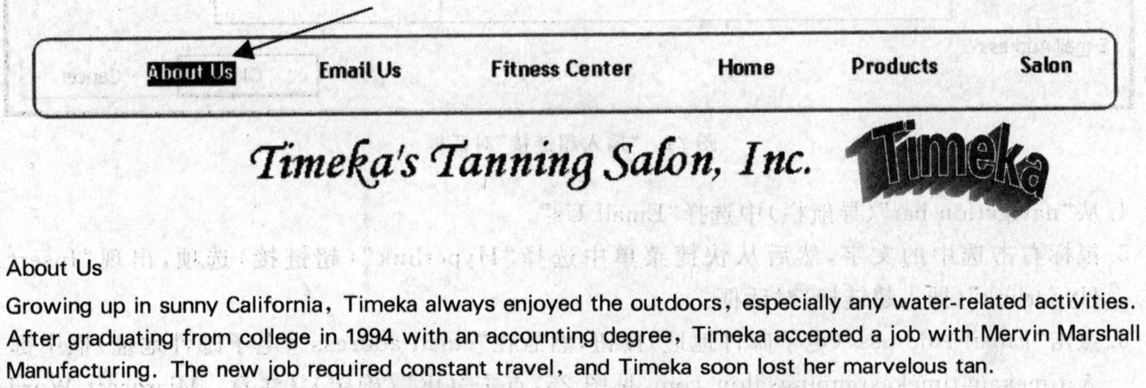

图 22 About Us 超链接

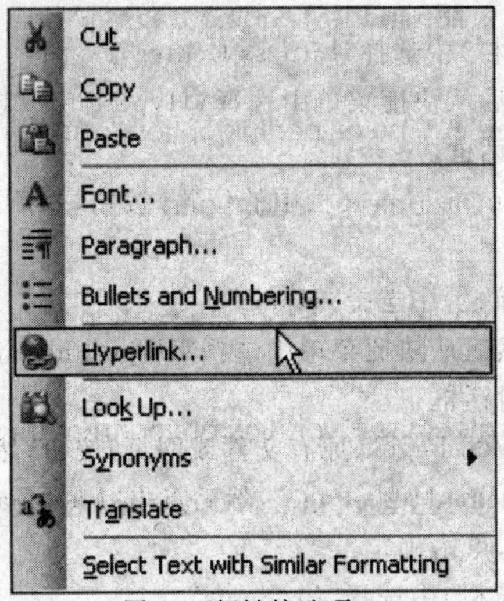

图 23 超链接选项

2. 鼠标右击选中的文字，然后从快捷菜单中选择“Hyperlink”(超链接)选项，见图23，出现“Insert Hyperlink”(插入超链接)对话框。
3. 点击“Place in this Document”(本文档中的位置)按钮，然后选择“AboutUs”书签，见图24，点击“OK”(确定)。

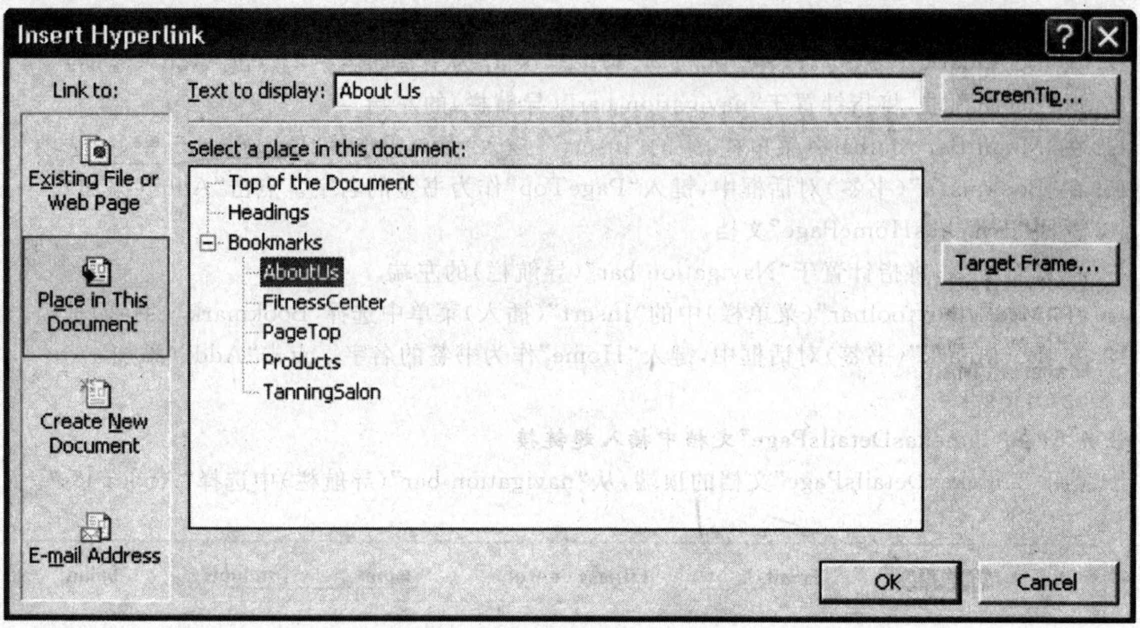

图 24 “插入超链接”对话框

4. 从“navigation bar”(导航栏)中选择“Email Us”。
5. 鼠标右击选中的文字，然后从快捷菜单中选择“Hyperlink”(超链接)选项，出现“Insert Hyperlink”(插入超链接)对话框。
6. 点击“Email Address”(电子邮件地址)按钮，然后在“email address”(电子邮件地址)框中键入 timeka@timekastanningsalon. com，见图 25，点击“OK”(确定)(注意：Microsoft Word 自动填入“mailto:”)。
7. 从“navigation bar”(导航栏)中选择“Fitness Center”。
8. 鼠标右击选中的文字，然后从快捷菜单中选择“Hyperlink”(超链接)选项，出现“Insert Hyperlink”(插入超链接)对话框。
9. 点击“Place in This Document”(本文档中的位置)按钮，然后选择“Fitness Center”书签，点击“OK”(确定)。
10. 从“navigation bar”(导航栏)中选择“Home”。
11. 鼠标右击选中的文字，然后从快捷菜单中选择“Hyperlink”(超链接)选项，出现“Insert Hyperlink”(插入超链接)对话框。
12. 点击“Existing File or Web Page”(原有文件或网页)按钮，然后点击“Current folder”(当前文件夹)按钮，选择“TimekasHomePage”，然后点击“Bookmark”(书签)按钮，选择“Home”书签，点击“OK”(确定)，点击确定。
13. 从“navigation bar”(导航栏)中选择“Products”。

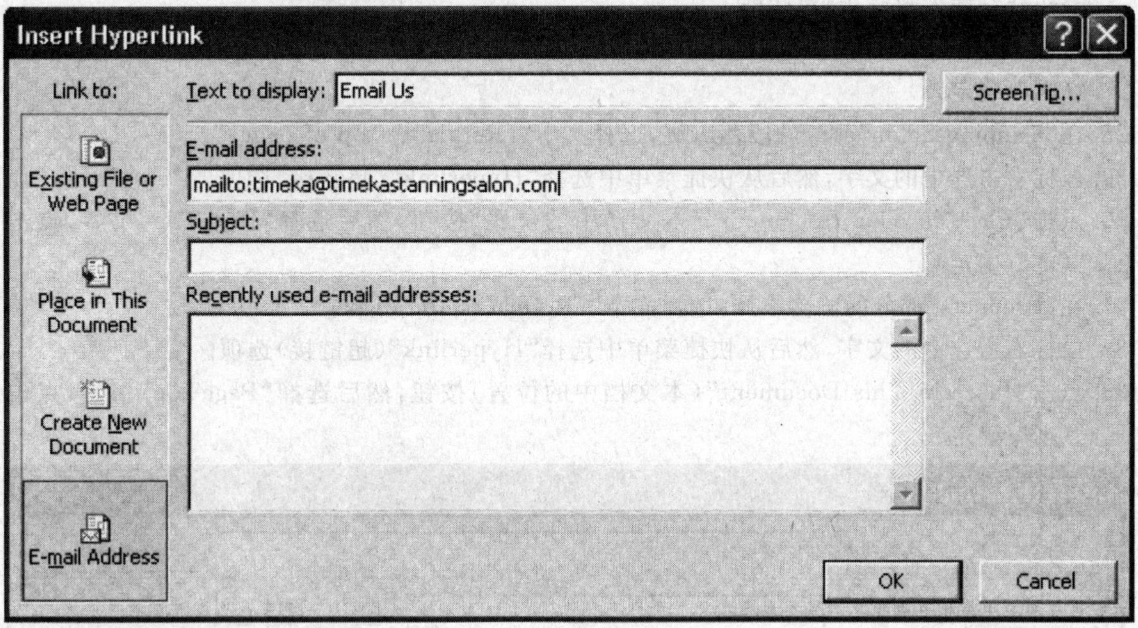

图 25 电子邮件地址

14. 鼠标右击选中的文字，然后从快捷菜单中选择“Hyperlink”（超链接）选项，出现“Insert Hyperlink”（插入超链接）对话框。
15. 点击“Place in This Document”（本文档中的位置）按钮，然后选择“Products”书签，点击“OK”（确定）。
16. 从“navigation bar”（导航栏）中选择“Salon”。
17. 鼠标右击选中的文字，然后从快捷菜单中选择“Hyperlink”（超链接）选项，出现“Insert Hyperlink”（插入超链接）对话框。
18. 点击“Place in This Document”（本文档中的位置）按钮，然后选择“TanningSalon”书签，点击“OK”（确定）。
19. 在“AboutUs”部分的第三段末尾，选择文本“International Smart Tan Network”。
20. 鼠标右击选中的文字，然后从快捷菜单中选择“Hyperlink”（超链接）选项，出现“Insert Hyperlink”（插入超链接）对话框。
21. 点击“Existing File or Web Page”（原有文件或网页）按钮，在“Address”（地址）栏填入 http://www.smarttan.com/。点击“OK”（确定）。
22. 在“AboutUs”部分的第 3 段末尾，选择文本“(Return to top of page)”。
23. 鼠标右击选中的文字，然后从快捷菜单中选择“Hyperlink”（超链接）选项，出现“Insert Hyperlink”（插入超链接）对话框。
24. 点击“Place in This Document”（本文档中的位置）按钮，然后选择“PageTop”书签，点击“OK”（确定）。
25. 在“Tanning Salon”部分的段落末尾，选择文本“(Return to top of page)”。
26. 鼠标右击选中的文字，然后从快捷菜单中选择“Hyperlink”（超链接）选项，出现“Insert Hy-

perlink”(插入超链接)对话框。

27. 点击“Place in This Document”(本文档中的位置)按钮，然后选择“PageTop”书签，点击“OK”(确定)。
28. 在“Tanning Salon”部分的段落末尾，选择文本“(Return to top of page)”。
29. 鼠标右击选中的文字，然后从快捷菜单中选择“Hyperlink”(超链接)选项。
30. 点击“Place in This Document”(本文档中的位置)按钮，然后选择“PageTop”书签，点击“OK”(确定)。
31. 在“Products”部分的段落末尾，选择文本“(Return to top of page)”。
32. 鼠标右击选中的文字，然后从快捷菜单中选择“Hyperlink”(超链接)选项。
33. 点击“Place in This Document”(本文档中的位置)按钮，然后选择“PageTop”书签，点击“OK”(确定)。

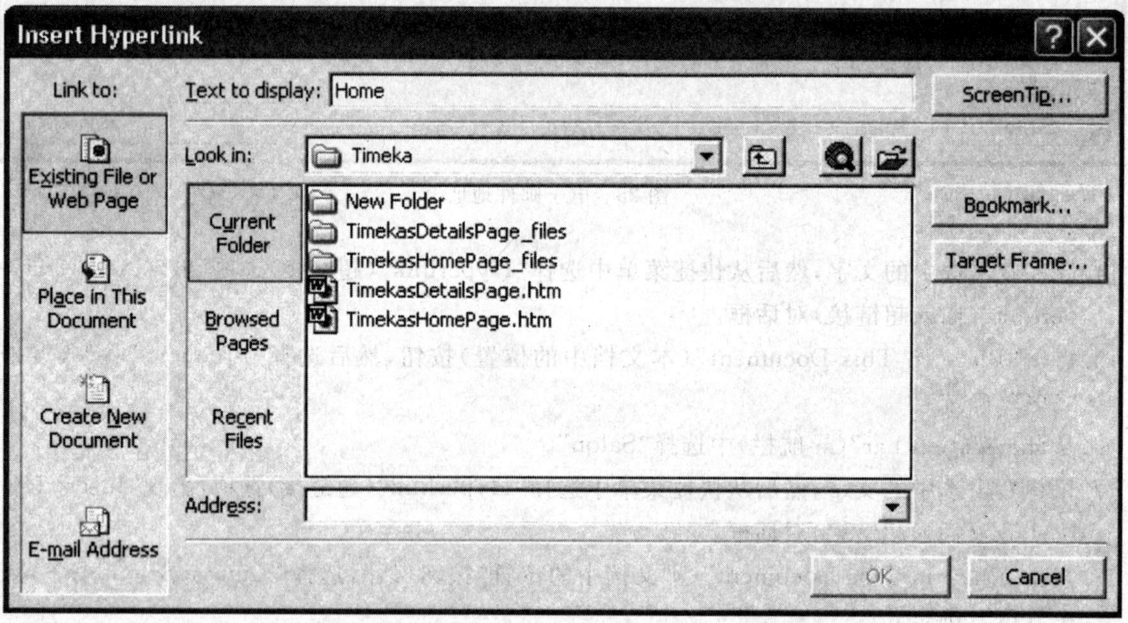

图 26　链接到一个原有文件

任务 7：在“TimekasHomePage”文档中插入超链接

1. 返回“TimekasHomePage”文档的顶端，从“navigation bar”(导航栏)中选择“About Us”。
2. 鼠标右击选中的文字，然后从快捷菜单中选择“Hyperlink”(超链接)选项，出现“Insert Hyperlink”(插入超链接)对话框。
3. 点击“Existing File or Web Page”(原有文件或网页)按钮，然后点击“Current Folder”(当前文件夹)按钮，选择“TimekasDetailsPage”，然后点击“Bookmark”(书签)按钮。出现“Select Place in Document”对话框，选择“AboutUs”书签，点击“OK”(确定)。点击“OK”(确定)。见图 27。
4. 从“navigation bar”(导航栏)中选择“Email Us”。
5. 鼠标右击选中的文字，然后从快捷菜单中选择“Hyperlink”(超链接)选项，出现“Insert Hyperlink”(插入超链接)对话框。

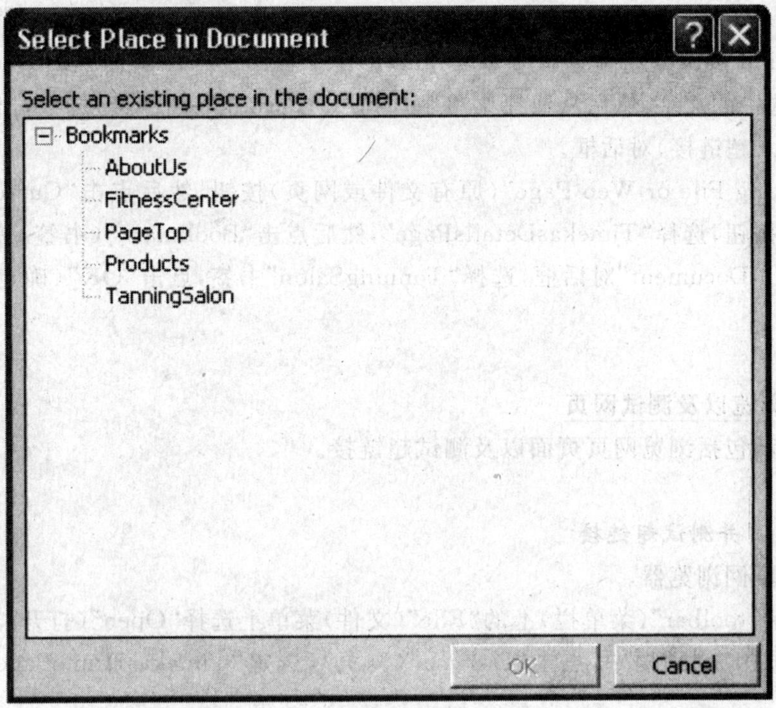

图 27 “选择本文档中的位置”对话框

6. 点击“Email Address”(电子邮件地址)按钮,然后双击在“recently used email addresses”(最近用过的电子邮件地址)栏中的地址“timeka@timekastanningsalon. com”(如果 Timeka 的邮件地址没有出现,再次输入即可)。
7. 从“navigation bar”(导航栏)中选择“Fitness Center”。
8. 鼠标右击选中的文字,然后从快捷菜单中选择“Hyperlink”(超链接)选项,出现“Insert Hyperlink”(插入超链接)对话框。
9. 点击“Existing File or Web Page”(原有文件或网页)按钮,再点击“Current Folder”(当前文件夹)按钮,选择“TimekasDetailsPage”,然后点击“Bookmark”(书签)按钮。出现“Select Place in Document”对话框,选择“FitnessCenter”书签,点击“OK”(确定)。点击“OK”(确定)。
10. 从“navigation bar”(导航栏)中选择“Home”。
11. 鼠标右击选中的文字,然后从快捷菜单中选择“Hyperlink”(超链接)选项,出现“Insert Hyperlink”(插入超链接)对话框。
12. 点击“Place in This Document”(本文档中的位置)按钮,然后选择“Home”书签,点击“OK”(确定)。
13. 从“navigation bar”(导航栏)中选择“Products”。
14. 鼠标右击选中的文字,然后从快捷菜单中选择“Hyperlink”(超链接)选项,出现“Insert Hyperlink”(插入超链接)对话框。
15. 点击“Existing File or Web Page”(原有文件或网页)按钮,再点击“Current Folder”(当前文件夹)按钮,选择“TimekasDetailsPage”,然后点击“Bookmark”(书签)按钮。出现“Select

Place in Document”对话框，选择“Products”书签，点击“OK”(确定)。点击“OK”(确定)。

16. 从“navigation bar”(导航栏)中选择“Salon”。

17. 鼠标右击选中的文字，然后从快捷菜单中选择“Hyperlink”(超链接)选项，出现“Insert Hyperlin”(插入超链接)对话框。

18. 点击“Existing File or Web Page”(原有文件或网页)按钮，然后点击“Current Folder”(当前文件夹)按钮，选择“TimekasDetailsPage”，然后点击“Bookmark”(书签)按钮。出现“Select Place in Document”对话框，选择“TanningSalon”书签，点击“OK”(确定)。点击“OK”(确定)。

活动 3：保存、浏览以及测试网页

第三个活动包括浏览网页页面以及测试超链接。

任务 1：浏览网页并测试超链接

1. 打开微软互联网浏览器。
2. 从“Menu Bar toolbar”(菜单栏)上的“File”(文件)菜单上选择“Open”(打开)选项。
3. 在“Open”(打开)对话框中，点击“Browse”(浏览)，选定“TimekasHomePage”。图 28 是完整的主页。

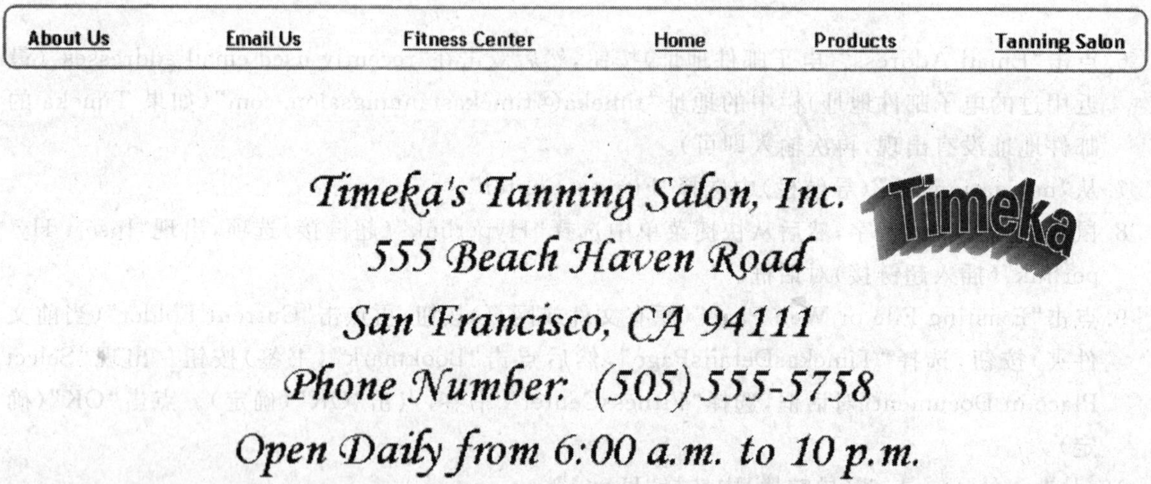

图 28 沙龙主页

4. 为了确保每个超链接的正常运行，需要点击每个超链接。(如果超链接错误，从“File”(文件)菜单上选择“Edit with Microsoft Word”(用 Microsoft Word 编辑)选项，这个文档现在就以 Word 格式打开，修改后再保存文档)
5. 结束对“TimekasHomePage”网页链接的检查后，在微软互联网浏览器中打开“TimekasDetailsPage”，检查该网页中的链接，图 29 是沙龙网页的一部分。

About Us | Email Us | Fitness Center | Home | Products | Salon

Timeka's Tanning Salon, Inc.

About Us

Growing up in sunny California, Timeka always enjoyed the outdoors, especially any water-related activities. After graduating from college in 1994 with an accounting degree, Timeka accepted a job with Mervin Marshall Manufacturing. The new job required constant travel, and Timeka soon lost her marvelous tan.

After being snowed in in Chicago and viewing her pasty reflection in the hotel room's mirror, Timeka realized what she must now do. She quit her job, borrowed money from her grandmother and founded Timeka's Tanning Salon, Inc. Now Timeka has a beautiful tan, and you can too. (Return to top of page.)

In an effort to maintain quality and promote professionalism, Timeka's Tanning Salon is a member of the International Smart Tan Network.

Fitness Center

The fitness center provides a jogging path, free weights, treadmills, and exercise bicycles. In the near future, Timeka will add an indoor heated pool and aerobics classes for her customers. Complimentary fitness evaluations are available upon request. Fitness membership plans are provided in the following table. (Return to top of page.)

Fitness Membership List	Fitness Membership Prices
Six-Month Fitness Membership	$ 180.99
Yearly Fitness Membership	$ 280.99
Cash and checks are welcome. Credit cards can be used on purchases greater than $ 50.	

图 29 沙龙网页的一部分

检验你的设计准备

该部分要求你为沙龙网页添加有氧健身课课程表、特别单元以及新的健身会员计划。这个指导不会为你提供加入这些信息的具体步骤，相反，这是留给你的一次练习。

案例提交

通过上一个步骤你经常会发现网页还需要被修改，这鼓励你准备一个可以与变化着的商业需求相适应的具有弹性的网页。由于上一个步骤经常要求你对网页进行改动，所以在完成上一步骤前或后，你需要确认老师是否需要递交一份信息改动说明。

第五篇 术语

- 电子表格术语
- 数据库术语
- 网页术语

5.1 电子表格术语

在准备《管理信息系统案例——应用软件辅助决策》(第3版)的电子表格案例时，掌握一些电子表格的技能是有必要的。案例中的“所需技能”单元列出了完成该案例所需要的主要技能。在准备案例前，你应该使用“所需技能”单元来检查需要回顾的技能。

这篇电子表格术语对《管理信息系统案例——应用软件辅助决策》(第3版)中用到的许多技能提供了简要的说明和回顾，但并不提供详细的说明。如果你需要一份关于如何使用特定技能的详细说明，你可以使用系统的在线帮助功能进行更深入了解。通过使用系统在线帮助功能，你可以快速学习技能，并且获得关于如何在电子表格中应用这些技能的详细说明。

电子表格技能定义

绝对单元格引用：当你将公式复制到复合单元格中时，Microsoft Excel 会更新该公式的单元格引用以反映其新位置。如果不想更新单元格引用，那你应该使用绝对单元格引用。在行和列引用前加一个美元标志($)就可以使单元格引用成为绝对的。例如，如果想使单元格引用 A4 是绝对的，你应该键入引用 $A$4。

高级筛选命令：该命令可显示一些符合特定条件的 Excel 表。不符合要求的记录从视图中被暂时隐藏。高级筛选命令与自动筛选命令相似，但是前者可以使用户更好的定制自己的选择条件。在使用高级筛选命令前，你必须先创建一个条件区域。图1是一个第3、4行为条

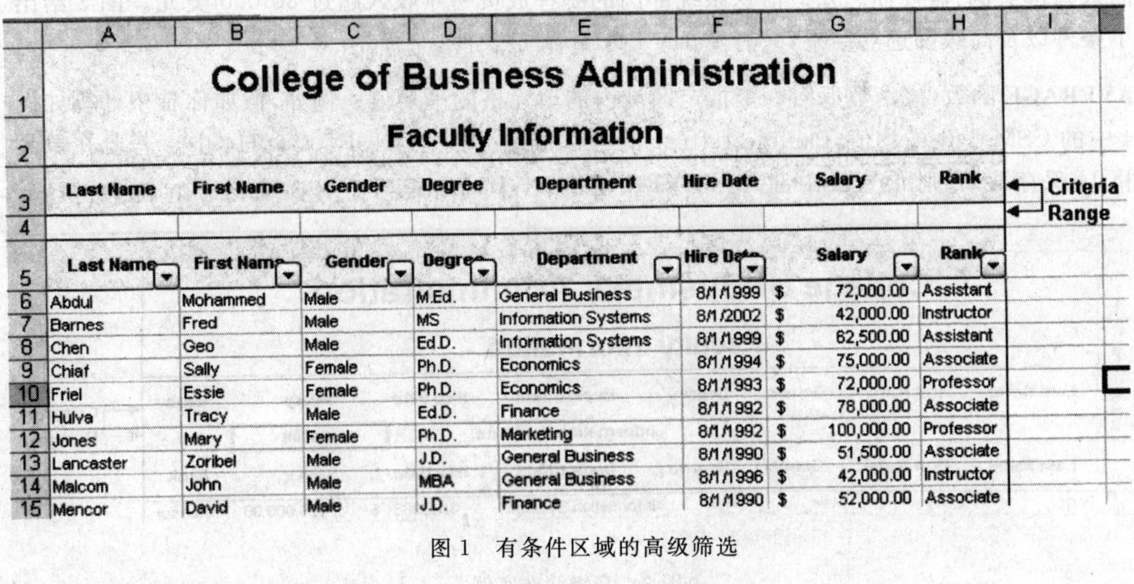

	A	B	C	D	E	F	G	H
3	Last Name	First Name	Gender	Degree	Department	Hire Date	Salary	Rank
4								
5	Last Name	First Name	Gender	Degree	Department	Hire Date	Salary	Rank
6	Abdul	Mohammed	Male	M.Ed.	General Business	8/1/1999	$ 72,000.00	Assistant
7	Barnes	Fred	Male	MS	Information Systems	8/1/2002	$ 42,000.00	Instructor
8	Chen	Geo	Male	Ed.D.	Information Systems	8/1/1999	$ 62,500.00	Assistant
9	Chiaf	Sally	Female	Ph.D.	Economics	8/1/1994	$ 75,000.00	Associate
10	Friel	Essie	Female	Ph.D.	Economics	8/1/1993	$ 72,000.00	Professor
11	Hulva	Tracy	Male	Ed.D.	Finance	8/1/1992	$ 78,000.00	Associate
12	Jones	Mary	Female	Ph.D.	Marketing	8/1/1992	$ 100,000.00	Professor
13	Lancaster	Zoribel	Male	J.D.	General Business	8/1/1990	$ 51,500.00	Associate
14	Malcom	John	Male	MBA	General Business	8/1/1996	$ 42,000.00	Instructor
15	Mencor	David	Male	J.D.	Finance	8/1/1990	$ 52,000.00	Associate

图1 有条件区域的高级筛选

件区域的电子表格。行 3 包括字段名，行 4 中可输入条件。同时你可以使用系统在线帮助获得更多关于该命令的信息。

使用高级筛选命令，你需要：

1. 你必须为 Excel 表指定一个区域名(这一步并非必需，但会有助于处理列表)。
2. 创建条件区域。
3. 在条件区域中输入条件。
4. 在“Worksheet Menu Bar”(工作表菜单栏)中的“Data”(数据)菜单中选择“Filter”(筛选)命令；选择“Advanced Filter”(高级筛选)。出现“Advanced Filter”(高级筛选)对话框，见图 2。注意到对话框要求列表区域以及条件区域。因为图 1 中的条件区域包括行 3 和行 4，因此条件区域被指定为＄A＄3：＄H＄4。

图 2　高级筛选对话框

高级筛选实例：假设你想知道信息系统部门的哪些成员每年收入超过 80 000 美元。图 3 给出了条件以及高级筛选的结果，只有 Larry Porter 满足条件。

AVERAGE 函数：该函数返回一个指定区域内的单元格的平均值。例如，假如你希望计算如图 4 中的 CSM 学生的均值，Pauline Jeffrey 的考试成绩分别在 E4、F4、G4、H4 中。若要在单元格 I4 保存结果，则可在 I4 中键入＝ **AVERAGE(E4：H4)**。

	A	B	C	D	E	F	G	H
3	Last Name	First Name	Gender	Degree	Department	Hire Date	Salary	Rank
4					Information Systems		>80000	
5	Last Name	First Name	Gender	Degree	Department	Hire Date	Salary	Rank
20	Porter	Larry	Male	Ph.D.	Information Systems	8/1/1988	$ 125,000.00	Professor

图 3　高级筛选实例

I4 | f_x =AVERAGE(E4:H4)

	A	B	C	D	E	F	G	H	I
1	Computing Systems for Management								
2	Fall 2006								
3	First Name	Last Name	Days Absent		Exam I	Exam II	Exam III	Final	Average
4	Pauline	Jeffery	0		100	82	78	95	88.75
5	Margaret	Brady	1		87	89	77	92	86.25
6	Larry	Martin	3		65	78	89	94	81.50
7	Ti	Yee	5		43	81	96	97	79.25
8	Lester	LaMonte	0		94	92	56	98	85.00
9	Fred	Reed	6		78	97	98	100	93.25
10	Lawanda	Smith	1		75	56	85	100	79.00
11	Peter	Sands	9		62	75	88	89	78.50
12	Jewel	Rochat	2		90	94	88	89	90.25
13	Aubrey	Strunk	1		70	75	85	88	79.50

图 4 AVERAGE 函数

自动筛选命令：该命令允许从 Excel 表中选择并显示满足一定条件的记录。不满足条件的记录会被暂时隐藏不出现在视图中（可见 Excel 列表）。

使用自动筛选命令，你需要：

1. 将单元格指针置于 Excel 表的任意位置。（注意：你应为 Excel 列表分配一个区域名称，比如“database”）

2. 在“Worksheet Menu Bar”（工作表菜单栏）中的“Data”（数据）菜单中选择“Filter”（筛选）命令；选择“AutoFilter”（自动筛选）命令。此时，位于表格第一行的字段名称旁出现向下的箭头。当筛选记录时，你可以使用该向下的箭头指定条件。图 5 显示了已被加入到 Excel 表的指向下的箭头。

自动筛选实例：假如你希望只看到信息系统部门。为了达到该目的你可以首先点击在“Department”标签旁的箭头，此时会出现一个下拉列表。该下拉列表包括每一个出现在“Department”列的不同的值，为了只看到信息系统部门，你可以选择信息系统条。图 6 给出该实例的结果。

按钮：按钮是可被添加到电子表格的一个小的（或大的）控件。按钮可被定义为一个宏，当该按钮被点击时，该宏被执行。Microsoft Excel 为你提供了可添加到工作表中的不同按钮。例如，你可以添加微调按钮、命令按钮、开关按钮以及选项按钮等。一个命令按钮如下所示：

Print Worksheet

在工作表上添加一个按钮，你需要：

1. 从位于工作表的“View”（视图）菜单中选择“Toolbars”（工具栏），接着选择“Forms”（表单）选项（这会使“Forms”（表单）工具栏出现）。

2. 点击“Forms”（表单）工具栏上的按钮图标。

	A	B	C	D	E	F	G	H
1	College of Business Administration							
2	Faculty Information							
3	Last Name	First Name	Gender	Degree	Department	Hire Date	Salary	Rank
4	Abdul	Mohammed	Male	M.Ed.	General Business	8/1/1999	$ 72,000.00	Assistant
5	Barnes	Fred	Male	MS	Information Systems	8/1/2002	$ 42,000.00	Instructor
6	Chen	Geo	Male	Ed.D.	Information Systems	8/1/1999	$ 62,500.00	Assistant
7	Chiaf	Sally	Female	Ph.D.	Economics	8/1/1994	$ 75,000.00	Associate
8	Friel	Essie	Female	Ph.D.	Economics	8/1/1993	$ 72,000.00	Professor
9	Hulva	Tracy	Male	Ed.D.	Finance	8/1/1992	$ 78,000.00	Associate
10	Jones	Mary	Female	Ph.D.	Marketing	8/1/1992	$ 100,000.00	Professor
11	Lancaster	Zoribel	Male	J.D.	General Business	8/1/1990	$ 51,500.00	Associate
12	Malcom	John	Male	MBA	General Business	8/1/1996	$ 42,000.00	Instructor
13	Mencor	David	Male	J.D.	Finance	8/1/1990	$ 52,000.00	Associate
14	Namiesnoiwoski	Elaine	Female	Ph.D.	Finance	8/1/1994	$ 75,000.00	Associate
15	Nguyen	Stewart	Male	Ph.D.	Marketing	8/1/1996	$ 89,000.00	Associate
16	Peterson	Mike	Male	J.D.	General Business	8/1/1999	$ 55,000.00	Assistant
17	Plagg	Nathan	Male	Ph.D.	Management	8/1/1997	$ 72,000.00	Assistant
18	Porter	Larry	Male	Ph.D.	Information Systems	8/1/1988	$ 125,000.00	Professor
19	Reese	LouAnn	Female	MBA	Accounting	8/1/1998	$ 72,000.00	Assistant
20	Ritzhaupht	Courtney	Female	MBA	Management	8/1/1982	$ 50,000.00	Instructor
21	Uhlenhopp	Kevan	Male	Ed.D.	Management	8/1/1997	$ 72,000.00	Assistant
22	Weiss	Clare	Female	Ph.D.	Accounting	8/1/2001	$ 72,000.00	Assistant
23	Whaley	Dari	Female	Ed.D.	Accounting	8/1/1996	$ 70,000.00	Associate

图 5 自动筛选实例

	A	B	C	D	E	F	G	H
1	College of Business Administration							
2	Faculty Information							
3	Last Name	First Name	Gender	Degree	Department	Hire Date	Salary	Rank
5	Barnes	Fred	Male	MS	Information Systems	8/1/2002	$ 42,000.00	Instructor
6	Chen	Geo	Male	Ed.D.	Information Systems	8/1/1999	$ 62,500.00	Assistant
18	Porter	Larry	Male	Ph.D.	Information Systems	8/1/1988	$ 125,000.00	Professor

图 6 自动筛选实例结果

3. 在工作表上绘制按钮。按钮绘制完毕后，就会出现“Assign Macro”(指定宏)对话框。此时，你可以为该按钮指定一个宏。

单元格格式：通过格式化一个单元格，你可以改善单元格的外观和内容的可读性。“Format Cells”(设置单元格格式)命令可使你指定数字、对齐、字体、边框、图形以及保护模式等。图 7 是“Format Cells”(设置单元格格式)对话框。

调整单元格格式，你需要：

1. 从位于“Worksheet Menu Bar”(工作表菜单栏)的“Format”(格式)菜单中选择“Cells”(单元格)命令。

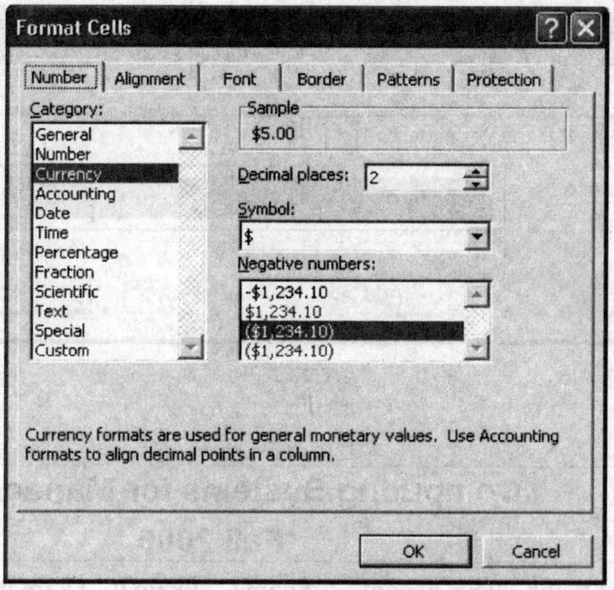

图 7 “单元格格式”对话框

单元格引用:请参见绝对单元格引用及相对单元格引用。

图表:图表可以图解表示电子表格中被选中的数据。Microsoft Excel 为你提供几种图表选项。

创建一个图表,按以下步骤操作:

1. 选中想要在图表中显示的数据。
2. 点击“Standard”(标准)工具栏上的“Chart Wizard”(图表向导)按钮 。
3. 在“Chart Wizard”(图表向导)中,一系列的对话框可以帮你一步步完成图表创建。

条件格式:条件格式可以设定特定的格式,例如,当单元格内容符合一定要求时则显示为红色。

对一个或一组单元格应用条件格式时,你需要:

1. 选择单元格或单元格区域。
2. 从位于“Worksheet Menu Bar”(工作表菜单栏)上的“Format”(格式)菜单中选择“Conditional Formatting”(条件格式)命令,此时出现“Conditional Formatting”(条件格式)对话框,如图 8。
3. 在对话框中输入特定的条件。
4. 点击“Format”(格式)按钮,出现“Format Cells”(设置单元格格式)对话框。此时,你可以为满足特定标准或条件的单元格指定格式化选项。

条件格式实例:假设一个 CSM 教师想要用红色突出显示缺席 5 次及 5 次以上的学生的缺席数,那么该教师可以对“Day Absent”列的单元格应用条件格式,从而使得缺席数等于或大于 5 的单元格突出显示为红色。图 9 显示了应用于“Day Absent”列的条件格式。

合并工作表:在《管理信息系统案例——应用软件辅助决策》(第 3 版)中,合并工作表的含义是将

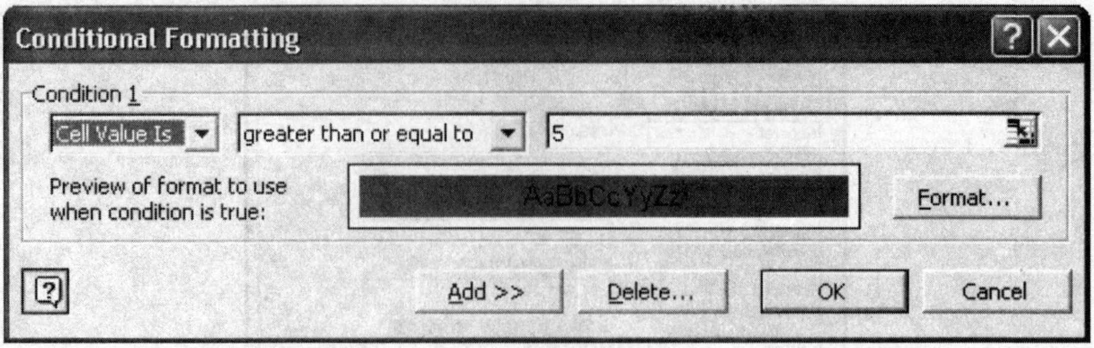

图 8 “条件格式”对话框

	A	B	C	D	E	F	G	H	I
1	Computing Systems for Management								
2	Fall 2006								
3	First Name	Last Name	Days Absent		Exam I	Exam II	Exam III	Final	Average
4	Pauline	Jeffery	0		100	82	78	95	88.75
5	Margaret	Brady	1		87	89	77	92	86.25
6	Larry	Martin	3		65	78	89	94	81.50
7	Ti	Yee	5		43	81	96	97	79.25
8	Lester	LaMonte	0		94	92	56	98	85.00
9	Fred	Reed	6		78	97	98	100	93.25
10	Lawanda	Smith	1		75	56	85	100	79.00
11	Peter	Sands	9		62	75	88	89	78.50
12	Jewel	Rochat	2		90	94	88	89	90.25
13	Aubrey	Strunk	1		70	75	85	88	79.50

图 9 条件格式实例

在多个表中出现的数据汇总到汇总表中，可供使用的一个方法是使用外部单元格引用（见外部单元格引用）。

COUNT（计数）函数：该函数可以给出指定单元格区域内数字型数据的个数。应用该函数的语法为：＝**COUNT（BeginningCellAddress：EndingCellAddress）**。

COUNT（计数）函数实例：假设 CSM 教师需要知道有多少学生参加了第一次考试，她可以在单元格 E15 中键入＝**COUNT（E4：E13）**。图 10 给出了 COUNT（计数）函数的一个例子。

COUNTA（计数）函数：该函数是一个统计函数，可以计算一个区域内非空单元格的数量，语法是：＝**COUNTA（BeginningCellAddress：EndingCellAddress）**。

COUNTIF（计数）函数：该函数计算区域内满足一定条件的单元格的数量。例如，你可能想知道每年收入超过 70 000 美元的部门成员的个数。图 11 显示了该函数的使用。

E15 =COUNT(E4:E13)

	A	B	C	D	E	F	G	H	I
1	Computing Systems for Management								
2	Fall 2006								
3	First Name	Last Name	Days Absent		Exam I	Exam II	Exam III	Final	Average
4	Pauline	Jeffery	0		100	82	78	95	88.75
5	Margaret	Brady	1		87	89	77	92	86.25
6	Larry	Martin	3		65	78	89	94	81.50
7	Ti	Yee	5		43	81	96	97	79.25
8	Lester	LaMonte	0			92	56		74.00
9	Fred	Reed	6		78	97		100	91.67
10	Lawanda	Smith	1		75	56	85	100	79.00
11	Peter	Sands	9		62	75			68.50
12	Jewel	Rochat	2		90	94	88	89	90.25
13	Aubrey	Strunk	1		70	75	85		76.67
14									
15	Count				9	10	8	7	

图 10 计数函数实例

G24 =COUNTIF(G4:G23,">70,000")

	A	B	C	D	E	F	G	H
1	College of Business Administration							
2	Faculty Information							
3	Last Name	First Name	Gender	Degree	Department	Hire Date	Salary	Rank
4	Abdul	Mohammed	Male	M.Ed.	General Business	8/1/1999	$ 72,000.00	Assistant
5	Barnes	Fred	Male	MS	Information Systems	8/1/2002	$ 42,000.00	Instructor
6	Chen	Geo	Male	Ed.D.	Information Systems	8/1/1999	$ 62,500.00	Assistant
7	Chiaf	Sally	Female	Ph.D.	Economics	8/1/1994	$ 75,000.00	Associate
8	Friel	Essie	Female	Ph.D.	Economics	8/1/1993	$ 72,000.00	Professor
9	Hulva	Tracy	Male	Ed.D.	Finance	8/1/1992	$ 78,000.00	Associate
10	Jones	Mary	Female	Ph.D.	Marketing	8/1/1992	$ 100,000.00	Professor
11	Lancaster	Zoribel	Male	J.D.	General Business	8/1/1990	$ 51,500.00	Associate
12	Malcom	John	Male	MBA	General Business	8/1/1996	$ 42,000.00	Instructor
13	Mencor	David	Male	J.D.	Finance	8/1/1990	$ 52,000.00	Associate
14	Namiesnoiwoski	Elaine	Female	Ph.D.	Finance	8/1/1994	$ 75,000.00	Associate
15	Nguyen	Stewart	Male	Ph.D.	Marketing	8/1/1996	$ 89,000.00	Associate
16	Peterson	Mike	Male	J.D.	General Business	8/1/1999	$ 55,000.00	Assistant
17	Plagg	Nathan	Male	Ph.D.	Management	8/1/1997	$ 72,000.00	Assistant
18	Porter	Larry	Male	Ph.D.	Information Systems	8/1/1988	$ 125,000.00	Professor
19	Reese	LouAnn	Female	MBA	Accounting	8/1/1998	$ 72,000.00	Assistant
20	Ritzhaupht	Courtney	Female	MBA	Management	8/1/1982	$ 50,000.00	Instructor
21	Uhlenhopp	Kevan	Male	Ed.D.	Management	8/1/1997	$ 72,000.00	Assistant
22	Weiss	Clare	Female	Ph.D.	Accounting	8/1/2001	$ 72,000.00	Assistant
23	Whaley	Dari	Female	Ed.D.	Accounting	8/1/1996	$ 70,000.00	Associate
24					Greater Than $70,000		12	

图 11 COUNTIF 例子

数据表：数据表汇总一些 what-if 分析的结果。例如，假设你想要购买一处房产，你希望评估不同首次支付对月供的影响。如图 12 所示，你可以立刻比较不同情形下的结果。

Microsoft Excel 允许你创建单变量或双变量的数据表。在单变量数据表中，你可以指定一个输入单元格和多个结果单元格。输入单元格即工作表中你在分析部分想要修改的单元格。结果单元格是工作表中值随着输入单元格值的变化而变化的单元格。在单变量数据表中，你只能有一个输入单元格，但结果单元格数量无限制。在双变量数据表中，你可以指定两个输入单元格，但只能有一个结果单元格。

为了创建一个单变量数据表，你需要：

1. 列出你想让 Microsoft Excel 代入到输入单元格中的值(图 12 显示了输入值，即不同的首次支付，在数据表的最左列)。注意对输入单元格的引用必须置于数据表最左列上边的单元格。在图 12 中，引用被置于 E4。在 E4 中，你需要键入引用＝B4。
2. 为结果单元格提供引用。这可以通过在表中包含一个指向结果单元格的引用实现。例如，对于单元格 F4 和 G4，引用分别在 B8 和 B10 中。单元格 F4 包含引用＝ B8，单元格 G4 包含引用＝ B10。
3. 选择模拟运算表区域。图 12 中，模拟运算表区域包括 E4:G9。

	A	B	C	D	E	F	G	H
1					Home Mortgage			
2	Payment Analysis				One-Variable Data Table			
3	Purchase Price	100000			Down Payment	Monthly Payment	Total Interest	
4	Down Payment	5000			$5,000	($648.07)	($138,304.29)	
5	Loan Amount	95000			$6,000	($641.25)	($136,848.45)	
6	Interest Rate	0.0725			$7,000	($634.42)	($135,392.62)	
7	Years	30			$8,000	($627.60)	($133,936.78)	
8	Monthly Payment	($648.07)			$9,000	($620.78)	($132,480.95)	
9	Total Payments	($233,304.29)			$10,000	($613.96)	($131,025.11)	
10	Total Interest	($138,304.29)						
11								

图 12 数据表例子

4. 从位于“Worksheet Menu Bar”(工作表菜单栏)上的“Data”(数据)菜单中选择“Table”(模拟运算表)选项。
5. 为行输入单元格或列输入单元格定位。图 13 给出了“Table”(模拟运算表)对话框。(如果你的输入值以行的形式排列，你需要在“Row input Cell”(输入引用行的单元格)中键入指向输入单元格的引用。若你的输入值以列的形式排列，你需要在“Column input cell”(输入引用列的单元格)中键入指向输入单元格的引用。图 13 中，因为输入值以列的形式排列，所

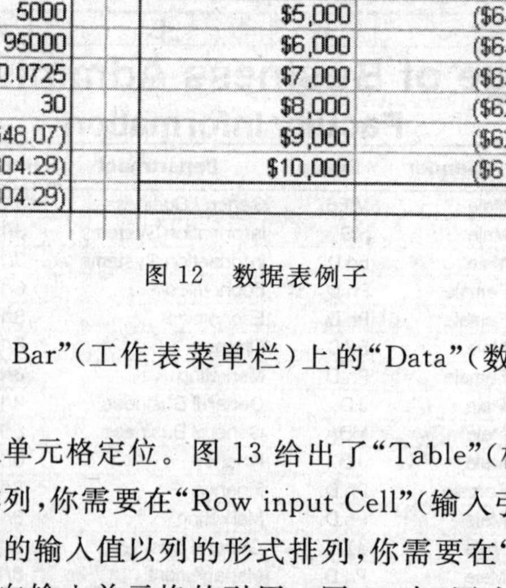

图 13 “模拟运算表”对话框

以在“Column input cell”中键入指向输入单元格的引用)

日期计算:当处理日期时,你必须确定是需要两个日期间的日期数还是同时计入开始和结束日期。若你需要知道两个日期间的日期数,那么仅需用结束日期减去开始日期。但是,若同时计入开始和结束日期,那么更合适的公式是=(**EndDate**−**StartDate**)+1。Microsoft Excel 提供了几个日期函数,你可以通过使用在线帮助系统获得更多关于日期函数的内容。

DAVERAGE 函数:在处理 Excel 列表时,DAVERAGE 函数是可用的几个数据库函数之一。在你使用高级筛选工具来筛选一列时,DAVERAGE 函数可以忽略该列中的隐藏值,只返回其中可见单元格的平均值。该函数的语法结构是=**DAVERAGE(ListName,“FieldName”,criteria)**。此时,可以参看系统在线帮助来复习数据库函数(也可参见 Excel 列表和高级筛选)。

DMAX 函数:在处理 Excel 列表时,DMAX 函数是可用的几个数据库函数之一。在你使用高级筛选工具来筛选一列时,DMAX 函数可以忽略该列中的隐藏值,只返回其中可见单元格的最大值。该函数的语法结构是=**DMAX(ListName,“FieldName”,criteria)**。此时,可以参看系统在线帮助来复习数据库函数(也可参见 Excel 列表和高级筛选)。

DMIN 函数:在处理 Excel 列表时,DMIN 函数是可用的几个数据库函数之一。在你使用高级筛选工具来筛选一列时,DMIN 函数可以忽略该列中的隐藏值,只返回其中可见单元格的最小值。该函数的语法结构是=**DMIN(ListName,“FieldName”,criteria)**。此时,可以参看系统在线帮助来复习数据库函数(也可参见 Excel 列表和高级筛选)。

DSUM 函数:在处理 Excel 列表时,DSUM 函数是可用的几个数据库函数之一。在你使用高级筛选工具来筛选一列时,DSUM 函数可以忽略该列中的隐藏值,只返回该列中其中可见单元格的和。该函数的语法结构是=**DSUM(ListName,“FieldName”,criteria)**。此时,可以参看系统在线帮助来复习数据库函数(也可参见 Excel 列表和高级筛选)。

Excel 列表:一个 Excel 列表是一组具有相同结构的数据,包括行和列,每行代表一个记录,每列代表一个字段或者数据属性。总之,列表的首行由字段名组成。图 14 是 Excel 列表的一个例子。

外部单元格引用:外部单元格引用可以引用其他工作表中的单元格或者区域的单元格,其语法为=**WorksheetName! CellAddress**。若要引用其他工作簿中的工作表中的单元格,其语法为=**[WorkbookName]WorksheetName! CellAddress**。若工作表名中包含空格,则需要将工作表名用单引号括起来,其语法是=**'Worksheet Name'! CellAddress**。同样地,若工作簿名中包含空格,则需要使用如下语法:=**'[WorkbookName]WorksheetName'! CellAddress**。

公式:公式是一个数学表达式,指定如何计算数据。一个公式可以简单也可以复杂,也可以包含预先定义的函数,如 AVERAGE、SUM 或者 PMT。一个公式必须以等号(=)开始。可以通过同时按 CTRL 键与重音符号键(`)来查看电子表的公式。

单变量求解:单变量求解是 Microsoft Excel 中的命令,用于进行 what-if 分析。单变量求解要求你为一个特定的单元格指定一个目标值,即设定单元格值,同时还需指定哪个单元格的值要被改变,该单元格被称作可变单元格。图 15 是单变量求解对话框。

为了使用单变量求解,你需要:

	A	B	C	D	E	F	G	H
1	College of Business Administration							
2	Faculty Information							
3	Last Name	First Name	Gender	Degree	Department	Hire Date	Salary	Rank
4	Abdul	Mohammed	Male	M.Ed.	General Business	8/1/1999	$ 72,000.00	Assistant
5	Barnes	Fred	Male	MS	Information Systems	8/1/2002	$ 42,000.00	Instructor
6	Chen	Geo	Male	Ed.D.	Information Systems	8/1/1999	$ 62,500.00	Assistant
7	Chiaf	Sally	Female	Ph.D.	Economics	8/1/1994	$ 75,000.00	Associate
8	Friel	Essie	Female	Ph.D.	Economics	8/1/1993	$ 72,000.00	Professor
9	Hulva	Tracy	Male	Ed.D.	Finance	8/1/1992	$ 78,000.00	Associate
10	Jones	Mary	Female	Ph.D.	Marketing	8/1/1992	$ 100,000.00	Professor
11	Lancaster	Zoribel	Male	J.D.	General Business	8/1/1990	$ 51,500.00	Associate
12	Malcom	John	Male	MBA	General Business	8/1/1996	$ 42,000.00	Instructor
13	Mencor	David	Male	J.D.	Finance	8/1/1990	$ 52,000.00	Associate
14	Namiesnoiwoski	Elaine	Female	Ph.D.	Finance	8/1/1994	$ 75,000.00	Associate
15	Nguyen	Stewart	Male	Ph.D.	Marketing	8/1/1996	$ 89,000.00	Associate
16	Peterson	Mike	Male	J.D.	General Business	8/1/1999	$ 55,000.00	Assistant
17	Plagg	Nathan	Male	Ph.D.	Management	8/1/1997	$ 72,000.00	Assistant
18	Porter	Larry	Male	Ph.D.	Information Systems	8/1/1988	$ 125,000.00	Professor
19	Reese	LouAnn	Female	MBA	Accounting	8/1/1998	$ 72,000.00	Assistant
20	Ritzhaupt	Courtney	Female	MBA	Management	8/1/1982	$ 50,000.00	Instructor
21	Uhlenhopp	Kevan	Male	Ed.D.	Management	8/1/1997	$ 72,000.00	Assistant
22	Weiss	Clare	Female	Ph.D.	Accounting	8/1/2001	$ 72,000.00	Assistant
23	Whaley	Dari	Female	Ed.D.	Accounting	8/1/1996	$ 70,000.00	Associate

图 14 Excel 列表实例

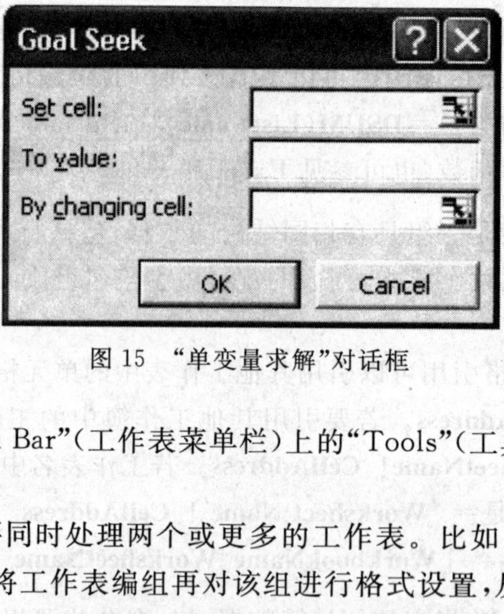

图 15 “单变量求解”对话框

1. 从位于“Worksheet Menu Bar”(工作表菜单栏)上的“Tools”(工具)菜单中选择“Goal Seek”(单变量求解)命令。

成组工作表:有时候,你需要同时处理两个或更多的工作表。比如,你可能想使工作表具有相类似的格式,那么你可以先将工作表编组再对该组进行格式设置,从而避免了逐一设置各工作表格式的麻烦。当处理一个工作表组时,注意在一张工作表上的改动会对其他所有该组中的工作表产生相同的影响。对一个工作表组处理完毕后,确保取消成组工作表。

为了使编组不连续的工作表成组,你需要:

1. 按住 Ctrl 键并点击你想编入工作表组的每一个工作表的标签。

为了使连续的工作表成组,你需要:

2. 按住 Shift 键并点击要列入工作表组的第一个表标签，接着点击最后一个表标签。

为了取消成组工作表，你需要：

1. 右击其中一个表标签，从快捷菜单中选择“Ungroup Sheet”（取消成组工作表）选项。

IF 函数：该函数是一个逻辑函数，判断一个指定的条件是真还是假，语法为：=**IF（condition，value_if_true，value_if_false）**。

IF 函数实例：假设 CSM 教师为每个缺席次数为 0 的学生奖励 25 分。图 16 显示了如何使用 IF 函数。

I4 =IF(C4=0,25,0)

	A	B	C	D	E	F	G	H	I	J
1	Computing Systems for Management									
2	Fall 2006									
3	First Name	Last Name	Days Absent		Exam I	Exam II	Exam III	Final	Bonus	Average
4	Pauline	Jeffery	0		100	82	78	95	25	95.00
5	Margaret	Brady	1		87	89	77	92	0	86.25
6	Larry	Martin	3		65	78	89	94	0	81.50
7	Ti	Yee	5		43	81	96	97	0	79.25
8	Lester	LaMonte	0		94	92	56	98	25	91.25
9	Fred	Reed	6		78	97	98	100	0	93.25
10	Lawanda	Smith	1		75	56	85	100	0	79.00
11	Peter	Sands	9		62	75	88	89	0	78.50
12	Jewel	Rochat	2		90	94	88	89	0	90.25
13	Aubrey	Strunk	1		70	75	85	88	0	79.50

图 16　IF 函数实例

导入外部数据：Microsoft Excel 允许你便捷的导入其他来源的数据到 Excel 中。

为了导入数据，你需要：

1. 从“Data”（数据）菜单中选择“Import External Data”（导入外部数据）选项，见图 17。
2. 选择一个数据源。

插入列命令：Microsoft Excel 使得在工作表中插入一列非常便捷。从位于“Worksheet Menu Bar”（工作表的菜单栏）上的“Insert”（插入）菜单中选择“Insert Columns”（插入列）命令。默认情况下，Microsoft Excel 会在选中列的左侧插入新的一列。若 B4 是活动单元格，你实施了插入列命令，那么 Microsoft Excel 会将列 B 向右移，成为列 C，同时出现新的列 B。

IRR 函数：该函数是一个财务函数，用来求解一系列现金流的内部收益率。该函数的语法是：=**IRR（values，guess）**。“values”指包含现金流的单元格区域。“guess”指你对 IRR 的最佳估计值，该值可以省略。

宏：一个宏是一组自动指令。当该宏被执行时，Microsoft Excel 为你执行这些指令。例如，你可能想要 Microsoft Excel 将数据从一个工作表拷贝到另一个，或者打印一个工作表组，或者清空一个特定的工作表区域。宏可以固化对工作表或工作簿的设计过程。Microsoft Excel 的宏录入是创建宏的简便方法。

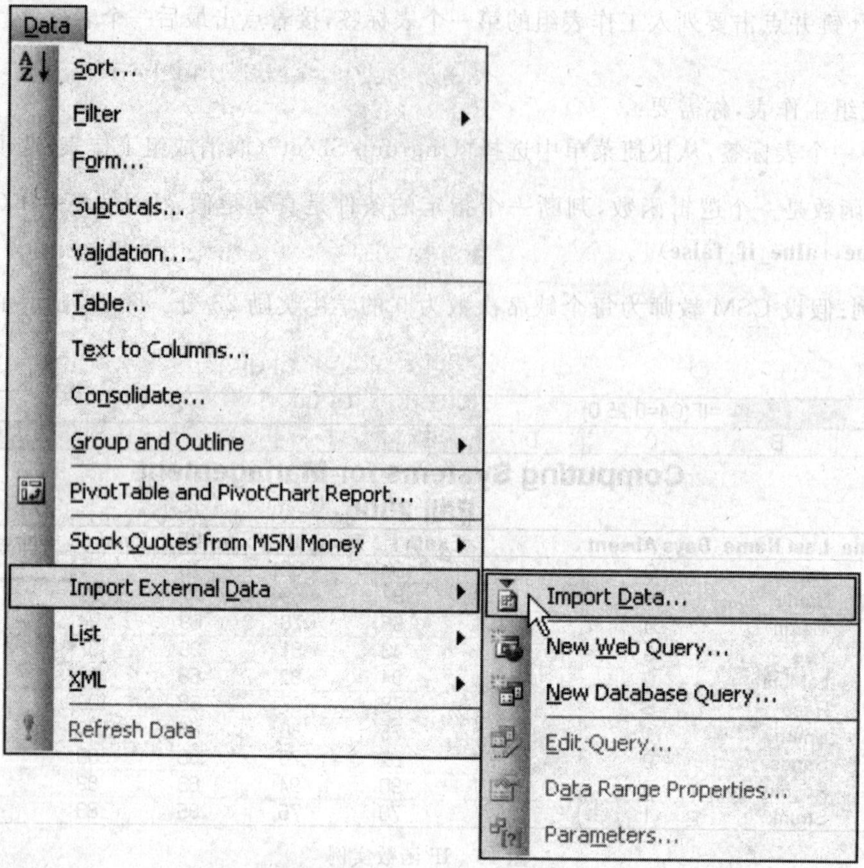

图 17 导入外部数据

为了使用宏录入，你需要：

1. 从位于"Worksheet Menu Bar"（工作表菜单栏）上的"Tools"（工具）菜单中选择"Macro"（宏）命令，接着选择"Record New Macro"（录制新宏）选项。
2. 命名该宏，点击"OK"（确定）。
3. 结束后点击"Stop Recording"（停止录制）工具栏上的"Stop"（停止）按钮。

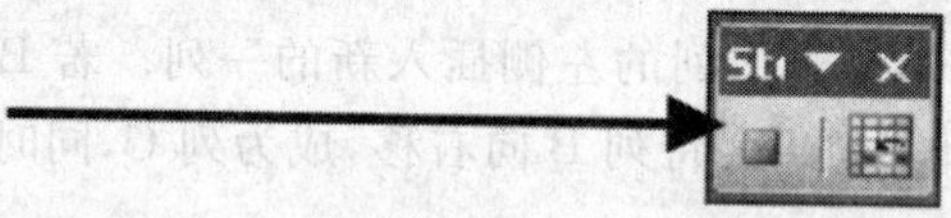

MAX 函数：该函数返回特定区域中的最大值，语法是：

＝MAX（BeginningCellAddress：EndingCellAddress）。

Median 函数：该函数返回一个数字集合中的中间值，语法是：

＝Median（BeginningCellAddress：EndingCellAddress）。

Microsoft 查询：Microsoft 查询可以返回外部数据库中的数据（你可以使用系统在线帮助以获

得更多关于 Microsoft 查询的信息)。

为了获得 Microsoft 查询,你需要:

1. 从位于"Worksheet Menu Bar"(工作表的菜单栏)上的"Data"(数据)菜单中选择"Import External Data"(导入外部数据)命令,接着选择"New Database Query"(新建数据库查询)选项。
2. 此时,你可以调用查询向导或者不使用向导而使用 Microsoft 查询。查询向导可以帮助你创建查询。使用查询向导时,选择位于"Choose Date Sourse"(选择数据源)对话框底部的"Use the Query Wizard to creat/edit queries"(使用查询向导创建/编辑查询)。图 18 给出了"Choose Data Sourse"(选择数据源)对话框。

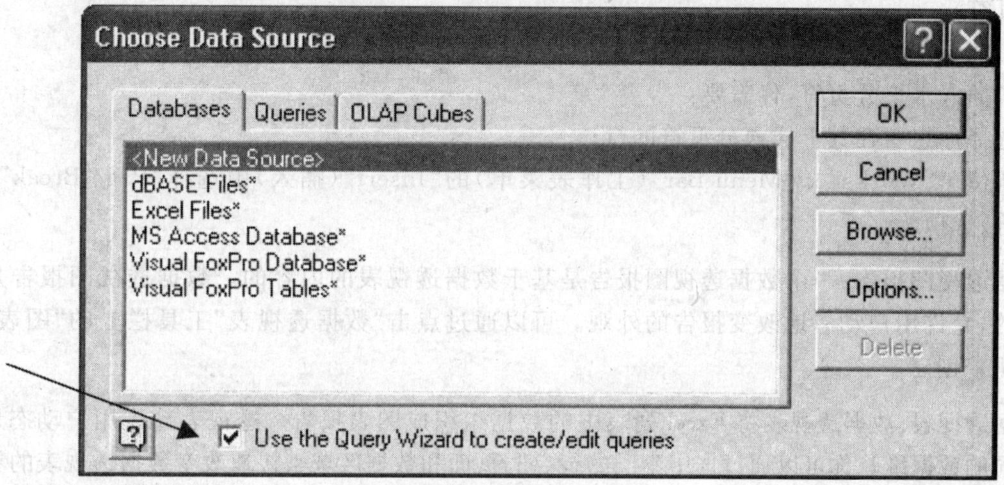

图 18 "选择数据源"对话框

MIN 函数:该函数返回指定区域中的最小值,语法是:
=**MIN(BeginningCellAddress:EndingCellAddress)**。

MODE 函数:这是 Microsoft Excel 中的一个统计函数,返回特定值域中最常出现的值,语法是:= **MODE (BeginningCellAddress:EndingCellAddress)**。

MSNStockQuote 函数:该函数从网上获取即时股价信息。使用该函数你可以指定需要何种股票信息以及将该信息置于工作表的何种位置。使用前,你需要从 Microsoft 网站上下载该函数。

多个工作簿:我们经常需要在工作簿中引用另一个工作簿中的单元格。此时,对该单元格的引用需要包括源工作簿的名字。当我们引用另一个工作簿中工作表的单元格时,其语法是:='[**WorkbookName**] **WorkSheetName**'! **CellAddress**。这个外部引用的前提是源与目的工作簿都位于同一文件夹下,若源工作簿位于其他文件夹或其他盘,那么需要包括整个路径。

嵌套函数:被嵌套的函数指被包含在另一个函数中的函数。例如,假设一个教师给学生奖励分,该分值的确定是基于每个学生的缺席次数。若一个同学没有缺席,他将获得 25 个奖励分;若一个同学缺席一次,他将获得 10 个奖励分;若缺席一次以上则没有奖励分。此时,你可以使用公式＝IF(C4＝0,25,IF(C4＝1,10,0))来给出正确的奖励分值。注意第二个 IF 函数的位置。

NOW 函数：该函数返回当前日期和时间，语法为：＝**NOW**()。

分页符：该命令可以将工作表的不同部分分页打印。例如，你可能想要将输入部分打印在页 1，结果部分打印在页 2 上。你可以插入垂直与水平分页符。

为了插入垂直分页符，你需要：

1. 选择你想要在其右侧插入分页符的列。
2. 从位于"Worksheet Menu Bar"(工作表菜单)的"Insert"(插入)中选择选项"Page Break"(分页符)。

为了插入水平分页符，你需要：

1. 选择你想要在其上插入分页符的行。
2. 从位于"Worksheet Menu Bar"(工作表菜单)的"Insert"(插入)中选择"Page Break"(分页符)选项。

数据透视图报告：一个数据透视图报告是基于数据透视表的内容的。数据透视图报告是可交互的，允许用户动态地改变报告的外观。可以通过点击"数据透视表"工具栏上的"图表向导"按钮来创建。

数据透视表：数据透视表将 Excel 列表中的数据组织成图表报告。透视表允许用户动态地观察不同的数据维。你可以通过选中不同的行、列、页面和数据区域来快速改变数据透视表的界面。

为了创建一个数据透视表，你需要：

1. 从位于"Worksheet Menu Bar"(工作表菜单栏)上的"Data"(数据)菜单中选择"PivotTable and PivotChart Report"(数据透视表与数据透视图报告)选项。
2. 出现"PivotTable and Chart Wizard"(数据透视表与数据透视图向导)并询问几个问题：数据源、你需要的报告类型以及要建立数据透视表的数据源区域。
3. 回复问题完毕后，将出现数据透视表布局指导。图 19 给出了数据透视表指导。
4. 你可以将字段名拖动到布局指导的页面、行、列或者数据区域。

保护单元格：Microsoft Excel 可以使你对单个单元格、工作表或工作簿进行保护。必须首先锁定想要保护的单元格。同样的，若不希望保护该单元格，你需要取消该单元格的锁定属性。图 20 是"Format Cells"(单元格格式)对话框。

要进入"Format Cells"(单元格格式)对话框，你需要：

1. 从位于"Worksheet Menu Bar"(工作表菜单栏)上的"Format"(格式)菜单中，选择"Format Cells"(单元格格式)选项。

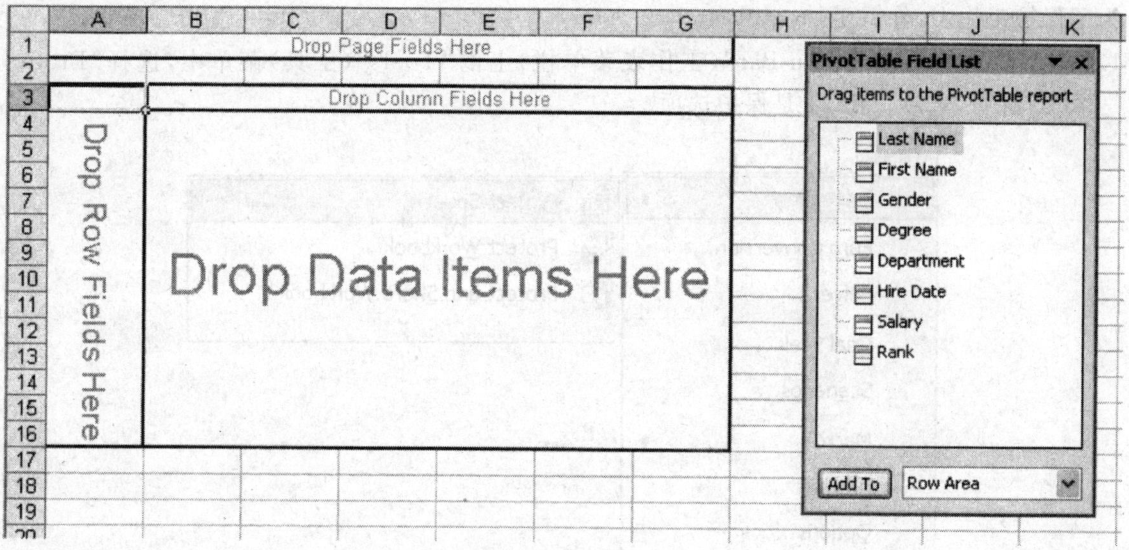

图 19 透视表布局指导

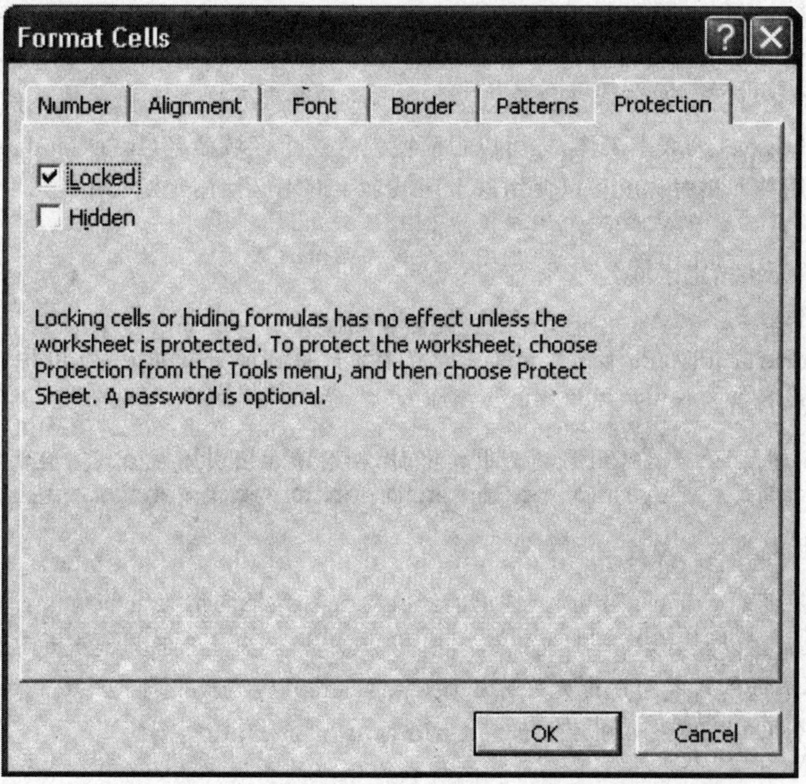

图 20 “单元格格式”对话框

为了保护工作表，你需要：

1. 从位于“Worksheet Menu Bar”（工作表菜单栏）上的“Tools”（工具）菜单中，选择“Protection”（保护）选项。图 21 是保护选项。

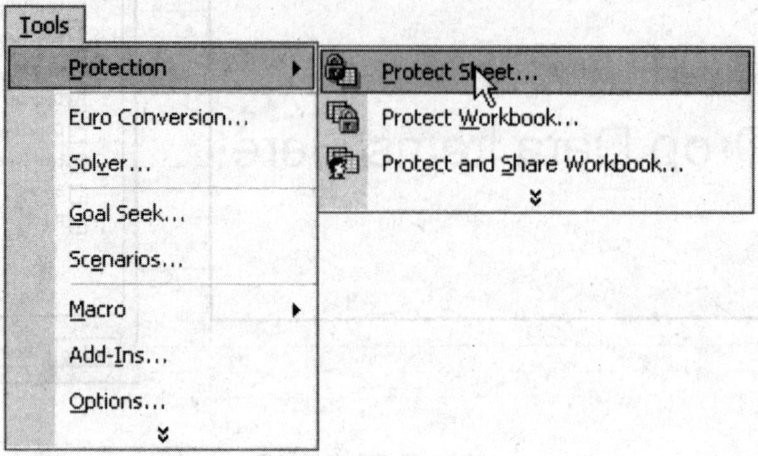

图 21 “保护表”选项

区域名称：对单元格进行操作时，给一个单元格或者单元格区域命名会比使用类似 A4 或 A6：H26 这样的单元格引用方便些。一个区域名可以应用于一个或多个单元格。例如，你想在位于 A6：H26 的 Excel 列表上工作，你可以很简便地为这个区域命名，比如 database。一旦指定了名字，当引用单元格时你就可以使用这个区域名字而不必使用绝对引用。

为了对一组单元格指定区域名称，你需要：

1. 选择单元格区域。
2. 从位于“Worksheet Menu Bar”（工作表菜单栏）上的“Insert”（插入）菜单中，选择“Name”（名称）命令，接着选择“Define”（定义）选项。

相对单元格引用：当公式被拷贝到新的单元格时，相对单元格引用使公式适应于新位置。假设你在 C8 中键入“＝A8＋B8”。接下来，假设你将这个公式拷贝到 C9。由于 A8 和 B8 是相对引用，因此 C9 中的公式是“＝A9＋B9。”

方案管理器：在进行 what-if 分析时，你可能经常想要看到不同情景下的结果。方案管理器使你可以创建、保存以及比较不同的方案。同时，方案管理器允许你指定分析中想改变的单元格。如图 22，方案管理器对话框允许你添加、编辑、删除以及显示不同方案。点击“Summary”（摘要）按钮，你可以生成一个报告。

为了进入“Scenario Manager”（方案管理器）对话框，你需要：

1. 从位于“Worksheet Menu Bar”（工作表菜单栏）上的“Tools”（工具）菜单中选择“Scenarios”（方案）命令。

方案摘要：方案摘要工具根据已定义的方案生成一个报告。

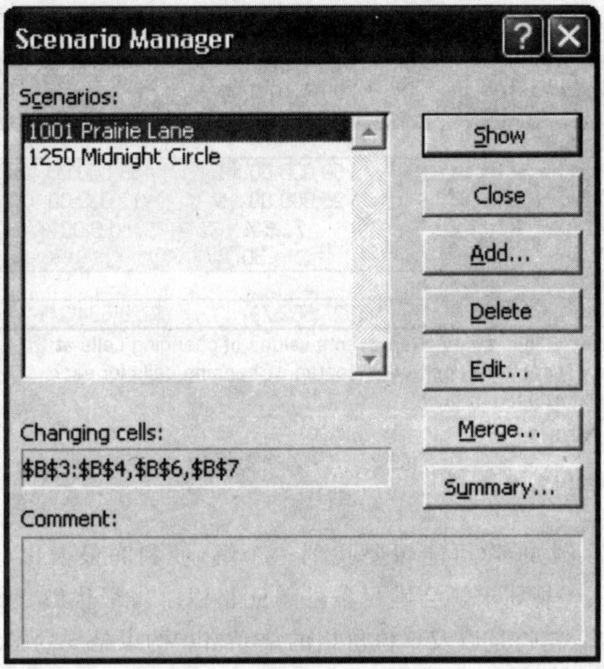

图 22 “方案管理器”对话框

为了准备一个方案摘要，你需要：

1. 点击“Scenario Manager”(方案管理器)对话框上的“Summary”(摘要)按钮，图 22 显示了“Scenario Manager”(方案管理器)对话框。
2. 选择报告类型，然后点击“OK”(确定)按钮。图 23 显示了“Scenario Summary”(方案摘要)对话框，图 24 显示了一个基于图 22 的两个方案的方案摘要报告。

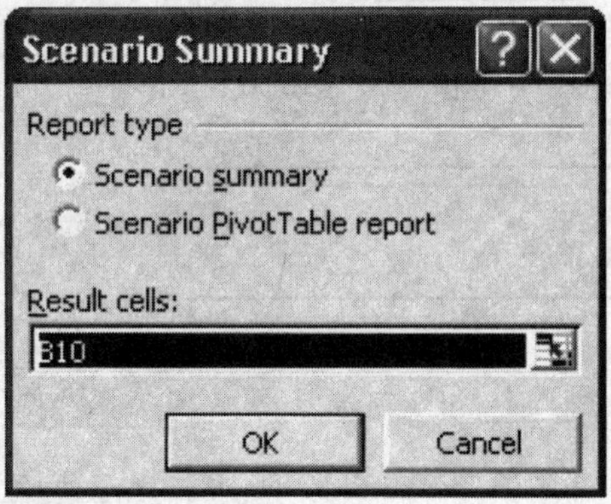

图 23 “方案摘要”对话框

规划求解：Microsoft Excel 提供了一个强大的 what-if 分析插件工具名为规划求解。该工具寻求可以使单元格的值最大化、最小化或达到一个目标值的解。当使用规划求解时，你必须指定目标单元格，可变单元格以及任意的约束。目标单元格是你想使其值最大化、最小化或达到

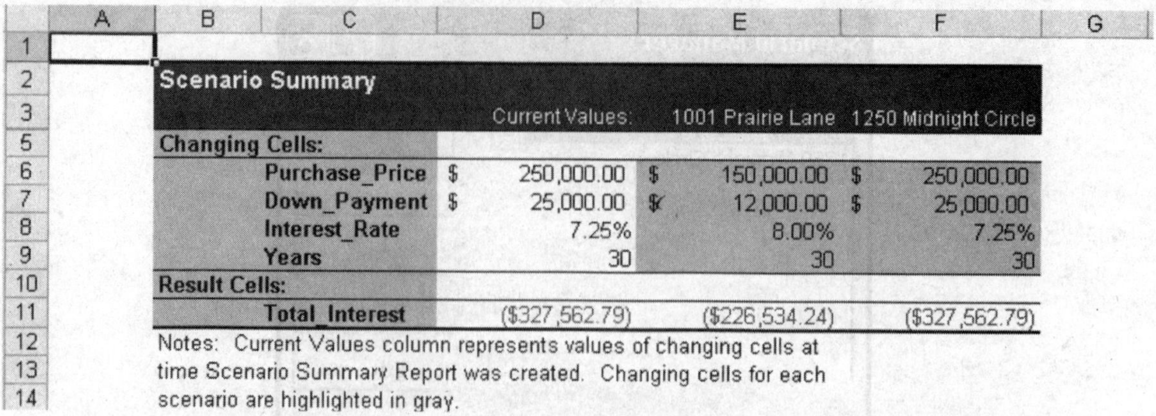

图 24 方案摘要报告

一个目标值的单元格。例如，你可能想要找到一个解，使利润最大化、成本最小化或者得到60 000美元的目标收入。规划求解会满足条件单元格以求得最优解。例如，你可以要求规划求解满足值为包含支出、销售量以及单位价格的单元格。约束是规划求解必须遵守的限制。

为了使用规划求解，你需要：

1. 从位于“Worksheet Menu Bar”（工作表菜单栏）上的“Tools”（工具）菜单中选择“Solver”（规划求解）命令。此时出现“Solver Parameter”（规划求解参数）对话框。图 25 即“Solver Parameters”（规划求解参数）对话框。
2. 输入变量，点击“Solve”（规划求解）按钮。

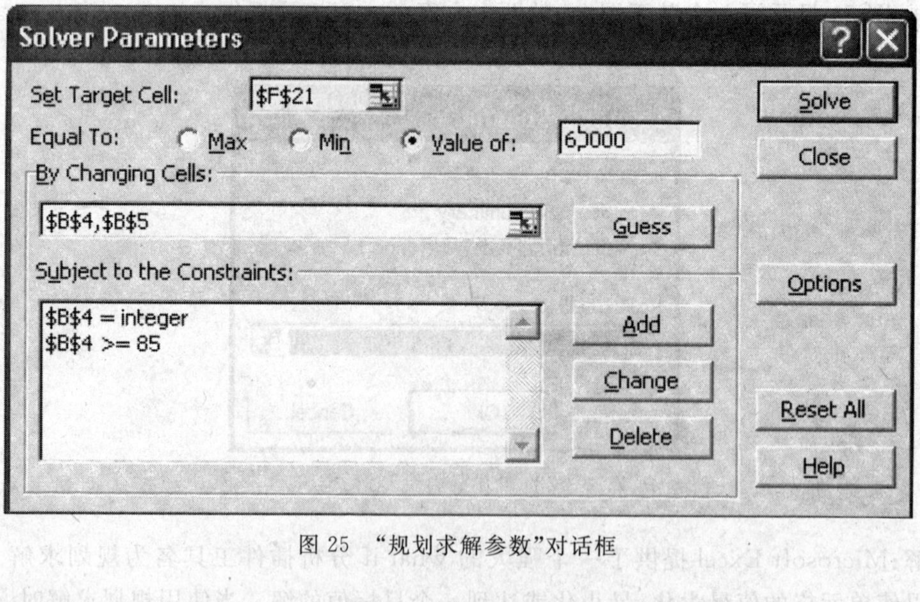

图 25 “规划求解参数”对话框

排序：Microsoft Excel 可以根据一个或多个列的值来排列行数据。数据以升序或降序排列。

进行排序的快捷方法是点击你想排序的列，然后点击标准工具栏上的“Ascending”（升序）按钮或“Descending”（降序）按钮。如果需要根据包含在两个或两个以上的列中的值对行数据进行排序，你可以使用“Data”（数据）菜单中的“Sort”（排序）选项。

假设你想要图 26 中“Faculty”列表的数据根据“rank”然后根据“last name”进行排序，你需要：

	A	B	C	D	E	F	G	H
1	College of Business Administration							
2	Faculty Information							
3	Last Name	First Name	Gender	Degree	Department	Hire Date	Salary	Rank
4	Abdul	Mohammed	Male	M.Ed.	General Business	8/1/1999	$ 72,000.00	Assistant
5	Barnes	Fred	Male	MS	Information Systems	8/1/2002	$ 42,000.00	Instructor
6	Chen	Geo	Male	Ed.D.	Information Systems	8/1/1999	$ 62,500.00	Assistant
7	Chiaf	Sally	Female	Ph.D.	Economics	8/1/1994	$ 75,000.00	Associate
8	Friel	Essie	Female	Ph.D.	Economics	8/1/1993	$ 72,000.00	Professor
9	Hulva	Tracy	Male	Ed.D.	Finance	8/1/1992	$ 78,000.00	Associate
10	Jones	Mary	Female	Ph.D.	Marketing	8/1/1992	$ 100,000.00	Professor
11	Lancaster	Zoribel	Male	J.D.	General Business	8/1/1990	$ 51,500.00	Associate
12	Malcom	John	Male	MBA	General Business	8/1/1996	$ 42,000.00	Instructor
13	Mencor	David	Male	J.D.	Finance	8/1/1990	$ 52,000.00	Associate
14	Namiesnoiwoski	Elaine	Female	Ph.D.	Finance	8/1/1994	$ 75,000.00	Associate
15	Nguyen	Stewart	Male	Ph.D.	Marketing	8/1/1996	$ 89,000.00	Associate
16	Peterson	Mike	Male	J.D.	General Business	8/1/1999	$ 55,000.00	Assistant
17	Plagg	Nathan	Male	Ph.D.	Management	8/1/1997	$ 72,000.00	Assistant
18	Porter	Larry	Male	Ph.D.	Information Systems	8/1/1988	$ 125,000.00	Professor
19	Reese	LouAnn	Female	MBA	Accounting	8/1/1998	$ 72,000.00	Assistant
20	Ritzhaupht	Courtney	Female	MBA	Management	8/1/1982	$ 50,000.00	Instructor
21	Uhlenhopp	Kevan	Male	Ed.D.	Management	8/1/1997	$ 72,000.00	Assistant
22	Weiss	Clare	Female	Ph.D.	Accounting	8/1/2001	$ 72,000.00	Assistant
23	Whaley	Dari	Female	Ed.D.	Accounting	8/1/1996	$ 70,000.00	Associate

图 26　排序前的“Faculty”列表

1. 选择想要排序的行，包括标题行。
2. 从“Data”（数据）菜单中选择“Sort”（排序）选项，出现“Sort”（排序）对话框，见图 27 和图 28。
3. 在“Sort”（排序）对话框中，指定排序顺序。注意在图 28 中，Microsoft Excel 将先按“Rank”（主要关键字）进行排列，再按“Last name”（次要关键字）。同时，注意你可以为每一个排序选择是按升序还是降序进行排列。
4. 点击“OK”（确定）铵钮，图 29 显示了结果。

分类汇总：该命令可以为 Excel 列表提供分类汇总结果。图 30 显示了“Subtotal”（分类汇总）对话框。在“Subtotal”（分类汇总）对话框中，你指定将汇总插入到哪里、使用何种函数以及汇总何值。图 31 显示了使用汇总的电子表格的一部分。尽管图 31 中未显示，但该命令还可以插入总计。当你在工作表中插入分类汇总时，确保你以合适的顺序排列了列表。例如，如果需要插入每个部门变动的分类汇总，你应该先以部门对 Excel 列表进行排序（同见 Excel 列表）。

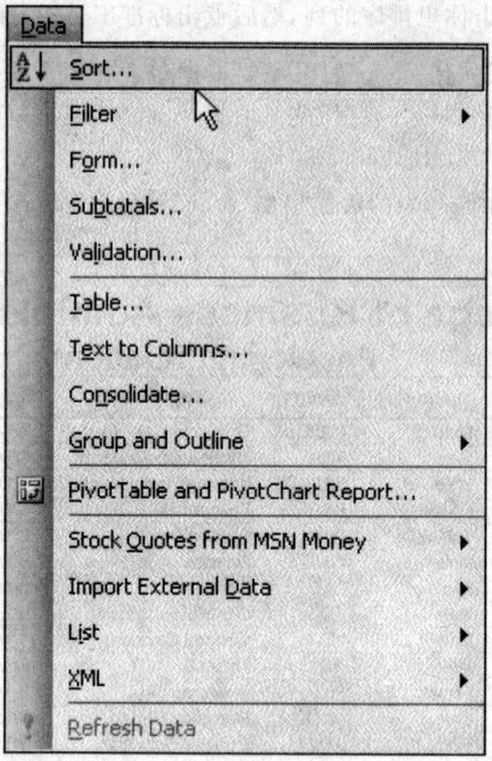

图 27 位于“数据”菜单中的“排序”选项

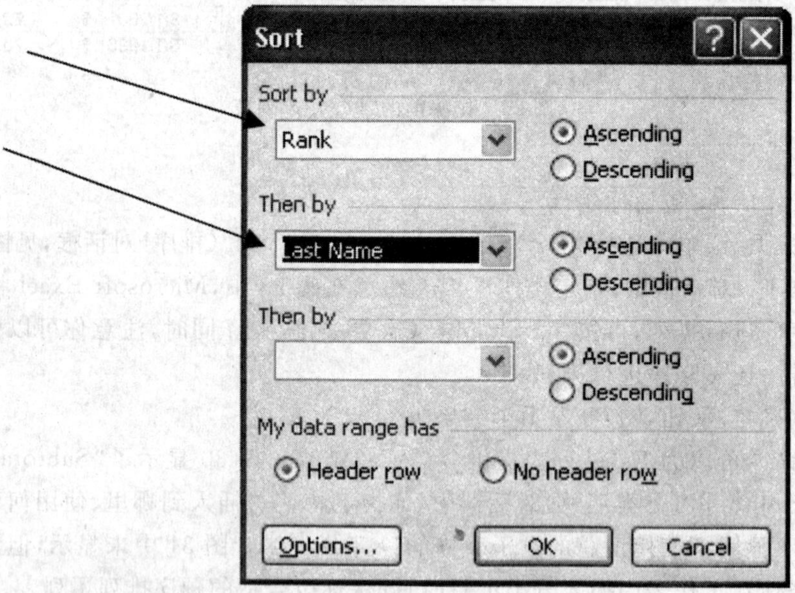

图 28 “排序”对话框

College of Business Administration

Faculty Information

Last Name	First Name	Gender	Degree	Department	Hire Date	Salary	Rank
Abdul	Mohammed	Male	M.Ed.	General Business	8/1/1999	$ 72,000.00	Assistant
Chen	Geo	Male	Ed.D.	Information Systems	8/1/1999	$ 62,500.00	Assistant
Peterson	Mike	Male	J.D.	General Business	8/1/1999	$ 55,000.00	Assistant
Plagg	Nathan	Male	Ph.D.	Management	8/1/1997	$ 72,000.00	Assistant
Reese	LouAnn	Female	MBA	Accounting	8/1/1998	$ 72,000.00	Assistant
Uhlenhopp	Kevan	Male	Ed.D.	Management	8/1/1997	$ 72,000.00	Assistant
Weiss	Clare	Female	Ph.D.	Accounting	8/1/2001	$ 72,000.00	Assistant
Chiaf	Sally	Female	Ph.D.	Economics	8/1/1994	$ 75,000.00	Associate
Hulva	Tracy	Male	Ed.D.	Finance	8/1/1992	$ 78,000.00	Associate
Lancaster	Zoribel	Male	J.D.	General Business	8/1/1990	$ 51,500.00	Associate
Mencor	David	Male	J.D.	Finance	8/1/1990	$ 52,000.00	Associate
Namiesnoiwoski	Elaine	Female	Ph.D.	Finance	8/1/1994	$ 75,000.00	Associate
Nguyen	Stewart	Male	Ph.D.	Marketing	8/1/1996	$ 89,000.00	Associate
Whaley	Dari	Female	Ed.D.	Accounting	8/1/1996	$ 70,000.00	Associate
Barnes	Fred	Male	MS	Information Systems	8/1/2002	$ 42,000.00	Instructor
Malcom	John	Male	MBA	General Business	8/1/1996	$ 42,000.00	Instructor
Ritzhaupht	Courtney	Female	MBA	Management	8/1/1982	$ 50,000.00	Instructor
Friel	Essie	Female	Ph.D.	Economics	8/1/1993	$ 72,000.00	Professor
Jones	Mary	Female	Ph.D.	Marketing	8/1/1992	$ 100,000.00	Professor
Porter	Larry	Male	Ph.D.	Information Systems	8/1/1988	$ 125,000.00	Professor

图 29 排序结果

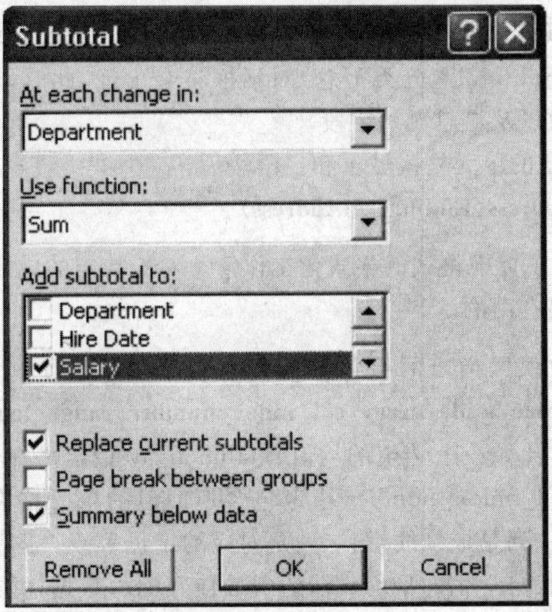

图 30 "分类汇总"对话框

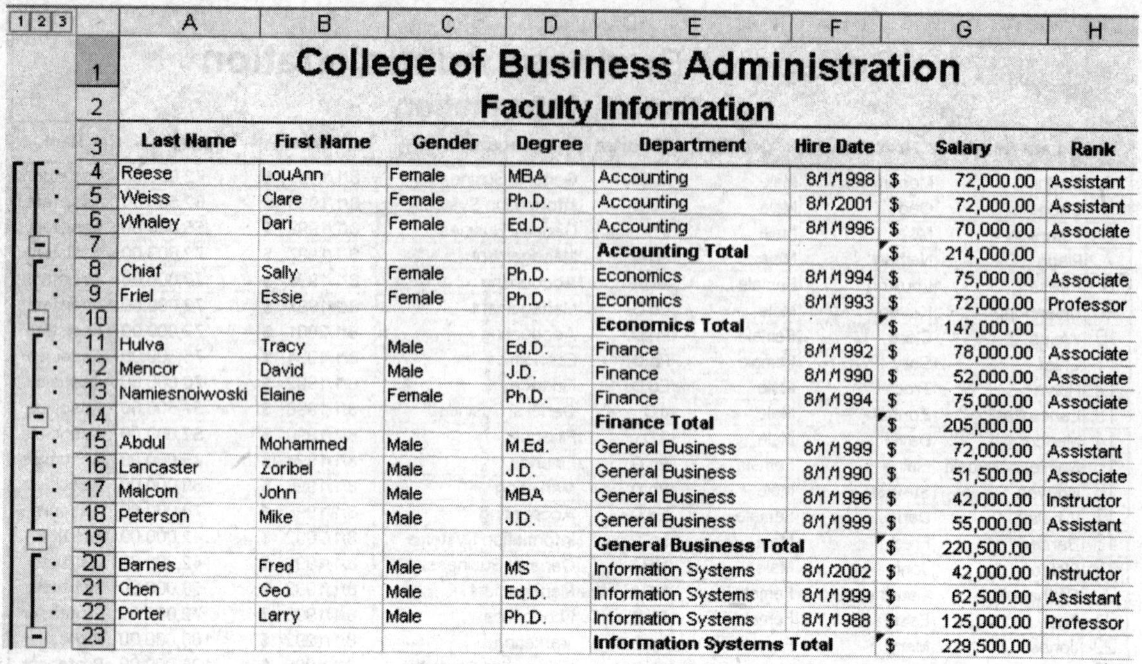

	A	B	C	D	E	F	G	H
1	College of Business Administration							
2	Faculty Information							
3	Last Name	First Name	Gender	Degree	Department	Hire Date	Salary	Rank
4	Reese	LouAnn	Female	MBA	Accounting	8/1/1998	$ 72,000.00	Assistant
5	Weiss	Clare	Female	Ph.D.	Accounting	8/1/2001	$ 72,000.00	Assistant
6	Whaley	Dari	Female	Ed.D.	Accounting	8/1/1996	$ 70,000.00	Associate
7					**Accounting Total**		$ 214,000.00	
8	Chiaf	Sally	Female	Ph.D.	Economics	8/1/1994	$ 75,000.00	Associate
9	Friel	Essie	Female	Ph.D.	Economics	8/1/1993	$ 72,000.00	Professor
10					**Economics Total**		$ 147,000.00	
11	Hulva	Tracy	Male	Ed.D.	Finance	8/1/1992	$ 78,000.00	Associate
12	Mencor	David	Male	J.D.	Finance	8/1/1990	$ 52,000.00	Associate
13	Namiesnoiwoski	Elaine	Female	Ph.D.	Finance	8/1/1994	$ 75,000.00	Associate
14					**Finance Total**		$ 205,000.00	
15	Abdul	Mohammed	Male	M.Ed.	General Business	8/1/1999	$ 72,000.00	Assistant
16	Lancaster	Zoribel	Male	J.D.	General Business	8/1/1990	$ 51,500.00	Associate
17	Malcom	John	Male	MBA	General Business	8/1/1996	$ 42,000.00	Instructor
18	Peterson	Mike	Male	J.D.	General Business	8/1/1999	$ 55,000.00	Assistant
19					**General Business Total**		$ 220,500.00	
20	Barnes	Fred	Male	MS	Information Systems	8/1/2002	$ 42,000.00	Instructor
21	Chen	Geo	Male	Ed.D.	Information Systems	8/1/1999	$ 62,500.00	Assistant
22	Porter	Larry	Male	Ph.D.	Information Systems	8/1/1988	$ 125,000.00	Professor
23					**Information Systems Total**		$ 229,500.00	

图 31　分类汇总实例

为了插入分类汇总，你需要：

1. 从位于“Worksheet Menu Bar”（工作表菜单栏）上的“Data”（数据）菜单中选择“Subtotal”（分类汇总）命令。（“Subtotal”（分类汇总）对话框将会出现，此时，你可以指定将汇总插入到哪里、使用何种函数以及汇总哪些字段）

SUM 函数：该函数为指定的单元格区域求和。语法为：
＝SUM(BeginningCellAddress:EndingCellAddress)。

Template：这是一个使用了标准格式的格式化工作簿。对于特定的应用，如发票生成或者销售追踪，这种标准格式是很有用的。

VLOOKUP 函数：该函数根据指定的检索值从一个检索表中返回一个值。该函数的语法是**＝VLOOKUP(lookup_value,table_array,col_index_number,range_lookup)**。lookup value 即在检索的表中搜索的值，比如一个学生的均值。table array 指定需在其中检索数据的表的位置，如区域 A17:B21。col_index_number 指定包含返回值的单元格在表中的列序号。图 32 中，检索表包括两列，第一列是成绩线，第二列是对应的字母等级。图 32 中，VLOOKUP 函数会在检索表第一列中寻找与学生的平均成绩达到最佳匹配的数据，并返回同一行位于表第二列的对应的字母等级。

注意到单元格 J4 是：＝VLOOKUP(I4,＄A＄17:＄B＄21,2)。在该例中，VLOOKUP 函数将单元格 I4 的值作为检索值。当 VLOOKUP 函数在检索表中找到一个近似匹配时会返回检索表同一行第二列的值。range_lookup 是一个可选参数，若不指定，VLOOKUP 函数就默认寻找一个近似匹配而非精确匹配。

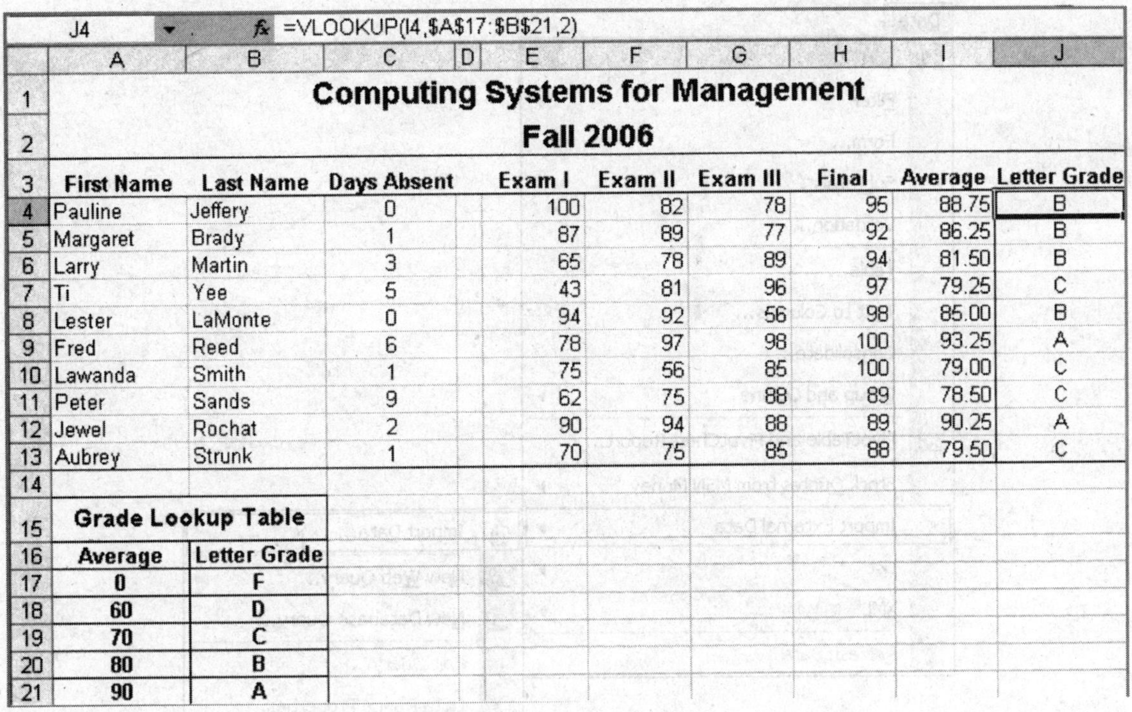
J4 =VLOOKUP(I4,$A$17:$B$21,2)

Computing Systems for Management

Fall 2006

First Name	Last Name	Days Absent	Exam I	Exam II	Exam III	Final	Average	Letter Grade
Pauline	Jeffery	0	100	82	78	95	88.75	B
Margaret	Brady	1	87	89	77	92	86.25	B
Larry	Martin	3	65	78	89	94	81.50	B
Ti	Yee	5	43	81	96	97	79.25	C
Lester	LaMonte	0	94	92	56	98	85.00	B
Fred	Reed	6	78	97	98	100	93.25	A
Lawanda	Smith	1	75	56	85	100	79.00	C
Peter	Sands	9	62	75	88	89	78.50	C
Jewel	Rochat	2	90	94	88	89	90.25	A
Aubrey	Strunk	1	70	75	85	88	79.50	C

Grade Lookup Table

Average	Letter Grade
0	F
60	D
70	C
80	B
90	A

图 32 VLOOKUP 实例

Web 查询: Microsoft Excel 可以返回网页上的数据,例如近期股票信息。Microsoft Excel 允许创建你自己的 Web 查询以及使用一个已保存的查询。图 33 显示如何打开 Web 查询命令。

为了执行一个已保存的查询,你需要:

1. 从位于"Worksheet Menu Bar"(工作表菜单栏)上的"Data"(数据)菜单中,选择"Import External Data"(导入外部数据)命令,然后选择"Import Data"(导入数据)选项。

工作表格式:对于准备的每个案例,你应该应用一些好的设计技巧。方法之一是使用"AutoFormat"(自动套用格式)命令将一个标准格式应用到你的工作表中。

为了使用"AutoFormat"(自动套用格式)命令,你需要:

1. 选择你想格式化的工作表区域。
2. 从位于"Worksheet Menu Bar"(工作表菜单栏)上的"Format"(格式)菜单中选择"AutoFormat"(自动套用格式)命令。
3. 选择一个合适的格式。图 34 显示了"AutoFormat"(自动套用格式)对话框。

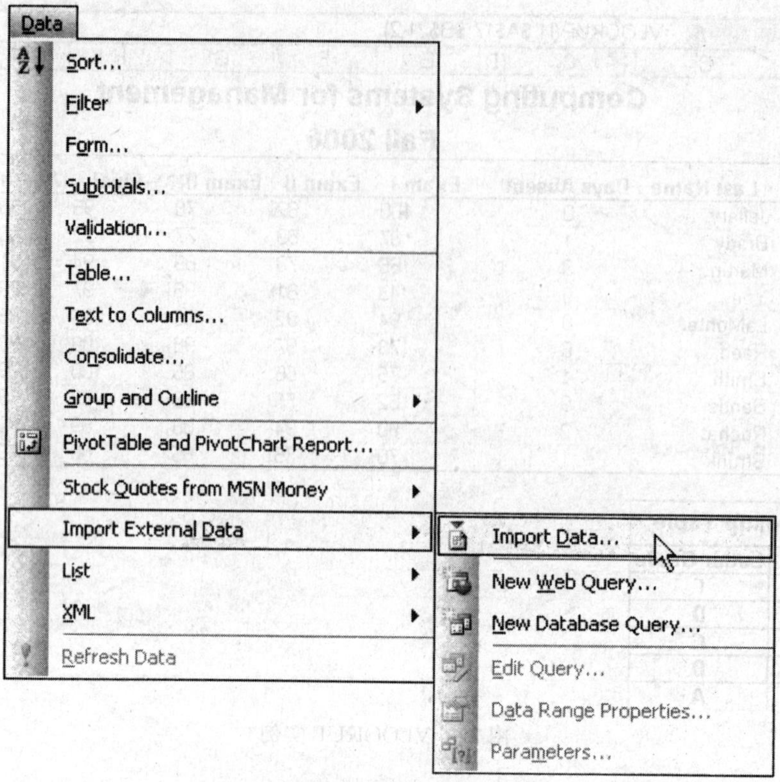

图 33 Web 查询

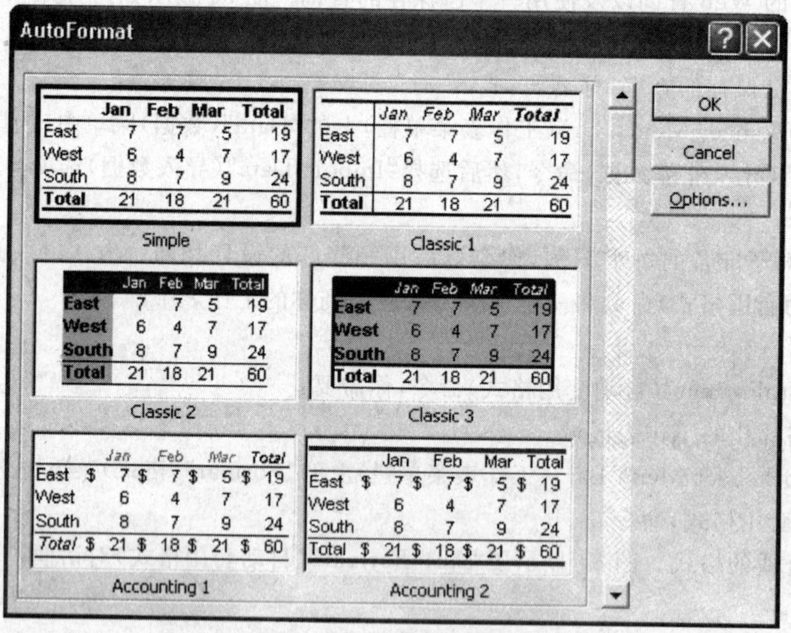

图 34 "自动套用格式"对话框

5.2 数据库术语

该数据库术语是为配合 Prentice Hall 出版社的《管理信息系统案例——应用软件辅助决策》(第 3 版)而设计的。在准备《管理信息系统案例——应用软件辅助决策》(第 3 版)的数据库案例时,掌握一些数据库的技能是有必要的。每个案例的技能检测单元列出了完成该案例所需要的主要技能。在准备案例前,你应该使用技能检测单元来确定需要回顾的技能。

这篇数据库术语对《管理信息系统案例——应用软件辅助决策》(第 3 版)中用到的许多技能提供了简要的说明和回顾,但并不提供详细的说明。如果你需要一份关于如何使用特定技能的详细说明,你可以使用系统的在线帮助功能。通过使用系统在线帮助功能,你可以快速学习技能,并且获得关于如何在数据库中应用这些技能的详细说明。

数据库技能定义

高级报表设计: 在《管理信息系统案例——应用软件辅助决策》(第 3 版)中,高级报表设计即使用高级格式化选项定制报表,而不仅只是单靠使用报表向导来生成报表。当定制报表时,有许多可供使用的高级格式化选项,如子报表、分组、页眉页脚、分类汇总和汇总、图形以及添加分页符等。记住你可以将这些高级选项应用于整个报表、单个的节以及报表中出现的控件。

为了创建一个常规报表,你需要:

1. 点击“Database”(数据库)窗口上“Objects bar”(对象工具栏)中的“Reports”(报表)按钮 

。
2. 点击“Database”(数据库)窗口工具栏中的“New”(新建)按钮 

。
3. 在“New Report”(新建报表)对话框中,选择“Design View”(设计视图),点击向下的箭头,选择“table or query on which to base the report”(报表基于的表或查询),然后点击“OK”(确定)。图 1 显示了“New Report”(新建报表)对话框。(若你选择了“Report Wizard”(报表向导)选项,“Report Wizard”(报表向导)会询问一系列关于报表的问题,并基于你的规格生成报表。你可以接下来在“Design View”(设计视图)中修改此报表)
4. 出现“Report Design View”(报表设计视图)窗口。此时你可以将字段名从字段列表中拖拽到报表设计网格中。图 2 是已添加了字段的报表设计视图。

高级报表实例: 假设你想要以“tblStudent”表为基础表得到一个常规报表并且你希望该报表外观与图 3 相似。

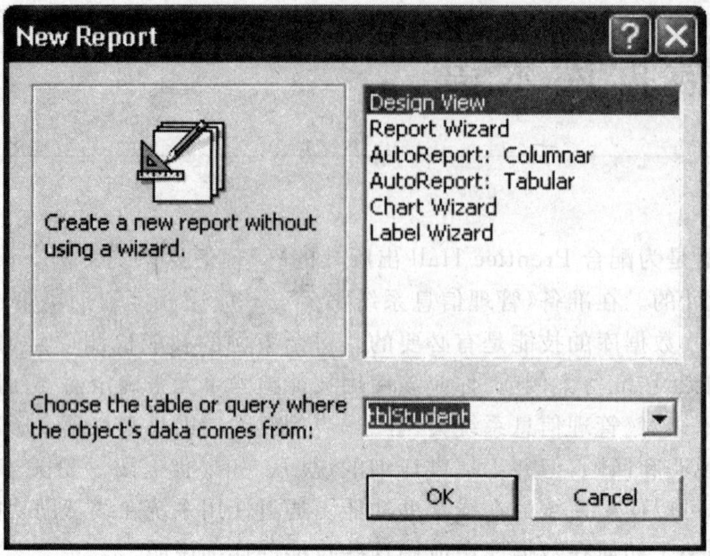

图 1 “新建报表”对话框

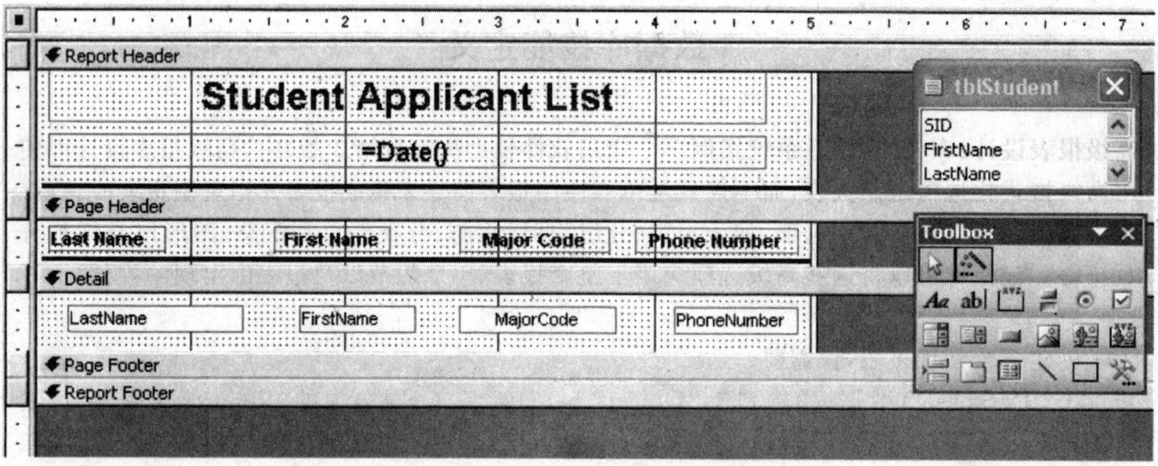

图 2 报表设计视图

为了准备该报表，你需要：

1. 点击“Database”(数据库)窗口上的“Objects bar”(对象工具栏)中的“Reports”(报表)按钮。
2. 点击“Database”(数据库)窗口工具栏中的“New”(新建)按钮 New 。
3. 在“New Report”(新建报表)对话框中，选择“Design View”(设计视图)，从可选表及“query”(查询)框中选择“tblStudent”表，如图 1。
4. 此时，可以看到“Report Design View”(报表设计视图)窗口。图 2 是已添加了字段的“Report Design View”(报表设计视图)。(点击位于“Report Design”(报表设计)工具栏上的“Toolbox”(工具箱)按钮 以激活“Toolbox”(工具箱)工具栏。同时，若缺少报表标题栏，可选择“View”(视图)菜单中的“Report Header/Footer”(报表页眉/页脚)选项)
5. 为了在报表上添加如报表标题这样的非绑定控件，你需要：

a. 点击“Toolbox”（工具箱）工具栏上的“Label”（标签）按钮。

b. 在报表设计网格上，将鼠标指针置于你希望控件开始的位置，然后拖动达到你想要的大小。注意你可以随时改变该控件的大小。

c. 点击控件内部并输入文字。

d. 选择控件并设置它的格式属性。例如，你可以点击位于“Formatting toolbar”（格式工具栏）上的“Center”（居中）按钮，使得文字居中。同时你可以改变字体的颜色以及加粗文字。图 2 显示了居中、加粗且字体为 18 号的报表头“学生申请报表”。

e. 在报表中添加绑定控件时，从字段列表中将字段名称拖到你认为合适的位置。此时，你可以设置该控件的属性，同时改变控件的大小。如图 2 所示，“LastName”、“FirstName”、“MajorCode”以及“PhoneNumber”控件都是绑定控件的例子。在页面表头项中，“Last Name”、“First Name”、“Major Code”以及“Phone Number”控件是非绑定的。尽管图 2 中没有显示，计算控件也是可以被放在报表中的。

f. 为了预览报表，你可以点击“Report Design”（报表设计）工具栏上的“打印预览”按钮，图 3 显示了图 2 的打印预览。

学生申请报表

2/27/2006

姓	名	专业代码	电话号码
Grant	Mitchell	44	555－1255
Sasser	Lexina	45	555－6456
Rother	Elwood	45	555－6577
Chen	Shibo	42	555－4789
Elotmani	Damir	46	555－3812
Schoenhals	Eliah	46	555－6058
Erbst	Tray	44	555－1300
Cttinger	Clerissa	46	555－9351
Blochowak	Edith	46	555－0202

图 3 学生申请报表打印预览

Aggregate 函数：该函数可以对一组记录进行计算。Microsoft Excel 提供了一些 Aggregate 函数，包括 COUNT、SUM、AVG、MIN 和 MAX。

Aggregate 函数实例：假设院长需要学院内学生工作者岗位数量的总计。图 4 显示了如何在查询中使用 COUNT 函数。图 5 是查询结果。

用 Microsoft Excel 分析：该功能使你可以将表或查询结果导出到 Microsoft Excel。

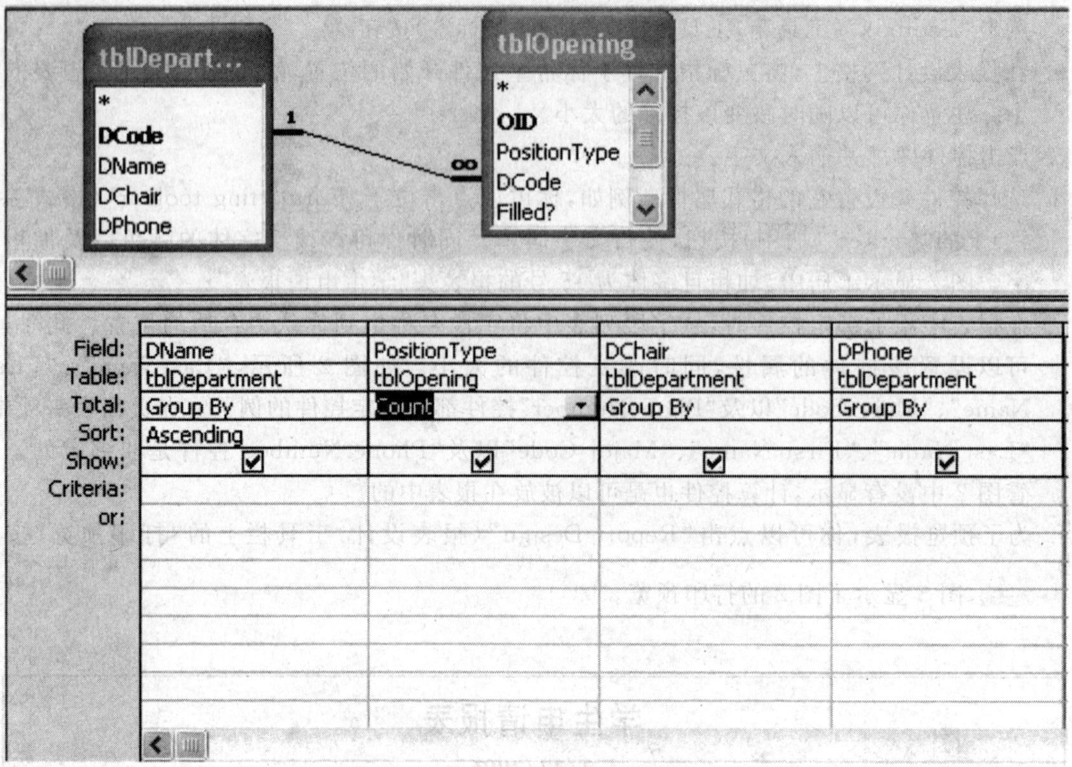

图 4 查询中使用 COUNT 函数

DName	CountOfPositionType	DChair	DPhone
Accounting	3	Dr. Hora	888-1432
Finance	2	Dr. Ice	888-1434
Information Systems	2	Dr. Bahouth	888-1435
Management	2	Dr. Harris	888-1436
Marketing	1	Dr. Jones	888-1437

图 5 COUNT 结果

为了导出数据，你需要：

1. 选择想导出的数据(注意：不需要打开表或查询，你可以在“Database”(数据库)窗口中选择表或查询的名字)。
2. 从位于“Menu bar”(菜单栏)的“Tools”(工具)菜单中，选择“Office Links”(Office 链接)选项，接着选择“用 Microsoft office Excel 分析”，如图 6。

自动筛选命令：这是一个 Microsoft Excel 命令，允许你从 Excel 列表中选择并显示满足一定条件的记录。不满足条件的记录将不予显示。

一旦你将数据导出到 Microsoft Excel，你可以：

1. 将鼠标指针置于 Excel 列表的任意位置(注意：你必须为该列表取一个区域名字，如数据

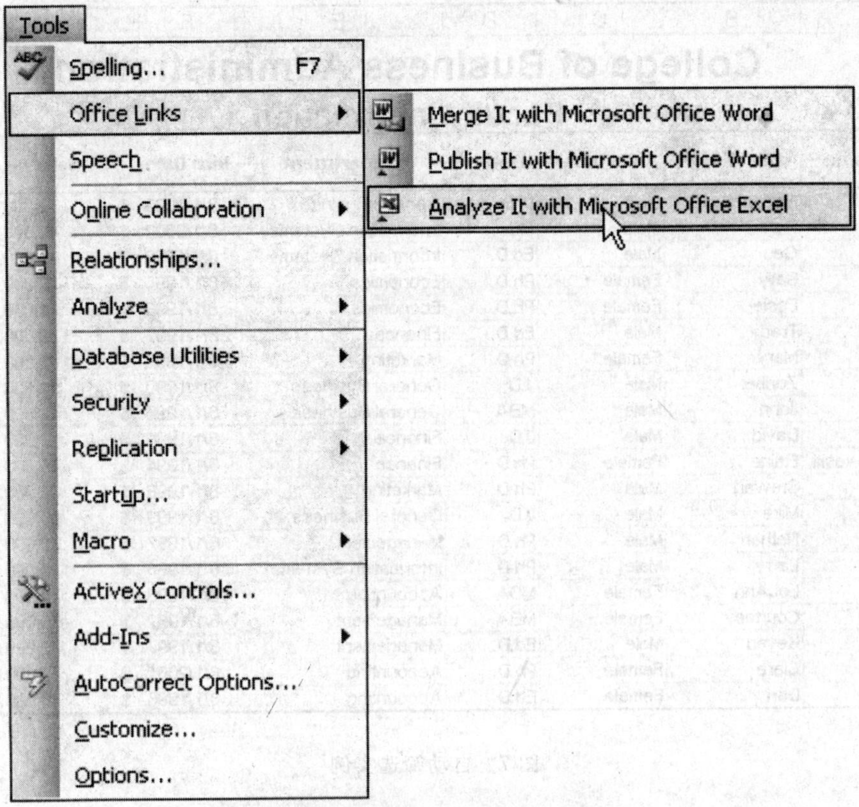

图 6 用 Microsoft Excel 分析

库)。

2. 在"Worksheet Menu Bar"(工作表菜单栏)中的"Data"(数据)菜单中选择"Filter"(筛选)命令;选择"AutoFilter"(自动筛选)命令。此时,位于列表第一行的字段名称右侧出现下拉箭头。在筛选记录时你可以使用该下拉箭头指定条件。图 7 显示了添加到 Excel 列表中的下拉箭头。

自动筛选实例:假如你希望只看到信息系统部门。为了达到该目的你可以首先点击在"Department"字段旁的下拉箭头,此时会出现一个下拉列表。该下拉列表包括每一个出现在"Department"列的唯一的值,为了只看到信息系统部门,你可以选择"information systems"(信息系统)条。图 8 给出该例的结果。

自动查阅查询:该查询应用于具有一对多关系的表。自动查阅查询在"多"这边利用连接字段检索并自动提供"一"这边的数据。在建立具有子表单的表单时该查询非常有用。自动查阅查询只有满足一定条件才可使用,你可以使用系统在线帮助获取更多有关自动查阅查询的信息。

自动查阅查询实例:假设院长需要设计一个包含有效部门职位相关数据的表单。解决问题的核心是自动查阅查询。图 9 显示了 qryPositionByDepartment 查询的设计视图。注意这些表具有一对多的关系。同时,注意查询设计网格中的 DCode 字段来自 tblOpening 表,而非

	A	B	C	D	E	F	G	H
1	College of Business Administration							
2	Faculty Information							
3	Last Name	First Name	Gender	Degree	Department	Hire Date	Salary	Rank
4	Abdul	Mohammed	Male	M.Ed.	General Business	8/1/1999	$ 72,000.00	Assistant
5	Barnes	Fred	Male	MS	Information Systems	8/1/2002	$ 42,000.00	Instructor
6	Chen	Geo	Male	Ed.D.	Information Systems	8/1/1999	$ 62,500.00	Assistant
7	Chiaf	Sally	Female	Ph.D.	Economics	8/1/1994	$ 75,000.00	Associate
8	Friel	Essie	Female	Ph.D.	Economics	8/1/1993	$ 72,000.00	Professor
9	Hulva	Tracy	Male	Ed.D.	Finance	8/1/1992	$ 78,000.00	Associate
10	Jones	Mary	Female	Ph.D.	Marketing	8/1/1992	$ 100,000.00	Professor
11	Lancaster	Zoribel	Male	J.D.	General Business	8/1/1990	$ 51,500.00	Associate
12	Malcom	John	Male	MBA	General Business	8/1/1996	$ 42,000.00	Instructor
13	Mencor	David	Male	J.D.	Finance	8/1/1990	$ 52,000.00	Associate
14	Namiesnoiwoski	Elaine	Female	Ph.D.	Finance	8/1/1994	$ 75,000.00	Associate
15	Nguyen	Stewart	Male	Ph.D.	Marketing	8/1/1996	$ 89,000.00	Associate
16	Peterson	Mike	Male	J.D.	General Business	8/1/1999	$ 55,000.00	Assistant
17	Plagg	Nathan	Male	Ph.D.	Management	8/1/1997	$ 72,000.00	Assistant
18	Porter	Larry	Male	Ph.D.	Information Systems	8/1/1988	$ 125,000.00	Professor
19	Reese	LouAnn	Female	MBA	Accounting	8/1/1998	$ 72,000.00	Assistant
20	Ritzhaupht	Courtney	Female	MBA	Management	8/1/1982	$ 50,000.00	Instructor
21	Uhlenhopp	Kevan	Male	Ed.D.	Management	8/1/1997	$ 72,000.00	Assistant
22	Weiss	Clare	Female	Ph.D.	Accounting	8/1/2001	$ 72,000.00	Assistant
23	Whaley	Dari	Female	Ed.D.	Accounting	8/1/1996	$ 70,000.00	Associate

图 7　自动筛选实例

	A	B	C	D	E	F	G	H
1	College of Business Administration							
2	Faculty Information							
3	Last Name	First Name	Gender	Degree	Department	Hire Date	Salary	Rank
5	Barnes	Fred	Male	MS	Information Systems	8/1/2002	$ 42,000.00	Instructor
6	Chen	Geo	Male	Ed.D.	Information Systems	8/1/1999	$ 62,500.00	Assistant
18	Porter	Larry	Male	Ph.D.	Information Systems	8/1/1988	$ 125,000.00	Professor

图 8　自动筛选实例结果

tblDepartment 表。保存该查询后，你可以使用表单向导建立一个满足要求的表单。图 10 显示基于 qryPositionsByDepartment 查询的样本表单。

计算控件：计算控件显示一个表达式的结果。一个表达式可能包括算子、对象名、函数、文本值以及常数。此时，你可以使用系统在线帮助以获取更多信息。

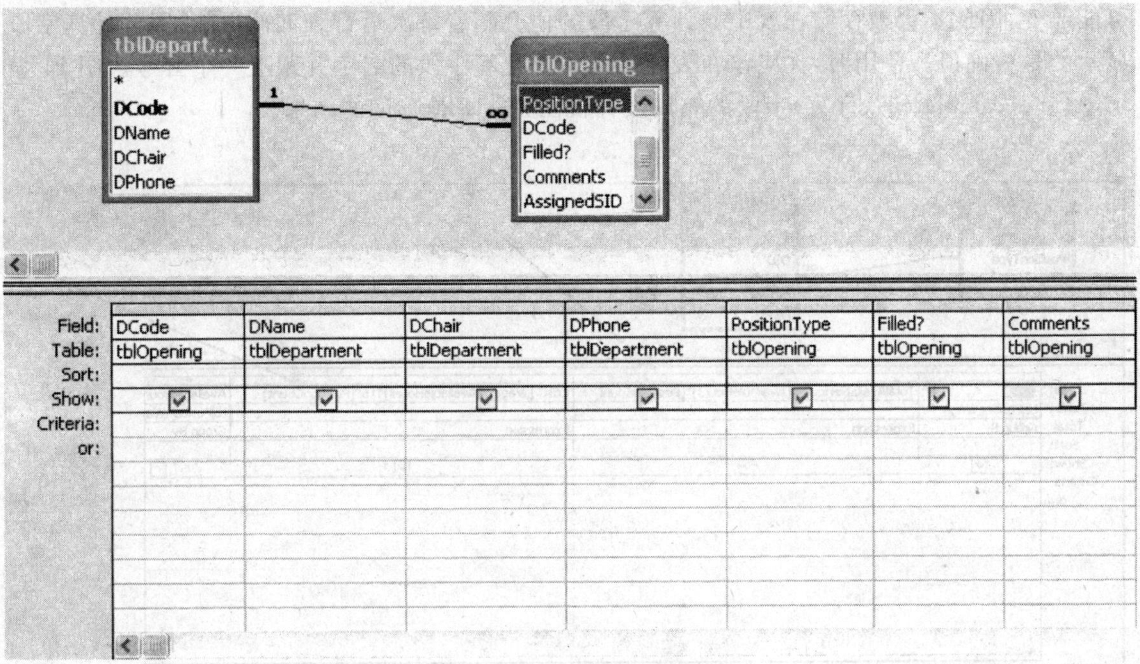

图 9 设计视图中的自动查阅查询

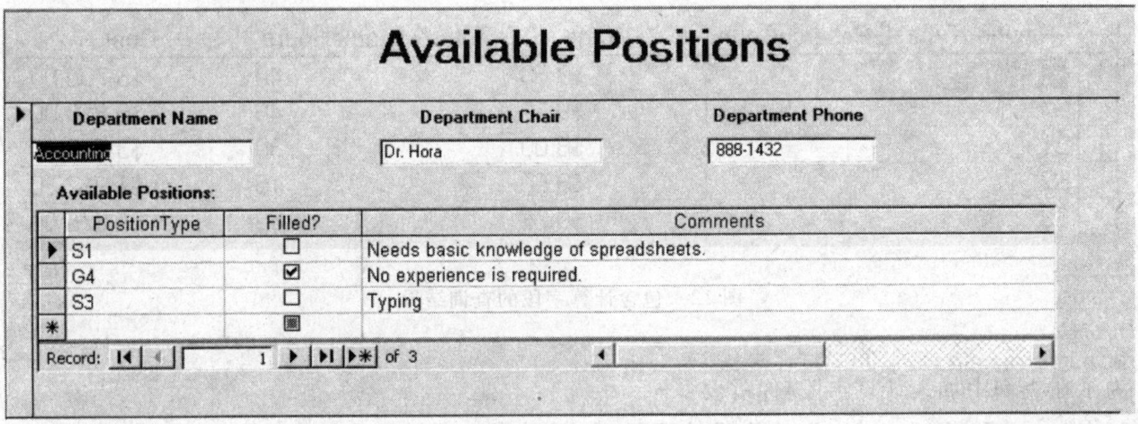

图 10 基于自动查阅查询的“Available Positions”表单

为了在表单或报表中包含计算控件，你需要：

1. 在“design view”（设计视图）中，点击“Toolbox”（工具箱）工具栏上的“Text Box”（文本框）按钮 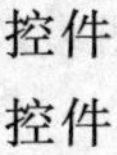 。
2. 将该控件置于表单或报表中。
3. 点击控件内部并键入表达式。

计算字段：计算字段用于查询，显示计算结果，经常涉及到其他字段。由于一个计算字段的值可能改变,因此不会被存储在表中。计算字段的值会随着每次运行查询而更新,因此计算字段显示的是精确值。使用时,你应该在表达式前加上计算字段的名字并跟上一个冒号。图 11 显示了包含“calculated”(计算)字段的查询设计视图,图 12 是查询的结果。

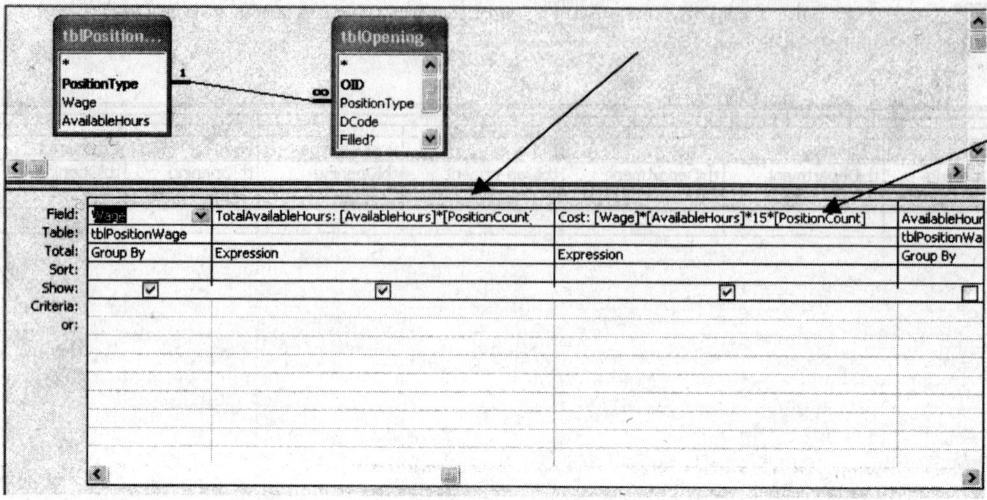

图 11 包含计算字段的查询设计视图

PositionType	PositionCount	Wage	TotalAvailableHours	Cost
G3	2	$9.50	40	$5,700.00
G4	1	$9.75	40	$5,850.00
S1	3	$8.00	30	$3,600.00
S2	1	$8.50	15	$1,912.50
S3	3	$8.75	60	$7,875.00

图 12 包含计算字段的查询结果

为了在查询中加入计算字段,你需要:

1. 在“query's design view”(查询设计视图)中,点击位于设计网格中的空字段。
2. 键入计算字段的名字并跟上一个冒号,接着键入表达式。

计算字段实例:假设学院里有 10 个学生工作者职位,每个职位的报酬基于他的级别以及有效工作时间。学院院长需要知道为每个职位类型付多少钱。进一步假设每个职位持续 15 周。为了给院长提供需要的信息,你可以设计一个包含计算字段的选择查询。见图 11。

图表:图表是对表、查询或电子表格中被选数据的图形表达。在《管理信息系统案例——应用软件辅助决策》(第 3 版)中,要求你使用 Microsoft Excel 及 Microsoft Access 作图表,有几种方法供选择:

为了使用 Microsoft Excel 创建一个图表,按以下步骤操作:

1. 将数据导出到 Microsoft Excel。
2. 导出后,选择想要用图表表示的数据。
3. 点击"Standard toolbar"(标准工具栏)上的"Chart Wizard"(图表向导)按钮。
4. 回答图表向导的问题。图表向导要求你指定图表类型、数据区域、各种图表选项及图表位置。

图表向导:这是 Microsoft Access 中可用的几个报表向导之一。图表向导提出一系列问题,然后基于你的答案准备图表。你可以使用系统在线帮助以获取更多图表向导的相关信息。

为了激活图表向导,你需要:

1. 点击"Database"(数据库)窗口上的"Objects bar"(对象工具栏)中的"Reports"(报表)按钮 

。
2. 点击"Database"(数据库)窗口工具栏中的"New"(新建)按钮 

。出现"New Report"(新建报表)对话框。见图 13。
3. 选择"Chart Wizard"(图表向导)选项。选择图表基于的表或查询。图表向导提出一系列关于图表中的字段、图表类型、布局和标题的问题。
4. 此时,你可以使用系统在线帮助以获取更多关于如何修改一个图表的信息。

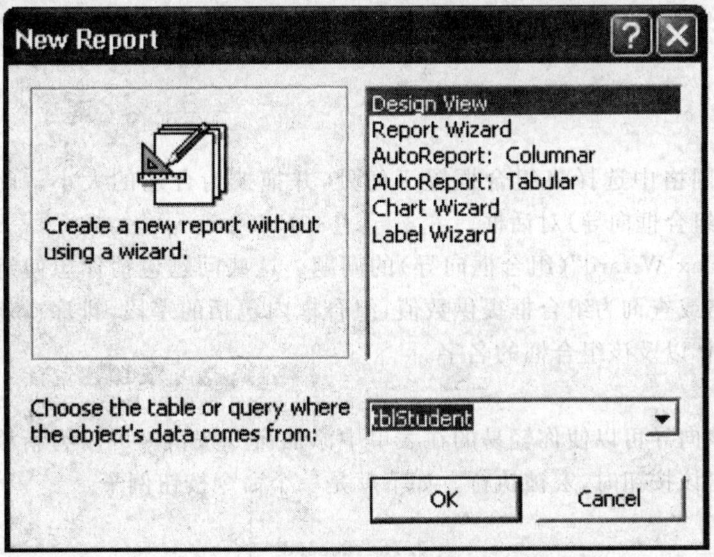

图 13 "新建报表"对话框

组合框:终端用户可以使用组合框从列表中取值。用户点击组合框旁的箭头,然后从列表中选择值。图 14 中,DCod 以及 Assigned Student 就是组合框的实例。Assigned Student 组合框打开后显示了可取值的列表。有几种方法可以在表单中添加组合框。

为了在表单中添加组合框,你需要:

1. 在"design view"(设计视图)中,点击位于"Toolbox"(工具箱)工具栏上的"combo"(组合框)

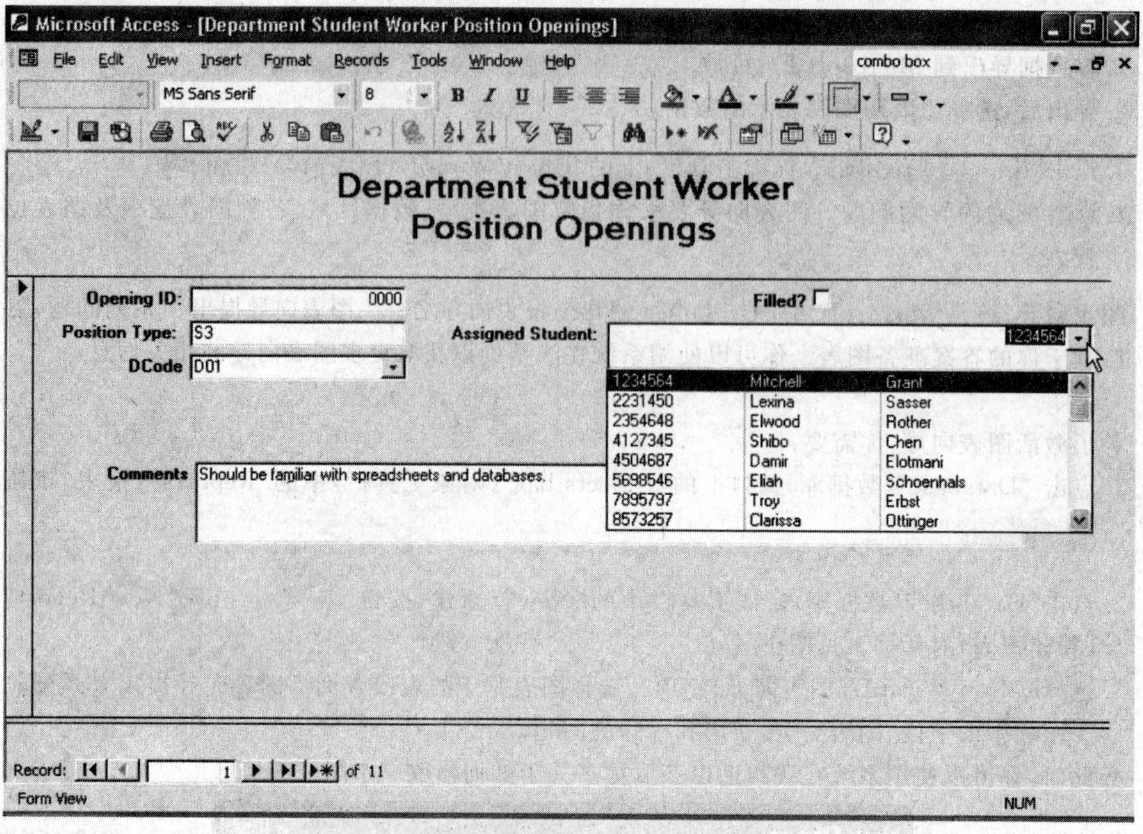

图 14　包含组合框的表单

按钮 。

2. 在表单的布局网格中选择将组合框置于何处，并拖拽为合适的大小。此时，出现“Combo Box Wizard”(组合框向导)对话框。
3. 回答“Combo Box Wizard”(组合框向导)的问题。这些问题包括你想使组合框获得数值的方式，哪个表格或查询为组合框提供数值，组合框内包括的字段，排序次序，是否隐藏键列，对选中值的操作以及该组合框的名字。

命令按钮向导:该向导可以使你轻易的在表单中添加命令按钮。可以为新添加的命令按钮指定一个宏，当点击该按钮时，宏被执行。如下就是一个命令按钮例子。

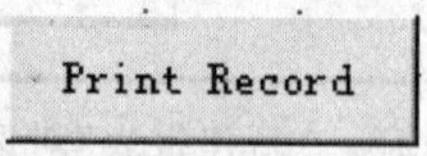

为了在表单中添加命令按钮，你需要：

1. 在“form's design view”(表单设计视图)，点击位于“Toolbox”(工具箱)工具栏上的“Command”(命令)按钮 。
2. 将鼠标指针置于表单设计网格上并拖拽确定该按钮的大小。
3. 接着，回答“Command Button Wizard”(命令按钮向导)的问题。基于你的回复，该向导为表单设计按钮。需要回答的问题包括点击按钮时发生的操作，是否需要按钮上有文字或图案，以及按钮名称。

交叉表查询：该查询在一组记录上应用 Aggregate 函数并把结果显示在一个电子表格形式的表单中。图 15 显示了一个交叉表查询的结果，图 16 是该查询的设计视图。你可以在设计视图中或使用交叉表查询向导来创建一个交叉表查询。创建一个交叉表查询时，你在设计网格中必须指定至少 3 个字段，一个字段作为行标签，第二个字段作为列标签，第三个字段包含你想关联的数字值。图 15 和 16 中，“PositionType”字段是列标签并为交叉表查询提供数字值。

DName	G3	G4	S1	S2	S3
Accounting		1	1		1
Finance			1	1	
Information Systems	1				1
Management	1		1		
Marketing					1

图 15　交叉表查询结果

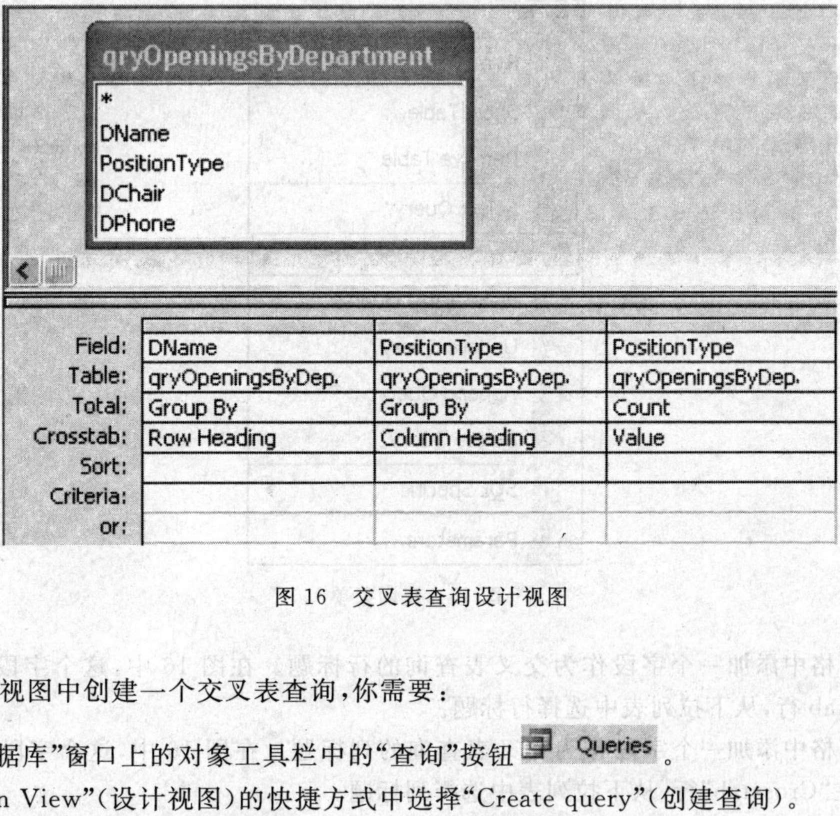

图 16　交叉表查询设计视图

为了在设计视图中创建一个交叉表查询，你需要：

1. 点击“数据库”窗口上的对象工具栏中的“查询”按钮 Queries 。
2. 在“Design View”(设计视图)的快捷方式中选择“Create query”(创建查询)。
3. 在“Show Table”(显示表)对话框中，选择交叉表查询基于的表或查询。见图 17。
4. 从位于“Menu bar”(菜单栏)的“Query”(查询)菜单中，选择“Crosstab Query”(交叉表查询)

选项。见图 18。

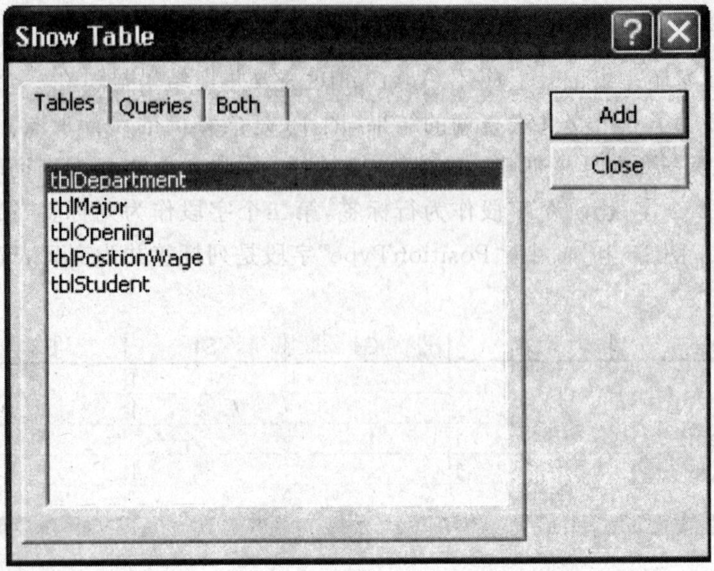

图 17 “显示表”对话框

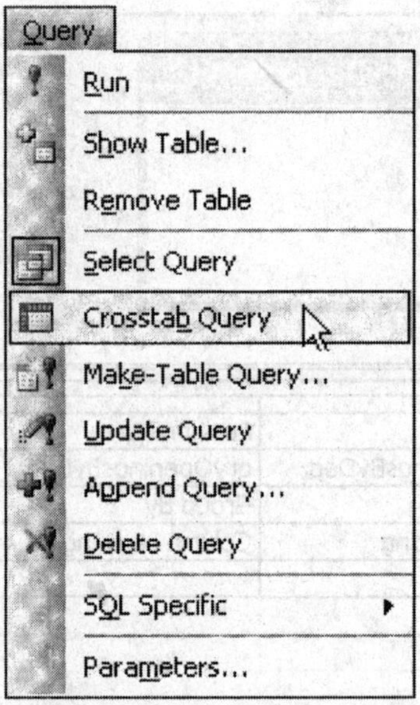

图 18 查询菜单

5. 在设计网格中添加一个字段作为交叉表查询的行标题。在图 16 中，这个字段是 DName。在 Crosstab 行，从下拉列表中选择行标题。
6. 在设计网格中添加一个字段作为交叉表查询的列标题。在图 16 中，这个字段是 Position-Type。在“Crosstab”行，从下拉列表中选择列标题。
7. 添加一个包含你想总结的数字值的字段。在图 16 中，这个字段是 PositionType。在“Crosstab”行，从下拉列表中选择值。在“Total”行，选择你想执行的函数。图 16 中，选择了 Count 函数。

8. 执行查询。

交叉表查询实例：假设学院院长想查看每个空缺的学生岗位的类型及数量。图 15 和 16 显示了如何使用交叉表查询来达到这个要求。

数据访问页：数据访问页是一个链接到 Microsoft Access 数据库的网页。数据访问页可以通过网页浏览器获得，并且允许用户在不同细节水平上查看数据。根据数据访问页的设计方式，用户可能可以更新数据库中的数据。数据访问页的建立可以通过设计视图或者页面向导。同时，你可以通过系统在线帮助获得更多相关内容。图 19 显示了一个数据访问页的例子。

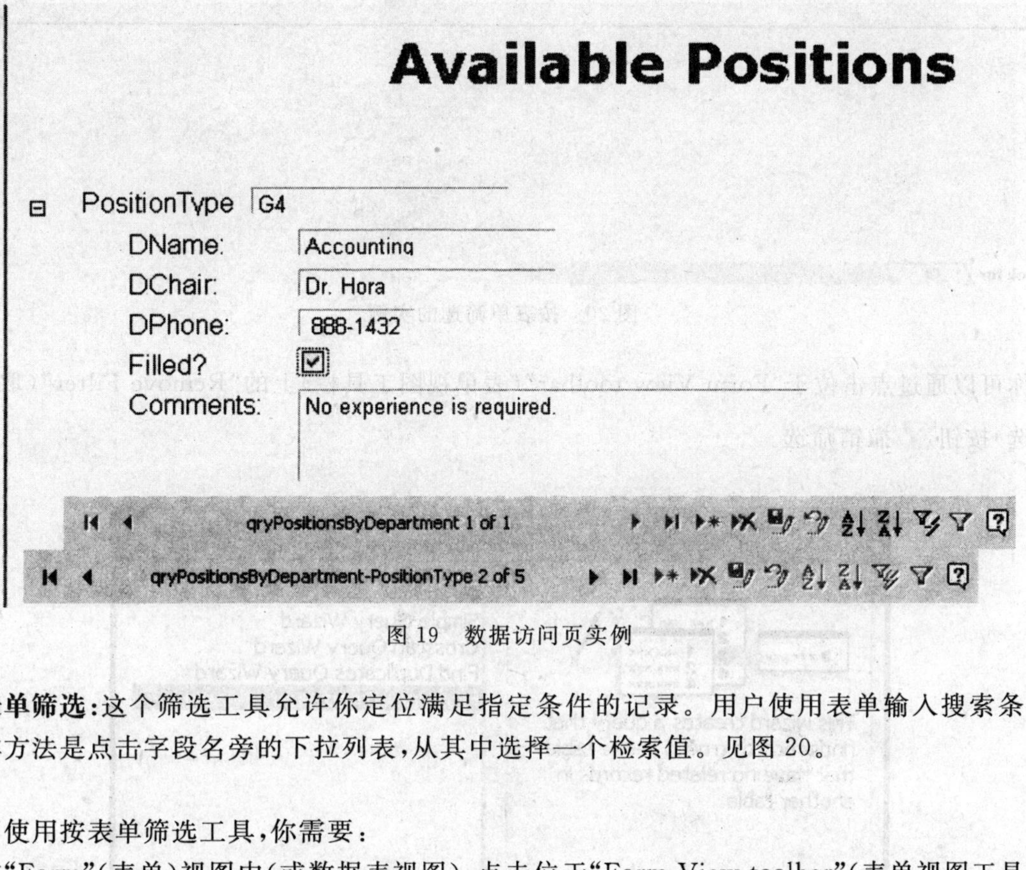

图 19 数据访问页实例

按表单筛选：这个筛选工具允许你定位满足指定条件的记录。用户使用表单输入搜索条件。具体方法是点击字段名旁的下拉列表，从其中选择一个检索值。见图 20。

为了使用按表单筛选工具，你需要：

1. 在"Form"（表单）视图中（或数据表视图），点击位于"Form View toolbar"（表单视图工具栏）上的"Filter by Form"（按表单筛选）按钮 。
2. 点击你想检索的字段。例如，图 20 显示了当前检索字段是"LastName"字段的情况。将出现一个下拉列表箭头。
3. 点击该下拉列表箭头，选择作为检索条件的值。
4. 点击位于"Form View toolbar"（表单视图工具栏）上的"Apply Filter"（应用筛选）按钮 ，会立即显示结果。若你在"Form"（表单）视图中，可以通过使用"navigation"（导航）按钮翻阅结果。

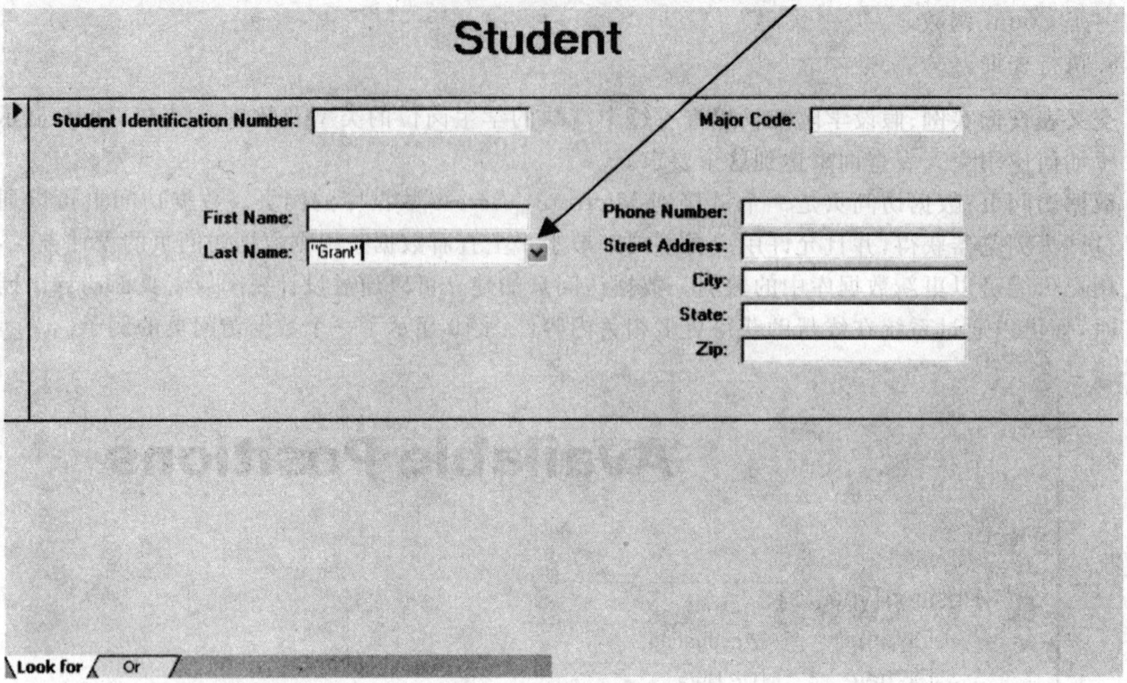

图 20 按表单筛选的实例

5. 你可以通过点击位于“Form View toolbar”(表单视图工具栏)上的“Remove Filter”(取消筛选)按钮撤销筛选。

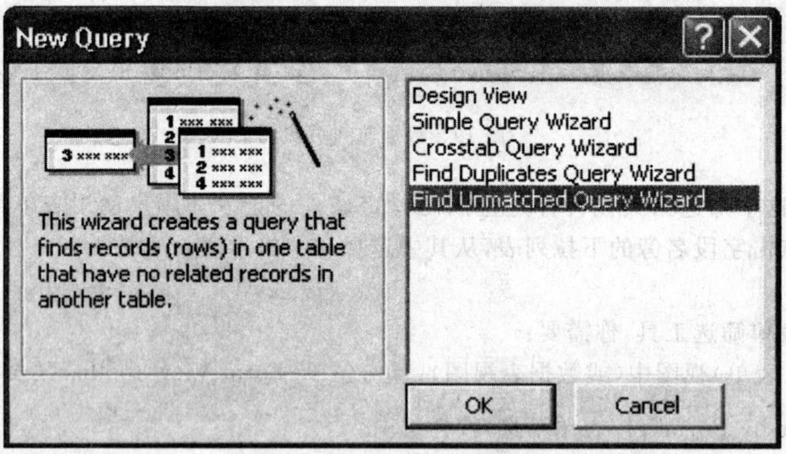

图 21 “新建查询”对话框

查找不匹配项查询向导:该向导定位一张表中在另一张表中无匹配记录的记录。

为了使用查找不匹配项查询向导,你需要:

1. 点击“Database”(数据库)窗口上的“Objects bar”(对象工具栏)中的“Queries”(查询)按钮

。

2. 点击“Database”(数据库)窗口工具栏中的“New”(新建)按钮 

。

3. 在“New Query”(新建查询)对话框中,选择“Find Unmatched Query Wizard”(查找不匹配项查询向导)。

4. 出现一系列“Find Unmatched Query Wizard”(查找不匹配项查询向导)对话框,要求指定你想进行比较的表或查询、匹配字段以及想在查询结果中看到的字段,最后命名这个查询。

表单设计:在《管理信息系统案例——应用软件辅助决策》(第 3 版)中,表单设计指设计用户界面友好的、外观专业的数据输入表单。设计表单时,你可以选择使用几个表单向导之一或者彻底从头设计表单。

表单向导:如图 22 所示,Microsoft Access 提供了几种表单设计类型。表单向导经过一系列对话框询问你关于新表单的内容及外观的相关问题,向导基于你的答案设计表单。表单设计完成后,你也可以选择修改表单的内容和外观。

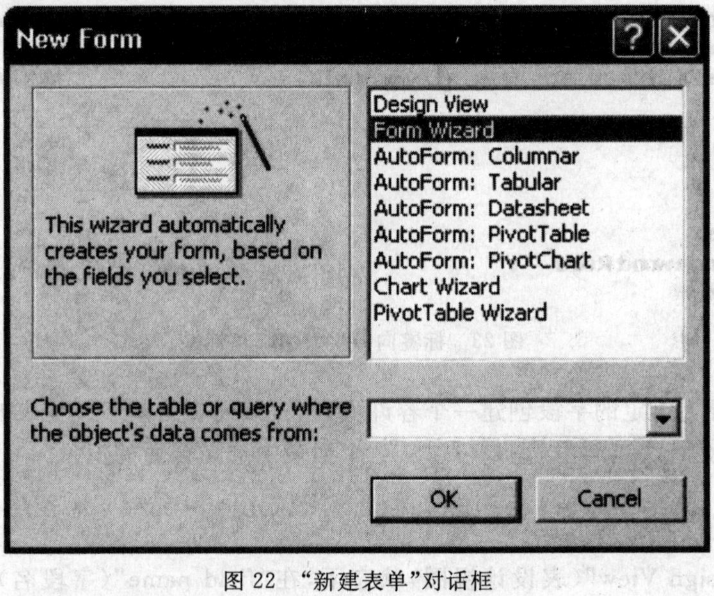

图 22 “新建表单”对话框

IIF 函数:该函数判断一个条件是真还是假,该函数的语法是:

=IIF(condition,value_if_true,value_if_false)。

标签向导:这是一个用来创建邮箱标签的报表向导。

为了打开标签向导,你需要:

1. 点击“Database” (数据库)窗口上的“Objects bar”(对象工具栏)中的“Reports”(报表)按钮 

。

2. 点击 “Database”(数据库)窗口工具栏中的“New”(新建)按钮 

。

3. 在“New Report”(新建报表)对话框中,选择“Label Wizard”(标签向导)选项。标签向导询问一系列问题,并基于你的答案创建邮箱标签。这些问题包括要求你指定数据所在的表或查询、标签大小、字体及颜色、字段、分类字段以及名字。图 23 是由 Microsoft Access 标签向导生成的一个邮箱标签的例子。

Mitchell Grant 1010 Boulevard Rd. Dallas,TX	Lexina Sasser 210 Rushing Meadows Garland,TX	Eliah Schoenhals 1920 Pine Drive Dallas,TX
Troy Erbst 1780 Glacier Drive Dallas,TX	Damir Elotmani 2121 Hyde Parke Dallas,TX	Edith Blochowiak 1223 Ridgewood Allen,TX
Elwood Rother 3001 Ripple Creek Grapevine,TX	Clarissa Ottinger 11908 Coltrane Lewisville,TX	Sasha Harley 10625 Brighton McKinney,TX
Shibo Chen 15712 Tanglewood Road Denton,TX		

图 23 标签向导生成的邮箱标签

查阅向导:该向导为给定的字段创建一个容许值列表,该列表是基于其他表的字段值。查阅向导为检索字段创建一个组合框,用户可以从一个列表中选择合适的值。

为了使用查阅向导,你需要:

1. 在“table’s Design View”(表设计视图)状态下,在“field name”(字段名)列输入新的字段名。
2. 在新字段“data type”(数据类型)的下拉列表中选择“Lookup Wizard”(查阅向导)选项。见图 24。此时出现查阅向导对话框。接下来查阅向导要求你在一系列对话框中回答如何获取值,列表值的位置,包含应出现在列表中的值的字段,分类次序,列宽以及列表名字。

宏:宏是一组自动执行的指令。当宏被执行时,Microsoft Access 为你执行这些指令。例如,你可能需要 Microsoft Access 为你打印一个记录或一份报表、打开一个表单或一份报表、查找一个记录、在表间进行数据转移或退出 Microsoft Access。宏可以使你在数据库中固化设计步骤。记住你也可以创建宏组。你可以通过系统在线帮助获得更多相关信息。

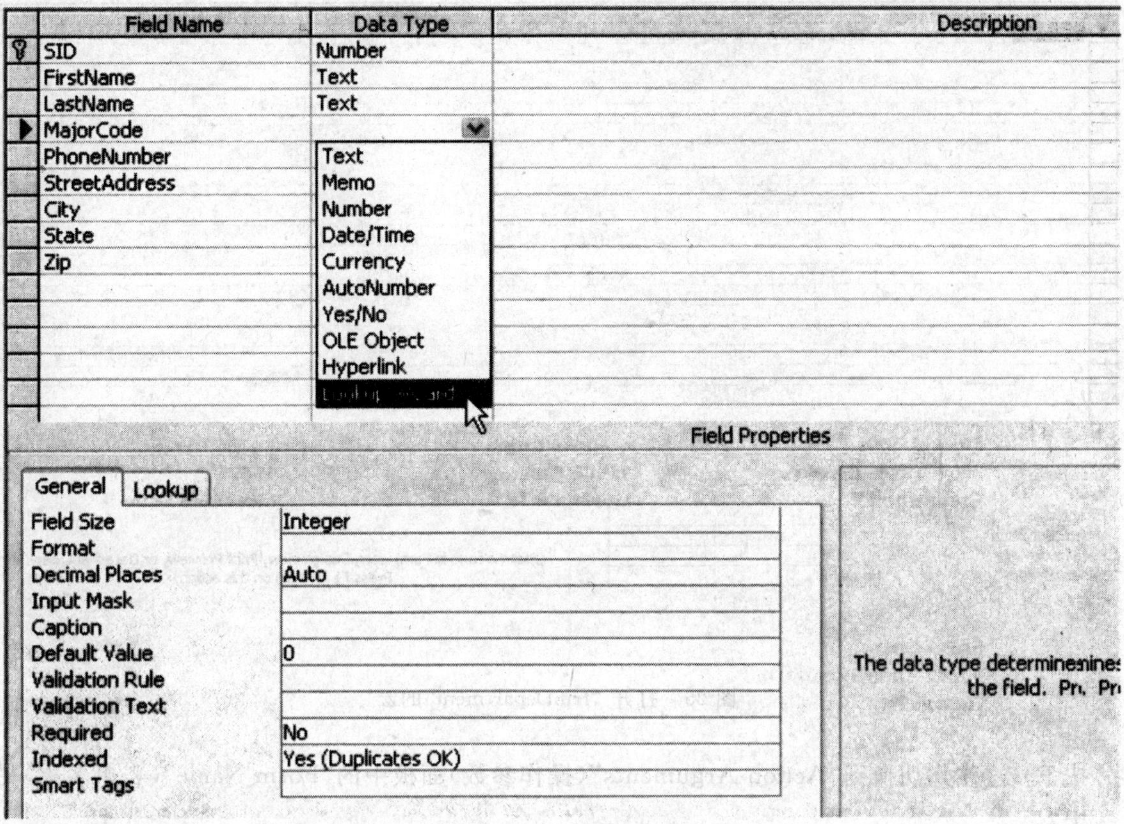

图 24 查阅向导

为了创建一个宏，你需要：

1. 点击“Database”(数据库)窗口上的“Objects bar”(对象工具栏)中的“Macros”(宏)按钮  。
2. 点击 “Database”(数据库)窗口工具栏中的“New”(新建)按钮  。此时，“Macro”(宏)窗口打开，见图 25。
3. 在“Action”(操作)列，点击第一个空白栏旁的下拉列表箭头，选择合适的操作，如“OpenForm”。在“Comment”(注释)栏中输入描述性说明。
4. 在“Action Arguments”(操作参数)面板中输入对该宏的说明。

宏实例：假设一个宏被用来打开“frmDepartment”表单。

为了创建该宏来打开这个窗体，你需要：

1. 点击“Database”(数据库)窗口工具栏中的“New”(新建)按钮  。此时，“Macro”(宏)窗口打开。
2. 在“Action”(操作)列，点击第一个空白框旁的下拉列表箭头，选择操作“OpenForm”。
3. 在“Comments”(注释)框中输入“Opens the frmDepartment form”。

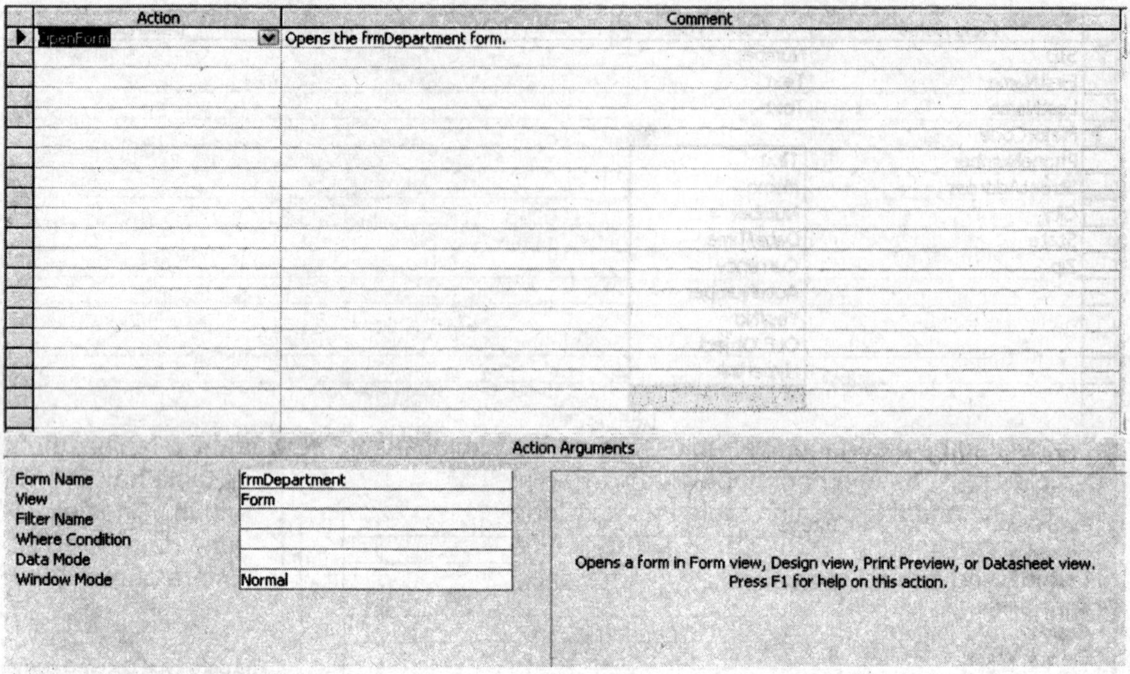

图 25 打开 “frmDepartment”的宏

4. 按 F6(这使你切换到“Action Arguments”(操作参数)面板中的“Form Name”(表单名称)栏中)。
5. 点击下拉箭头,选择“frmDepartment”。
6. 在“View”(视图)文本框中,确保选中“Form”(表单)。
7. 保存宏。

参数查询:该查询在每次执行时会提示用户输入检索条件。当创建一个参数查询时,你可以在条件行输入提示信息。参数查询会返回并显示表中符合检索条件的记录。

为了创建一个参数查询,你需要:
1. 创建一个选择查询。
2. 在“Criteria”(条件)行,在用户应该提供值的字段输入提示信息,该提示信息放在括弧中。例如,若用户应提供一个部门编号,那么出现的提示信息是[Please enter department code]。见图 26。

关系:是两个表间的关联。存在不同类型的关系,比如一对一、一对多以及多对多等。如果你需要关联 Department 表与 Position 表的数据,你应该定义一个两表间的关系。只有具有一个相同列的两张表才能定义关系。例如,Department 表有 DCode 字段,同样的 Position 表也有 DCode 字段(注意字段名可不相同)。这两个字段应具有相同的数据类型。你可以通过系统在线帮助获得更多相关内容。

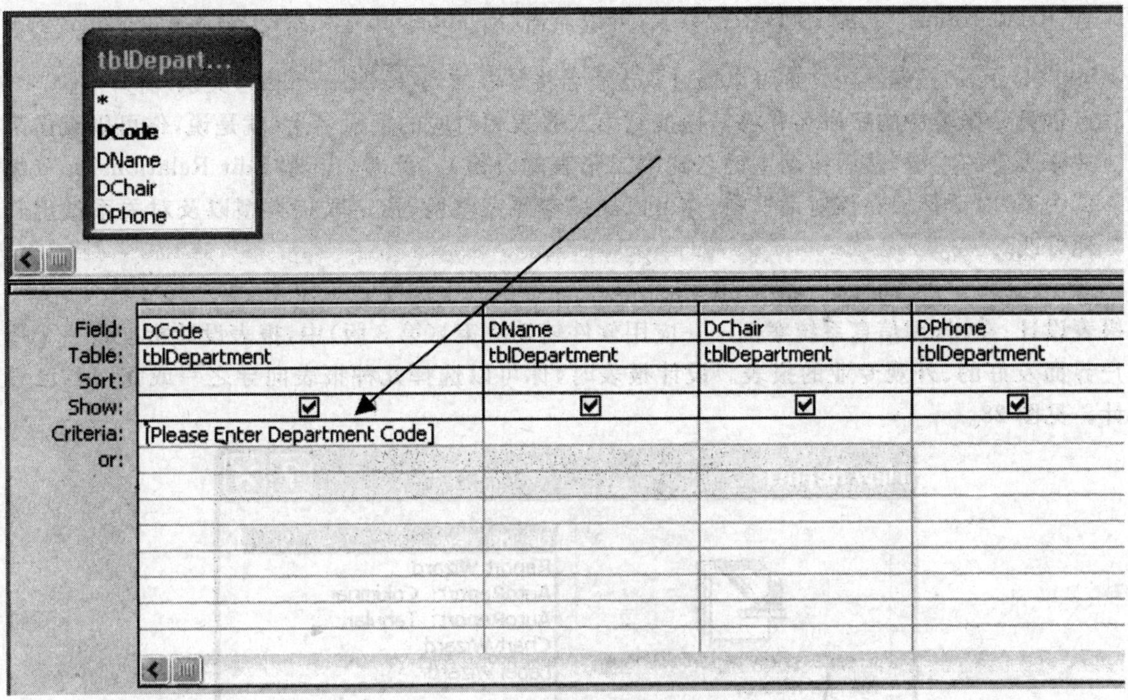

图 26 设计视图中的参数查询

为了定义一个关系,你需要:

1. 点击“Database”(数据库)窗口工具栏中的“Relationships”(关系)按钮。此时出现“Relationships”(关系)窗口,见图 27。

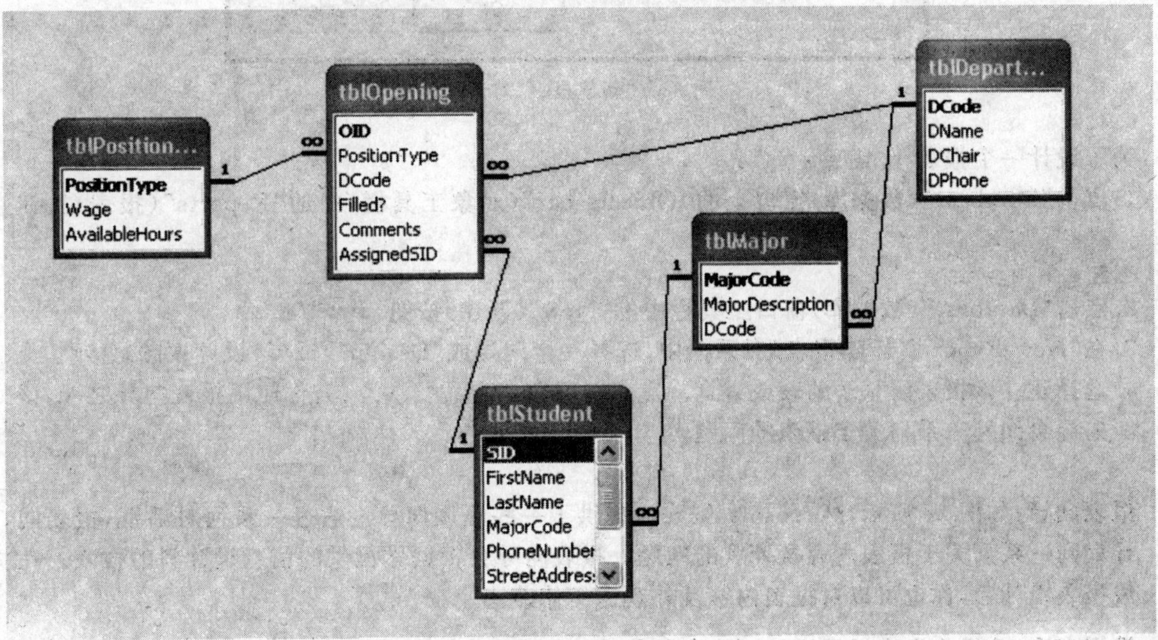

图 27 关系窗口

2. 若“Relationships”(关系)窗口中没有表，可以点击“Relationship”(关系)工具栏上的“Show Table”(显示表)按钮。你可以通过双击表名将其添加到“Relationships”(关系)窗口中。
3. 点击第一张表中的字段名并将其拖拽到第二张表相对应的字段名上(就是说，你可以点击第一张表上的主键，然后拖动主键名到第二张表的外键)。此时，出现“Edit Relationship”(编辑关系)对话框。在该对话框中，你可以加强参照完整性、指定联接类型以及对关系做出其他修改。

报表设计：在《管理信息系统案例——应用软件辅助决策》(第 3 版)中，报表设计指准备一个用户界面友好的、外观专业的报表。设计报表时，你可以选择几种报表向导之一或完全自己设计。见图 28。

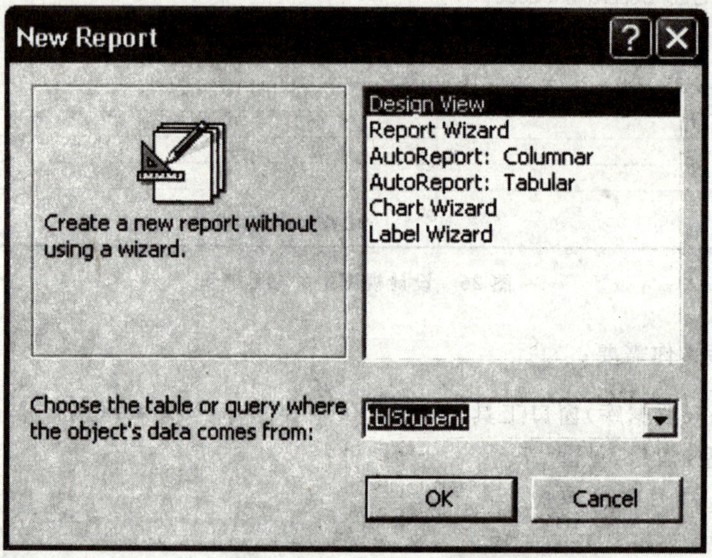

图 28 “新建报表”对话框

为了设计一个报表，你需要：
1. 点击“Database”(数据库)窗口上的“Objects bar”(对象工具栏)中的“Reports”(报表)按钮

。
2. 点击“Database”(数据库)窗口工具栏中的“New”(新建)按钮

。
3. 在“New Report”(新建报表)对话框中，选择一个向导或“Design View”(设计视图)选项。
4. 选择建立该报表所基于的表或查询。点击“OK”(确定)。(注意：若你使用报表向导之一，该向导会询问一系列关于报表的问题)

报表向导：如图 28 所示，Microsoft Access 提供了一些报表向导。通过一系列对话框，报表向导询问一系列关于报表内容及外观的问题。报表向导会根据你提供的信息设计新的报表。完成报表设计后，你也可以对报表内容及外观进行修改。

选择查询：选择查询会根据设计网格条件行的指定条件从一个或更多表中返回数据。

为了创建一个选择查询，你需要：

1. 点击“Database”（数据库）窗口上的“Objects bar”（对象工具栏）中的“Queries”（查询）按钮 Queries。
2. 点击“Database”（数据库）窗口工具栏中的“New”（新建）按钮 New。出现“New Query”（新建查询）对话框。
3. 此时选择创建选择查询的方法。
4. 若选择“Design View”（设计视图）选项，出现“Query Design”（查询设计）窗口。
5. 将查询将会使用的表添加到“Query Design”（查询设计）窗口。
6. 双击字段列表中的名字，将字段名添加到设计网格中。
7. 在“Criteria”（条件）行，输入“selection criteria”（选择条件）。例如，为了只显示 Information System 部门已满职位记录，你可以在 DName 列的条件行中输入“Information Systems”并在 Filled? 列的条件行中输入“Yes”。见图 29。
8. 点击位于“Query Design toolbar”（查询设计工具栏）上的“Run”（执行）按钮执行查询。

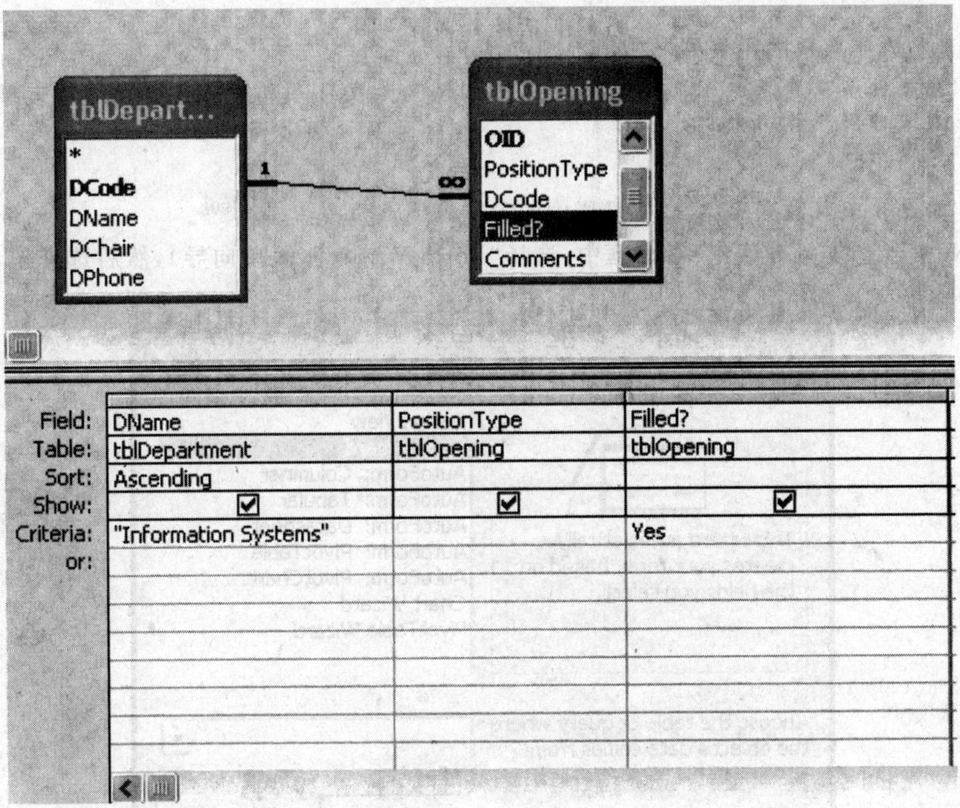

图 29 设计视图中的选择查询

子表单：子表单包含在主表单中。经常主表单显示一张表中的一条记录，子表单就显示第二张表中的相关记录。Microsoft Access 提供了几种方法用于创建包含子表单的主表单。你可以使用系统在线帮助获得更多相关内容。图 30 显示了具有一个子表单的主表单。创建包含子表单的主表单最简单的方法之一是使用表单向导。

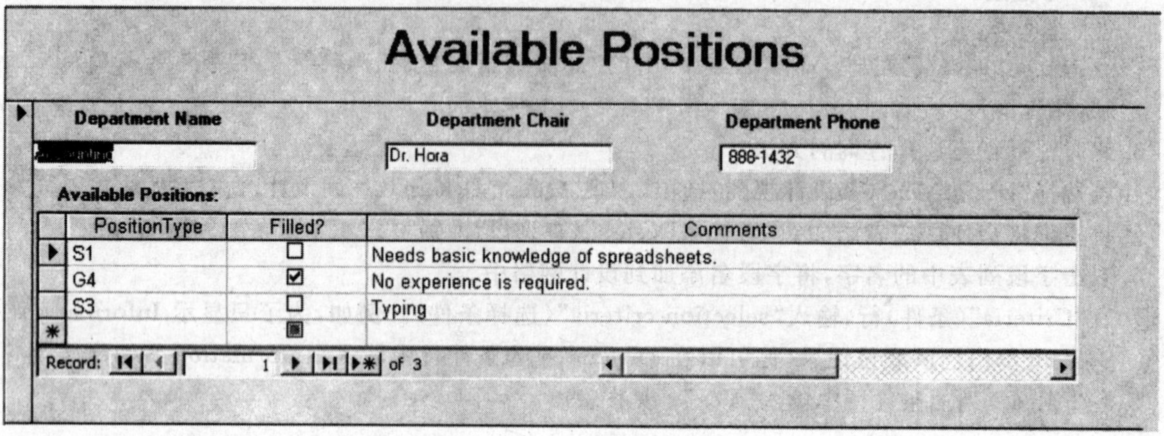

图 30 包含子表单的主表单

为了创建包含子表单的主表单，你需要：

1. 点击“Database”（数据库）窗口上的“Objects bar”（对象工具栏）中的“Forms”（表单）按钮 

。

2. 点击“Database”（数据库）窗口工具栏中的“New”（新建）按钮 

。

3. 在“New Form”（新建表单）对话框中，选择“Form Wizard”（表单向导），然后选择包含主表单字段的表。见图 31。

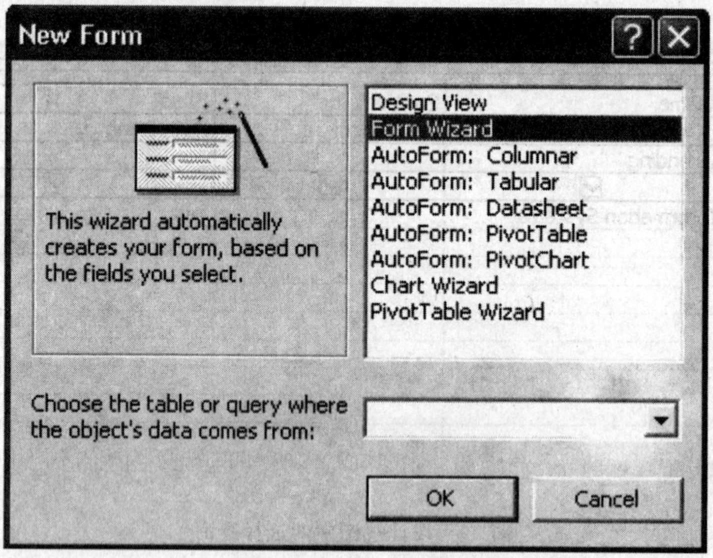

图 31 “新建表单”对话框

4. 在“Form Wizard”(表单向导)对话框中,选择将出现在主表单中的字段。见图 32。

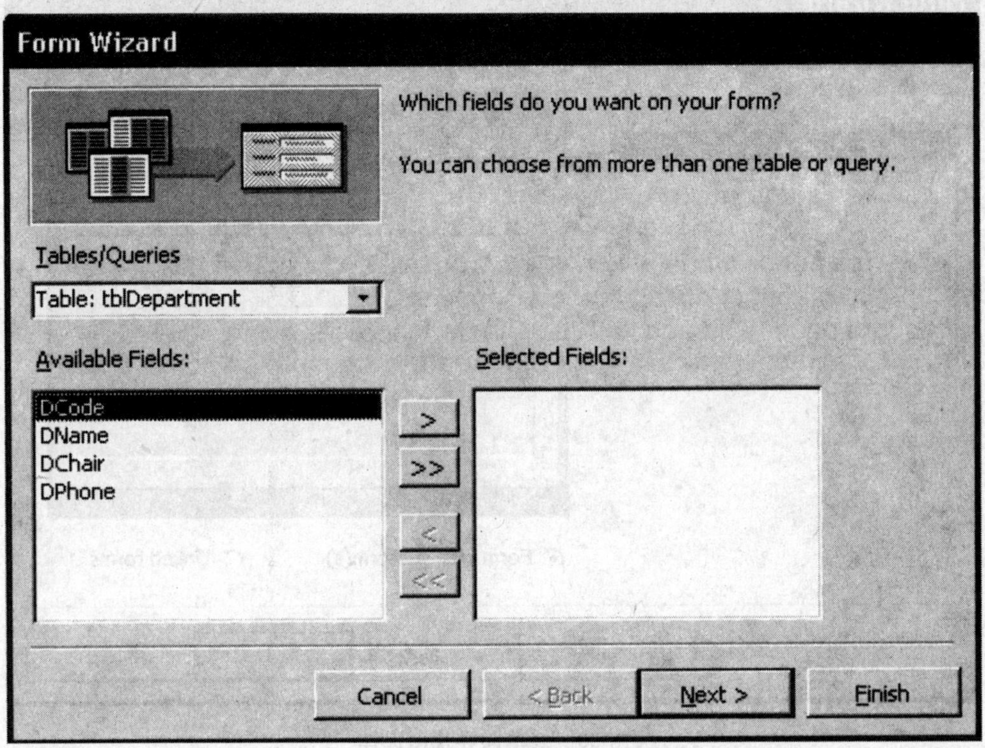

图 32 表单向导表以及字段选择

5. 选择包含子表单字段的表,为子表单选择字段,点击“Next”(下一步)按钮。
6. 此时“Form Wizard”(表单向导)询问数据显示的方式。选择“包含子表单的表单”选项,并点击“Finish”(完成)按钮。见图 33。表单视图中将出现新表单。
7. 切换到“Design View”(设计视图)并对新表单作必要修改。

切换面板:切换面板为用户提供了一个用于连接各种数据库对象,如表单、表、报表以及查询的菜单,图 34 是切换面板的一个例子。

为了创建一个切换面板,你需要:

1. 在“Database”(数据库)窗口中,从位于“Menu Bar”(菜单栏)的“Tools”(工具)菜单中选择“Database Utilities”(数据库实用工具)选项,然后选择“switchboard Manager”(切换面板管理器)选项。见图 35。
2. 被询问是否需要创建一个切换面板时,点击“Yes”(是)按钮,出现“Switchboard Manager”(切换面板管理器)对话框。此时,你可以在切换面板上添加“switchboard pages”(切换面板页)以及其他项。见图 36。

选项卡控件:该控件是为表单添加子表单的一种方法。图 37 显示了选项卡控件的使用。注意选项卡控件有两个页面,“Student Positions”页面以及“Faculty Positions”页面。

为了在表单中添加选项卡控件,你需要:

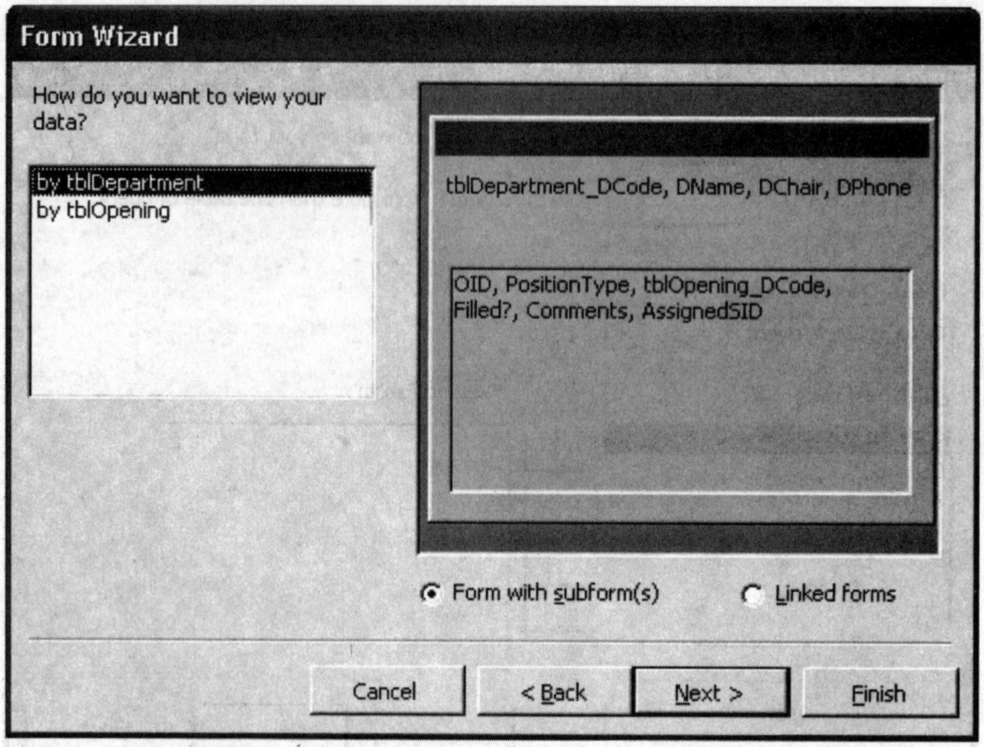

图 33 表单向导视图选择

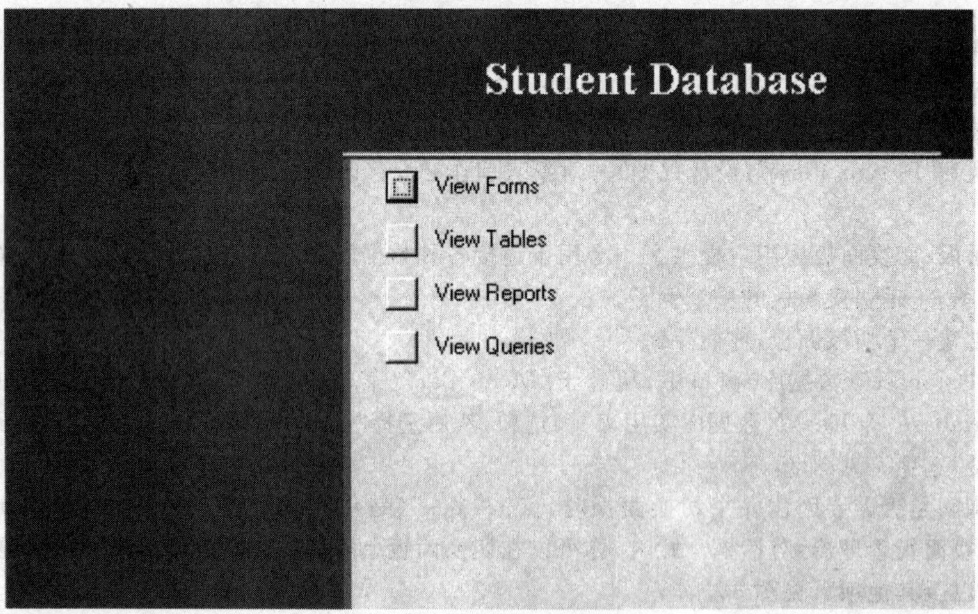

图 34 切换面板实例

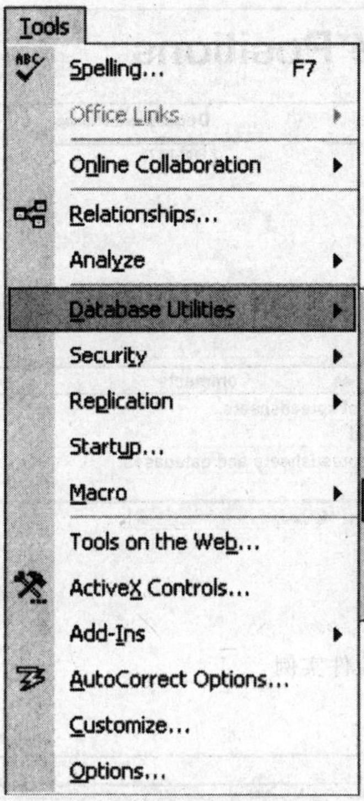

图 35 “切换面板管理器”选项

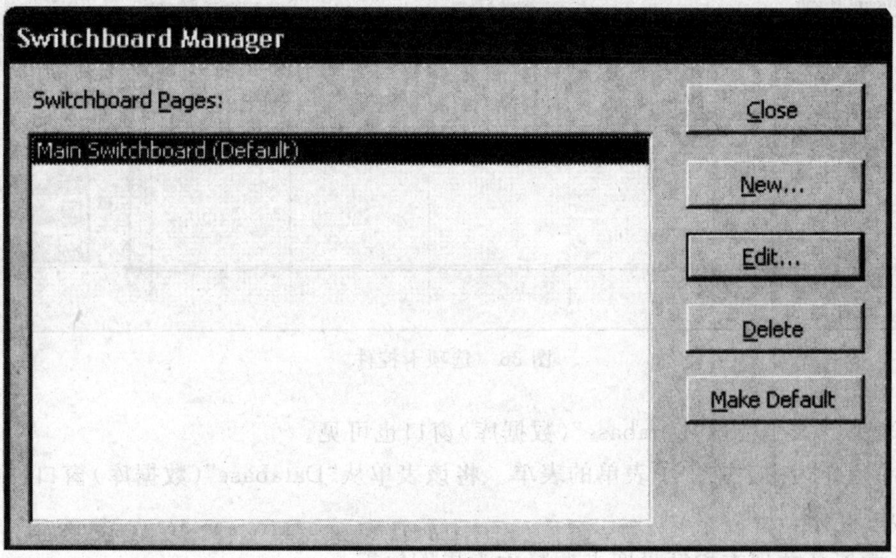

图 36 “切换面板管理器”对话框

1. 在主表单的“design view”(设计视图)中,点击“Tool box”(工具箱)工具栏上的“Tab Control”(选项卡控件)按钮 。移动到主表单中并确定控件的大小,见图 38。

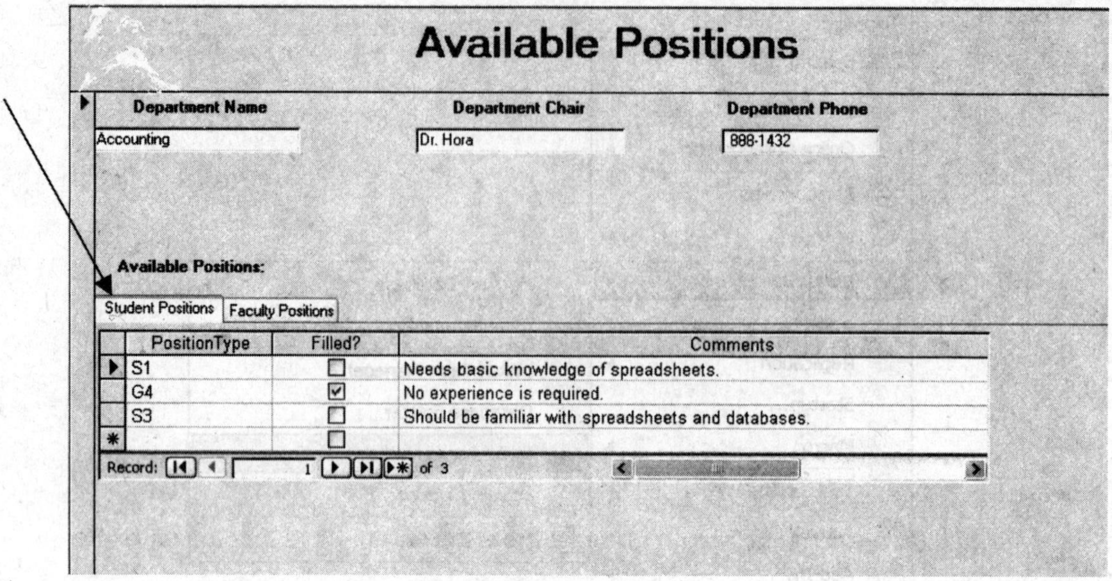

图 37 选项卡控件实例

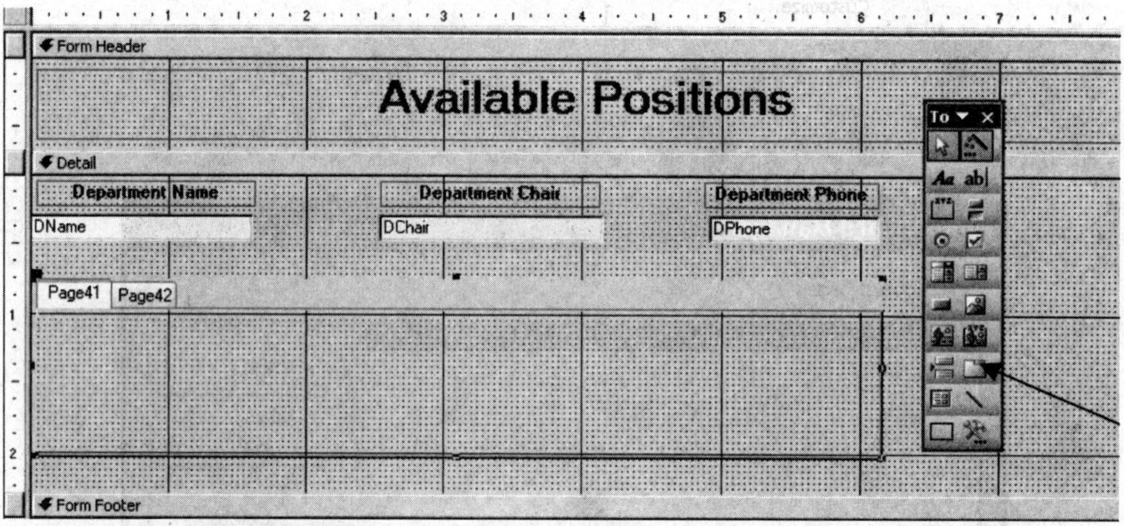

图 38 选项卡控件

2. 调整主表单的大小使得“Database”(数据库)窗口也可见。
3. 定位你希望作为主表单中子表单的表单。将该表单从“Database”(数据库)窗口中拖动到新创建的选项卡控件上。
4. 此时,你需要在选项卡控件页面上调整子表单的位置。
5. 双击选项卡控件页面的选项卡。当“property”(属性)对话框打开后,修改“name property”(名字属性)。

表设计:在《管理信息系统案例——应用软件辅助决策》(第 3 版)中,表设计指创建表的过程。注意确定创建哪些表以及表格中包括哪些字段等更详尽的过程在数据库管理课程中涉及。

为了创建表，你需要：

1. 点击“Database”(数据库)窗口上的“Objects bar”(对象工具栏)中的“Tables”(表)按钮 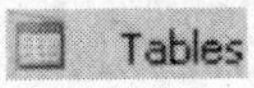

。
2. 点击“Database”(数据库)窗口工具栏中的“New”(新建)按钮 

。
3. 在“New Table”(新建表)对话框中，选择“Design View”(设计视图)选项，此时出现新的表设计视图。
4. 你可以为每个字段指定名称、数据类型、描述以及属性。你必须选一个字段作为主关键字。图 39 显示了表设计视图。

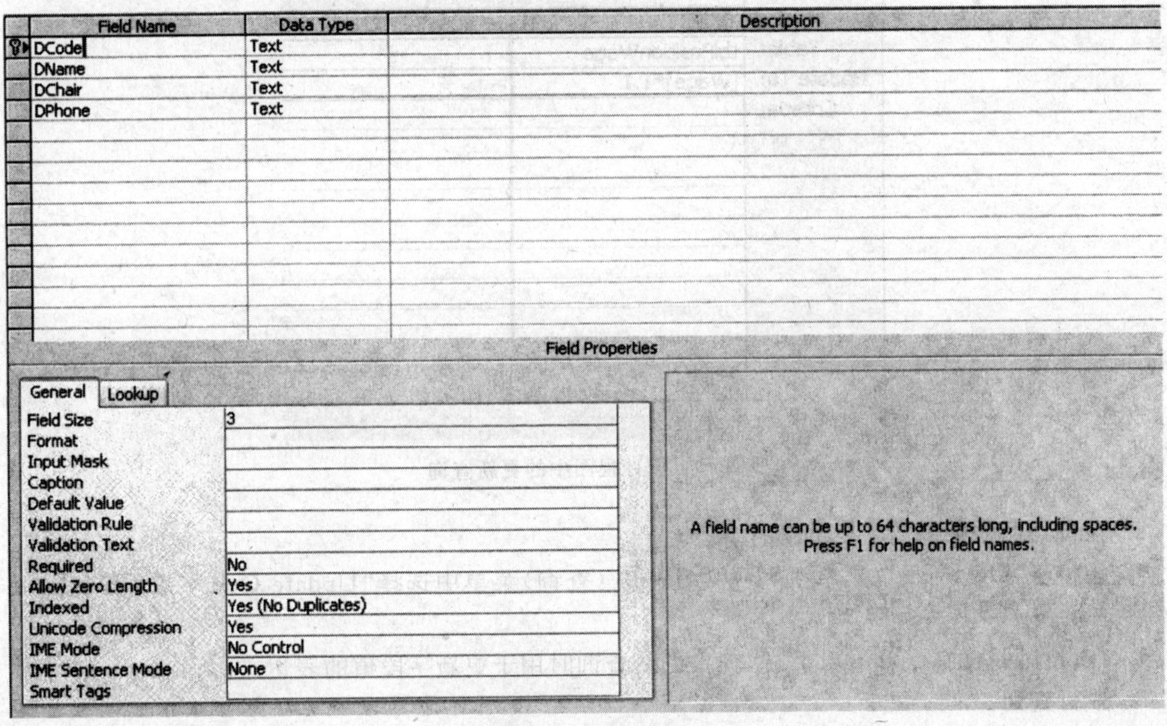

图 39 表设计视图

更新查询：该查询会整体改变一个或多个字段。例如，假设学生工作者的钟点工资提高了 10%，你可以使用更新查询来更新钟点工资字段的值。注意该查询的结果不可被撤销！见图 40。

为了创建一个更新查询，你需要：

1. 点击“Database”(数据库)窗口上的“Objects bar”(对象工具栏)中的“查询”按钮 

。
2. 点击“Database”(数据库)窗口工具栏中的“New”(新建)按钮 

。
3. 选择“New Query”(新建查询)对话框中的“Design view”(设计视图)选项，出现“query design view”(查询设计视图)。
4. 添加你想更新其字段的表。

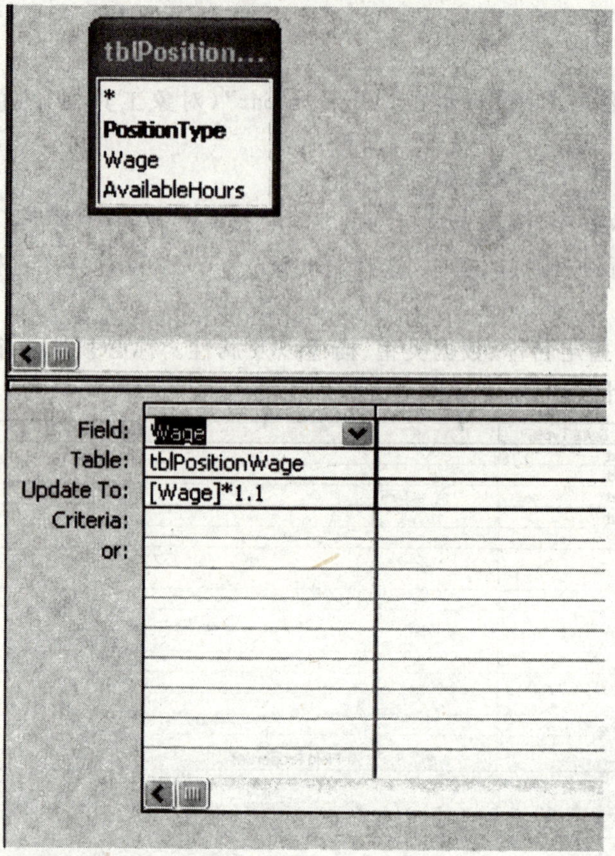

图 40 设计视图中的更新查询

5. 在设计网格中添加需要更新的字段。
6. 从位于“Menu bar”(菜单栏)上的“Query”(查询)菜单中选择“Update Query”(更新查询)选项。
7. 在设计网格的“Update To”行，输入更新查询时用于更新字段值的表达式。
8. 执行查询。

5.3 网页术语

在准备《管理信息系统案例——应用软件辅助决策》(第3版)的网页案例时,掌握一些网页的技能是有必要的。每个案例中的技能检测单元列出了完成该案例所需要的主要技能。在准备案例前,你应该使用技能检测单元来确定需要回顾的技能。

这篇网页术语对《管理信息系统案例——应用软件辅助决策》(第3版)中用到的许多技能提供了简要的说明和回顾,但并不提供详细的说明。如果你需要一份关于如何使用特定技能的详细说明,你可以使用系统的在线帮助功能。通过使用系统在线帮助功能,你可以快速学习技能,并且获得关于如何在网页中应用这些技能的详细说明。

网页技能列表

基础网页设计:在《管理信息系统案例——应用软件辅助决策》(第3版)中,该技术用于创建和开发一个基础、简单的网页。当设计一个网页时,你需要指定信息来源、字体、颜色、背景、标题、链接、页长以及图片。

页眉:页眉指网页的首要和次要节。用户通过它获得关于该节内容的信息,并据此决定是否浏览该节中的内容。例如,工作经验这节可以被注明为"Work Experience"。同样地,若你在网页中讨论你的家庭,那么这一节可以标为"My Family"。

超文本标记语言:超文本标记语言是一种用于创建网页的标记语言。

超链接:超链接可以使读者"跳跃"到不同的位置。网页中的超链接可以连接本地服务器上的文件,也可以连接千里之外的服务器上的文件。总之,文字或者图片的集合可以作为一个超链接。

插入图片:网页编辑器可以使你方便地将图片添加到网页中。图片可以加强网页的表现,也可以作为超链接。许多网站提供免费的图形。

列表:列表是网页中一系列的项目。你可以创建不同的列表,包括无序、编号、定义、目录、菜单列表。

段落:段落是表达一个中心意思的一组句子。段落间经常以空行隔开。为了隔开段落,可以插入分隔符。

表格:表格将数据组织并表达为一系列的行和列。

文本编辑:使用文本编辑可以修改原先输入的文本。

网页编辑器:网页编辑器是用于创建外观专业的网页的程序,例如 Microsoft Frontpage。